Hans-Werner Hol

Eine Einführung in die Geschichte des ökonomischen Denkens

V/1

EINFÜHRUNGEN
– Wirtschaft –

Band 16

LIT

Hans-Werner Holub

Eine Einführung in die Geschichte des ökonomischen Denkens

Band V

Die Ökonomik im 20. Jahrhundert

Teil 1:

Die österreichische Schule im 20. Jahrhundert und die Strömungen im Sozialismus des 20. Jahrhunderts

LIT

Bibliografische Information der Deutschen Nationalbibliothek
Die Deutsche Nationalbibliothek verzeichnet diese Publikation in der Deutschen Nationalbibliografie; detaillierte bibliografische Daten sind im Internet über http://dnb.d-nb.de abrufbar.

ISBN 978-3-643-50283-4

Krotenthallergasse 10/8
A-1080 Wien
Tel. +43 (0) 1-409 56 61
Fax +43 (0) 1-409 56 97
e-Mail: wien@lit-verlag.at
http://www.lit-verlag.at

LIT VERLAG Dr. W. Hopf
Berlin 2011
Verlagskontakt:
Fresnostr. 2
D-48159 Münster
Tel. +49 (0) 2 51-620 320
Fax +49 (0) 2 51-922 60 99
e-Mail: lit@lit-verlag.de
http://www.lit-verlag.de

Auslieferung:
Deutschland: LIT Verlag Fresnostr. 2, D-48159 Münster
Tel. +49 (0) 2 51-620 32 22, Fax +49 (0) 2 51-922 60 99, e-Mail: vertrieb@lit-verlag.de

Österreich: Medienlogistik Pichler-ÖBZ, e-Mail: mlo@medien-logistik.at

Schweiz: B + M Buch- und Medienvertrieb, e-Mail: order@buch-medien.ch

Inhaltsverzeichnis

EINIGE WENIGE DATEN ZUR ORIENTIERUNG FÜR DIE ÖKONOMIK DES 20. JAHRHUNDERTS (BIS 2000)

Anders als frühe Jahrhunderte sind die Ereignisse im 20. Jahrhundert gut dokumentiert. Das heißt, es existiert für dieses ereignisreiche Jahrhundert eine Fülle an Daten. Es kann im Folgenden nur eine Auswahl derjenigen Daten geboten werden, die nach Meinung des Verfassers einen erkennbaren Einfluss auf die Wirtschaft des jeweiligen Landes (oder der Welt) hatten. Und auch dabei musste sehr willkürlich vorgegangen werden. So wurden etwa die vielen Erfindungen und Kriege, die sicher einen sehr deutlichen Einfluss auf das wirtschaftliche Geschehen hatten, und auch der Nationalsozialismus, dabei ausgespart.

Aber zwei persönliche Anmerkungen seien doch erlaubt: Zum einen fällt die ENORM WACHSENDE BESCHLEUNIGUNG im 20. Jahrhundert auf, der alle Lebensvorgänge unterworfen waren und bis heute sind. Man denke nur an die gigantischen Verbesserungen und Neuerungen bei der Informationsübertragung, an die Computerisierung und an den Ausbau der Transportsysteme. Damit verbunden ist eine neue Einstellung gegenüber der Muße. Zeit soll nun generell ökonomisch nutzbar gemacht werden.

Eine zweite Bemerkung betrifft die Bedeutung der (zumeist erzwungenen) Migration von Gelehrten aus Zentraleuropa in westliche Länder, vor allem in die USA. Höhepunkt dieser Migration auf dem Gebiet der Wirtschaftswissenschaften waren sicherlich die dreißiger und vierziger Jahre dieses Jahrhunderts. Dies bedeutete einerseits einen unglaublichen Fortschritt für die Wirtschaftswissenschaften in den USA, die seither ihre Führungsrolle nicht mehr abgegeben haben. Ohne die vielen Emigranten aus dem deutschsprachigen Bereich wäre dies wohl nicht möglich gewesen. Ja man kann ohne Übertreibung feststellen, dass eine Reihe von Teildisziplinen der Ökonomik (man denke an die Finanzwissenschaft) dadurch in die USA „verpflanzt“ wurden. Für die Länder, aus denen die Wissenschaftler emigrierten, bedeutete dies andererseits im Nachhinein betrachtet einen unersetzlichen Verlust. Viele der emigrierten Ökonomen bildeten im Ausland (oft einflussreiche) Schulen und gründeten Institutionen, die in ihrer Heimat dann fehlten.

Für mich ist die Geschichte dieser großen Migration ein einprägsames Beispiel für die Macht des Wissens, Denkens und der Ideen, die dem Materiellen übergeordnet sind, und sicherlich letztlich mehr bewegt haben als bloße Warenströme.

1908: Ford produzierte sein T-Modell;

1917: Die Führung des zaristischen Russlands wurde mit der Februarrevolution 1917 entmachtet. Die Oktoberrevolution 1917 unter der Führung der Bolschiwiki und Lenins führte zur Ausrufung der „Russischen Sowjetrepublik";

1918: Ungarn erklärte am 31. Oktober 1918 seine Unabhängigkeit. Die Doppelmonarchie Österreich-Ungarn zerfiel;
Achtstundentag in Deutschland;

1919: Am 28. Juni 1919: Versailler Vertrag. Nach der allseitigen Ratifizierung und dem Austausch der Urkunden trat der Versailler Vertrag am 10. Januar 1920 in Kraft. Die wirtschaftlichen und politischen Folgen des Versailler Vertrags waren einschneidend und kaum zu überschätzen. Im Artikel 231 (Kriegsschuldartikel), der als eine Art „moralischer Grundlage" für die folgenden Reparationen anzusehen war, hieß es: „Die alliierten und assoziierten Regierungen erklären, und Deutschland erkennt an, dass Deutschland und seine Verbündeten als Urheber für alle Verluste und Schäden verantwortlich sind, die die alliierten und assoziierten Regierungen und ihre Staatsangehörigen infolge des Krieges, der ihnen durch den Angriff Deutschlands und seiner Verbündeten aufgezwungen wurde, erlitten haben."
Deutschland verlor unter anderem alle Kolonien und es musste zahlreiche Gebiete abtreten, wirtschaftlich besonders bedeutsam das oberschlesische Kohlerevier und Lothringen. Insgesamt verlor Deutschland ca. 13% seines vorherigen Gebietes und ca. 10% der Bevölkerung. Das Saargebiet, dessen Kohleproduktion Frankreich zufiel, wurde dem Völkerbund unterstellt. Nach 15 Jahren sollte eine Abstimmung über die Landeszugehörigkeit stattfinden. Deutschland durfte nur mehr eine Berufsarmee mit maximal 100.000 Mann und 4.000 Offizieren unterhalten, die allgemeine Wehrpflicht wurde aufgehoben. Deutschland durfte keine schweren Waffen (wie Panzer, U-Boote, Schlachtschiffe) mehr besitzen. Das Rheinland musste entmilitarisiert werden.
Und besonders wichtig: Das Deutsche Reich wurde zur Wiedergutmachung durch Geld- und Sachleistungen (Reparationen) in noch festzulegender Höhe verpflichtet.
Die deutsche Handelsflotte wurde verkleinert. Die Schiff-

fahrtswege Elbe, Oder und Donau wurden für international erklärt. Für fünf Jahre musste das Deutsche Reich den Siegermächten einseitig die Meistbegünstigung gewähren. Insgesamt kann man feststellen: Die Wirtschaftskraft Deutschlands wurde erheblich geschwächt, durch den fast vollständigen Verlust der Handelsflotte und den Verlust des Auslandsvermögens wurde der deutsche Außenhandel schwer getroffen. Die Reparationszahlungen belasteten Deutschland zudem schwer. Die politischen Folgen können hier nicht diskutiert werden.

Am 6. August 1919 billigte der Staatenausschuss (bei nur drei Gegenstimmen) den Gesetzesentwurf für den Aufbau einer Reichsfinanzverwaltung in Deutschland (in Kraft: 10.9.1919). Dahinter stand der Zentrumspolitiker Matthias Erzberger. Obiges Gesetz war das erste von 16 Gesetzen, mit denen die gesamte Finanzverfassung grundlegend reformiert wurde. Erzberger vereinheitlichte damit das bis dahin völlig zersplitterte Steuerrecht der 25 Einzelstaaten, und regelte auch den Finanzausgleich zwischen Reich, Ländern und Gemeinden neu. Und dies vor dem Hintergrund von Schulden aus den Kriegsanleihen von 150 Milliarden Mark und Reparationsforderungen aus dem Versailler Vertrag von 130 Milliarden Goldmark. Das wichtigste Einzelgesetz war dabei die Reform der Einkommensteuer, das den Steuerwirrwarr einzelstaatlicher Regelungen beseitigte. Ziel war dabei eine möglichst breite Bemessungsgrundlage, ein weit gefasster Einkommensbegriff, der auch einmalig anfallende Erträge erfasste. Gleichzeitig wurde der progressive Steuertarif drastisch angehoben (der neue Spitzensteuersatz für Jahreseinkommen von 500.000 Mark und mehr betrug 60%). Dauerhaft wurden eingeführt: der Lohnsteuerabzug bei Arbeitseinkommen, ein Kapitalertragssteuergesetz, und eine Urfassung des Körperschaftssteuergesetzes.

1920: Am 15. November 1920 trat die Vollversammlung des Völkerbundes zu ihrer ersten Sitzung zusammen, nachdem am 28. Juni 1919 die Satzung des Völkerbundes unterzeichnet worden war;

1922: Nach dem Sieg der Bolschiwiki im russischen Bürgerkrieg wurde im Dezember 1922 die „Union der Sozialistischen

Sowjetrepubliken“ (kurz Sowjetunion) gegründet;

1923: Am 11. Januar 1923 rückten Truppen aus Frankreich und Belgien (etwa 60.000 Soldaten) ins Ruhrgebiet ein. Grund: Die Reparationskommission meldete ein Versäumnis Deutschlands bei den Reparationen: Holz und Kohlen im Wert von 24 Millionen Goldmark standen noch aus. Die französische Regierung wollte hier ein deutliches Exempel statuieren;
Inflation in Deutschland (siehe eigenes Kapitel 11.19.1);

1924: Am 21. Januar 1924 starb Lenin. In dem darauf folgenden Machtkampf setzte sich Josef Stalin gegen Leo Trotzki durch;
Der Dawes-Plan regelte die deutschen Reparationen neu;

1926: Am 10. September 1926 wurde Deutschland in den Völkerbund aufgenommen;

1928: In der Sowjetunion wurde von 1928 an der Aufbau der Schwerindustrie unter größten personellen Opfern vorgenommen. Die staatliche Wirtschaft wurde Fünfjahresplänen unterworfen, die Landwirtschaft (oft unter hartem Zwang) kollektiviert: es entstanden Sowchosen und Kolchosen;

1929: Die Gesamthöhe der deutschen Sach- und Geldlieferungen wurde im Young-Plan festgelegt: 112 Milliarden Reichsmark, verteilt auf 59 Jahresraten. Die letzte Rate wäre 1979 fällig gewesen!

1930: Heinrich Brüning (1885-1970) bildete ein Kabinett (Minderheitsregierung) der bürgerlichen Mitte. Mit diesem Kabinett begann Brüning seine deflationär ausgerichtete Wirtschaftspolitik. Brüning brachte seine entsprechenden Vorlagen dabei als Notverordnungen mit Hilfe des Reichspräsidenten durch;

1929: 24. Oktober 1929: Der „schwarze Donnerstag“. Zusammenbruch des amerikanischen Aktienmarktes;
Weltwirtschaftskrise. Übergreifen der Krise mit nachhaltiger längerer Wirkung auf viele Industriestaaten: Massenarbeitslosigkeit;

1930: 16. Juli 1930: 1. Notverordnung des Reichspräsidenten nach Artikel 48 der Reichsverfassung zur „Sicherung von Wirtschaft und Finanzen“: Senkung der Löhne und Gehälter, Herabsetzung von Preisen, Ausgaben und Arbeitslosenentschädigungen, Steuererhöhungen;
1. Dezember 1930: 2. Notverordnung. Brüning setzte die deflatorische Wirtschaftspolitik fort: Kürzung der Beamtenge-

hälter, Erhöhung der Beiträge zur Arbeitslosenversicherung;

1931: 11. Mai 1931: Zusammenbruch der österreichischen Credit-Anstalt;

13. Juli 1931: Die Darmstädter Bank stellte ihre Zahlungen ein;

Im Juli 1931 verkündete der amerikanische Präsident Herbert Hoover wegen der Weltwirtschaftskrise einen einjährigen Aufschub sämtlicher Kriegsschuldenzahlungen an die USA, gekoppelt mit einem einjährigen Aufschub der deutschen Reparationszahlungen;

21. Dezember 1931: Aufgabe des Goldstandards durch England und anschließend durch die Länder mit Pfund-Währung;

3. Notverordnung (6.10.1931) und 4. Notverordnung (8.12.1931);

1932: 5. Notverordnung (14.6.1932): Kürzung der Arbeitslosen-, Krisen- und Wohlfahrtsunterstützungen;

1932 wurde die deutsche Restschuld auf 3 Milliarden Mark festgesetzt, zahlbar im Jahre 1935. Aber die spätere Reichsregierung unter Adolf Hitler weigerte sich, diesen Rest zu zahlen und die Alliierten protestierten nicht. Fazit: Insgesamt hatte Deutschland von den direkt nach dem Krieg verlangten 225 Milliarden Mark bis 1932 gerade 37 Milliarden geleistet;

Hindenburg entließ am 30. Mai 1932 Brüning;

1938: Einmarsch deutscher Truppen in Österreich;

1944: Am 21. April 1944 wurde eine „Gemeinsame Erklärung“ der USA und Großbritanniens über das künftige Weltwährungssystem veröffentlicht, in der man sich auf einen vom Amerikaner Harry White (Assistent des amerikanischen Finanzministers Henry Morgenthau) und von John Maynard Keynes veränderten Plan festlegte. Der ursprüngliche Keynes-Plan wurde nicht verwirklicht;

1. bis 22. Juli 1944: Konferenz von Bretton Woods. Der Dollar war nun Leitwährung für alle IWF-Mitglieder, zur Untermauerung dieses Anspruches verpflichtete sich die amerikanische Notenbank, jederzeit Gold für 35 Dollar je Feinunze zu verkaufen;

1946: Im März 1946 erstes Treffen der Leitungsgremien von IWF und Weltbank in Savannah (Georgia);

Am 5. März 1946 trat in der amerikanischen Besatzungszone

das „Gesetz zur Befreiung von Nationalsozialismus und Militarismus“ in Kraft: Alle Deutschen über 18 Jahre mussten in Fragebögen über ihre Funktion im NS-Staat Auskunft geben;
30. September bis 1. Oktober 1946: Im Nürnberger Hauptkriegsverbrecher-Prozess, der am 20. November 1945 begann, wurden die Urteile über die 22 Angeklagten verlesen;

1946/47: Winter 1946/1947: In Deutschland mangelte es an Brennstoff und Nahrungsmitteln. Die amerikanischen Zigaretten etablierten sich als inoffizielle aber begehrte Zweitwährung;

1947: Im Juni 1947 kündigte der damalige amerikanische Außenminister Georg C. Marshall ein Hilfs- und Wiederaufbauprogramm für Europa in Höhe von mehreren Milliarden Dollar an: den Marshall-Plan;

1948: Am 20./21. Juni 1948: Währungsreform für die westlichen Besatzungszonen Deutschlands. Die D-Mark trat an die Stelle der Reichsmark;

1949: Am 8. Mai 1949 verabschiedete der Parlamentarische Rat das Grundgesetz der Bundesrepublik Deutschland. Am 23. Mai wurde es verkündet, am 24. Mai 1949 trat es in Kraft. Damit war die Bundesrepublik Deutschland gegründet;
Am 7. Oktober 1949 proklamierte der Deutsche Volksrat in Berlin unter Führung der SED die DDR;

1950: Am 25. Juni 1950 brach der Korea-Krieg aus;

1952: Im August 1952 wurde die Bundesrepublik Deutschland Mitglied von IWF und Weltbank;
Am 10. September 1952 verpflichtete sich die Bundesrepublik Deutschland im Rahmen eines Wiedergutmachungs-Abkommens, an Israel Waren und Dienstleistungen im Wert von 3 Milliarden DM zu liefern;

1955: Am 5. Mai erklärten Vertreter der alliierten Siegermächte die Bundesrepublik für souverän. Die alliierten Dienststellen wurden geschlossen;
Im Mai 1955 wurde die Bundesrepublik Mitglied der 1949 gegründeten Nato;
Am 14. Mai 1955 schlossen sich die osteuropäischen Staaten zum Warschauer Pakt zusammen;

1956: Am Morgen des 25. Februar 1956 hielt Chruschtschow seine berühmte Rede vor den 1436 Delegierten des XX. Parteitags der KPdSU im Kreml, die den Beginn der Entstalinisierung einleitete;

1957: Am 25. März 1957: Unterzeichnung der Römischen Verträge über die europäische Wirtschaftsgemeinschaft (EWG). Am 1. Januar 1958 traten die Verträge in Kraft;

1963: Am 16. Oktober wurde Ludwig Erhard Bundeskanzler der Bundesrepublik Deutschland;

1970: Erstmals wurden Sonderziehungsrechte (SZR) als offizielle Währung des IWF ausgeteilt;

1971: Im August 1971 kündigte Präsident Nixon einseitig die Verpflichtung der USA, Dollar in Gold umzutauschen;

1973: 1. „Ölkrise": Im Herbst 1973 drosselte die Organisation der Erdöl exportierenden Länder (OPEC) bewusst die Fördermengen (um ca. 5%). Daraufhin stieg der Ölpreis, auch im Verlauf des nächsten Jahres;
Übergang zum System freier Wechselkurse;

1975: Erster Weltwirtschaftsgipfel in Rambouillet (bei Paris);

1979: Gründung des Europäischen Währungssystems (EWS);
2. „Ölkrise": Während der zweiten Ölkrise fanden wieder kurzzeitige Ölpreissteigerungen statt. Ausgelöst wurde die 2. Ölkrise im Wesentlichen durch Förderungsausfälle und Verunsicherungen nach der Revolution im Iran und dem Angriff Iraks auf den Iran (1. Golfkrieg);

1985: Vom neu gewählten Generalsekretär Michail Gorbatschow wurden erste Reformen eingeleitet. Schlagworte: Perestrojka (Umbau) und Glasnost (Offenheit);

1991: Am 8. Dezember 1991 wurde die Auflösung der Sowjetunion beschlossen. Es verblieben 12 souveräne Unionsrepubliken, die in der „Gemeinschaft unabhängiger Staaten" (GUS) zusammenfanden;
Argentinien band seine Währung mit einem festen Wechselkurs an den Dollar und konnte damit seine exorbitante Inflation vorerst stoppen. Allerdings verteuerten sich dadurch die Preise argentinischer Produkte auf dem Weltmarkt und führten zu einer geringeren Wettbewerbsfähigkeit Argentiniens und schließlich zu einer negativen Handelsbilanz und einer Erhöhung der Auslandsverschuldung;

1994/95: „Tequila-Krise" in Lateinamerika, ausgelöst durch eine Krise in Mexiko;

1997: Nach Jahren starken Wachstums erfolgte in den asiatischen

Ländern 1997 ein plötzlicher Fall mit einer tiefen Rezession. Die „Asien-Krise“ begann;

1998 Die „Asien-Krise“ zeigte sich besonders deutlich in den Wirtschaftsleistungen des Jahres 1998. Es seien nur die Schrumpfungsraten des jeweiligen BIP angegeben: Indonesien (-13,7%), Thailand (-8,0%), Südkorea (-5,5%), Hongkong (-5,1%), Japan (-2,8%);

1997/1998: Krise in Brasilien, die eine deutliche Abwertung der dortigen Währung auf etwa die Hälfte ihres ursprünglichen Wertes zur Folge hatte;

1998: „Rubelkrise“ in Russland;

1999: Krise in Argentinien. 1999 kam es zu einer Rezession von 4%.

11.1 VORBEMERKUNGEN ZUR ÖKONOMIK IM 20. JAHRHUNDERT

Es ist fast unmöglich, die Ökonomik des 20. Jahrhunderts auch nur einigermaßen vollständig nachzuzeichnen. Zu sehr hat sie sich in viele Teilgebiete aufgespalten, zu viele wichtige Ökonomen existierten in diesem Zeitraum.

Daraus folgt:

- Bedingt durch ihre weltweite, uneingeschränkte Anerkennung als eigenständige Disziplin hat die Ökonomik im 20. Jahrhundert eine besonders starke Verästelung und Spezialisierung in Teilgebiete erfahren;
- Viele der durchaus wichtigen Teilgebiete mit ihren Spezialproblemen und Diskussionen (man denke nur an die Geld- und Währungstheorie, Standorttheorie, Regionalpolitik usw.) konnten hier nicht behandelt, ja nicht einmal adäquat angesprochen werden;
- Es ist für dieses Buch besonders wichtig, für meine WERTUNGEN eine Generalamnestie zu erbitten. Zum einen lassen sich Wertungen bei historischen Überlegungen ohnedies nie wirklich ausschließen. Zum anderen durfte (bzw. musste) ich ab meinem Studienbeginn 1959 bis zu meiner Emeritierung als Professor 2008 quasi als Zeitzeuge einen Teil der in Band V.2 geschilderten Tatbestände selber miterleben. Nun sind Zeitzeugen notgedrungen subjektiv, ihnen fehlt nicht nur der überlegene Überblick, den man (hoffentlich) Jahrzehnte später besitzt, sie erleben auch immer nur Teilaspekte des Geschehens und auch diese oft nur indirekt über die Medien.

Deshalb gilt für Band V ganz besonders meine Bitte, mir meine durchscheinenden Sympathien und Antipathien zu verzeihen. Der Leser wird sicherlich Lücken und ein Nichtberücksichtigen für ihn bedeutender Ökonomen konstatieren. Meine Auswahl ist natürlich subjektiv, aber ich bitte auch zu bedenken, selbst wenn ich noch gerne über weitere Ökonomen oder Richtungen berichtet hätte, es galt in einer Einführung auch Platzgründe zu berücksichtigen.

Doch genug der Entschuldigungen. Für die Ökonomik des 20. Jahrhunderts gilt es noch zu berücksichtigen:

- Es gibt zum gleichen Sachverhalt nicht zu wenige, sondern in der Regel zu viele Theorien (Beispiele: Arbeitslosigkeitstheorien, Konsumfunktionen, Inflationstheorien).

  Diesen Sachverhalt halte ich nicht für schädlich: für verschiedene Zeiten, verschiedene institutionelle Vorgaben, verschiedene Länder und

Mentalitäten, oft verschiedene Marktsegmente braucht es zumeist verschiedene Theorien!
Monokausale Erklärungen (z.B. für die Arbeitslosigkeit 2004) sind gefährlich, sie laden oft zu Übervereinfachungen an. Es gibt gleichzeitig verschiedene Typen von Arbeitslosigkeit auf dem Arbeitsmarkt. Hier wäre eine EINZIGE, alle Typen von Arbeitslosigkeit einebnende Theorie, eher schädlich und sicher eine ungeeignete Grundlage für erfolgreiche arbeitsmarktpolitische Maßnahmen.

- Eine weitere Ebene, auf der mittlerweile Vielfalt herrscht, ist die Methodologie. Die Ökonomik ist eine MULTIPARADIGMATISCHE DISZIPLIN geworden. Man ist, wenn überhaupt, nicht mehr auf ein einziges Paradigma eingeschworen. Dazu wird im Kapitel über die Entwicklung der Methodologie in der Ökonomik noch Genaueres zu sagen sein.

11.2 Einige wichtige Vertreter der Österreichischen Schule im 20. Jahrhundert

Bislang wurde die Österreichische Schule in „Generationen" eingeteilt. Zu deren Verständnis ist es aber noch sinnvoll, eine „genealogische Hauptlinie" und „diverse Seitenlinien" zu unterscheiden. „Der äußere Grund hierfür besteht darin, dass diese Differenzierung auch der Selbstinterpretation der beteiligten Personen entspricht. Böhm-Bawerk betrachtete sich selbst als Nachfolger Mengers. Mises begriff sich als Weiterführer Böhm-Bawerks und Mengers. Und Rothbard sah sich als Fortführer Mises' und seiner Lehrer" (Hoppe 1996, S. 67).

Und damit ist schon die „genealogische Hauptlinie" der Österreichischen Schule angesprochen: Menger – Böhm-Bawerk – von Mises – Rothbard. „Seitenlinien" werden in diesem Verständnis repräsentiert durch: Von Wieser, Schumpeter, Hayek, Kirzner, Lachmann. Zu den „Seitenlinien" schreibt Hoppe: „Umgekehrt dagegen, ungeachtet ihres Lehrer/Schüler Verhältnisses und einer ausgesprochenen gegenseitigen Wertschätzung betrachtete Böhm-Bawerk Schumpeter nicht als seinen Nachfolger, noch begriff sich Schumpeter selbst als solcher. Und ebenso anerkannte Mises Hayek nicht als seinen intellektuellen Erben, noch sah Hayek sich selbst in dieser Rolle. Man verstand sich vielmehr auch wechselseitig als „Abweichler" (Hoppe 1996, S. 68).

11.2.1 Ludwig von Mises (1881-1973)

Vita von Mises

1881:	Ludwig von Mises wurde am 29. September 1881 in Lemberg, der Hauptstadt von Galizien, das damals eine österreichische Provinz war (heutige Ukraine), als ältester Sohn des Eisenbahn-Ingenieurs Dr. Arthur von Mises und von Adele Landau geboren. Er stammte damit aus einer angesehenen jüdischen Familie. Ludwig hatte einen Bruder, Richard von Mises, der später ein erfolgreicher Mathematiker war;
1882:	Übersiedelung der Familie nach Wien;
1892-1900:	Ludwig besuchte das akademische Gymnasium in Wien. Matura 1900;
1900:	Beginn eines Jurastudiums mit dem Fach Ökonomik am Institut für Staatswissenschaft an der Universität Wien;
1901:	Tod seines Vaters;
1903:	„Um Weihnachten 1903 herum las ich zum ersten Mal Mengers Grundsätze der Volkswirtschaftslehre. Durch dieses Buch wurde ich zum Nationalökonomen" (Mises 1978, S. 19);
1906:	Promotion. Von Mises war eigentlich ein Schüler Friedrich von Wiesers (1851-1926), nahm aber auch an einem Seminar von Böhm-Bawerk für einen kleinen Kreis teil (ab 1904), das dieser trotz seiner Belastung als Finanzminister noch an der Universität hielt. In diesem Rahmen konnte von Mises seine ersten Ansätze zu einer Geld- und Kredittheorie diskutieren. In diesem berühmtem Seminar waren übrigens politisch ganz unterschiedlich ausgerichtete Personen vertreten: So z.B. neben Ludwig von Mises auch der Austro-Marxist Otto Bauer (1881-1938) und Joseph Alois Schumpeter (1883-1950);
	„Mises konnte seine Ideen aber auch noch mit dem im Ruhestand lebenden Schulegründer Menger diskutieren" (Neudeck 1981, S. 25);
	Von Mises unterrichtete bis zu seiner Habilitation 1912 nebenher Nationalökonomie an dem Abiturientenkurs der Wiener Handelsakademie für Mädchen. Er trat „für kurze Zeit in die Dienste der Finanzlandesdirektion ein, um in den Jahren 1906 bis 1908 im Sprengel des Oberlandesgerichtes Wien seine Rechtspraktikantenzeit zu absolvieren, die er mit einer kurzen Tätigkeit in einer Advokaturskanzlei abschloss" (Hört-

	lehner 1981, S. 141);
1908:	Von Mises arbeitete als wirtschaftlicher Berater in einer Kommission zur Reform der Vermögensbesteuerung; Beitritt in die „Zentralstelle für Wohnungsreform". Hier gewann er einen Einblick in die schlechten Wohnverhältnisse seiner Zeit;
1909:	Zunächst „provisorischer Konzipist" (15. Oktober 1909) der „Niederösterreichischen Kammer für Handel, Gewerbe und Industrie" in Wien (seit 1920 „Wiener Kammer für Handel, Gewerbe und Industrie". Dabei musste er neben einer Mitwirkung an der Beratung der österreichischen Regierung in wirtschaftspolitischen Fragen auch Gesetzesvorhaben beurteilen;
1910:	Von Mises rückte über den Konsulenten verschiedener Klassen und den stellvertretenden Kammersekretär nach Beendigung des Ersten Weltkrieges zum leitenden Kammersekretär auf. Hörtlehner kommentiert: „Formell demnach „Kammerdiener", war er der Sachautorität nach „Kammerherr" (Hörtlehner 1981, S. 143).
1912:	Veröffentlichung seiner unter der Obhut von Eugen von Philippovich (1858-1917) geschriebenen Habilitationsschrift „Theorie des Geldes und der Umlaufmittel";
1913:	Von Mises war ab 1913 Privatdozent (ohne festes Gehalt, dann (Frühjahr 1918) mit dem Titel eines außerordentlichen Professors) an der Universität Wien. Er hielt an der Universität ein zweistündiges Seminar;
1914-1917:	Hauptmann bei der österreichischen Artillerie in den Karpaten;
1918:	Nach einer Typhuserkrankung bei der Wirtschaftsabteilung im Kriegsministerium; „Als Max Weber im Sommersemester 1918 an der Wiener Universität lehrte, entwickelte sich zwischen diesen beiden starken Forscherpersönlichkeiten eine enge Freundschaft, die auch nach dem Tode Webers mit dessen Witwe weitergepflegt wurde" (Leube 1996, S. 33);
1918-1920:	Neben seiner Tätigkeit in der Handelskammer, nun in leitender Position (leitender Kammersekretär), Direktor des Abrechnungsamtes, das sich vor allem mit der Ausführung der Bestimmungen des Friedensvertrages beschäftigte;
1921:	Seit 1921 (andere Quellen sprechen von 1920, 1922 und sogar

	1923) hielt von Mises alle vierzehn Tage in der Handelskammer sein berühmtes Privatseminar ab. Nach kurzer Zeit wurde dieses Privatseminar der Treffpunkt vieler (später) berühmter Ökonomen;
1922:	Erscheinen seiner Schrift „Die Gemeinwirtschaft";
1927:	Gemeinsam mit Friedrich August von Hayek baute von Mises das parteiunabhängige „Österreichische Institut für Konjunkturforschung" auf (1.1.1927). Von Hayek wurde sein erster Direktor. Nach dessen Übersiedelung nach London folgte Oskar Morgenstern als Direktor. Von Mises selbst verblieb im Kuratorium;
1930:	Mitwirkung neben Dollfuss, Palla und Schüller an einem „Bericht über die wirtschaftlichen Schwierigkeiten Österreichs";
1932:	Die zweite Auflage der „Gemeinwirtschaft" löste die berühmte „Sozialismusdebatte" aus;
1934:	Von Mises folgte einem Ruf an das „Institut Universitaire des Hautes Études Internationales" in Genf auf den Lehrstuhl für internationale Wirtschaftsbeziehungen. Von Mises gab dabei aber seine Stellung in der Handelskammer nicht auf, er ließ sich bloß beurlauben und kam jedes Jahr zurück, um hier nach dem Rechten zu sehen und: „Während er als Theoretiker von der herrschenden Lehre abgelehnt wurde, galt er wegen seines Einflusses als Handelskammerpolitiker im wirtschaftlichen Bereich als DER Nationalökonom des Landes" (Hörtlehner 1981, S. 140);
1938:	Am 6. Juli 1938 in Genf Ehe (nach über dreizehnjähriger Bekanntschaft) mit der Schauspielerin Margit Sereny-Herzfeld. Trauzeugen waren sein Freund Hans Kelsen, der berühmte Jurist, und sein Schüler Gottfried von Haberler;
	Am 29. Juli 1938 wurde von Mises offiziell aus seiner Kammerposition entlassen (Zustellung 8. August 1938);
1940:	Publikation des Werkes „Nationalökonomie";
	Emigration von Genf aus über Frankreich, Spanien und Portugal nach New York (Ankunft am 2. August 1940). Kurt Leube schreibt zu dieser Emigration: „Im Frühjahr 1940 gelang ihnen unter waghalsigen Umständen und mit Agenten der Gestapo im Nacken die Flucht von Genf durch Frankreich, Spanien und Portugal nach New York" (Leube 1993, S. 25).
	Von Mises kam dort „verbittert, hoffnungslos und ohne seine

	Bücher“ (Leube 1996, S. 41) an; Margit von Mises schrieb dazu in der Einleitung zu den Memoiren ihres Mannes: „Es war ein heißer, feuchter Tag als wir in New Jersey landeten. Vier Wochen voller Unsicherheit, seelischer Qualen und Aufregungen lagen hinter uns. Kein einziges Familienmitglied erwartete uns. Wir hatten kein Heim, und so wie viele andere Einwanderer hatten wir schwere Zeiten durchzumachen ... Von 1940 bis 1942 hatten wir kein richtiges Zuhause. Wir zogen von einem kleinen Hotel zum anderen und lebten von unseren Ersparnissen. Kein einziger Lehrstuhl war Ludwig von Mises angeboten worden, der ihm annehmbar erschien“ (Mises 1978, S. VII/VIII); Dazu kam: Ludwig von Mises, der nie reich war, hatte seine Ersparnisse hauptsächlich bei englischen Banken angelegt und aufgrund der Devisenbewirtschaftung während des Krieges war es unmöglich, auf dieses Vermögen zuzugreifen;
1940-1944:	Gast des National Bureau of Economic Research in New York in unbedeutenden Positionen;
1945:	Trotz Widerständen der Fakultät Gastprofessor (Visiting Professor) an der „Graduate School of Business Administration” der New York University. Er bekam für eine kleine Gastvorlesung (Thema: Sozialismus) $ 2000.- im Jahr. „Nur durch die volle Übernahme seines Gehalts in Form einer Subvention an die New York University durch den William Volker Fund, war es möglich, Mises von 1950 bis ins hohe Alter von 87 Jahren als einen geduldeten permanenten Gastprofessor zu beschäftigen“ (Leube 1996, S. 41);
1962:	Auszeichnung mit dem österreichischen Ehrenzeichen für Wissenschaft und Kunst;
1969:	Von Mises zog sich als ältester Universitätslehrer der USA aus dem universitären Leben zurück; Verleihung der Auszeichnung „Distinguished Fellow“ durch die American Economic Association;
1973:	Von Mises starb im Alter von 92 Jahren am 10. Oktober in New York;
1974:	Von Mises Schüler Friedrich August von Hayek erhielt 1974 den Nobelpreis für Wirtschaftswissenschaften;
1982:	Gründung des „Ludwig von Mises Institute“ an der Auburn University (Alabama), das durch private Spenden finanziert

wird.

Ludwig von Mises war unbestritten der wichtigste Ökonom der 3. Generation der Österreichischen Schule. „School in this context, does not refer to an academic institution but to a way of thinking, a technique of analysis, a program of research" (Machlup 1981, S. 8).

In einem Vergleich mit Joseph Schumpeter schrieb Hayek: „Es mangelte ihm vollständig an der Anpassungsfähigkeit seines brillanten Seminarkollegen Josef Schumpeter, der den jeweiligen intellektuellen Moden schnell entgegenkam ... Es schien mir überhaupt, als ob, bei aller gegenseitigen intellektuellen Achtung, diese zwei bedeutendsten Repräsentanten der dritten Generation führender Wiener Nationalökonomen (zur „österreichischen Schule" im engeren Sinn kann man Schumpeter kaum rechnen) sich gegenseitig eher etwas auf die Nerven gingen" (Hayek in: Mises 1978, S. XIV).

Wollte man die Persönlichkeit: Ludwig von Mises kurz charakterisieren, passt meines Erachtens am besten der Titel eines Aufsatzes von Fritz Machlup (1902-1983), selbst ein bedeutender Ökonom der Österreichischen Schule, über ihn: „Ludwig von Mises; The Academic Scholar who would not Compromise" (Machlup 1981).

Aufschlussreich und lesenswert sind seine Memoiren „Erinnerungen von Ludwig von Mises" (Mises 1978). Allerdings wurden sie zu einer Zeit geschrieben, als von Mises verbittert und ohne Hoffnung war. Wohl deshalb enthalten sie viele scharfe Formulierungen und Urteile, und auch einige Übertreibungen seiner eigenen Leistungen, unter diesen Umständen verständlich. So schrieb er zum Beispiel, es sei allein ihm zu verdanken, dass Österreich nach dem ersten Weltkrieg nicht bolschewistisch wurde: „Ich habe viele Nächte lang mit dem Ehepaar Bauer diese Probleme durchgesprochen, bis es mir endlich gelang, es zu überzeugen. Die gemäßigte Haltung Bauers entschied damals über das Schicksal Wiens" (Mises 1978, S. 13).

Und noch direkter: „Dass es damals in Wien nicht zum Bolschewismus gekommen ist, war einzig und allein mein Erfolg."

Ein weiteres Beispiel: „Dass die Inflation damals nicht weiter ging als bis zum Kurs von 175 Schilling (statt 139 Schilling) für 100 Schweizer Francs und eine neue Stabilisierung zu diesem Kurse sehr bald erfolgte, war allein mein Verdienst" (Mises 1978, S. 59).

Wie scharf und verbittert von Mises formulierte, zeigt folgende Textstelle seiner Memoiren: „Mehrere Professoren behaupteten, dass sie „Spezialisten für Theorie" wären. Von diesen waren Gottl und Oppenheimer größenwahnsinnige Monomanen, Diehl ein engstirniger Ignorant, Spiethoff ein Mann, der es nie dazu gebracht hat, ein Buch zu veröffentlichen" (Mises 1978, S.

68). Man muss von Mises diese harten Formulierungen angesichts seiner persönlichen Situation nachsehen. Er war zudem, was die Entwicklung der Weltlage anging, ein Pessimist. Seine Aussage: „Ich wollte Reformer werden, doch ich bin nur der Geschichtsschreiber des Niedergangs geworden" (Mises 1978, S. 76), spricht eine deutliche Sprache.

Hayek spezifizierte seine Situation in Wien: „Aber ein jüdischer Intellektueller, der den Kapitalismus rechtfertigte, erschien den meisten als eine Art Monstrosität, etwas Unnatürliches, das man nicht einzuordnen und mit dem man nichts anzufangen wusste. Seine unbestrittene Sachkenntnis imponierte, und man konnt nicht umhin, ihm in kritischen wirtschaftlichen Situationen zu konsultieren, aber begriffen und befolgt hat man seinen Rat selten" (Hayek in: Mises 1978, S. XV).

Ludwig von Mises hatte nie eine ordentliche Professur inne. Kurt Leube vermutet: „Wahrscheinlich entsprachen seine unpopulären, aber meist zwingenden Argumente nicht dem Zeitgeist; außerdem gehörte Mises gewiss nicht zu jenen, die die Missachtung gegenüber Kollegen erfolgreich zu verbergen wussten" (Leube 1993, S. 25). Möglicherweise waren aber auch antisemitische Vorurteile gegenüber dem „Juden" von Mises im Spiel.

Nach Kenntnis einiger Anekdoten aus seinem Leben kann man, glaube ich, hinzufügen: er war in seinen Auffassungen unbeweglich. Und die Feststellung, dass er keinerlei Kompromisse, auch und gerade in seinen wissenschaftlichen Auffassungen, einging, kann man unterschiedlich interpretieren: Von einem moralisch lobenswerten Festhalten an der (von ihm vermuteten) Wahrheit bis hin zu einer Rechthaberei, die die Argumente Andersdenkender einfach ignorierte. Der gleichen Meinung ist Werner Neudeck: „Man mag das Starrsinn oder Charakter nennen. Wenn er seine Meinung gebildet hatte, wich er von ihr nicht mehr ab, auch wenn seine Begründung keineswegs zwingend oder einsichtig war" (Neudeck 1981, S. 26/27).

Als Addendum zu seiner Vita soll noch kurz auf sein zu Recht berühmtes zweiwöchentliches Privatseminar in seinem Arbeitszimmer als Leiter der Finanzpolitischen Abteilung der Handelskammer im 2. Stock, Ringstraßenfront, eingegangen werden, das von Mises neben seinem Seminar an der Universität Wien abhielt. Zum Privatseminar zugelassen zu werden, war eine Ehre und in der Regel erst nach erfolgreicher Promotion möglich. Interessant (und nicht untypisch) dabei war, dass kein einziges regelmäßiges Mitglied dieses innovativen Privatseminars ordentlicher Professor war. Die Teilnehmer waren größtenteils „Privatgelehrte", die ihren Lebensunterhalt aus außeruniversitären Quellen bezogen. Zum Teil wurden auch ausländische Gäste eingeladen. Die Teilnehmerzahl war wegen der beschränkten Raumkapa-

zität auf unter 30 Teilnehmer begrenzt.
„Das Privatseminar hatte keinerlei offizielle Bedeutung oder Funktion. Es hatte weder mit der Universität noch mit der Handelskammer etwas zu tun. Es war und blieb stets der Kreis meiner – weit jüngeren – Freunde. Die Außenstehenden wussten nichts von unseren Zusammenkünften, sie sahen nur die Arbeiten, die die einzelnen Teilnehmer veröffentlichten“ (Mises 1978, S. 64).
Hier diskutierte der Kern der 4. Generation (gemäß vorheriger Einteilung) der Österreichischen Schule: Friedrich August von Hayek (1899-1992), Gottfried von Haberler (1900-1995), Oskar Morgenstern (1902-1977), Fritz Machlup (1902-1983), Steffy Braun (1898-1990) und die Philosophen Eric Voegelin (1901-1985) und Felix Kaufmann (1895-1949). Hinzufügen muss man noch (neben einigen anderen): Karl Menger (1902-1985), Karl Schlesinger (1889-1938), Richard von Strigl (1891-1942), Paul Rosenstein-Rodan (1902-1985).
Mitglieder des Privatseminars waren also nicht nur Ökonomen, sondern auch Juristen, Soziologen, Historiker, Mathematiker und Philosophen. „Die meisten der ... Studenten, die als Mitglieder erwähnt werden, sind anerkannte Fachleute auf ihren Gebieten geworden; eine erstaunlich große Zahl hat Weltruf erlangt. Friedrich A. von Hayek erhielt 1974 den Nobelpreis für Nationalökonomie; Gottfried von Haberler und Fritz Machlup wurden nicht nur Präsidenten der American Economic Association, sondern auch Präsidenten der International Economic Association; Oscar Morgenstern begründete gemeinsam mit seinem Freund, dem genialen Mathematiker John von Neumann, die „Spieltheorie“ der Sozialwissenschaften; ... Erich Voegelin wurde einer der einflussreichsten Geschichtsphilosophen unserer Zeit“ (Browne 1981, S. 110).
Zwei ehemalige Teilnehmer veröffentlichten 1981 in Aufsätzen ihre diesbezüglichen (sehr lesenswerten) Erinnerungen: Martha Steffy Browne, „Erinnerungen an das Mises-Privatseminar”, Wirtschaftspolitische Blätter 1981, S. 110-120, und: Gottfried von Haberler, „Mises's Private Seminar“, Wirtschaftspolitische Blätter 1981, S. 121-126.
„The seminar attracted numerous visiting scholars from abroad who regarded it a great honor to be invited. Among them were Professor Howard S. Ellis, the late Ragnar Nurkse, Karl Bode …, Professor Alfred Stonier … and many others” (Von Haberler 1981, S. 122).
Besonders wies Gottfried von Haberler auf den „unforgettable Felix Kaufmann” (1895-1949) hin, Philosoph und Rechtsgelehrter, der 1938 nach New York emigrierte und der zum Seminar passende Lieder textete (in den Jahren

1922-1934), die in dem schmalen Bändchen „Wiener Lieder zu Philosophie und Ökonomie“, Stuttgart, Jena, New York 1992, verewigt sind.
J. Herbert Furth beschreibt ihn wie folgt: „Nichts Geistiges war ihm fremd. Sein umfassendes Wissen zeigte sich in Referaten … Er sprach über Probleme der Logik und Mathematik, den Wert der Wissenschaft, Kategorien der Wirtschaft, Pädagogik, die erkenntnistheoretischen Grundlagen der Relativitätstheorie, die Theorie der Kunstgeschichte, die Erkenntnistheorie der Wirtschaftslehre, eine allgemeine Wertlehre, den Dichter Arno Holz, das Problem der Willensfreiheit und zuletzt über intellektuelle Rechtschaffenheit. Auf diesem Gebiet war er besonders sachverständig: er war der rechtschaffenste Mensch, den ich je gekannt habe“ (Furth, Einleitung zu Kaufmann 1992, S. 11).
Eine kleine Kostprobe aus dem Lied „Geschliffener Geist im Mises-Kreis“:

„Doch beim Professor Mises,
Meint man weder dieses
Noch auch jenes in dem Seminar
Da wird von viertel acht
Bis halber zehn gedacht
Und auch die schwersten Fragen wurden klar.
An echten Grundbegriffen
Wird der Geist geschliffen
Und ein jeder lauscht, wenn einer spricht.
Dann geht ideenbesessen
Man zum Abendessen,
Denn ach, die Theorie ernährt uns nicht“
(Kaufmann 1992, S. 18).

Beim Lied „Abschied von Professor Mises“ (nach der Melodie „O alte Burschenherrlichkeit“) hieß es:

„Bald wird die hohe Fakultät
Mit Schaudern es erfassen,
Dass mir dem Einen, der da geht
Gar viele Wien verlassen.“
Und:
„Nun zieht der Meister selber fort
Und lehrt auf anderem Stuhle
Und schafft ein neues Zentrum dort
Der alten Wiener Schule.“

Diese und viele andere Lieder wurden von Felix Kaufmann laut Zeugen mit wohlklingender Stimme vorgetragen.

Das Seminar begann um 19 Uhr und endete bis kurz vor 22 Uhr. Dann ging die Gruppe in das italienische Lokal „Ancora Verde". „At 11:30 p.m. or so those members who were not yet exhausted went to the Café Künstler, opposite the University, the favourite meeting place of economists in Vienna in those days. Mises was always among the hardy ones who went to the Café Künstler, and was the last one to leave for home, never before 1:00 a.m." (Von Haberler 1981, S. 123).
Das Privatseminar von Mises wurde bis zum Herbst 1934 fortgesetzt, dann verließ von Mises Wien, um dem Ruf nach Genf nachzukommen.
Und auch in New York hielt Mises ab 1950 ein Seminar: „Its members became adherents of Austrian Economics without being Austrian by origin or residence; should we perhaps call them Non-Austrian Austrian economists …? Several highly productive writers and effective teachers are among these American disciples of Mises and his students. They are too numerous to list here …" (Machlup 1981, S. 9).
Peter J. Boettke schreibt allerdings dazu: „Mises' Jahre in New York waren von einer anderen Art als seine Zeit in Europa. Nur zwei seiner „Studenten" währen der Jahre an der Universität New York erreichten annähernd das wissenschaftliche Niveau, das er von den Teilnehmern des Mises-Kreises kannte" (Boettke 2002, S. 47). Diese beiden „Studenten" waren nach Auffassung von Boettke: Murray N. Rothbard (1926-1995) und Israel Kirzner (geboren 1930).

Kleine Auswahl aus den Schriften von Mises

„Theorie des Geldes und der Umlaufsmittel" (1912, 2. Auflage 1924, erweiterte englische Übersetzung: „The Theory of Money and Credit", 1934);

„Die allgemeine Teuerung im Lichte der theoretischen Nationalökonomie" (1913);

„Nation, Staat und Wirtschaft; Beiträge zu Politik und Geschichte der Zeit" (1919);

Hierin vertrat von Mises bereits eine liberale Position.

„Probleme der Wertlehre" (Mitherausgeber 1831, Schriften des Vereins für Socialpolitik, Band 189);

„Die Wirtschaftsrechnung im sozialistischen Gemeinwesen" (1920, englische Übersetzung 1935);

„Die Gemeinwirtschaft; Untersuchungen über den Sozialismus" (1922, 2. Auflage 1932, englische Version: „Socialism");

Dieses Buch beinhaltet eine umfangreiche Sammlung aller Argumente gegen die Planwirtschaft, eigene Begründungen für das Scheitern einer Planwirtschaft und sagte den Untergang des Sozialismus voraus.

„Liberalismus" (1927);

„Geldwertstabilisierung und Konjunkturpolitik" (1928);

„Kritik des Interventionismus; Untersuchungen zur Wirtschaftspolitik und Wirtschaftsideologie der Gegenwart" (1929);

„Grundprobleme der Nationalökonomie; Untersuchungen über Verfahren, Aufgaben und Inhalt der Wirtschafts- und Gesellschaftslehre" (1933);

„Nationalökonomie; Theorie des Handelns und Wirtschaftens" (1940);

Das Buch wurde bei seinem Erscheinen kaum, ja eigentlich nicht beachtet. Es herrschte Krieg und der Verleger musste zudem kurz nach Erscheinen des Buches sein Geschäft aufgeben. Erst die überarbeitete amerikanische Ausgabe „Human Action" (1949), die seit 1949 immer wieder nachgedruckt wurde, machte von Mises dann bekannt.

„Omnipotent Government; The Rise of the Total State and Total War" (1944);

„Bureaucracy" (1944);

„Human Action; A Treatise on Economics" (1949, 3. Auflage 1966);

Bei „Human Action" handelt es sich nicht um eine bloße Übersetzung seiner „Nationalökonomie" ins Englische. Es war vielmehr eine in Inhalt und Umfang völlig neu bearbeitete Fassung, adaptiert auch an das veränderte Lesepublikum und ergänzt um ein Kapitel über Unsicherheit, allerdings kompatibel mit den Aussagen in der „Nationalökonomie".

„Theory and History; An Interpretation of Social and Economic Evolution" (1957);

„On the International Monetary Problem" (1967);

„Capitalism versus Socialism" (1969);

„The Historical Setting of the Austrian School" (1969);

„An assiduous worker and prolific writer, Mises published 47 books, of which 19 were first editions and 28 were second editions or translations. (This count does not include books that appeared after his death)" (Machlup 1981, S. 7).

11.2.1.1 Thesen von Mises

Überlegungen zum Sozialismus:

Von Mises behandelte bei seiner Kritik des Sozialismus weniger das Marxsche Theoriegebäude, wie es vor ihm z.B. Böhm-Bawerk 1896 getan hatte, sondern er kritisierte vor allem die INSTITUTIONELLEN Aspekte des Sozialismus, also die Ausgestaltung einer sozialistischen Wirtschaft, und dabei das Problem der Wirtschaftsrechnung, das sich in jeder arbeitsteiligen Wirtschaft naturgemäß stellt.

Besonders hervorzuheben dabei ist, dass Ludwig von Mises seine Sozialismuskritik nicht in erster Linie auf moralische Aspekte, als vielmehr auf ökonomische Überlegungen gründete.

Dabei stand er dem Sozialismus in praktisch ALLEN seinen Varianten (auch den nicht-marxistischen Varianten, wie z.B. einem religiös motivierten Sozialismus) ablehnend gegenüber. Dem Sozialismus wurde als positives Idealbild der wirtschaftliche Liberalismus gegenübergestellt.

Der Sozialismus verfüge über keinen Markt, damit könnten sich auch keine Tauschverhältnisse und auf den Präferenzen der Menschen beruhende Preise bilden. Die Preise in einer Marktwirtschaft seien Knappheitsindikatoren und zwar nicht nur für die Endprodukte, sondern besonders wichtig, auch für alle Zwischenprodukte und Produktionsfaktoren. Ohne solche Knappheitsindikatoren könne in einer rein mengenmäßigen Planung keine Entscheidung über eine EFFIZIENTE Verwendung (auch im Sozialismus) knapper Ressourcen getroffen werden. Und damit seien Ineffizienz, Misswirtschaft und Mangel unvermeidlich. Eine effiziente Wirtschaftsrechnung sei in sozialistischen Systemen ohne Privateigentum an den Produktionsmitteln und damit individueller Verantwortung für deren Einsatz nicht möglich. Denn im Sozialismus stelle nicht der unabhängige Produzent Reihenfolge und Dringlichkeit der Produktion verschiedener Güter (über die Preise, die Knappheiten widerspiegelten und damit Renditechancen) fest, sondern ein omnipotenter, aber ökonomisch kriterienloser, Staat.

Unter stationären (d.h. hier: sich nicht mehr verändernden) Zuständen sei das Problem einer ökonomischen Kalkulation im obigen Sinne nicht wirklich gegeben. Dies sei gänzlich anders in einer realen Wirtschaft, die sich ständig verändere und in der ständig neue Probleme auftauchten, also eine immense Dynamik. Die Existenz solcher permanenten Veränderungen war für die Argumentation von Mises besonders wichtig. Hier seien die Preise als Resultat der Interaktionen bei sich ständig ändernden Bedingungen zwischen Anbietern und Nachfragern die einzige rationale Möglichkeit, die dahinter stehenden geänderten Präferenzen und Erwartungen abzubilden. Und dabei handelt es sich um Millionen von Wirtschaftseinheiten.

Im Gegensatz dazu im kapitalistischen Marktsystem: „Wenn sich aber jedermann in seinen wirtschaftlichen Dispositionen an den gleichen Preisinformationen orientiert, dann ergibt sich ein universeller konsistenter Rechnungszusammenhang, eine umfassende raumzeitliche Wirtschaftsrechnung, die gleichzeitig – ohne jeden staatlichen Zwang – die wirtschaftlichen Dispositionen aller dadurch koordiniert, dass jeder einzelne – schon aus Eigeninteresse – seine Aktivitäten an Nutzen- und Kostenerwägungen ausrichtet, dass er dabei das gleiche Wertungsschema verwendet, nämlich das System der stets sich ändernden Marktpreise, und dass er die für sich selbst günstigste Lösung zu finden versucht“ (Watrin 1996, S. 50). Im Originalton von Mises: „Im sozialistischen Gemeinwesen fehlt die Möglichkeit, in der Wirtschaft zu rechnen, so dass es unmöglich wird, Aufwand und Erfolg einer wirtschaftlichen Handlung zu ermitteln und das Ergebnis der Rechnung zum Richtmaß des Handelns zu machen“ (Mises 1932, zitiert in Watrin 1996, S. 51).

Und bezüglich der ungeheuren Dynamik, die sich in allen Wirtschaften gleich welcher Wirtschaftsordnung abspielt: „Der Planbehörde aber fehlt, da sie über keinen einheitlichen und konsistenten Maßstab analog dem marktwirtschaftlichen Preissystem verfügt, jede Möglichkeit, dynamische Veränderungen rechtzeitig zu erkennen, geschweige denn, ihnen angemessen zu begegnen. Die Folge sind Verarmung und Rückbildung der gesellschaftlichen Arbeitsteilung, also dramatische Einbußen an gesellschaftlichem Wohlstand. Die Planbehörde treibt gewissermaßen ziellos im Meer der Veränderungen“ (Watrin 1996, S. 55).

Dahinter stand zweifellos die Vorstellung der „Konsumentensouveränität“, eine Vorstellung, die man heute (2009) im Hinblick auf die ständige Gängelung und Beeinflussung der Konsumenten durch die Produzenten mindestens hinterfragen sollte.

Ludwig von Mises hat seine Auseinandersetzung mit dem Sozialismus vor allem mit Hilfe seines Werkes „Die Gemeinwirtschaft“ geführt, das 1922 erschienen ist, zu einer Zeit also, als der Sozialismus noch die große Hoffnung einer Vielzahl von Menschen war und die ökonomischen Folgen sozialistischer Planwirtschaften in Europa noch nicht erkennbar waren. Das Buch war in 5 Teile gegliedert, wobei sich die These von der ökonomischen Undurchführbarkeit des Sozialismus in Teil 2 befindet. Dabei wiederholte von

Mises seine Argumente in den weiteren Teilen, nicht selten polemisch, immer wieder, was die Lesbarkeit des Textes etwas einschränkt.

Mit der zweiten Auflage seiner „Gemeinwirtschaft" löste er die berühmte „Sozialismus-Debatte" aus. Dazu mehr unter Abschnitt 11.2.1.2.

Den Gewerkschaften, als staatsähnliche „Zwangsmächte", stand von Mises ebenfalls ablehnend gegenüber. Zudem kritisierte von Mises die Arbeitswertlehre. Das Austauschverhältnis zwischen verschiedenen Gütern dürfe nicht nur anhand der für ihre Produktion notwendigen Arbeitszeiten kalkuliert werden. Für eine ökonomisch effiziente Gestaltung dieser Austauschverhältnisse seien auch die anderen Produktionsfaktoren zu berücksichtigen. Andernfalls drohe eine eklatante Fehlkalkulation.

THESEN ZU GELD, WÄHRUNG UND KONJUNKTUR:

Anfang des 20. Jahrhunderts bestimmten vor allem qualitative Fragstellungen die Geldlehre, es ging um das Wesen und die Wertgrundlage des Geldes. Eigentlich erst nach dem ersten Weltkrieg gewannen die quantitativdynamischen Aspekte und besonders die Quantitätstheorie an Bedeutung.

Seine Habilitationsschrift „Theorie des Geldes und der Umlaufmittel" charakterisiert Kurt Leube wie folgt: „Aufbauend auf den Arbeiten seiner Lehrer, ging Mises daran, Entstehung und Wert des Geldes mit der Theorie des Grenznutzens zu erklären. In seiner Nachfragetheorie des Geldes entwickelte Mises die Idee einer „Vorsichts-Kassenhaltung", die als Vermögenswert gehalten wird – und nahm damit die Interpretation John Maynard Keynes' um fast zwei Jahrzehnte vorweg" (Leube 1993, S. 25).

Damit wurde die Geldtheorie in die allgemeine Wirtschaftstheorie integriert, die Rolle der Ungewissheit über zukünftige Entwicklungen und der Erwartungen für die Handlungen der Marktteilnehmer berücksichtigt. Seine Idee, dass die Geldnachfrage über das Vorsichtsmotiv auch von den Erwartungen der Marktteilnehmer beeinflusst würde, stellte sich als zukunftweisend heraus. Nochmals: Die Geldnachfrage war jetzt durch die subjektive Bewertung der Situation durch die Marktteilnehmer bestimmt.

Ludwig von Mises lehnte die These einer „Neutralität" des Geldes ab. Erhöhungen der Geldmenge führten NICHT zu gleichmäßigen, die relativen Preise nicht verändernden, Preissteigerungen. Geldmengenerhöhungen führten zu Veränderungen auch im realen Sektor, zu Verschiebungen der Produktionsstruktur.

Von Mises lehnte, konsequent in seiner anti-interventionistischen Haltung, staatliche Eingriffe in das Geldwesen ab. Er kritisierte die Devisentermingeschäfte der österreichisch-ungarischen Nationalbank (auch als Eingriff in den Goldautomatismus).

Ludwig von Mises unterstützte die Argumente der Currency-Schule. Und: „In his lectures and writings that appeared after the German and Austrian inflations of the 1920s, he advocated a stricter gold standard in which gold-coins would be used and all paper redeemed into gold coins at the parity rate" (Moss, MacDonald 1981, S. 99). Einer der Hauptgründe von Mises für sein Eintreten für den Goldstandard: Er wollte damit die Politiker disziplinieren! Und: Um die Rückkehr zum Goldstandard zu erleichtern, sollte der Goldgehalt der Währung gesenkt werden (auch um den erhöhten Goldpreis zu berücksichtigen).

Allerdings sollte die ältere Currency-Schule modifiziert werden, so die Quantitätstheorie und die Definition des Geldangebotes. „Perhaps the most controversial thesis to emerge from his body of work is Mises' call for 100 percent reserve banking. According to Mises, the banking laws had to be changed and changed quickly because it was the creation of deposit accounts by traditional reserve banks that was the principal cause of business crises" (Moss, MacDonald 19081, S. 101).

Bezüglich der Quantitätstheorie vertrat von Mises die Auffassung, dass nicht nur das Preisniveau bei einer Erhöhung der Geldmenge beeinflusst werde, sondern vor allem auch die Preisstruktur (siehe nicht-neutrales Geld).

Und Ludwig von Mises legte (neben Böhm-Bawerk und Knut Wicksell) auch Grundgedanken zu einer monetären Konjunkturtheorie, der „Österreichischen Konjunkturtheorie" (einer monetären Überinvestitionstheorie) vor. Er argumentierte dabei mit dem „natürlichen Zins" und dem durch das Bankensystem gesetzten Darlehenszins (eine Unterscheidung von Knut Wicksell). Wenn dieser Darlehenszins aus (wirtschafts-)politischen Gründen durch das Bankensystem unter den natürlichen Zins gedrückt würde, käme es wegen der dadurch gegebenen falschen Preis- und Gewinnsignale zu Überinvestitionen, das Kapital würde fehlgeleitet. Wenn der künstlich gesenkte Darlehenszins (wegen der steigenden Konsumgüterpreise) dann wieder gleich dem natürlichen Zins sei, erwiesen sich die durch den zu niedrigen Geldzins veranlassten Investitionen als Fehlallokation, und sie müssten liquidiert werden. Und damit sei das nächste Konjunkturtief bereits vorbereitet.

Diese konjunkturtheoretischen Ideen von Ludwig von Mises führten zu folgenden konjunkturpolitischen Empfehlungen: „Man sprach sich gegen Kreditexpansion und Zinssenkung zur Konjunkturbelebung aus, da auf diese Weise nur noch größere Kapitalfehlleitungen bewirkt würden, so dass die

Krise zwar hinausgeschoben, dafür aber dann wesentlich verschärft wäre" (Neudeck 1981, S. 29).

Zusammenfassend kann man zu den Geldüberlegungen von Mises also feststellen:

- Von Mises baute auf der Currency-Theorie von Menger, der Kapitalzinstheorie von Böhm-Bawerk und dem Ansatz von Wieser, der die subjektive Wertlehre auf den Geldwert anwendete, auf;
- Durch die Verwendung der Grenznutzenanalyse im monetären Bereich schaffte von Mises eine Verbindung zwischen Mikro- und Makrotheorie;
- Von Mises entwickelte bereits die Idee einer „Vorsichts-Kassenhaltung", die als Vermögenswert gehalten wird;
- Er integrierte die Geldtheorie in die allgemeine Wirtschaftstheorie;
- Er lehnte die These einer „Neutralität" des Geldes ab. Geldmengenänderungen führten auch zu Veränderungen im realen Bereich;
- Von Mises modifizierte die Quantitätstheorie.

Überlegungen zu staatlichen Eingriffen:

Eine Erklärung für die Ablehnung der liberalen Ideen von Mises ist sicher auch in der diesbezüglichen allgemeinen Stimmungslage seiner Zeit zu suchen: „Mises wurde in eine Zeit steigender Bedeutung der staatlichen Wirtschaftseingriffe und des Interventionismus hineingeboren. Nach dem Börsenkrach von 1873 und in der großen Wirtschaftsdepression der siebziger und achtziger Jahre des 19. Jahrhunderts hatte sich im Donaureich unter Formierung des sogenannten „Organisierten Kapitalismus" ein entscheidender wirtschaftspolitischer Umschwung vollzogen. Industrie und Landwirtschaft vollzogen eine Rückkehr zum Protektionismus, die Kartellbewegung entstand" (Baltzarek 1981, S. 128).

Als Studienanfänger stand von Mises noch unter dem Einfluss dieser protektionistischen Ideen. „Auch ich war, als ich an die Hochschule kam, durch und durch Etatist. Ich war aber … bewusst antimarxistisch gesinnt" (Mises 1978, S. 11). Aber bereits im Laufe seines Studiums vollzog sich die Wende vom Saulus zum Paulus, für viele damalige Kollegen schwer verständlich. Von Mises vertrat nun eine konsequente Rückkehr zum klassischen Liberalismus.

Ludwig von Mises war tatsächlich einer der wenigen Ökonomen, die konsequent am Liberalismus festhielten. Er machte den staatlichen Interventionismus sogar für die sich verschlechternde ökonomische Situation in Europa verantwortlich.

Er lehnte alle Formen von Staatseingriffen in den Wirtschaftsablauf ab. Denn ein Staatseingriff zöge unweigerlich den nächsten nach sich, gemäß seiner berühmten „Ölfleck-Theorie", dass eine Intervention auf wirtschaftlichem Gebiet die Tendenz habe, sich immer weiter auszubreiten. Und dies beschränke die Freiheit des Wirtschaftens und letztlich die Freiheit des menschlichen Handelns.

Auch die deutsche „Soziale Marktwirtschaft" fiel unter diese kritischen Überlegungen, auch sie sei nur eine Variante des Interventionismus, auch sie führe zu immer größeren und häufigeren weiteren Staatseingriffen und zerstöre damit die marktwirtschaftlichen Grundlagen.

Staatliche Eingriffe bedrohten letztlich die Freiheit des Eigentums, verhinderten den notwendigen Ausgleich von Angebot und Nachfrage, verfälschten die Marktpreise. Konsequenz: Fehlallokationen der Produktionsmittel und letztlich sinkender Wohlstand.

Fazit: Der Staat solle sich auf die Erfüllung seiner Grundaufgaben beschränken. „Auf dem Markt gäbe es zwar auch Missbildungen zwischen Produktion und Bedarf, jedoch seien diese Störungen nur kurzfristiger Natur, Interventionismus am laufenden Band aber führe zu einer hartnäckigen, langfristigen Krise" (Baltzarek 1981, S. 135).

Von Mises war damit auch ein Gegner der keynesianischen Schule.

Methodologische Positionen:

Ludwig von Mises war ein Anhänger des Methodologischen Individualismus und der Grenznutzenschule. Er war skeptisch gegenüber einem Arbeiten mit ökonomischen Aggregaten, und zwar vor allem Aggregaten im Zusammenhang mit der Quantitätstheorie, also z.B. dem „allgemeinen Preisniveau". „Diese Ablehnung der Makroökonomik, die in der Auseinandersetzung mit Keynes besonders deutlich werden sollte, wurde ein fester Bestandteil der österreichischen Nationalökonomie vor dem Zweiten Weltkrieg. Im Anschluss an Mises interessierten sich die „Österreicher" eben nicht so sehr für die (konstanten?) Beziehungen zwischen irgendwelchen Durchschnittsgrößen, sondern für die sich ändernde mikroökonomische Struktur dieser Größen" (Neudeck 1981, S. 29).

Er interpretierte auch die Entstehung von Gesellschaften aus rationalen individuellen Wahlakten: „Ein spezialisierter Arbeitseinsatz, wie er bei Arbeitsteilung aufgebracht wird, (sei) um ein Vielfaches produktiver als die gleiche Menge an Arbeit, wenn sie isoliert eingesetzt würde. Dies beschreibt das Gesetz der komparativen Kostenvorteile oder, wie Mises es nannte, „The law of association" oder „Das Vergesellschaftungsgesetz" ... In der Tat charakterisiert Mises die Gesellschaft als eine bewusst gewählte „Strategie" ... im Krieg gegen die Knappheit ... Somit ist völlig klar, dass Mises niemals auf die Idee kommen würde, der Markt und die Gesellschaft könnten etwas „Spontanes" beinhalten, also etwas ohne individuelle Voraussicht oder bewusste Planung" (Salerno 1996, S. 93/94).

Er „baute ... das Rationalitätsaxiom der Nutzentheorie in eine allgemeine Handlungslehre, die „Praxeologie", ein. Nach Mises müssen die Versuche, Bedürfnisse durch Motive erklären zu wollen, scheitern. Bedürfnisse äußern sich durch Handlungen ... Stets sind Mittel-Zweck-Relationen rational zu gestalten, ein besonderes „ökonomisches Prinzip" gibt es nicht, nur ein allgemeines Rationalprinzip, aus dem sich alle ökonomischen Phänomene, wie Wert, Tausch, Preis ableiten lassen" (Brandt 1993, Band 2, S. 329/330). „Mises erkennt ... dass die subjektive Wertlehre den Kern für eine völlig allgemeine Verhaltenstheorie enthält. Man braucht ja nur den Bereich der von Menschen angestrebten Güter über den engeren Bereich der ökonomischen Waren hinaus auf alles Erstrebenswerte auszudehnen, und schon müssen die Prinzipien der subjektiven Ökonomie auf alle Handlungen schlechthin anwendbar sein" (Meyer 1981, S. 39).

„Die Praxeologie ist für Mises die Theorie von den Mitteln zur Erreichung von Zielen und nicht eine Anleitung zur richtigen Zielwahl" (Leube 1996, S. 40). Von Mises selbst definierte die Praxeologie als „allgemeine Lehre vom menschlichen Handeln".

Karl-Dieter Grüske formuliert zusammenfassend: „Sein Weltbild ist geprägt vom Handeln als bewusstem Verhalten (der „Praxeologie"), einem radikalen Apriorismus, einer totalen Opposition gegenüber Empirie, Ökonometrie und steriler Mathematik. Für ihn ist ein Markt niemals im Gleichgewicht, sondern immer durch dynamische Ungleichgewichte gekennzeichnet" (Grüske 1996, S. 10).

Der Ausdruck „Praxeologie" wurde dabei von Mises geprägt, um die Wissenschaft der allgemeinen Regelmäßigkeiten in gesellschaftlichen Dingen IN SEINEM SINNE zu bezeichnen. Die Praxeologie von Mises ist eine Wissenschaft von praktischen Angelegenheiten. „Um genau zu sein, ist es für Mises eine Wissenschaft, die sich mit den allgemein oder theoretisch verständlichen Aspekten des menschlichen Verhaltens befasst, Mises betrachtet das menschliche Handeln als zentralen Gegenstand aller Gesellschaftswissenschaften" (Leube 2002, S. 65).

Damit stellte von Mises den „handelnden" Menschen in den Mittelpunkt, und nicht den „rationalen homo oeconomicus". Von Mises Akteur war aktiv suchend, nicht passiv, der sich nur gemäß Vorgaben für eine Alternative entscheidet. Bei ihm spielten auch die gesammelten Erfahrungen für die Entscheidungsfindung eine Rolle. „Mises stellte sich den handelnden Menschen nicht als jemanden vor, der von dem Wunsch getrieben wird, seinen materiellen Reichtum oder seinen subjektiven Nutzen zu maximieren. Er stellte ihn sich vielmehr als jemanden vor, der von dem Gefühl eines „Unbehagens" geplagt wird und permanent mit dem Versuch beschäftigt ist, diese vagen, doch wichtigen subjektiven Gefühle entweder zu vermindern oder zu beseitigen" (Leube 2002, S. 67). Und dieses Handeln ist BEWUSST und ZWECKGERICHTET. Der renommierte Dogmenhistoriker Mark Blaug (geb. 1927) bringt es auf den Punkt: „he developed his own methodology of economics, known as „praxeology", which argued that individual choices, being essentially purposive, constituted the a priori foundation of all valid economic reasoning" (Blaug 1985).

Die Praxeologie als aprioristische Disziplin vom menschlichen Handeln ist nach von Mises gegen empirische Argumente immun, ein Gedankengang, den nicht alle Bewunderer von Mises nachvollziehen wollen.

Der Mainstream-Ökonomik gegenüber verhielt sich von Mises – wie nach dem bisher Gesagten zu erwarten – kritisch, was ihn bei seinen Kollegen eher unbeliebt machte. Mathematische Funktionen zur Abbildung menschlichen Verhaltens lehnte er ab, ebenso einen unreflektierten Import naturwissenschaftlicher Methoden in eine Wissenschaft, die von Menschen handelt. Zudem werde mit Hilfe der Mathematik zu oft versucht, Phänomene zu quantifizieren, die nicht objektiv messbar seien. So könne der „Nutzen" einer Sache nie gemessen werden, Nutzeneinheiten sind von daher ein unmögliches Konstrukt, mathematische Nutzenfunktionen sinnlos. Interpersonelle Nutzenvergleiche, ebenso wie kardinale Nutzenangaben, seien aus der Ökonomik zu verbannen.

Alles bewusste Verhalten enthalte laut von Mises einen ÖKONOMISCHEN KERN, nämlich das Erfordernis, zwischen verschiedenen Varianten bei vorhandenen (knappen) Mitteln zu wählen. Und die verschiedenen zur Wahl stehenden Alternativen würden subjektiv eingeschätzt, ausgehend vom Wissen und den Erwartungen der einzelnen Entscheidenden. Dabei dürfe sich die Ökonomik nicht in die Auswahl der Ziele einmischen, die Ursachen der Wahl bestimmter Ziele sei eine Sache der Psychologie.

Dies war eine Art Generalisierung des Konzeptes der Wahl, eine Festlegung der Ökonomik als zweckgerichtetes menschliches Handeln, die Konsequenzen bezüglich der Einstellung zur Ökonomik bis hin zu ihrer Definition hatte. So formulierte Lionel C. Robbins (1898-1984) in seinem berühmten Werk „Essay on the Nature and Significance of Economic Science" (1932), nachdem er explizit auf die Arbeiten von Mises verwiesen hatte, als Definition der Ökonomik: Sie sei die Wissenschaft, die das menschliche Verhalten als Beziehung zwischen Zielen und knappen Mitteln, die alternative Verwendungen hätten, studiere. Diese Auffassung von Ökonomik mündete schließlich in den breiten Ansatz von Gary S. Becker (geb. 1930), der die Ökonomik in diesem allgemeinen und umfassenden Sinne auf praktisch alle Bereiche menschlichen Handelns anwandte: Kriminalität, Ehe, Recht, Familie etc. (siehe Abschnitt 11.10).

Fritz Machlup ergänzte die methodologischen Auffassungen von Mises: „Mises had very strong views on philosophy of science; in particular, he was an outspoken opponent of logical positivism" (Machlup 1981, S. 10).

Von Mises vertrat einen METHODOLOGISCHEN SUBJEKTIVISMUS, der beinhaltete, dass man bei der Erklärung ökonomischer Sachverhalte auf die Einschätzungen und Entscheidungen der Individuen unter Unsicherheit zurückgehen müsse, und zwar gleichgültig, ob es sich hierbei um tatsächliches oder eingebildetes Wissen, falsche oder richtige Erwartungen bezüglich der Wirkungen ihrer eigenen beabsichtigten Handlungen, handele.

Von Mises sah den Marktprozess gänzlich anders als die herrschende Neoklassik. Bei von Mises war der Marktprozess von unablässigem Wechsel von Bedingungen und daraus resultierenden ständigen Anpassungen (unter „echter" Unsicherheit) geprägt. Dies war so ganz anders als die neoklassische Sicht.

Statische Gleichgewichtsanalysen lehnte er als inadäquate Methode in einer sich dauernd wandelnden Welt mit Unsicherheit ab. Zudem könne eine handelnde Person, solange sie handelt, nie in einem Gleichgewicht sein (sonst würde sie nicht handeln). Von Mises war deshalb gegenüber dem Gleichgewichtskonzept sehr kritisch, sah Gleichgewichtsanalysen bestenfalls als Vorarbeiten zur Analyse sich ständig verändernder Bedingungen und Anpassungen an. „Das, was die Österreichische Schule auszeichnet und ihren unvergänglichen Ruhm bilden wird, ist gerade, dass sie eine Lehre vom wirtschaftlichen Handeln und nicht eine Lehre vom wirtschaftlichen Gleichgewicht, vom Nichthandeln ist ... Sie lehnt die mathematische Methode nicht etwa aus Unkenntnis der Mathematik oder aus Abneigung gegen mathematische Exaktheit ab, sondern weil sie kein Gewicht auf die Detailausmalung des Zustandes eines hypothetischen statischen Gleichgewichts legt" (Mises 1978, S. 21).

Diese Überlegungen und seine Einstellung zum Gleichgewichtskonzept sind meines Erachtens besonders wichtig und auch folgenreich. Denn ersetzt man die statische Weltsicht durch eine „echte“ Dynamik (nicht die determinierte dynamische Sicht der Wachstumsmodelle), und führt menschliches Verhalten unter dem Aspekt der Willensfreiheit ein, dann führen mathematische Modelle nicht mehr weiter. Der Möglichkeitsraum wird jetzt unendlich, Präferenzen, Nebenbedingungen, Anpassungen ändern sich permanent. Das Wirtschaftssubjekt muss ständig zwischen alternativen Zukunftsszenarien wählen und ist einem ständigen Lernprozess unterworfen.

Dass eine solche Weltsicht dem Gleichgewichtskonzept widerspricht, bei dem sich endogen nichts mehr ändert und „everything goes on as it is“, ist offensichtlich.

Die Annahme unveränderlicher Verhaltensweisen wurde zugunsten sich ständig ändernder Präferenzen aufgegeben und die statische Effizienz neoklassischer Märkte durch Prozesse ersetzt.

Zusammenfassend kann man also festhalten. Zu den Gegnern der Auffassungen von Mises gehörten (und gehören):

Die neoklassische Schule:

- Laut Ludwig von Mises erkläre der „homo oeconomicus“ das menschliche Handeln in der Wirtschaft unzureichend und er könne keinesfalls auf die subjektive Wertlehre angewandt werden;
- Der in der Neoklassik vorherrschende Positivismus und die damit verbundenen Überprüfungen wurden von Mises abgelehnt. Dieser ging ja davon aus, dass es in der Ökonomik a priori-Gesetze gebe. Und da diese Regeln der Logik folgten, sei es weder nötig noch möglich, solche Theoreme an den Erfahrungsdaten zu überprüfen;
- Von Mises lehnte die Verwendung der Mathematik in der Ökonomik ab. In seinem Werk „Human Action“ werden keine Tabellen oder Graphiken aufgeführt, es kommen keine mathematischen Modelle und keine empirischen Studien vor. Dies ging so weit, dass von Mises nicht einmal Angebots- und Nachfragekurven in sein Buch aufnahm;
- Er lehnte die Theorie des neutralen Geldes, die von vielen Neoklassikern vertreten wurde, ab;
- Von Mises war ein erklärter Gegner des (statischen) Gleichgewichtskonzepts, das für die neoklassische Ökonomik ja im Mittelpunkt der Argumentation steht. Von Mises war der Auffassung, das Gleichge-

wicht sei ein inadäquates Konzept in einer sich dauernd ändernden Welt mit (echter) Unsicherheit;

- Er lehnte auch einen Import naturwissenschaftlicher Methoden, wie er in der neueren Entwicklung der neoklassischen Mainstream-Ökonomik vorfindbar ist, ab;
- Viele Begriffe der neoklassischen Theorie, wie etwa der „Nutzen", könnten nicht wirklich quantitativ fixiert werden. Mathematische Nutzenfunktionen seien damit sinnlos, genauso wie kardinale Nutzenangaben. Dies stellte einen Stoß auf ein Herzstück der neoklassischen Mainstream-Ökonomik dar, nämlich die kardinale Nutzentheorie.

DIE KEYNESIANISCHE SCHULE:

- Der Staat solle bei von Mises keine Interventionspolitik betreiben und in die wirtschaftlichen Abläufe am Markt eingreifen. In der keynesianischen Schule nimmt der Staat aber eine Schlüsselrolle bei der Wirtschaftslenkung ein;
- In der keynesianischen Theorie wird die Wirtschaft letztlich als instabil angenommen. Von Mises hingegen war der Auffassung, die Wirtschaft sei stabil, allerdings nur unter den Voraussetzungen eines freien Marktes;
- Von Mises war skeptisch gegenüber dem Arbeiten mit Aggregaten, wie es für die keynesianische Makroökonomik typisch war;
- Von Mises war gegenüber Keynes dann auch nicht freundlich: „Muss man nicht den Versuch, die Massen auf den richtigen Weg zu führen, als aussichtslos ansehen, wenn man die Erfahrung machen konnte, dass Männer wie J.M. Keynes ... nationalökonomische Probleme nicht zu begreifen vermochten?" (Mises 1978, S. 42).

DIE HISTORISCHE SCHULE:

- Ludwig von Mises verwarf den Relativismus vor allem der jüngeren historischen Schule;
- Ausgangspunkt der Theorie war bei von Mises gemäß dem von ihm vertretenen methodologischen Individualismus das Individuum. Bei der historischen Schule wurde dagegen das Hauptaugenmerk auf die Gesellschaft und ihre Institutionen gelegt;
- Die jüngere historische Schule fällte bewusst Werturteile über das menschliche Handeln und über die Ziele des Wirtschaftens. Das war

laut von Mises aber nicht die Aufgabe der Ökonomik und durfte es auch nicht sein;

- Zudem gab es gravierende Unterschiede in der Frage nach der Rolle des Staates: Laut der historischen Schule sollte der Staat mehr wirtschaftliche Verantwortung übernehmen und soziale Missstände beseitigen. Laut von Mises eine völlig fehlgeleitete Auffassung, man denke nur an seine Überlegungen zum Interventionismus.

Entsprechend unfreundlich fielen auch seine Kommentare über die historische Schule aus: „Unzulänglichkeit des deutschen Historismus" (Mises 1978, S. 7) und weiter: „Die „historische Schule der wirtschaftlichen Staatswissenschaften" hat nicht einen einzigen Gedanken hervorgebracht. Sie hat in der Geschichte der Wissenschaften kein Blatt beschrieben ... Ihre geschichtlichen Untersuchungen sind methodisch unzulänglich und haben höchstens als unbeholfene Materialsammlungen Bedeutung. Das Schlimmste war aber doch die Verlogenheit und bewusste Unehrlichkeit der Schule. Sie war elende Tendenzliteratur, deren Verfasser immer nach „oben" blickten, um ihre Inspiration von den Herren im Ministerium zu empfangen. Die Professoren haben, so gut es ihre Beschränktheit zuließ, ihren Auftraggebern zu dienen gesucht: erst den Hohenzollern, dann den Marxisten und schließlich Hitler" (Mises 1978, S. 8/9).

DIE MARXISTISCHE SCHULE:

Es erübrigt sich nach dem bisher Dargelegten, nochmals konkrete Argumente gegen den Marxismus (und den Sozialismus in allen seinen Varianten), wie die Unmöglichkeit einer Wirtschaftsrechnung mit ihren verheerenden Konsequenzen, zu bringen. Man lese nur die „Überlegungen zum Sozialismus" unter Abschnitt 11.2.1.1 „Thesen von Mises".

11.2.1.2 NACHWIRKUNGEN VON MISES

Prägnant und anschaulich stellt Fritz Machlup die Position von Mises im Wissenschaftsbetrieb dar. Ich möchte sie deshalb trotz ihrer Länge ungekürzt zitieren: „Ludwig von Mises was not a popular economist in any sense of the word. His writing was not in a popular style and his views were unpopular with the majority of the people considered as the intelligentsia. Mises fought interventionism, while almost everybody was in favour of some government actions against the „evil" consequences of laissez-faire, or at least in favour of public measures supporting this or that "deserving" cause: Mises fought inflationism, while a large majority of people were convinced that only a courageous expansion of money, credit, and governmental budgets could secure prosperity, full employment, and economic growth. Mises fought socialism in all its forms, while most intellectuals had written off capitalism as a decaying system to be replaced, either peacefully or by revolution, by socialism or communism. Mises fought coercive egalitarianism, while every „high-minded" citizen thought that social justice required redistribution of wealth and/or income. Mises fought violent and government-supported trade-unionism, while progressive professors of political science represented increasing power of labor unions as an essential ingredient of democracy. No wonder, then, that interventionists, monetary expansionists, socialists, egalitarians, and laborites disliked Mises, or even detested him" (Machlup 1981, S. 10/11).

Aber, wie Fritz Machlup fortfährt, auch viele Liberale waren mit ihm nicht einverstanden: So empfanden einige liberale Gesinnungsgenossen seine Auffassungen als „paleo-liberal", als eine versteinerte Position, die für das 20. Jahrhundert nicht mehr adäquat sei. Auch wurde ihm vorgeworfen, zu kompromisslos auf seinen Meinungen zu beharren, zu wenig „Verständnis" für die Opfer der Marktwirtschaft zu haben, und damit die liberale Position inakzeptabel für die Mehrheit zu machen.

Mathematisch orientierte Ökonomen und Ökonometriker wandten sich wegen seiner expliziten Ablehnung mathematischer Techniken in der Ökonomik gegen ihn. Und um die Litanei fortzusetzen: Einige Neopositivisten lehnten von Mises wegen dessen Ablehnung des Positivismus ab. Meine Meinung: Viele dieser Animositäten hätte er sich mit einer etwas flexibleren Haltung, ohne seine Grundpostulate deshalb aufzugeben, ersparen können.

„During the 1940's and 1950's Mises' theory of monetary dynamics were temporarily eclipsed by the Keynesian Revolution. Over the last fifteen years, however, interest in the microeconomic foundations of macrophenomena and revived interest into the problems of disequilibrium adjustment processes, as well as expectations theory, has brought about a reawakened awareness of Mises' contributions" (Ebeling 1981, S. 21).

Der obengenannte Einfluss der keynesianischen Lehre auf die Verbreitung des Gedankengutes der österreichischen Schule wird vielleicht am besten durch folgende Zitat von John Richard Hicks (1904-1989) ausgedrückt: „Their voice has been almost drowned in the fanfare of the Keynesian orchestra."

Nicht unterschätzen darf man in diesem Zusammenhang auch die zunehmende Wertschätzung für den Positivismus und für den kritischen Rationalismus (Falsifikationismus) à la Karl Popper. Diese Strömungen liefen ja konträr zu den methodologischen Auffassungen von Ludwig von Mises. „Von Menger bis Rothbard ... verwirft (man) kategorisch alle Spielarten des sozialwissenschaftlichen Relativismus (Historizismus, Positivismus, Falsifikationismus, Skeptizismus) ... Im Gegensatz zu naturwissenschaftlichen Gesetzesaussagen, die immer und fortwährend an Erfahrungsdaten überprüft werden müssen und von daher nie mehr als eine „nur" hypothetische Gültigkeit (Bewährung) beanspruchen können, handelt es sich bei wirtschaftswissenschaftlichen Gesetzesaussagen um notwendige, also nicht-hypothetische Zusammenhänge und eine „apodiktische" Aussagengültigkeit. Alle grundlegenden ökonomischen Theoreme lassen sich aus ein paar einfachen und unbestreitbaren Erfahrungstatsachen (Menger) oder gar einem einzigen nicht widerspruchsfrei bestreitbaren Axiom (Mises) deduktiv ableiten; ... Dementsprechend, so ist man von Menger bis Rothbard überzeugt, ist es weder erforderlich noch möglich, die Gültigkeit wirtschaftswissenschaftlicher Aussagen an Erfahrungsdaten zu testen. Erfahrung kann die Gültigkeit ökonomischer Theoreme allenfalls illustrieren, aber Erfahrung kann ein Theorem niemals widerlegen (falsifizieren), denn die Gültigkeit eines Theorems beruht letztlich ausschließlich auf der Geltung unbestreitbarer Grundprinzipien und der Geltung (und korrekten Handhabung) der Regeln logischen Schließens" (Hoppe 1996, S. 68/69).

Trotz aller obengenannten vielen Gegner und opponierenden Schulen gilt aber meines Erachtens die Feststellung von Werner Neudeck: „Man kann Mises folglich ohne Übertreibung als den geistigen Führer und Hauptinspirator der österreichischen Nationalökonomie der Zwischenkriegszeit bezeichnen, wobei sein Einfluss auf die Geld- und Konjunkturtheorie, auf die Theorie der Wirtschaftsordnungen und auf die Wirtschaftsideologie besonders hervorzuheben wäre" (Neudeck 1981, S. 31).

Die zweite Auflage des Buches „Die Gemeinwirtschaft" (1932) löste, wie erwähnt, eine heftige Debatte über die Möglichkeit einer rationalen Wirtschaftsrechnung im Sozialismus aus (Sozialismusdebatte), die bis weit in die dreißiger Jahre andauerte. Gegner von Mises in dieser Debatte waren Oskar Lange (1904-1965) und Abba P. Lerner (1903-1982). Vorschläge der sozialistischen Seite zu einer effizienten Wirtschaftsrechnung im Sozialismus war der „Konkurrenzsozialismus" und, jedenfalls als logische Möglichkeit, die Errechnung von Schattenpreisen mit Hilfe eines allgemeinen Gleichgewichtssystems, wie von Enrico Barone (1859-1924) schon früher vertreten. Der Mises-Anhänger Kurt Leube schreibt zum Ausgang der Sozialismusdebatte: „Der polnische Ökonom Lange musste zerknirscht die Unmöglichkeit sozialistischer Wirtschaftsrechnung eingestehen und erfand als Kompromiss einen „Konkurrenz-Sozialismus". Außerdem schlug er vor, dass „als ständiges Mahnmal der Notwendigkeit korrekter Kalkulation die Statue von Professor von Mises einen prominenten Platz in der Ehrenhalle des Ministeriums für Verstaatlichung oder der zentralen Planungsbehörde haben sollte" (Leube 1993, S. 25).

„Die versprochene Mises-Büste, von Nellie Erickson in New York angefertigt, wurde erst nach dem Zusammenbruch des realen Sozialismus in Polen im September 1990 von Mises' Freund George Koether der Universität Warschau gestiftet" (Leube 1996, S. 28/29).

Naturgemäß gänzlich anders wird das Ergebnis der Sozialismusdebatte im Ökonomenlexikon der DDR (1989) beurteilt. Eingangs wird das Werk von Mises wie folgt charakterisiert: „Das theoretische und politische Wirken von Mises war lebenslang darauf gerichtet, im Kampf gegen den Sozialismus und gegen alle revolutionären Bestrebungen der Arbeiterklasse Mittel und Wege zur Stabilisierung des kapitalistischen Systems zu suchen und es theoretisch zu rechtfertigen" (Ökonomenlexikon 1989, S. 364). Interessant ist dabei, dass Ludwig von Mises immerhin drei ganze Seiten zugebilligt wurden, was meines Erachtens dafür spricht, dass man ihn nicht nur wahrnahm, sondern als Gegner auch ernst nahm. Seine These von der logischen Undurchführbarkeit des Sozialismus würde gemäß Ökonomenlexikon endgültig durch die reale Entwicklung der sozialistischen Wirtschaftspraxis widerlegt (Ökonomenlexikon 1989, S. 366). Und dies im Jahre 1989!

Mises Hauptwerk, die „Nationalökonomie" (1940), wurde zunächst in Österreich und Deutschland, wohl auch der politischen Umstände und des Krieges wegen, praktisch nicht beachtet. Die veränderte englische Version „Human Action" (1949) war dagegen in den USA sehr erfolgreich.

Wie schon früher ausgeführt, lebt die Österreichische Schule heute (2009) in den USA weiter. Und auch die meisten Vertreter der 5. und 6. Generation der Österreichischen Schule sind gebürtige Amerikaner.

Betont werden muss im Zusammenhang dieses Abschnitts nochmals, dass diese heutige, in den USA fortgeführte, Österreichische Schule letztlich eine Mises-Schule ist. Dies beinhaltet unter anderem, dass zwei besonders ausgeprägte Auffassungen von Mises dabei vertreten werden: Zum einen die Idee der „Konsumentensouveränität", und die daraus folgenden Konsequenzen für die Beurteilung von Marktwirtschaften, und zum anderen der sogenannte „Politische Individualismus": Nur wenn den Menschen VOLLE ökonomische Freiheit zugestanden würde, könne man die politische (und moralische) Freiheit aufrechterhalten. Einschränkungen der ökonomischen Freiheit führten unausweichlich zu einer Zerstörung der individuellen Freiheiten. Und es war dieses Ziel der Aufrechterhaltung der persönlichen Freiheit, das von Mises bewegte.

Ludwig von Mises beeinflusste einige moderne theoretische Entwicklungen: Sein methodologischer Subjektivismus legte Überlegungen zu „Erwartungen“, „Ungewissheit“ und „Zeit“ nahe, betonte den Subjektivismus der Unwissenheit und Entdeckung und betonte auch das Unternehmertum und den dynamischen Wettbewerb, die in der neoklassischen Mainstream-Ökonomik zu kurz kommen.

Der von ihm vertretene methodologische Individualismus bildet mittlerweile das Fundament der modernen Mikroökonomik. Gesellschaftliche Prozesse werden auf individuelle Handlungen zurückgeführt.

Viele Erkenntnisse der Österreichischen Schule wurden durch Hayek und andere Vertreter der Schule verbreitet, auch wenn sie im Kern auf Ludwig von Mises zurückgingen. Der Grund hierfür dürfte sein, dass sie weniger aggressiv argumentierten, als der kompromisslose (und manchmal etwas uneinsichtige) Ludwig von Mises. Ludwig von Mises und seine Auffassungen polarisieren bis heute. Allerdings: Nicht angezweifelt wird dabei, dass er ein herausragender Ökonom war.

11.2.2 Joseph Alois Schumpeter (1883-1950)

Vita von Schumpeter

Zu genaueren Informationen zum komplexen, reichhaltigen und widersprüchlichen Leben Schumpeters empfehle ich die Lektüre der amüsanten Biographie von Richard Swedberg (1994) bzw. das unbedingt lesenswerte, gut recherchierte Memorandum von Christian Seidl (1982). Die folgenden Daten lehnen sich vor allem an die akribisch untersuchte Vita Schumpeters bei Christian Seidl (1982) an.

1883:	Geboren am 8. Februar 1883 in Triesch im österreichischen Mähren (heute Tschechien) als einziges Kind des wohlhabenden Tuchfabrikanten Alois Schumpeter und dessen Frau Johanna (1861-1926), Tochter des Arztes Dr. Julius Grüner;
1884:	Ein jüngerer Bruder von Joseph starb bereits bei der Geburt am 10. April 1884;
1887:	Am 14. Januar Tod des Vaters mit nur 31 Jahren, wahrscheinlich an den Folgen eines Jagdunfalles (Swedberg 1994, S. 19). Die Beziehung zu seiner Mutter war im Weiteren sehr eng und dauerte lebenslang an. Ein Freund beschreibt den Einfluss von Johanna Schumpeter auf ihren Sohn mit den Worten: „Ohne Zweifel war Schumpeters Mutter der größte persönliche Einfluss in dessen Leben. Sie war hübsch, talentiert und für ihren Sohn sehr ehrgeizig. Er liebte sie ohne jede Einschränkung oder Enttäuschung nicht nur bis zu ihrem, sondern bis zu seinem Lebensende“ (Swedberg 1994, S. 20/21);
1888:	Übersiedelung Johanna Schumpeters und ihres Sohnes nach Graz. Joseph Schumpeter besuchte die Volksschule in Graz;
1893:	Schumpeters Mutter heiratete am 9. September 1893 den 33 Jahre älteren pensionierten Feldmarschallleutnant Sigmund von Keler (geboren 1828). Umzug nach Wien (6. September 1893);
1893-1901:	Ausbildung im Theresianeum, einer elitären höheren Schule in Wien. Ablegung der Matura am Theresianeum mit Auszeichnung;
1901:	Beginn eines Jurastudiums (Schwerpunkt Nationalökonomie) an der Universität Wien. Dabei besuchte er Seminare von Wieser und Böhm-Bawerk. Im Seminar Böhm-Bawerks (verbürgt nur für das Semester 1905/06) diskutierte er unter anderen mit Otto Bauer (1881-1938), Rudolf Hilferding (1877-

	1941) und Ludwig von Mises (1881-1972); Zur Verbreiterung seines Wissens besuchte er auch Lehrveranstaltungen in Mathematik, Statistik, Geschichte und Soziologie;
1905/1906:	Im Sommer 1905 Ablegung des judiziellen, im Januar 1906 des rechtshistorischen und im Februar 1906 des staatswirtschaftlichen Rigorosums;
1906:	Seine Mutter ließ sich am 3. Juli 1906 scheiden. Bis zu diesem Zeitpunkt hatte der Stiefvater jedoch einen großen Einfluss auf die Erziehung Joseph Schumpeters; Erwerb des Doktorgrades (Februar 1906); Schumpeter verbrachte das Sommersemester 1906 in Berlin. Anschließend Aufenthalt in England, einige Zeit als Research Student an der London School of Economics;
1907:	Heirat von Gladys Ricarde Seaver, der „atemberaubend aussehenden“ Tochter eines hohen Würdenträgers der anglikanischen Kirche. Über das Alter dieser ersten Ehefrau Schumpeters liegen widersprüchliche Angaben vor: Smithies behauptete, sie sei zwölf Jahre älter als Schumpeter gewesen, Erich Schneider sogar 24 Jahre älter. Christian Seidl (geb. 1940), der die polizeilichen Meldedaten der Stadt Graz konsultierte, kam zum Ergebnis, Gladys Schumpeter sei 1885 geboren, sei also nur zwei Jahre älter als er gewesen; Gladys lebte bis 1914 bei ihm. Beim Ausbruch des 1. Weltkrieges befand sie sich gerade auf einem Besuch in England, von dem sie nicht mehr zurückkehrte; Anwalt (Angestellter eines italienischen Anwaltbüros) an den „Tribunaux Mixtes“ (Internationaler Gemischter Gerichtshof) in Kairo. Er soll nebenbei erfolgreich Vermögensberater einer ägyptischen Prinzessin gewesen sein;
1909:	Habilitation für das Fach „Politische Ökonomie“ mit der Schrift: „Das Wesen und der Hauptinhalt der theoretischen Nationalökonomie“. Akzeptanz der Habilitationsschrift am 14. Dezember 1908. Gutachter: Eugen von Böhm-Bawerk und Friedrich von Wieser; (Habilitationskolloquium 25. Januar 1909, Probevortrag 15. Februar 1909, Thema: „Die Verifikation abstrakter Theoreme mit den Mitteln der Statistik“, Bestätigung der Lehrbefugnis (Privatdozent) durch das Kultusministerium am 16. März 1909);

	1909 bis 1911 außerordentlicher Professor (als jüngster Professor Österreichs) für Politische Ökonomie in Czernowitz (Bukowina), der damals östlichsten deutschsprachigen Universität;
1911:	Am 30. Oktober 1911 „Zufolge Allerhöchster Entschließung" Ruf an die Karl-Franzens-Universität Graz auf eine ordentliche Professur in politischer Ökonomie, gegen den Widerstand der Fakultät. Joseph Schumpeter war damit der jüngste ordentliche Professor der Monarchie; Es war vor allem sein Lehrstuhlvorgänger Richard Hildebrand, der Sohn des Ökonomen der älteren historischen Schule Bruno Hildebrand, der gegen eine Berufung Schumpeters war. Christian Seidl schreibt über ihn: „Wissenschaftlich weitgehend unbedeutend und farblos, verdankt er ... seine Bekanntheit vor allem seiner fanatisch-martialischen Ablehnung jedweiler theoretischen Wirtschaftswissenschaft im allgemeinen und Schumpeter's im besonderen (Seidl 1982, S. 7/8). So schrieb eine Kommission, der er angehörte: „So vertritt ... Schumpeter (Czernowitz) eine ganz unfruchtbare, abstrakte, formalistische Richtung, deren Spezialität nur in dem Spiel mit mathematischen oder mechanistischen Begriffen und Analogien besteht und bei der auch nicht die Spur eines Lichtstrahles auf das wirkliche Leben fällt. Sein Buch über „Das Wesen und den Hauptinhalt der theoretischen Nationalökonomie" enthält nichts als leere Allgemeinheiten und Trivialitäten, die nur, als ob es wichtige Entdeckungen wären, mit großer Emphase und Selbstgefälligkeit vorgebracht werden. Etwas, das man auch nur im Entferntesten als eine wissenschaftliche Leistung bezeichnen könnte, hat er bis jetzt nicht aufzuweisen" (in: Seidl 1982, S. 9/10). Die manchmal in der Literatur geäußerte Ansicht, Schumpeters Jahre in Graz seien wegen der Animosität der Fakultätskollegen schwierig und für ihn unangenehm gewesen, ist aber in dieser Allgemeinheit nicht richtig. Denn: „Als Schumpeter bereits zwei Jahre nach seiner Berufung nach Graz als Austauschprofessor nach Amerika ging, beschloss die Fakultät einstimmig, den von Schumpeter „wärmstens empfohlenen" außerordentlichen Professor der Universität Czernowitz, Alfred Amonn, mit der Supplierung seiner Lehrveranstaltungen zu betrauen" (Seidl 1982, S. 13). Zudem wählte die Fakultät

	Joseph Schumpeter im Studienjahr 1916/17 zum Dekan, auch dies ein Zeichen, dass Schumpeter von der Fakultät nicht generell abgelehnt wurde.
	Publikation seines Werkes „Theorie der wirtschaftlichen Entwicklung“ (Leipzig 1912, tatsächliches Erscheinungsjahr 1911);
	„Die „Theorie der wirtschaftlichen Entwicklung“ wurde nach der Veröffentlichung nicht mit der ihr gebührenden Aufmerksamkeit rezipiert. Einerseits drohte der Ausbruch des Ersten Weltkriegs, und man beschäftigte sich mit anderen Dingen als mit Wirtschaftstheorie. Ohne Zweifel hätte eine englische Übersetzung dem Buch viele Leser zugeführt, aber das Buch erschien erst im Jahre 1934 auf Englisch. Außerdem schätzten die deutschen Nationalökonomen Schumpeters Werk nicht“ (Swedberg 1994, S. 62).
1912:	„When Schumpeter came to Graz he, of course, set high standards for economic science. This brought him soon in conflicts with Graz students who were accustomed to and appreciated Hildebrand's rather moderate scientific standard. On October 14th, 1912, at 9:30 a.m., there occurred a violent student demonstration against Schumpeter. On entering the class room he was shouted down by enraged students. Until November 5th, 1912, Schumpeter's lectures were boycotted by students. The students reproached Schumpeter with too strict examinations, with disparaging treatments of students, and with disparaging comments on his predecessor (i.e. Hildebrand)” (Seidl 1984b, S. 194).
1913/1914:	Im Wintersemester 1913/14 Visiting Professor an der Columbia Universität in New York als erster österreichischer Austauschprofessor. Dabei wurde ihm ein Ehrendoktorat der Columbia Universität (mit 30 Jahren!) verliehen;
1916/17:	Drei Memoranden an den Hof und andere einflussreiche Persönlichkeiten unter anderem gegen den deutschen Vorschlag eines Zollbündnisses Deutschlands mit Österreich-Ungarn;
	„The discovery by Stolper and Seidl of ten letters from Schumpeter to Count Harrach shows that Schumpeter wrote at least four other memoranda, which so far have not been found. The letters indicate Schumpeter's ideas about solving the nationalities problem and his eagerness to play a more active

	political role in conservative circles" (Heertje 1996b, S. 343).
1919:	Neben Rudolf Hilferding (1877-1941) und Emil Lederer (1882-1939) Mitglied der von der neuen sozialdemokratischen Regierung eingesetzten deutschen Sozialisierungskommission in Berlin (Januar bis März 1919), die die Möglichkeiten zur Verstaatlichung von Industriezweigen untersuchte; Hierbei befürwortete Schumpeter die Verstaatlichung der Kohlengruben, obwohl er in seinen theoretischen Überlegungen ein Gegner von Verstaatlichungen war. Werner Kraus verspottete ihn daraufhin in seiner Zeitschrift „Die Fackel" als „Austauschprofessor seiner Überzeugungen". Schumpeter selbst antwortete auf die Frage, wie er bei seinen Überzeugungen einer solchen Kommission angehören könne: „Wenn jemand Selbstmord begehen will, ist es gut, wenn ein Arzt in der Nähe ist"; Am 15. März wurde Schumpeter auf Empfehlung von Rudolf Hilferding (1877-1941) und Vorschlag von Otto Bauer (1881-1938) als Parteiloser ohne eigene „Hausmacht" österreichischer Finanzminister (damalige Bezeichnung: Staatssekretär der Finanzen) in einer sozialistisch-konservativen Koalition unter Karl Renner. „Schumpeter had to cope with starvation, total disorganization, everyday worsening inflation and a depreciating currency" (Heertje 1996b, S. 344); Richard Swedberg schildert die damalige wirtschaftliche Situation Österreichs wie folgt: „Die Wirtschaft des Landes war zerrüttet, die enormen Kriegsschulden drückten, und die Inflation galoppierte. Österreichs Industrieanlagen waren veraltet, und viele Industriebetriebe lagen still, weil die Rohstoffe fehlten. Der Staat musste enorme Summen für die Subventionierung von Lebensmitteln wie für die Unterstützung der Arbeitslosen aufwenden. Die neue Republik hatte darüber hinaus einen Großteil des Beamtenapparats der Monarchie übernehmen müssen, der bezahlt werden musste. Schumpeters Aufgabe war in der Tat kaum zu bewältigen" (Swedberg 1994, S. 90). „Am 29. September entschloss sich Schumpeter, die Verwirklichung seiner Pläne zu forcieren, und unterbreitete dem Kabinett in aller Form einen Finanzplan. Das Kabinett wies nach einer ausgedehnten Diskussion den gesamten Plan zurück"

	(Swedberg 1994, S. 90); Rücktritt von seinem Amt (Demission am 17. Oktober 1919) wegen Spannungen mit den Sozialisten schon nach nur wenigen (sieben) Monaten Amtszeit. Christian Seidl präzisiert: „Dazu warfen die Sozialdemokraten sehr bald Schumpeter vor, gegen das Regierungsprogramm zu arbeiten, insbesondere in den Fragen des Anschlusses an Deutschland, der Sozialisierung und des staatlichen Außenhandels eine selbständige Politik zu verfolgen und auch öffentlich gegen diese Punkte der Regierungserklärung zu polemisieren" (Seidl 1982, S. 49). Zudem wurde Schumpeter vorgeworfen, durch die Begünstigung des Verkaufes der Aktienmehrheit der Alpine-Montan AG an die ITALIENISCHE (!) Fiat-Gruppe, deren Verstaatlichung hintertrieben zu haben. Und auch die Christlich-Sozialen waren mit ihm wegen seiner Idee einer scharfen Vermögensabgabe nicht glücklich. In der Öffentlichkeit schaffte sich Schumpeter mit dem in einem Interview geäußerten unglücklichen Ausspruch: „Krone ist Krone" viele Feinde. Die dahinter stehende ökonomische Idee, die Staatsanleihen auf inflationärem Weg (es herrschte Inflation) zu entschulden, ist zwar verteilungspolitisch brutal, aber es blieb fast kein anderer gangbarer Weg, um die Güterseite mit der Finanzseite wieder in Einklang zu bringen. Allerdings war die obige Aussage, die noch dazu für die Bevölkerung fatal einprägsam war, politisch dumm. Mitverantwortlich für seinen Rücktritt war wohl auch sein luxuriöser bis skandalöser Lebensstil (Erwerb eines Rennstalls, Miete eines Schlosses), der ihn für die Sozialisten untragbar machte. „Kurz gesagt: Mit Ausnahme weniger führender Mitglieder der sozialdemokratischen Partei scheint Schumpeter in ganz Wien für eine wenig vertrauenswürdige Person gehalten worden zu sein. Bald änderten indessen auch Bauer und seine Kollegen ihre Meinung und im Oktober 1919 … wurde Schumpeter entlassen" (Swedberg 1994, S. 89);
1920:	Kurze zweisemestrige Wiederaufnahme seiner Lehrtätigkeit in Graz; Generell galt: „Die zwanziger Jahre waren für ihn eine Periode schmerzhafter Rückschläge und Schwierigkeiten. Das galt für fast alle Lebensbereiche: für seine berufliche Karriere

	innerhalb und außerhalb der akademischen Welt und für seine familiären Verhältnisse. Sein in mancherlei Beziehung leichtes und sorgloses Leben ließ sich nicht mehr fortführen" (Swedberg 1994, S. 97);
	Scheidung seiner Ehe mit Gladys;
1921:	Aufgabe der Grazer Professur (21.10.1921, rechtswirksam am 28.10.1922);
	Präsident der Biedermann-Bank, einer angesehenen kleinen Privatbank. Swedberg vermutet bezüglich dieser Entscheidung: „Schumpeter ging vermutlich ins Geschäftsleben, weil er als Finanzminister weit über seine Verhältnisse gelebt hatte. Im Jahr 1921 wird wohl auch das kleine Vermögen aufgezehrt gewesen sein, das er während seiner Tätigkeit in Kairo erworben hatte. Er war also gezwungen, schnell Geld zu verdienen" (Swedberg 1994, S. 99);
	„Während der ersten drei Jahre bei der Biedermann Bank spekulierte er zu seinem Vorteil. Die meisten Anlagen brachten Gewinn, und Schumpeter konnte den extravaganten Lebensstil wieder aufnehmen, der auch sein Liebesleben prägte. Ein Freund erzählt, Schumpeter habe nur gelacht, als man ihm riet, sich diskret zu verhalten und in der Wiener Öffentlichkeit nicht mit Prostituierten in Erscheinung zu treten. Als Antwort darauf … mietete er einen offenen Fiaker und fuhr um die Mittagszeit mit einer attraktiven blonden Prostituierten auf dem einen und einer brünetten auf dem anderen Knie die Kärntnerstraße … auf und ab" (Swedberg 1994, S. 100/101);
1924:	Die Biedermann Bank geriet in ernste Schwierigkeiten. Schumpeter wurde am 11. September 1924 entlassen. Er erlitt beim endgültigen Zusammenbruch der Bank große finanzielle Verluste im Rahmen seines Privatvermögens, so z.B. wegen Spekulationen mit hoch riskanten Aktien auf Kredit. Er musste noch Jahre lang die dabei entstandenen Schulden zurückzahlen (laut Swedberg bis 1935);
	„By the time of his resignation, Schumpeter had incurred debts totalling to more than 120000.- Austrian Schillings, which would , according to März, correspond to about 5 millions of 1983 Austrian Schillings. On top of that he seemed to have had also considerable debts with the inland revenue … The Biedermann-Bank was finally liquidated in 1926

	or 1927, leaving Schumpeter several years of hard struggles with his creditors" (Seidl 1984b, S. 192). In einer Fußnote zitiert Seidl März: „This may be the reason why Schumpeter never again returned to Austria. In a letter dated January 25th, 1929, he remarked that he would like to come to Vienna, but could not do so because he was a tax refugee" (März zitiert in: Seidl 1984b, S. 192, Fußnote 36).
1925:	Berufung (ab Herbst 1925) an die Universität Bonn auf den Lehrstuhl für Finanzwissenschaft (er blieb von 1925 bis 1932) auf Betreiben des damaligen Dekans Arthur Spiethoff (Nachfolge Heinrich Dietzel). Damit wurde nach Jahrzehnten in Bonn wieder ökonomische Theorie gelehrt. Und Bonn wurde mit Schumpeter, Spiethoff (1873-1957) und von Beckerath (1889-1964) zu einem Mekka theoretisch interessierter Ökonomen. Schumpeter nahm die deutsche Staatsbürgerschaft an; Am 5. November 1925 Heirat der aus einfachen Verhältnissen stammenden Annie Reisinger (20 Jahre jünger als er);
1926:	Erscheinen seines wichtigen Aufsatzes „Gustav von Schmoller und die Probleme von heute"; Tod der Mutter am 22. Juni 1926; Am 3. August 1926 Tod seiner von ihm sehr geliebten zweiten Ehefrau Annie Reisinger bei der Geburt des ersten Kindes, das ebenfalls verstarb; Aufgrund dieser beiden katastrophalen Schicksalsschläge im Jahre 1926 hatte Schumpeter ab diesem Zeitpunkt einen resignierten und pessimistischen Zug an sich; „Jahrelang veränderte er nichts in Annies Zimmer, nicht einmal die Kleidung ließ er wegräumen. Totenmasken Annies und des kleinen Sohnes standen von nun an in Schumpeters Wohnung … Und er entwickelte eine sonderbare Gewohnheit. Jeden Tag schrieb Schumpeter peinlich genau Passagen aus Annies Tagebuch ab und ahmte selbst die Handschrift und ihre fehlerhafte Zeichensetzung nach. Als er das gesamte Tagebuch abgeschrieben hatte, begann er wieder von vorne" (Swedberg 1994, S. 108/109);
1927/28:	Gastprofessur an der Harvard University;
1930:	Im Herbst 1930 wiederum Gastaufenthalt an der Harvard University; Schumpeter war Vorsitzender der Gründungsversammlung

	(29.12.1930) der „Econometric Society" in Cleveland. Gründungsmitglieder waren unter anderen: Ragnar Frisch (1895-1973), Irving Fisher (1867-1947) und Ladislaus von Bortkiewicz (1868-1931);
1931:	Schumpeter interessierte sich stark für einen Lehrstuhl für Wirtschaftstheorie an der Universität Berlin. Beide Lehrstühle für Wirtschaftstheorie in Berlin wurden aber an andere Bewerber vergeben. Schumpeter war darüber sehr enttäuscht, ja resigniert;
1932:	Schumpeter ging nun endgültig nach Harvard, nachdem er dort ja schon vorher (und zwischendurch auch 1931 in Japan) gelehrt hatte. Er nahm später die amerikanische Staatsbürgerschaft an (Antrag vom 5. April 1933);
1937:	Schumpeter ging eine dritte Ehe mit der amerikanischen Ökonomin Elizabeth Boody (1898-1953) ein; „In seiner amerikanischen Zeit arbeitete er ohne Unterbrechung und ohne Rücksicht auf sich selbst – tagsüber, abends, an den Wochenenden und während der Ferien – … Jeden Tag gab er sich selbst in seinem privaten Tagebuch Zensuren, und er heiratete eine Frau, die er möglicherweise gar nicht liebte, die ihm aber ein Heim und den Komfort verschaffen konnte, den er für seine Arbeit benötigte" (Swedberg 1994, S. 153). Schumpeter wurde Präsident der „Econometric Society", (1937-1941), die er selbst mitgegründet hatte;
1939:	Erscheinen seines zweibändigen Werkes „Business Cycles";
1948:	Als erster Europäer Wahl zum Präsidenten der „American Economic Association";
1949:	Wahl zum ersten Präsidenten der neu gegründeten „International Economic Association";
1950:	Tod in der Nacht vom 7. auf den 8. Januar 1950 (Gehirnschlag) in seinem Sommerhaus Windy Hill in Taconic (Connecticut), ohne zuvor ernsthaft krank gewesen zu sein; „Die nächsten Wochen verbrachte Elizabeth vor allem damit, das Andenken an Schumpeter zu verwahren. Neben der Herausgabe der „History of Economic Analysis" stand die gewaltige Aufgabe, den Nachlass zu ordnen, darunter einige tausend Zettel und Notizen, die Schumpeter seit den frühen dreißiger Jahren gesammelt hatte" (Swedberg 1994, S. 264);
1954:	Posthumes Erscheinen seines Werkes „History of Economic

Analysis", herausgegeben von seiner Witwe Elizabeth Boody-Schumpeter.

Die schillernde Persönlichkeit Joseph Alois Schumpeters ist nicht leicht zu fassen. Eine Charakterisierung in Schlagworten wäre vielleicht: aristokratische Lebenshaltung, umfassende humanistische Bildung, großes historisches Wissen, oft Dandytum, Spaß am „épater les bourgeois". „Schumpeter's pet activity was to shock his contemporaries, or, to say it with Samuelson „to épater the bourgeoisie, aristocracy, priesthood, proletariat and the universal set". He proudly pointed to himself as the „Sorgenkind" (enfant terrible) of Austrian Economics ... As a member of the Graz Law Faculty he loved to join minority votes, though mostly with good purpose. He favoured socialism and attacked it only a few months later ... Whereas Alfred Marshall had offered to the readers of his Principles that they could skip the footnotes and appendices, Schumpeter advised his audience, if time were short, read them and skip the text" (Seidl 1984b, S. 188).

Richard Swedberg hat in seinem Anhang I „Aphorismen aus Schumpeters privatem Tagebuch" 106 Aphorismen (S. 267-284) aufgeführt. Deren Lektüre ist für die Persönlichkeit Schumpeters sehr erhellend. Einige davon finde ich weise, andere wiederum bloß zynisch. In Gesamtheit gelesen sind diese Aphorismen genauso widersprüchlich und verwirrend wie die Person Schumpeters. Ich zitiere hier nur drei dieser Aphorismen, empfehle aber dem Leser, sich selbst ein Bild davon zu machen: „Ich frage mich, ob das Ungeziefer auf der verwesenden Leiche auch glaubt, dass es sie reformiert", „Ein Ökonom, der nicht furchtbar unbeliebt ist, taugt nichts", „Wenn wir etwas nicht begründen können, sagen wir, es geht ums Prinzip".

Es existieren viele Anekdoten über Schumpeter, die er selber gerne zum Besten gab. Aber: „He never repeated his stories, as I know from careful count kept over a span of years" (Samuelson 1951, S. 101). Allerdings sollte man bezüglich des Wahrheitsgehaltes dieser Anekdoten vorsichtig sein: „I am convinced that Schumpeter had managed to tease his contemporaries, among them later biographers. He either invented legends on his life or else permitted to led others to invent legends about his life of which he approved" (Seidl 1984b, S. 187).

Die berühmteste, immer wieder zitierte Anekdote war wohl seine Aussage: Er wolle der beste Liebhaber Wiens, der beste Reiter Europas und der größte Ökonom der Welt sein. Zwei dieser Ziele habe er erreicht, aber leider habe er nur einen zweitklassigen Sattel geerbt.

Eine weitere Anekdote über ihn besagt, er soll seine Vorlesungen in Graz im Reitdress gehalten haben (laut Strathern 2006, S. 247).

Man könnte salopp fast sagen: er ließ in seinem Leben fast nichts aus, lebte lange Zeit gewissermaßen auf der Überholspur.
Das überlieferte Bonmot „Uns allen ist ein geistsprühender Irrtum lieber als eine banale Wahrheit“ (Strathern 2006, S. 247) charakterisiert den Menschen Schumpeter meines Erachtens treffend. Und Robert L. Heilbroner nannte ihn einen „eleganten, finsteren Mann, der eine Neigung für dramatische Ausdrucksweisen und theatralische Gesten hatte. Er war zweifellos ein glänzender Mann – aber er war verwirrend“ (Heilbroner 1960, S. 344). Und Arthur Spiethoff (1853-1957) ergänzte: „Er war niemals ein Anfänger“.
Paul Antony Samuelson, einer seiner Meisterschüler in den USA, charakterisierte: „There were many Schumpeters: the brilliant enfant terrible of the Austrian School who before the age of thirty had written two great books; the young Cairo lawyer with a stable of horses; the Austrian Finance-Minister; the social philosopher and prophet of capitalist development; the historian of economic doctrine; the economic theorist espousing use of more exact methods and tools of reasoning; the teacher of economics“ (Samuelson 1951, S. 98). Und weiter: „His books speak for themselves but only his pupils can recapture the impact of this colourful personality” (Samuelson 1951, S. 98).
Zu Schumpeter als akademischem Lehrer schrieb Samuelson: „Let me turn to Schumpeter as a teacher. Schumpeter was a great showman. In all probability he spoke before more economists the world over than any other scholar in history … Clothes were important to him: he wore a variety of well-tailored tweeds with carefully matched shirt, tie, hose and handkerchief“ (Samuelson 1951, S. 100). Dabei war Schumpeter, den die Studenten bald „Schumpy“ nannten, nach Einschätzung Samuelsons nicht geeignet für Anfängerveranstaltungen, und später beschränkte er sich in Harvard auch auf die fortgeschritteneren Kurse. Zeitzeugen bestätigen, dass Schumpeter ein brillanter Redner war.
Und noch eine Eigenheit Schumpeters: Er war davon überzeugt, dass das dritte Lebensjahrzehnt eines ökonomischen Autors das fruchtbarste sei, nur in dieser Zeitspanne würde dieser grundlegende theoretische Neuerungen entwickeln können: „the decade of sacred fertility“.
Zu seiner umfassenden Bildung führt Seidl aus: „Er war in der Lage, aus dem Stand Vorträge über Themen außerhalb seines wissenschaftlichen Faches zu halten. So berichtet etwa März von einem Vortrag, den Schumpeter in Harvard über Psychoanalyse gehalten hatte. Schließlich möge nicht unerwähnt bleiben, dass Schumpeter auch ein unvollendetes Manuskript eines Romans „Schiffe im Nebel“ hinterlassen hat“ (Seidl 1985, S. 241).

Schumpeter beherrschte Latein, Griechisch, Italienisch und Englisch. Er erlernte Französisch, wohl um die Werke von Léon Walras im Original lesen zu können.
Es ist nach all diesem verständlich, dass Günther Schmölders (1903-1991) Joseph Schumpeter als „letzten Universalkopf der Wirtschaftswissenschaften“ charakterisierte.
Wichtig für das Verständnis der Persönlichkeit von Schumpeter ist auch das Umfeld, in dem er aufwuchs. Kurt W. Rothschild beschreibt es folgendermaßen: „Das österreichisch-ungarische Empire des ausgehenden 19. Jahrhunderts, in das Schumpeter hineingeboren wurde, unterschied sich „klimamäßig“ sehr entscheidend von der aufklärerisch-liberalen Atmosphäre und Philosophie, welche Smith, Mill und deren Kollegen geprägt hatten. Es war ein industriell noch wenig entwickeltes Reich, in dem Feudalismus und eine massive Gegenreformation wenig Spielraum für freiheitliche und rebellische Strömungen hinterlassen hatten, so dass auch die Revolution von 1848 nur schwache und wenig dauerhafte Wirkungen auf die Herausbildung eines liberal gesinnten Bürgertums bewirken konnte. Feudale Strukturen, Kaiserhaus und Aristokratie beherrschten die Szene“ (Rothschild 2004, S. 131).
Besonders herauszustellen war die Toleranz Schumpeters gegenüber anderen wissenschaftlichen Auffassungen. Man kann verkürzt sagen, es kam ihm vor allem auf die Qualität wissenschaftlicher Überlegungen an, nicht auf die dahinter stehende Ideologie. Im Original des jungen (25jährigen) Schumpeter: „Wie vielen Fachgenossen in der Gegenwart, so hat sich auch mir die Überzeugung aufgedrängt, dass fast jede „Richtung“ und jeder individuelle Autor mit seinen Behauptungen recht hat: So wie sie gemeint sind, und vom Standpunkt der Zwecke, für die sie gemeint sind, sind die meisten Behauptungen wahr, und es kommt nur verhältnismäßig selten vor, dass wir einem Satze gar keinen Sinn abzugewinnen vermögen und genötigt sind, ihn als hoffnungslos verfehlt zu bezeichnen. Wir mögen Grund haben, eine andere Auffassungsweise vorzuziehen, aber das berechtigt uns im Allgemeinen nicht, eine entgegengesetzte ohne weiteres zu verwerfen. Sie hat ihren Zweck vielleicht ganz gut erfüllt und die neue wäre vielleicht nicht möglich ohne sie. Einen Gedanken durchzudenken ist auch dann ein Verdienst und notwendig, wenn sich weiter nichts, als seine Unbrauchbarkeit ergibt. Meist steht es jedoch viel günstiger und wir können wenigstens etwas aus fast jeder Theorie gewinnen“ (Schumpeter 1908, S. VI).
„Verstehen wollen wir und nicht bekämpfen, lernen nicht kritisieren, analysieren und das Richtige zu jedem Satz herausarbeiten, nicht einfach billigen oder verwerfen ... auch über verschiedene „Richtungen“ der Nationalöko-

nomie denken wir nicht anders … So teilen wir die Exklusivität oder Parteitreue nicht, die die meisten Nationalökonomen auszeichnet und sind völlig willens, jedermann, so weit unser Verständnis reicht, Gerechtigkeit widerfahren zu lassen" (Schumpeter 1908, S. VI/VII). Und diese abgeklärten und versöhnlichen, ja fast weisen Sätze, stammten von einem 25jährigen.
Die andere Seite seines Wesens waren (zumindest ab 1926) schwere Depressionen. So entwickelte er einen regelrechten Personenkult um die verstorbene geliebte Annie und seine verstorbene Mutter. Er führte bis zu seinem Lebensende Zwiegespräche mit ihnen (seinen beiden „Hasen"), auch als er schon in dritter Ehe verheiratet war und bat sie regelmäßig in quasireligiöser Art um ihren Beistand (davon zeugen seine Tagebucheintragungen).
Und auch der Krieg machte ihm sehr zu schaffen. „Der Krieg scheint sehr zum Verlust seines seelischen Gleichgewichts beigetragen zu haben. Sein Verhalten in der Öffentlichkeit wie im Privaten wurde immer sprunghafter … Viele der Äußerungen aus diesen Jahren wirken düster und feindselig" (Swedberg 1994, S. 195). So „begann er Anfang der vierziger Jahre am Sinn des Lebens zu zweifeln und an den Tod zu denken … Im Jahre 1941 schrieb er das folgende Gedicht: „My death comes like the servant who walks about the room to blow out candles" (Swedberg 1944, S. 198/199) und das Gedicht geht dann in diesem Stil weiter.
Es wird immer wieder der Vorwurf laut, Schumpeter sei ein Antisemit gewesen. Auslöser dafür waren wohl seine Sympathie für Deutschland während des 3. Reiches und des zweiten Weltkrieges und einige unbedachte Äußerungen. So schreibt sein Biograph Richard Swedberg: „Schumpeters Tagebuch aus den vierziger Jahren spiegelt diese Verwirrung. Nie war er von Vorurteilen frei gewesen – er war ja in einem antisemitischen Milieu aufgewachsen. Doch hielt er sich immer etwas darauf zugute, Ressentiments von seinem sachlichen Urteilsvermögen trennen zu können. Während des Krieges traten jedoch die Vorurteile stark in den Vordergrund. In seinem Tagebuch finden wir Ausfälle gegen „Nigger, Juden und Abartige" (Swedberg 1994, S. 196).
Er half andererseits aber auch geflüchteten jüdischen Wissenschaftlern. Berücksichtigt man noch seine Lust an der Provokation, kann man zu dem auch von Swedberg und Galbraith geteilten Urteil kommen: Schumpeter war trotz seiner gelegentlichen Ausfälle und Witze nicht generell ein Antisemit. Aber dies ist im Nachhinein schwer zu beurteilen.
Arnold Heertje bringt es meines Erachtens auf den Punkt: „Of course, Schumpeter was a complicated man: while he did help many Jewish scholars

who fled in the thirties from Germany, he was also guilty of anti-semitic observations. Let me refer here to Swedberg's conclusion that „Schumpeter had a series of prejudices about the Jews" (Heertje 1996b, S. 340).
In den dreißiger Jahren bezeichnete Schumpeter sich selbst als einen „kultivierten Konservativen".

SCHUMPETER IN DER POLITIK UND IM GESCHÄFTSLEBEN:

„Im Gegensatz zu den in vielen Biographien vertretenen Meinungen scheint Schumpeter nicht in Politik und Wirtschaft gegangen zu sein, weil ihn das akademische Leben in Graz anödete, sondern seine diesbezüglichen Ambitionen scheinen so groß gewesen zu sein, dass er darob sogar seine Tätigkeit als Wissenschafter und akademischer Lehrer zurückstellte … Es ist nur allzu verständlich, dass eine Fakultät hierauf empfindlich reagiert" (Seidl 1982, S. 14).
Und weiter noch klarer: „Meines Erachtens hat er sich selbst zur Politik gedrängt und hätte gerne auch schon früher politische Ämter bekleidet" (Seidl 1982, S. 38).
Und Stolper und Seidl schreiben in ihrer Einleitung zu Schumpeters Aufsätzen zur Wirtschaftspolitik: „Schumpeter war, mindestens seit 1916, von brennendem politischen Ehrgeiz besessen" und dokumentieren dies auch anhand von Briefen und Artikeln. „Auch während seiner Professur an der Universität Bonn von 1925 bis 1932 betätigte sich Schumpeter als eifriger Kommentator der wirtschaftlichen Tagespolitik der Weimarer Republik, insbesondere in Aufsätzen, die vornehmlich im „Deutschen Volkswirt" erschienen" (Stolper, Seidl 1985, S. 4).
Für das frühe politische Engagement Schumpeters sprechen auch drei (vertrauliche, nicht publizierte, aber an wichtige Leute verteilte) Memoranden (1916 und 1917). Die ersten beiden Memoranden warnen sehr deutlich vor dem Abschluss eines Zollbündnisses oder sogar einer Zollunion mit dem deutschen Reich. Aufgrund der Überlegenheit der deutschen Industrie würden in der Monarchie viele Branchen verdrängt werden. Die Monarchie würde wirtschaftlich völlig vom deutschen Reich abhängig werden. Und auf die wirtschaftliche Abhängigkeit folge die politische Abhängigkeit. Dem finanziellen Einfluss der deutschen Großbanken könne man sich nicht entziehen, es gäbe ja in der Monarchie keine vergleichbaren Großbanken. „Die Monarchie werde deutsches Kolonialland werden. Insbesondere werde dies den ungarischen Separatismus stärken" (Schumpeter zitiert in: Seidl 1982, S. 41). Zudem werde eine weitere Annäherung Österreichs an das Deutsche

Reich auch den Beziehungen zu den Westmächten schaden. Nach diesen deutlichen Warnungen entwarf Schumpeter die Grundzüge einer neuen (populäreren) Regierungspolitik der Monarchie.
Memorandum III trat leidenschaftlich für einen Friedensvorstoß der Monarchie ein, nur so könne die Monarchie fortbestehen. Als Vielvölkerstaat sei die Monarchie besonders gefährdet, bei einer Fortsetzung des Krieges könne sie nur verlieren.
„Daneben regt er die Bildung einer konservativen Partei an, die unter Führung des Hochadels die zahlreichen zersplitterten konservativen Gruppen zu einer politischen Handlungseinheit vereinigen sollte" (Seidl 1982, S. 45).
Die Memoranden enthielten eine ganze Reihe meines Erachtens kluger politischer Einsichten: „Majoritätsherrschaft bewährt sich nur dort, wo wie z.B. in England die Gegensätze zwischen Majorität und Minorität nicht allzu groß und nicht allzu bitter sind. Namentlich dürfen es keine Gegensätze zwischen Volk und Volk sein, wenn parlamentarische Opposition nicht zum Kampf gegen den Staat als solchen ausarten soll. Das gehört zu den Elementen parlamentarischer Erfahrung. Verachten wir sie, werden wir die schlimmsten Folgen fühlen – Desorganisation und Disloyalität werden weiteste Kreise ergreifen" (Schumpeter, Memorandum II zitiert in: Seidl 1982, S. 44).
Als aktiver Politiker war Joseph Schumpeter kein geschickter politischer Verkäufer seiner Ideen. Man denke nur an den unglücklichen, aber (im Volk leider) einprägsamen Slogan „Krone ist Krone".
Sein Biograph Richard Swedberg schreibt dazu: Es fällt schwer, „ihn für einen geschickten Politiker zu halten. Immer wieder setzte er sich für aussichtslose Projekte ein. Er beurteilte Situationen häufig falsch und hatte ein Faible für Intrigen … Schumpeter gehörte, kurz gesagt, zu den Menschen, welche die Politik theoretisch hervorragend zu fassen vermögen, aber kläglich versagen, wenn es gilt, sie in praktische Politik umzusetzen" (Swedberg 1994, S. 95).

Kleiner Auszug aus den vielen Werken von Schumpeter

„Über die mathematische Methode der theoretischen Ökonomie" (1906);
In diesem Aufsatz vertrat Joseph Schumpeter, 23 Jahre alt (!), vehement die Anwendung quantitativ-exakter, mathematischer Methoden in der Ökonomik. „Trotzdem hat er sich selbst nie in seinen Schriften (wohl aber im Hörsaal) dieser Methode bedient, offenbar aufgrund seiner unzulänglichen mathematischen Ausbildung" (Seidl 1982, S. 36).

„Das Wesen und der Hauptinhalt der theoretischen Nationalökonomie“ (1908);

Zu diesem Buch schrieb Schumpeter im Vorwort: „Einer meiner Zwecke ist, das deutsche Publikum mit manchen Dingen – Begriffen, Lehrsätzen, Auffassungsweisen – vertraut zu machen, welche ihm bisher fremd geblieben sind, weil die Entwicklung der Theorie nicht hinlänglich verfolgt wurde … Und wenn auch Kenntnis der Theorie vorausgesetzt wird, so kann doch manches zu dem Ziele geschehen, die Theorie anderer Länder der deutschen Wissenschaft näher zu bringen“ (Schumpeter 1908, S. XXI).

„Schumpeter selbst mag die mangelnde Originalität dieses Werkes gefühlt haben, da er niemals einer Neuauflage zustimmte. Sein Bonner Schüler Erich Schneider, der dies angeregt hatte, notierte folgende ablehnende Äußerung Schumpeter's: „Das Buch war für eine andere Zeit und für andere Menschen bestimmt. Seine Botschaft ist heute selbstverständlich. Wenn ich nochmals eine Theorie schreibe, wird sie ganz anders aussehen. Im Gegensatz zu seiner sonstigen Angewohnheit griff Schumpeter auch in seinen späteren Jahren nie wieder die in „Wesen und Hauptinhalt“ behandelten Themen in größeren Arbeiten auf“ (Seidl 1982, S. 21).

„So ist „Wesen und Hauptinhalt“ vor allem eine Popularisierung von Walras' schwer zugänglichen „Éléments d'économie politique pure“, angereichert mit wertvollen Erkenntnissen der österreichischen Grenznutzenschule. Schumpeter hat Walras in eine verbale, heuristisch einleuchtende Sprache übersetzt und damit zweifellos viel zum Siegeszug der Gleichgewichtstheorie beigetragen“ (Seidl 1985, S. 230).

Auf einen interessanten Sachverhalt bei der Verbreitung dieses Buches macht Shigetu Tsuru aufmerksam: „Das Wesen und der Hauptinhalt der theoretischen Nationalökonomie, which was only rarely read in English-speaking countries, came out in Japanese translation in 1936 and had an extensive circulation in Japan“ (Tsuru 1993, S. 264).

„Über das Wesen der Wirtschaftskrisen“ (1910);

„Theorie der wirtschaftlichen Entwicklung“ (1912, tatsächliches Erscheinungsjahr 1911, 2. Auflage 1926, italienische Übersetzung 1931, englische Übersetzung 1934, französische Übersetzung 1935, japanische Übersetzung 1937, spanische Übersetzung 1944);

Das Buch wurde von Auflage zu Auflage kürzer: „Die erste Auflage hatte 548, die zweite 369 und die amerikanische nur noch 245 Seiten“ (Stolper 1988, S. 37).

„Epochen der Dogmen- und Methodengeschichte“ (1914);

Dieses kleine Buch wurde im Auftrag von Max Weber (1864-1920) als Kapitel für ein ökonomisches Handbuch „Grundriss der Sozialökonomik" erstellt.

Gegliedert ist es in vier Teile:

I. Die Entwicklung der Sozialökonomik zur Wissenschaft (S. 21-38);

II. Die Entdeckung des wirtschaftlichen Kreislaufs (S. 39-53);

III. Das klassische System und seine Ausläufer (S. 53-98);

IV. Die historische Schule und die Grenznutzenschule (S. 98-124).

Schumpeter stellte in diesem dogmenhistorischen Frühwerk François Quesnay als den wahren Begründer der Ökonomik dar. Und Adam Smith wurde schon hier attestiert, er habe keine eigenständigen Gedanken gehabt, sondern nur eine große vorhandene Materialfülle durchgearbeitet.

„Die Wellenbewegung des Wirtschaftslebens" (1914/15);

„Vergangenheit und Zukunft der Sozialwissenschaften" (1915);

„Das Sozialprodukt und die Rechenpfennige" (1917/18);

In diesem Aufsatz interpretierte Schumpeter einzelne Komponenten der Quantitätsgleichung neu. Zudem wies er auf den komplexen Zusammenhang zwischen diesen Komponenten hin, entfernte sich also weit von der naiven Quantitätstheorie. Insgesamt lassen sich seine Beiträge zur monetären Theorie nicht eindeutig einer bestimmten geldtheoretischen Schule zuordnen.

„Die Krise des Steuerstaates" (1918);

Diese Arbeit enthielt eine ausführliche Darlegung der finanziellen Situation Österreichs nach dem Ersten Weltkrieg. „Daneben werden die Fragen behandelt, ob eine Vermögensabgabe zur Belebung der österreichischen Wirtschaft notwendig sei, wie die Inflation aufgehalten werde und welche Rolle das ausländische Kapital beim Wiederaufbau der österreichischen Ökonomie spielen könne. Im Hauptteil des Aufsatzes geht es ... um die Möglichkeit, ein neues Teilgebiet der Soziologie, nämlich die Finanzsoziologie, zu erschließen" (Swedberg 1994, S. 132).

Unter anderem ist in dieser Arbeit auch schon eine frühe Version der so genannten Laffer-Kurve enthalten: „Nach Schumpeter existiert für jede Volkswirtschaft ein maximales Steueraufkommen, und alle Versuche, die Steuerschraube weiter anzuziehen, haben ein sinkendes Steueraufkommen zur Folge" (Seidl 1985, S. 237).

„Zur Soziologie der Imperialismen" (1919);

„Gustav von Schmoller und die Probleme von heute" (1926, wiederabgedruckt in: Schumpeter 1954, S. 148-199);

„The Explanation of the Business Cycle" (1927);

„Die sozialen Klassen im ethnisch homogenen Milieu" (1927);

„Das deutsche Finanzproblem“ (1928);
„The Instability of Capitalism” (1928);
„The Common Sense of Econometrics” (1933);
„Business Cycles – A Theoretical, Historical and Statistical Analysis of the Capitalist Process“ (2 Bände, 1939);
„Capitalism, Socialism and Democracy” (1942);
Laut Swedberg wurde das Buch bis 1990 in 16 Sprachen übersetzt, darunter Persisch, Koreanisch und Hindi.
„Ten Great Economists – From Marx to Keynes” (1951);
„Imperialism and Social Classes” (1951);
„History of Economic Analysis” (1954, deutsche Ausgabe 1965);
Anmerkung: Es handelt sich bei dieser Auflistung wirklich nur um einen kleinen Auszug aus den Werken von Schumpeter. Sein gesamtes Oeuvre umfasste fast 250 Titel, darunter aber keine Autobiographie.

Ein beabsichtigtes Buch über Geld erschien zu seinen Lebzeiten nicht. Als Keynes „Treatise on Money“ (1930) erschien, soll er sogar erwogen haben, sein Manuskript zu vernichten. Nach seinem Tod wurde es in seinem Nachlass entdeckt und 1970 unter dem Titel „Das Wesen des Geldes“ veröffentlicht.

Hatte Schumpeter in seiner Habilitationsschrift im Kern noch die klassische Hypothese eines neutralen Geldes übernommen, ging er in der „Theorie der wirtschaftlichen Entwicklung“ davon ab. Hier werden durch die Kreditgewährung an Pionierunternehmen die Produktionsmittel der Gesellschaft umverteilt, die relative Preisstruktur verändert, also ein nicht-neutrales Geld.

11.2.2.1 Thesen von Schumpeter

Zu den einzelnen Thesen von Schumpeter gibt es mittlerweile eine fast unermesslich umfangreiche Literatur, teils zustimmend, teils kritisch, teils weiterführend. Ich kann hier nur versuchen, einige Hauptthesen Schumpeters, im Wesentlichen kommentarlos, wiederzugeben.

Zusammenfassend charakterisiert Rothschild: „Die wissenschaftliche Basis der Vielfalt von Schumpeters teils traditionellen, teils abweichenden ökonomischen und sozio-politischen Ideen war zweifellos seine umfassende Kenntnis nicht nur der gesamten ökonomischen Denkrichtungen, sondern auch der wichtigsten Strömungen in Geschichte, Soziologie und Sozial- und Kulturgeschichte“ (Rotschild 2004, S. 136).

Zunächst: Joseph A. Schumpeter kann nicht dem engeren Kreis der Österreichischen Schule zugerechnet werden, auch wenn ich ihn hier (seiner österreichischen Herkunft wegen) bei den „Österreichern“ eingereiht habe.

So schrieb z.B. Ludwig von Mises in seinen Memoiren: „Weil die österreichische Nationalökonomie eine Lehre vom menschlichen Handeln ist, darf man ihr auch Schumpeter nicht zuzählen. In seinem ersten Buche bekennt sich Schumpeter charakteristischerweise zu Wieser und zu Walras, nicht zu Menger und Böhm ... Seine „Theorie der wirtschaftlichen Entwicklung“ ist ein typisches Produkt der Gleichgewichtstheorie“ (Mises 1978, S. 21).

Und auch Samuelson stellte fest: „In his general views on economic theory, he seemed surprisingly un-Austrian. On the whole he was much more Walrasian. He always referred to Léon Walras as by far the greatest economist of all time!” (Samuelson 1951, S. 103).

Weitere Gründe für seine Nichtzugehörigkeit zur Österreichischen Schule sind, grob zusammengefasst:

- Er war ein Kritiker des Kapitalismus. Allerdings argumentierte er nicht im Sinne von Karl Marx, sondern vertrat die Auffassung, der Kapitalismus werde an seinem eigenen Erfolg scheitern;
- Er prognostizierte den Untergang des Kapitalismus wegen Bürokratisierung, Verlust unternehmerischer Legitimität, Erschütterung kapitalistischer Institutionen, politischer Destabilisierung, Feindseligkeit der Intellektuellen, Motivationskrise;
- Schumpeter glaubte an die Funktionsfähigkeit des Sozialismus, ohne davon begeistert zu sein. Er hielt eine effiziente Wirtschaftsrechnung im Sozialismus für möglich und glaubte, dass im Sozialismus Innovationen möglich wären.

Und auch innerhalb der Neoklassik nahm er eine Außenseiterrolle ein.

Schumpeter war ein erklärter Gegner jeder Schulenbildung in der Ökonomik: „Es gibt keine Schulen, sondern nur gute Arbeit und schlechte“ (Schumpeter zitiert in: Seidl 1985, S. 229).

Zwiespältig war sein Verhältnis zu Karl Marx. Er war zwar der Auffassung, dass die Antworten von Marx falsch seien, insbesondere dessen These, dass die Arbeiter durch den kapitalistischen Prozess verelenden würden. Aber Marx habe die richtigen Fragen gestellt, und diese seien durchaus nachahmenswert. Schumpeter schätzte Marx mehr als Soziologen denn als Ökonomen und er fand, dass es ihm gelungen sei, eine rein ökonomische dynamische Theorie des Wandels zu entwerfen. Er lehnte aber die Marxsche Werttheorie total ab, und auch seine Mehrwert- und seine Akkumulationstheorie seien nicht zu halten. Zudem habe Marx keine brauchbare Erklärung für die Konjunkturzyklen geboten.

Anders als Marx war Schumpeter aber kein historischer Determinist, auch nicht in der Frage des Überganges zu einer sozialistisch geprägten Wirtschaftsweise. Und auch die Vorstellung, dass das wirtschaftliche Interesse mit dem Klasseninteresse zusammenfalle, akzeptierte Schumpeter nicht.

Unterscheiden sollte man auf alle Fälle (wie noch zu zeigen sein wird) die Auffassungen des jungen Schumpeter und die des älteren „gereiften" Schumpeter.

Auch wenn ich im Folgenden die Leistungen Schumpeters in verschiedenen Teilabschnitten behandle, darf man nicht übersehen, dass seine theoretischen Leistungen im Zusammenhang gesehen werden sollten. So waren etwa seine Entwicklungs- und seine Krisentheorie eng verbunden. Aktivitätsschwankungen seien Begleiterscheinungen der wirtschaftlichen Entwicklung.

Gleichzeitig wurden auch Teile einer Geldtheorie und eine Konjunkturtheorie angesprochen. Schumpeter war ohnedies der Auffassung, die Geldtheorie dürfe nicht isoliert, sondern nur im Zusammenhang mit der gesamten anderen Wirtschaftstheorie behandelt werden.

Einige methodologische Überlegungen Schumpeters:

Bereits in seinem frühen Aufsatz (1906): „Über die mathematische Methode der theoretischen Ökonomie" vertrat Schumpeter die Meinung: „Wir sehen, der übliche Gegensatz von Geistes- und Naturwissenschaften scheint sich hier nicht zu bewähren: Die Nationalökonomie der hier besprochenen Richtung hat eine größere methodologische Verwandtschaft mit der exakten Gruppe der Natur- als mit den Geisteswissenschaften." Und dann noch schärfer: „Man kann also gar nicht prinzipieller Gegner der mathematischen Denkformen sein, sonst müsste man das Denken auf diesem Gebiete überhaupt aufgeben" (Schumpeter 1906, S. 36).

Und im Folgenden setzte sich Schumpeter mit einigen Argumenten gegen die Verwendung mathematischer Methoden in der Wirtschaftstheorie auseinander, wies besonders auf die Bedeutung der Verwendung von mathematischen Relationen (statt einem bloßen Rechnen mit Zahlen) hin und endete mit der (richtigen!) Prognose, dass der Verwendung der Mathematik in der Wirtschaftstheorie die Zukunft gehöre. Er blieb seinen Auffassungen zur Mathematik in der Ökonomik sein ganzes Leben lang treu. Indizien dafür waren seine Mitgründung und Präsidentschaft der „Econometric Society“ und einige programmatische Artikel. In seinen Werken findet sich allerdings kaum eine mathematische Modellierung und er war sich seiner mathematischen Unzulänglichkeiten wohl bewusst.

Christian Seidl bringt noch ein weiteres Argument für den Einsatz von Schumpeter für die mathematische Methode: „I do not doubt that Schumpeter had great respect for mathematical economics, but I dare say that his desire to shock his contemporaries might also help to explain this puzzle … So, anybody who declared himself to be a mathematical economist could have been sure to have shocked nearly all his fellow economists“ (Seidl 1984b, S. 189).

Nachdenkenswert ist seine von Samuelson genannte Überzeugung: „Moreover, it was his conviction that mathematics itself had grown up as a servant of physics and was not adapted to economics; so that real progress in economic theory would require new methods tailor-made to economics“ (Samuelson 1961, S. 99).

Insgesamt stand Schumpeter jedoch mit Ausnahme seiner Favorisierung der mathematischen Methode Methodenproblemen eher ablehnend gegenüber: „Methodendiskussionen und Methodenstreitigkeiten waren ihm ein Gräuel. Was ihn interessierte waren konkrete Probleme und jede Methode, die zur Lösung geeignet war, war ihm recht“ (Schneider 1964, S. 462).

So empfand Schumpeter den Methodenstreit als unsinnig und unglücklich. „Ob ein Gegenstand einen historischen oder einen theoretischen Zugang erforderlich mache, könne nicht grundsätzlich entschieden werden – es hänge vom Thema und vom Zweck der Analyse ab. Die ganze Geschichte des Methodenstreites sei daher durch die irrige Annahme verursacht worden, eine bestimmte Form der Analyse müsse auf alle Themen angewendet werden“ (Swedberg 1994, S. 42/43).

Seine bereits angesprochene Toleranz gegenüber anderen Meinungen und seine Auffassung, dass man die Realität unterschiedlich theoretisch interpretieren könne, machte Schumpeter ungeeignet für eine Parteinahme in Methodenstreitigkeiten oder auch gegen Ausschließlichkeitsansprüche einer Methode. „Für die Erkenntnis der konkreten Wirklichkeit erschien Schumpeter die einzig adäquate Methode eine Verbindung theoretischer, historischer und quantitativer Analyse – nicht im Sinne bloß toleranter Kooperation, sondern in ihrer erkenntnistheoretisch präzise zu bestimmenden Komplementarität“ (Schmölders 1966, S. 115).

So behandelte Schumpeter in seiner „Geschichte“ vier Forschungsbereiche: Ökonomische Theorie, Wirtschaftsgeschichte, Wirtschaftssoziologie und Statistik. „Schumpeter betont immer wieder, dass keine dieser Teildisziplinen auf Kosten der anderen die Wirtschaftstheorie insgesamt beherrschen dürfe, und dennoch gelingt es ihm nicht vollständig, seine Vorliebe für die Wirtschaftsgeschichte zu verbergen“ (Swedberg 1994, S. 250).

Und Schumpeter vertrat die Idee einer Wertfreiheit der Disziplin. Er unterstützte Max Weber in der berühmten Debatte über Werturteile im Jahre 1910 im Verein für Socialpolitik.

In seinem im Jahre 1926 geschriebenen Aufsatz „Gustav v. Schmoller und die Probleme von heute“ knüpfte er an eine Rede an, die Wesley Clair Mitchell 1924 als Präsident der American Economic Association gehalten hat. Er untersuchte dann die Beziehungen zwischen Zielen, Zwischenzielen und Mitteln. Eine seiner Erkenntnisse zur oft behaupteten Einheitlichkeit von Gruppenzielen lautete: „Und deshalb kann sich weder aus einer – noch so einheitlichen – Interessenlage einer Gruppe noch aus einer – noch so geschlossenen – „Weltanschauung“ oder Kultureinstellung einer Gruppe jemals eine Politik dieser Gruppe eindeutig ergeben“ (Schumpeter 1926 zitiert in: Schumpeter 1954, S. 153). Den Leser erstaunt bei diesem doch bereits früh geschriebenen Aufsatz die souveräne Handhabung eines durchaus kontroversen Stoffes.

Zudem betonte Schumpeter stets, die statische Gleichgewichtsanalyse könne die Realität nicht in den Griff bekommen. Dafür sei eine Theorie nötig, die die evolutionären, von ständigem Wandel begriffenen Prozesse der ökonomischen Realität abbilden könne. Zudem müsse eine realitätsbezogene Analyse die historische Einmaligkeit ökonomischer Vorgänge berücksichtigen.

Im Jahre 1982 erschien im „Journal of Economic Literature“ der Wiederabdruck eines Manuskripts von Schumpeter aus dem Jahre 1931: „The Crisis in Economics – Fifty Years Ago“. Schumpeter vermerkte in diesem Manuskript: „Whatever branch of our science you may look to, … , you will, indeed, find a lot of irresponsible, mostly pseudophilosophic, talk. That is what our inferiority consists in” (Schumpeter 1982, S. 1052).

Und er führte diesen Zustand auf die mangelnde Theoriekenntnis der Diskutanten zurück und auf die mangelnde Kenntnis des Gesamtsystems des jeweils diskutierten Theoretikers: „Hence, many of those endless and inconclusive discussions, which are, and have been, the curse of our science, are simply due to the lack of scientific equipment on one or both sides, which makes it impossible to get the real gist of matters and to work out the really important points – they are all duels between combatants who have not learned the art of fencing. No wonder that the result looks like chaos to the public" (Schumpeter 1982, S. 1052).

„Again: It is impossible to understand Ricardo's theories on any particular subject, if one only looks at them and not at the relation (in which) they stand with every other part of Ricardo's teaching and at the role they play" (Schumpeter 1982, S. 1056).

„Most, although not all, of its glaring short comings would disappear if economists only realized that this science must be learned and trained in, just as any other, and that you cannot put forward any views about it or its problems before you have mastered its techniques" (Schumpeter 1982, S. 1058).

Und in diesem Zusammenhang forderte Schumpeter: „Hence, I would indeed urge any student of economics, especially if his main interest lies in theory, to acquire some minimum of experience in mathematics" (Schumpeter 1982, S. 1059) und er endete mit dem schönen Vergleich: „Everybody knows that in order to play chess, it is not enough to know the figures and how they move. It should be equally clear that the mere knowledge of definitions and theorems is not enough to play the scientific game" (Schumpeter 1982, S. 1059).

In den zwanziger Jahren forderte Schumpeter: „Die theoretische Ökonomie ... habe weit mehr als bisher vom Faktischen auszugehen. Das aber müsse bedeuten, neben der Geschichtswissenschaft und der Soziologie die Statistik zu einem zentralen Teil der Ökonomie zu erheben. Schumpeter stellte sich seine umfassende Volkswirtschaftslehre oder „Sozialökonomik" als eine Einheit aller vier Arbeitsgebiete, also der ökonomischen Theorie, der Statistik, der Soziologie und der Geschichte vor, in der kein Bereich seine Selbständigkeit verlieren solle" (Swedberg 1994, S. 98).

Diese Auffassung macht klar, dass Schumpeter die im Methodenstreit angesprochene Alleinherrschaft einer der vier Gebiete vehement ablehnen musste.

Überlegungen zu Wachstum und Entwicklung der kapitalistischen Wirtschaft:

Die grundlegende Fragestellung seiner Überlegungen zur wirtschaftlichen Entwicklung formulierte Schumpeter im Vorwort zur japanischen Ausgabe seiner „Theorie der wirtschaftlichen Entwicklung" (1937): Es gehe ihm um die Frage, „wie das wirtschaftliche System die Kraft erzeugt, die es unaufhörlich verwandelt" (Schumpeter 1937, S. XXII).

INNERHALB (also nicht durch Anstöße von „außen") des Wirtschaftssystems existiere eine Energiequelle, die Gleichgewichtszustände und deren Erreichung permanent störe, ja revolutioniere, gleichsam eine „schöpferische Zerstörung", und dies von innen heraus. Kapitalistische Märkte seien deshalb ihrer Natur nach immer im Ungleichgewicht, neue Kombinationen im Sinne Schumpeters seien unerschöpflich und nicht voraussehbar, sie unterlägen nicht dem Gesetz des abnehmenden Ertrages.

Es ging ihm also um die Suche nach einer systemendogenen Ursache für die wirtschaftliche Entwicklung. Und er fand: „Diese spontanen und diskontinuierlichen Veränderungen der Bahnen des Kreislaufes und Verschiebungen des Gleichgewichtszentrums treten in der Sphäre des industriellen und kommerziellen Lebens auf. Nicht in der Sphäre des Bedarfslebens der Konsumenten der Endprodukte" (Schumpeter zitiert in: Kolb 1997, S. 162/163).

Neue Bedürfnisse würden den Konsumenten von der Produktionsseite anerzogen.

Diese Ideen widersprachen dem Modell der „vollkommenen Konkurrenz", das meiner Auffassung nach, außer seiner Bezeichnung, ohnedies wenig mit Konkurrenz zu tun hat. „Ein goldenes Zeitalter des vollkommenen Wettbewerbes" habe es nie gegeben. Jeder Anbieter müsse seinen eigenen kleinen Markt durch Preisgestaltung, Werbung und Produktinnovationen vor anderen Anbietern schützen – Schumpeter nennt das „monopolistische Konkurrenz" (Geissler 1999, S. 28).

Im Original: „Weder Marshall noch Wicksell noch die Klassiker sahen, dass vollkommene Konkurrenz die Ausnahme bildet, und dass selbst wenn sie die Regel wäre, sehr viel weniger Grund sich zu beglückwünschen bestünde als man vielleicht annimmt" (Schumpeter, Joseph A., Kapitalismus, Sozialismus und Demokratie, 4. Auflage, UTB-Taschenbuch Nr. 172, S. 130).

Im Mittelpunkt der frühen Überlegungen von Joseph Schumpeter zur ökonomischen Entwicklung stand der Unternehmer. Dieser Unternehmer setze „neue Kombinationen" durch. Entscheidend sei die DURCHSETZUNG einer der unten aufgeführten „neuen Kombinationen", die die Wirtschaft unumkehrbar veränderten, nur dann ist er ein UNTERNEHMER IM SINNE VON SCHUMPETER. „Wenn er die geschaffene Unternehmung dann kreislaufmäßig weiter betreibt", ein „bloßer Produktionsleiter im Kreislauf" ist, sich „nirgends von der Bahn des Gewohnten entfernt" (Schumpeter zitiert in: Kolb 1997, S. 163), dann sei er nur noch „Wirt" und verlöre den Charakter des eigentlichen Unternehmers.

In statischen Modellzusammenhängen sei die Figur eines dynamischen Pionierunternehmers deshalb auch nicht möglich bzw. sinnvoll.

Entwicklung brauche im Unterschied zu Statik „Führerschaft und bis zu einem gewissen Grade Zwang … Anders als in der Statik ist nichts „automatisches“ an der Entwicklung. Die Führerfunktion wird „Unternehmer“ genannt, ein ökonomischer, vielleicht ein psychologischer, aber sicherlich kein juristischer oder soziologischer Begriff. Der Unternehmer ist für Schumpeter … Träger des Veränderungsmechanismus … Was den Unternehmer von den anderen Wirtschaftssubjekten unterscheidet, ist die Art seines Handelns. Sein Charakteristikum ist, dass er handelt“ (Stolper 1988, S. 44).

Der Unternehmer sieht sich unbekannten Marktreaktionen gegenüber, er kann nicht einfach vorhandene Funktionen maximieren oder Schnittpunkte zwischen Kurven ermitteln. Funktionen bzw. Kurven existieren (noch) nicht, es sind ja NEUE (unbekannte) Kombinationen, die durchgesetzt werden sollen und deren Erfolg (der Durchsetzung) prinzipiell nicht vorhersehbar ist.

Damit kann der Schumpetersche Pionierunternehmer kein Gewinnmaximierer im üblichen Sinne sein, erst die Nachahmer, die „Wirte“, sind (bei jetzt bekannten Ertrags- und Kostenkurven) Gewinnmaximierer.

Ergänzend: Der Unternehmer müsse die „neuen Kombinationen“ nicht selber erfinden, er muss sie einsetzen und durchsetzen. Modelltheoretisch interpretiert: dynamische ökonomische Prozesse, die ungleichgewichtig verlaufen und einen nicht-linearen Charakter haben.

Und: Für diese Durchsetzung neuer Kombinationen ist er auf eine Kreditgewährung angewiesen. Die Banken, die diese vorfinanzierende Kreditvergabe ermöglichten, würden die Mittel nicht einfach umlenken, sondern im Zuge der Kreditgewährung neu schaffen. Die Kredite, die die Banken dem Unternehmer einräumten, seien „Kaufkraftfonds“, mittels derer dieser andere Ansprüche zurückdrängen, und Arbeitskräfte und sonstige Produktionsmittel ihrer bisherigen Verwendung entziehen könne. „Das volkswirtschaftliche Sparen ist bei Schumpeter somit nicht freiwilliges Sparen, sondern er konzipiert es als unfreiwilliges inflatorisches Zwangssparen. Schumpeter hat also auch bedeutende geldtheoretische Überlegungen im Rahmen seiner „Theorie der wirtschaftlichen Entwicklung“ angestellt … Da die skizzierte Entwicklung nicht gleichförmig vor sich geht, gelangte Schumpeter auch zu einer damit integrierten Konjunkturtheorie“ (Seidl 1982, S. 24).

Im Sparen läge keine selbständige Ursache der Entwicklung. Und: „Innovationen bringen die Nachfrage nach Geld zum Leben, nicht niedrige Zinsen“ (Stolper 1988, S. 61).

Die Pionierunternehmer, die sprunghaft scharenweise aufträten, auch dies ein Grund für diskontinuierliche Entwicklungssprünge, substantielle Veränderungen und nicht nur geringfügige Änderungen, stünden ständig in einem Spannungsverhältnis zwischen Innovation und Imitation.

Der Pionierunternehmer setze DISKONTINUIERLICHE „neue Kombinationen" durch (kontinuierliche kleine Veränderungen sind mit der Gleichgewichtstheorie erfassbar), und zwar seien solche diskontinuierlich auftretenden neuen Kombinationen:

- Herstellung eines technisch neuen oder qualitativ neuen Gutes (Produktinnovation);
- Neue Herstellungsprozesse, neue Methoden der Produktion (Prozessinnovation);
- Erschließung neuer Absatzmärkte;
- Erschließung neuer Bezugsquellen;
- Aufbau neuer Organisationen.

„Produzieren heißt die in unserem Bereiche vorhandenen Dinge und Kräfte kombinieren … Anderes oder anders produzieren heißt diese Dinge und Kräfte anders kombinieren. Soweit die neue Kombination von der alten aus mit der Zeit durch kleine Schritte, kontinuierlich anpassend, erreicht werden kann, liegt gewiss Veränderung, eventuell Wachstum vor, aber weder ein neues der Gleichgewichtsbetrachtung entrücktes Phänomen, noch Entwicklung in unserm Sinn. Soweit das nicht der Fall ist, sondern die neue Kombination nur diskontinuierlich auftreten kann oder tatsächlich auftritt, entstehen die der letztern charakteristischen Erscheinungen. Aus Gründen darstellerischer Zweckmäßigkeit meinen wir fortan nur diesen Fall, wenn wir von neuen Kombinationen von Produktionsmitteln sprechen. Form und Inhalt der Entwicklung in unserem Sinn ist dann gegeben durch die Definition: Durchsetzung neuer Kombinationen" (Schumpeter zitiert in: Schmölders 1966, S. 326).

Nochmals: „Diese neuen Kombinationen durchzusetzen, ist die Aufgabe eines spezifischen Wirtschaftssubjektes, des sogenannten Unternehmers, den Schumpeter gelegentlich auch als Mann der Tat oder einfach als Führer bezeichnet … Schumpeters „Unternehmer" hatte jedoch spezielle Eigenschaften. Vor allem war er ein heroischer Typus, jemand, der aus dem an den herrschenden Kreislauf angepassten Geschäftsalltag ausbrach; der Chancen sah, die nicht durch die Preise und Marktbeziehungen des Kreislaufs angezeigt wurden und die der Masse der Geschäftsleute verborgen blieben. Er war kein Denker, sondern ein „Macher", der seine Projekte durchsetzte …

Schumpeters „Unternehmer“ war beseelt vom Willen zum Erfolg um seiner selbst willen und vom Willen, andere zu besiegen“ (Scherer 1988, S. 80).

Die dabei erzielten vorübergehenden „Monopolgewinne“ müsse der Pionierunternehmer (allerdings letztlich vergeblich) gegen durchschnittlich begabte Nachahmer (Imitatoren) verteidigen, die ihm bei Erfolg zwangsläufig folgen würden, ihn kopieren, und schließlich seine Pioniergewinne zum Verschwinden brächten. Dies bewirke auch eine Belebung in anderen Wirtschaftszweigen. Dem Unternehmer drohe in diesem Szenario der Untergang, wenn seine „Kraft erlahmt ist“, und er droht insbesondere seinen Erben, „die mit der Beute nicht auch die Klauen geerbt haben“.

„Nun aber folgt der zweite Akt des Dramas. Der Bann ist gebrochen, und immer neue Betriebe … entstehen unter dem Impuls des lockenden Gewinns. Eine vollständige Reorganisation der Branche tritt ein mit ihren Produktionssteigerungen, ihrem Konkurrenzkampfe, ihrer Verdrängung veralteter Betriebe, ihren eventuellen Arbeiterentlassungen usw. … Das endliche Resultat muss ein neuer Gleichgewichtszustand sein … Folglich verschwindet der Überschuss unsres Wirtschaftssubjekts und seiner ersten Nachfolger. Allerdings nicht sofort, sondern in der Regel erst nach einer längeren oder kürzeren Periode fortschreitenden Sinkens“ (Schumpeter zitiert in: Schmölders 1966, S. 331).

„Endgültiger Nutznießer des vergrößerten Produktionsstroms, der mit niedrigeren Güterpreisen und nur „normalen“ Gewinnen einherging, war die Masse der Konsumenten“ (Scherer 1988, S. 84).

„Mit dem allmählichen Nachlassen der Wirkung des ersten Anstoßes beginnt die Wirtschaft, sich den veränderten Daten anzupassen. Dabei tauchen Wachstumsschmerzen und kritische Erscheinungen auf; die hohen Gewinne werden seltener oder verschwinden ganz, die Preise beginnen zu fallen, da der neugeschaffenen Nachfrage langsam bereits ein zusätzliches Güterangebot gegenübertritt und es kommt zu einem neuen Gleichgewicht als Ausgangslage für einen neuen Aufschwung“ (Schmölders 1966, S. 117).

„Der Wirtschaftsprozess hatte seine Tendenz zum stationären Gleichgewicht nicht verloren, sondern nach jeder durch eine Durchsetzung neuer Kombinationen verursachten Störung bewegte sich die Wirtschaft nach Schumpeters Auffassung wieder auf ein neues walrasianisches – wir würden heute sagen: neoklassisches – Gleichgewicht zu“ (Seidl 1985, S. 234). Allerdings: dieses neue Gleichgewicht ist vermutlich höher als das alte.

Diese Pionierunternehmer sind nicht „Diener“ der Konsumenten, wie im Modell einer umfassenden Konsumentensouveränität. Im Gegenteil, sie zwingen den Konsumenten (z.B. via Werbung) ihre Güter auf und seien deshalb aktive Verursacher der Konsumgewohnheiten. Die Produktionsentscheidungen gingen den Konsumentenentscheidungen zeitlich voraus.

„Wenngleich die ökonomische Betrachtung von der fundamentalen Tatsache ausgeht, dass die Bedarfsbefriedigung die Ratio alles Produzierens ist und der jeweils gegebene Wirtschaftszustand von dieser Seite her verstanden werden muss, so vollziehen sich Neuerungen in der Wirtschaft doch in der Regel nicht so, dass erst neue Bedürfnisse spontan bei den Konsumenten auftreten und durch ihren Druck der Produktionsapparat umorientiert wird, - wir leugnen das Vorkommen dieses Nexus nicht, nur bietet er uns kein Problem - sondern so, dass neue Bedürfnisse den Konsumenten von der Produktionsseite her anerzogen werden, so dass die Initiative bei der letzteren liegt - einer der vielen Unterschiede zwischen dem Absolvieren des Kreislaufs in gewohnter Bahn und dem Entstehen neuer Dinge“ (Schumpeter zitiert in: Schmölders 1966, S. 326).

„Modelltheoretisch veranschaulichen lässt sich der Fortschrittsprozess als Zerstörung eines statischen Gleichgewichts in der Ausgangslage und den aus Vorprellen und Nachahmen sich ergebenden Veränderungen von Markt und Kreislauf… Weil der Zins aus Fortschrittsgewinnen gespeist wird, tritt er für Schumpeter nur in einer dynamischen Wirtschaft auf. Im stationären System gibt es nur Lohn und Grundrente, allenfalls noch unbedeutend bleibende (Zins-) Zahlungen für nicht investiv verwendete Darlehen. Investiert wird hingegen nur in der fortschreitenden Wirtschaft. Erst durch den Kapitalbedarf der Pionierunternehmer erhält die Kapitalbereitstellung ihren tieferen ökonomischen Sinn“ (Brandt 1993, Band 2, S. 328).

Wirklichen Gewinn gebe es nur in einer dynamischen Wirtschaft, in einer statischen Wirtschaft bezögen Manager Gehälter. „Mit dem Einbau der Konjunktur in die Wachstumsproblematik war Schumpeter seiner Zeit voraus“ (Brandt 1993, Band 2, S. 329). Einen stationären Kapitalismus gebe es nicht, wohl aber könne ein sozialistisches System stationär sein.

Der „späte“ Schumpeter blieb allerdings den (seltenen) Personen, die Pionierunternehmer seien, nicht treu: In „Kapitalismus, Sozialismus und Demokratie“ konnten diese durch angestellte Manager bzw. zentrale Planer ersetzt werden, das heißt, sein Konzept des Unternehmers war nun nicht mehr so individuell geprägt. Die Durchsetzung von Innovationen entwickle sich zur Routineangelegenheit bürokratischer Planer und Manager. Und auch die früher eindeutig formulierte Beziehung zwischen Unternehmer und Banken wurde modifiziert.

Und auch bezüglich der optimalen Unternehmensgrößen hatte Schumpeter bis zum Jahre 1942 eine völlige Kehrtwende gemacht.

Laut Schumpeter galt jetzt: Die monopolistische Praxis von Großunternehmen fördere Innovationen, sie könnten eigene Forschungsabteilungen einrichten und sie könnten es sich leisten, langfristig zu denken. Zudem stünden diesen Großunternehmen bessere Zugriffsmöglichkeiten auf Kredite offen. Die These, die monopolistische Praxis von Konzernen würde Innovationen fördern, große Unternehmen seien generell innovativer, wird in der Literatur oft als „Schumpetersche Hypothese" bezeichnet. Und: „Der bloße Gedanke, ein anderer Kapitalist könnte eine Ware billiger produzieren oder eine neue Technik einführen, habe eine disziplinierende Wirkung auf die Großindustrie, „eine Monopolstellung sei im allgemeinen kein Ruhekissen" (Swedberg 1994, S. 215). Auch diese These steht im Widerspruch zur ursprünglichen Figur des Pionierunternehmers.

Mike Scherer schreibt dazu: „Die am Markt etablierte monopolistische Großunternehmung war zur größten Triebfeder des wirtschaftlichen Fortschritts geworden. Sie verfügt über bessere Finanzierungsmöglichkeiten, konnte hochqualifizierte Mitarbeiter gewinnen und gewährte größere Sicherheit bei riskanten langfristigen Investitionen. Die von Neoklassikern und dem frühen Schumpeter bevorzugte Marktform der vollständigen Konkurrenz war „nicht nur unmöglich, sondern von geringerer Qualität und hat keinen Anspruch als ein Modell idealer Effizienz postuliert zu werden" (Scherer 1988, S. 81).

Konjunkturtheoretische Überlegungen:

Schumpeter unterschied drei Typen von Konjunkturzyklen (jeweils mit den vier Stadien: Prosperität, Rezession, Depression, Erholung), die für unterschiedlich lange Zeiträume definiert waren und die auch aus unterschiedlichen Gründen heraus entstünden:

- Der Kitchin-Zyklus (benannt nach einem südafrikanischen Bergbauunternehmer), mit einem Mittelwert von etwa 40 Monaten, dessen Motor die Beurteilung zukünftiger Absatzperspektiven sei. „Zunächst werden die Lager aufgestockt, um für den steigenden Verkauf gewappnet zu sein. Sobald sich das Wachstum verlangsamte, werde die Produktion gedrosselt, um nicht auf großen Mengen unverkaufter Ware sitzen zu bleiben. Sobald sich das Wachstum wieder beschleunigte, werde die Produktion gesteigert, und der Zyklus begann von neuem" (Strathern 2006, S. 248);
- Der Juglar-Zyklus (benannt nach einem französischen Arzt und Ökonomen), der etwa 9 bis 10 Jahre dauere. Er ist der gebräuchlichste,

übliche Zyklus der Konjunkturtheorien, der oft als DER Konjunkturzyklus angesehen wird. „Der Zyklus beginnt mit der Expansion von Unternehmen, die Kapital in die Modernisierung von Fabriken investieren. Diese Phase dauert vier bis fünf Jahre. In der zweiten Zyklushälfte gibt es keine weitere Expansion der Investition mehr, und die Fabrik und die Gerätschaften verschleißen. Vier bis fünf Jahre später beginnt der Zyklus von vorne, da die verschlissenen Maschinen durch neue ersetzt werden müssen" (Strathern 2006, S. 248).

- DER KONDRATIEFF-ZYKLUS (benannt nach dem russischen Ökonomen Nikolai Kondratieff 1892-1938). Dies sei ein sehr langfristiger Zyklus mit Zeiträumen von 50 Jahren und mehr. Schumpeter machte für diese langfristigen Wellen grundlegende technische Innovationen verantwortlich. „In Zeiten des wirtschaftlichen Abschwungs sind die Unternehmen nicht bereit, unerprobte Methoden anzuwenden. Erfindungen und Innovationen werden deshalb ignoriert und akkumulieren sich über mehrere Jahrzehnte hinweg. Mit dem wirtschaftlichen Aufschwung werden die Unternehmen offen für Neuerungen, neue Erfindungen werden in der Praxis angewandt und ein neuer Kondratieff-Zyklus beginnt" (Strathern 2006, S. 249).

Joseph Schumpeter konkretisierte solche Kondratieff-Zyklen für Europa in den letzten 250 Jahren. Zum Beispiel grob: Dampfkraft und Stahlerzeugung seien verursachend für einen Kondratieff-Zyklus zwischen 1842 und 1897, Elektrizität und Chemie charakteristisch für einen ab 1898 einsetzenden Kondratieff-Zyklus.

„Zugleich wird die Überlagerung der kurz-, mittel- und langfristigen Wellen herausgearbeitet" (Kolb 1997, S. 164). Fasst man die drei Typen von Zyklen mit 3,33, 10 und 60 Jahren Dauer auf, ergeben sich 18 Schnittpunkte dieser Wellen (und ebenso viele verschiedene Gleichgewichte).

Die Weltwirtschaftskrise interpretierte Schumpeter als gleichzeitigen Tiefpunkt seiner drei Wellen. Zudem existierten auch noch negative Auswirkungen externer Faktoren, wie die Revolution in Russland. Und auch die unfähige Regierungspolitik sei für die Schwere der Krise verantwortlich gewesen.

Dabei war und ist die Existenz solcher Kondratieff-Zyklen in der ökonomischen Fachwelt umstritten.

Zusammenfassend kann man feststellen, dass die Konjunkturschwankungen zumindest der längeren Zyklen bei Schumpeter ein integraler Teil des Prozesses der wirtschaftlichen Entwicklung in kapitalistischen Volkswirtschaften sind. In seinem zweibändigen „Business Cycles" (1939), die Juglar-

und Kondratieff-Zyklen miteinander verbinden, steht wiederum Schumpeters Prinzip des Unternehmers aus seiner „Theorie" im Mittelpunkt des Geschehens. Innovationen träten stoßweise auf, die Entwicklung sei unharmonisch und diskontinuierlich.

„Ein Zyklus beginne damit, dass ein Unternehmer eine neue Kombination ins Spiel bringe. Die Gewinne, die der Unternehmer nun mache, zögen unverzüglich andere Unternehmer an, für die es, nachdem der ursprüngliche Widerstand gebrochen sei, viel leichter sein müsse, selbst eine neue Kombination zu entwickeln. Mit dem Auftreten der Unternehmer in „Schwärmen", wie Schumpeter gern spottete, komme es bald zu einem ökonomischen Boom: Die Löhne gingen nach oben, die Zinsraten schössen in die Höhe, neue Stellen würden geschaffen und dergleichen mehr. Nach einiger Zeit komme es jedoch „notwendigerweise" zu einer Depression. Dafür gebe es mehrere Gründe: Zum einen sinke nach einiger Zeit die Nachfrage nach Krediten. Und wenn die Unternehmer ihre ursprünglichen Bankkredite zurückzahlten, müsse auch die Zinsrate nach unten gehen. Je stärker der Boom sei, umso schwieriger werde es zum anderen für die Geschäftsleute, genau zu kalkulieren" (Swedberg 1994, S. 59).

„Aber Krisen sind nicht das Problem, sondern das mehr oder weniger regelmäßige Auf und Ab der Wirtschaft, und dass die Impulse für die Schwingungen aus der Wirtschaft selbst kommen und nicht einfach „erratische Schocks" sind" (Stolper 1988, S. 64).

Eine Konjunkturtheorie, die mit exogenen Schocks arbeitet, die den Zyklus „von außen" beeinflussen, befriedigte Schumpeter nicht. Bei ihm war der Wendepunkt bereits in den Aufschwung eingebaut.

In seinem Aufsatz „Über das Wesen der Wirtschaftskrisen" aus dem Jahre 1910 sah Schumpeter Krisen noch als „Wellenbewegungen des Wirtschaftslebens". Später fasste er Krisen eher als Existenzkrisen auf. Bereits in seiner 1918 erschienenen „Krise des Steuerstaates" klang diese Auffassung an, die sich dann schließlich im zweiten Teil von „Kapitalismus, Sozialismus und Demokratie „in einer wahren Eruption des Fatalismus entlud" (Seidl 1982, S. 29).

Nachzutragen ist, dass das Werk „Business Cycles" nicht den von Schumpeter erhofften Erfolg hatte. In der „American Economic Review" erschien sogar eine ziemlich vernichtende Kritik des bedeutenden (empirisch arbeitenden) Ökonomen Simon Kuznets (1901-1985). Kurz: „Die Rezeption von „Business Cycles" war eine Demütigung für den Autor. Das Buch wurde, wie Wolfgang Stolper erklärte, einfach nicht ernst genommen" (Swedberg 1994, S. 166).

SCHUMPETER ALS DOGMENHISTORIKER:

Bereits mit seinem ersten dogmenhistorischen Werk „Epochen der Dogmen- und Methodengeschichte“ (S. 19-124, also nur 105 Seiten stark) hat der erst 31-jährige Schumpeter eine beeindruckende Leistung vorgelegt. Es ist faszinierend, wie es ihm gelang, seine vielen dogmenhistorischen Kenntnisse in diesen schmalen Raum zu komprimieren. Die damaligen Erkenntnisse flossen dann später auch in sein posthum erschienenes dogmenhistorisches Spätwerk „History of Economic Analysis“ ein.

Zum Vergleich der beiden dogmenhistorischen Werke merkt Lutz Beinsen an: „Die erste Arbeit wägt die Argumente behutsamer ab, die zweite ist prägnanter geschrieben und (nicht nur, aber auch darum) wesentlich amüsanter zu lesen“ (Beinsen 1983, S. 1).

Das große dogmenhistorische Meisterwerk „History of Economic Analysis“ (1954), das von der griechisch-römischen Wirtschaftslehre bis zu Keynes und der modernen Makroökonomie reicht, wurde posthum von seiner Witwe Elizabeth Boody herausgegeben. Einige Teile sind fragmentarisch, und insbesondere fehlt natürlich die besonders wichtige abschließende Korrektur und Durchsicht durch den Verfasser.

Trotzdem: Die „History of Economic Analysis“ stellt mit ca. 1.440 Seiten eine GEWALTIGE LEISTUNG dar. Ein quantitatives Indiz: es werden im Namensverzeichnis nach meiner Zählung 1236 Namen genannt. „Die Dogmengeschichte wird vollständig personifiziert. Er führt nicht abstrakte Ideen vor, sondern Menschen als Träger von Ideen“ (Beinsen 1983, S. 2). Und Schumpeter hat praktisch die gesamte genannte Literatur im Original gelesen, für mich eine unvorstellbare, fast übermenschliche Leistung.

Besonders faszinierend: Schumpeter wies immer wieder auf die Wurzeln und auf Vordenker bestimmter Theorien quer durch die Jahrhunderte und europäische Sprachräume hin, darunter auf mittlerweile nahezu unbekannte Personen.

Allerdings muss man trotz seiner umfassenden Bildung nicht mit allen seinen Urteilen über einzelne Ökonomen übereinstimmen. Er schrieb ja GRUNDSÄTZLICH eine Geschichte der ökonomischen ANALYSE, und nicht eine Geschichte der jeweils vorherrschenden allgemeinen ökonomischen Auffassungen. Swedberg betont zwar, „dass es ihm nicht nur darum ging, die Geschichte der theoretischen Ökonomie zu schreiben, sondern auch die der Wirtschaftsgeschichte, Wirtschaftssoziologie und Statistik“ (Swedberg 1994, S. 254). Bei der Beurteilung der „Leistungen“ der einzelnen Autoren steht meiner Beobachtung nach aber der Beitrag zur Theorie an erster Stelle, so dass ich die obige Aussage: „Schumpeter schrieb GRUNDSÄTZLICH eine Geschichte der ökonomischen Analyse“ nicht zu revidieren brauche.

Schumpeter unterschied explizit eine:

- Geschichte des ökonomischen Denkens;
- Geschichte der Systeme der politischen Ökonomie;
- Geschichte der ökonomischen Analyse.

Unter „Geschichte des ökonomischen Denkens verstand er in diesem Zusammenhang: „die Summe aller Ansichten und Bestrebungen in Bezug auf wirtschaftliche Dinge und besonders der politische Einfluss auf die Wirtschaftsfragen, die jeweils an einem gegebenen Ort und zu einer gegebenen Zeit die öffentliche Meinung beschäftigten ... Da sich nun aber diese Anschauungen der verschiedenen Gruppen nicht in gleicher Weise durchsetzen können und namentlich nicht in der Literatur, die späteren Generationen als Auskunftsquelle dient, ergeben sich Auslegungsprobleme, die immer schwer, zuweilen auch gar nicht zu lösen sind“ (Schumpeter 1965, S. 74).

Unter einem „System der politischen Ökonomie“ verstand er die „Darstellung eines geschlossenen wirtschaftspolitischen Systems, bei der sich der Autor auf bestimmte konstitutive (normative) Prinzipien stützt, wie z.B. die Prinzipien des ökonomischen Liberalismus, Sozialismus usw.“ (Schumpeter 1965, S. 73). Anhand des Werkes von Adam Smith identifizierte er dann beispielhaft ein solches historisch relevantes System der politischen Ökonomie: „Mit anderen Worten, uns liegt nicht so sehr daran, was er verficht, als wie er es verficht und mit welchen analytischen Werkzeugen er dabei vorgeht. Seine politischen Grundsätze und Rezepte ... waren zweifellos das Moment, auf das es ihm und seinen Lesern am meisten ankam und zugleich das, was in erster Linie den Publikumserfolg seines Werkes erklärt und in diesem Sinne auch dessen hohen Rang in der Geistesgeschichte des Menschen. Dennoch bin ich bereit, sie lediglich als Formulierung der Ideologie seiner Zeit und seines Landes zu betrachten, die für andere Epochen oder Nationen keine Gültigkeit haben“ (Schumpeter 1965, S. 73/74).

Der dritte Typ von Geschichtsschreibung der Ökonomik gemäß seiner obigen Einteilung ist die „Geschichte der ökonomischen Analyse“. Hier geht es um die theoretische und analytische Durchdringung ökonomischer Fragen mit Hilfe von Abstraktionen, Denkmodellen und/oder formalen Methoden, oder wiederum mit den Worten Schumpeters: „Unter Geschichte der ökonomischen Analyse verstehe ich die Geschichte der Versuche des Menschen, auf intellektueller Ebene ökonomische Phänomene zu verstehen oder mit anderen Worten: die Geschichte der analytischen oder wissenschaftlichen Aspekte ökonomischen Denkens“ (Schumpeter 1965, S. 31).

Die drei genannten Typen sind m.E. nicht trennscharf und sie sind wohl auch eher als Anhaltspunkte für eine Einteilung gedacht. Zudem sind sie auch nicht unabhängig voneinander, sie haben unvermeidlich Berührungspunkte. Diese mangelnde Exaktheit darf aber nicht zur Gänze Schumpeter zugerechnet werden. Denn: „Leider liegt uns nur eine unvollendete Fassung dieses Kapitels vor ... Es gehörte zu den Abschnitten, die Schumpeter umarbeiten und erweitern wollte" (Bemerkung der Herausgeber Fußnote 9, Schumpeter 1965, S. 73).

Schumpeter war der Auffassung, dass in der „Geschichte der ökonomischen Analyse" eindeutig ein wissenschaftlicher Fortschritt feststellbar sei, in den anderen beiden Sparten sei jedoch kein solcher Fortschritt nachweisbar: „Während es aber möglich ist, von einem Fortschritt auf dem Gebiet der Wirtschaftsanalyse zu sprechen und der in diesen Worten ausgedrückte Sachverhalt nicht bestritten werden kann, gibt es im Bereich des ökonomischen Denkens, ja selbst in einer Schilderung historisch aufeinander folgender Systeme der politischen Ökonomie nichts Entsprechendes" (Schumpeter 1965, S. 75/76).

Meine Meinung: Überlegungen zum Fortschritt in der Ökonomik sind immer besonders heikle (und heiß umstrittene) Aussagen. Wenn man überhaupt (nach vorausgehender ausführlicher Definition von Fortschritt!) „Fortschritt" in der ökonomischen Analyse feststellen will, sollte man sich auf AnalyseTECHNIKEN und auf wohldefinierte spezielle „lines of analysis" (Dasgupta 1985, S. 4) beschränken und nicht gefährliche allgemeine Aussagen dazu treffen. Aber dazu mehr in einem eigenen Abschnitt im nächsten Band.

Die Betonung des Fortschrittsgedankens bei den Beiträgen einzelner Autoren birgt aber noch eine andere Gefahr, die Bürgin ausspricht: „Die Würdigung einzelner Autoren und Epochen gilt nicht mehr ihrer genuinen Leistung in und für ihre Zeit, sondern wird nach dem Maßstab des Fortschritts gemessen, den sie in Erfüllung der fortschreitenden Verwirklichung und Vervollkommnung moderner ökonomischer Theorie geleistet haben". Und er fügt an: Schumpeter habe eine „geradezu atemberaubend unhistorische" Sicht (Bürgin 1993, S. 113). Ich darf erinnern: Geschichte wird immer aus der Sicht der Sieger, sprich der Theorie, die sich durchgesetzt hat, also der herrschenden Theorie, geschrieben.

Zurück zu einem neutraleren Thema. In jedem Falle ist allgemein festzuhalten: DIE ART VON ÖKONOMIEGESCHICHTE, DIE MAN SCHREIBEN WILL, BEEINFLUSST ZWANGSLÄUFIG AUCH DIE BEURTEILUNG DER LEISTUNGEN DER BEHANDELTEN AUTOREN.

Und diese Aussage ist gerade im Falle von Schumpeters Werk wichtig für dessen Verständnis. Auch wenn man eine ganze Reihe von (radikalen und überraschenden) Urteilen Schumpeters über die Leistungen früherer Ökonomen aus dessen (oft bewusst) unkonventioneller Haltung und seinen Sympathien oder Antipathien erklären kann, war es doch wohl seine Betonung der analytischen Seite, die entscheidend zu seinen Einschätzungen beitrug.

Zuletzt sei noch hinzugefügt, dass das große dogmenhistorische Werk Schumpeters auch sein eigenwilligstes und persönlichstes Werk war: „Schumpeters Geschichte der ökonomischen Analyse … trägt mehr als seine anderen Schriften eine starke persönliche Note. In seinem letzten Lebensjahrzehnt war sie für ihn ein Gefährte geworden, dem er nicht nur seine Erkenntnisse, sondern auch seine herbste Kritik und sogar seine Antipathien anzuvertrauen pflegte“ (Karl Mann im Vorwort zu Schumpeter 1965, S. V). So war der späte Schumpeter depressiv, innerlich vereinsamt, kämpfte gegen die keynesianische Ökonomik, zu der auch einige seiner Schüler überliefen (z.B. Samuelson). Und auch dies mag seine Urteile beeinflusst haben. Und für mich zählt vor allem, dass er sein Werk nicht selbst herausgeben und korrigieren konnte.

Von einer anderen Seite aus argumentiert Lutz Beinsen: „Aus manchem scheinbar respektvollen Satz strömt subkutan ätzende Ironie. Noch schwerer ist oft zu erkennen, wo Kritik in Spott und Spott in Kritik übergeht“ (Beinsen 1983, S. 3). Schumpeter sprach seine Anerkennung für einen Autor fast nie ohne Einschränkungen aus. Und er bildete zumindest implizit Ranglisten der Bedeutung von Ökonomen, auch dies ein Unterfangen, das fast zwangsläufig zu Kritik (jede Epoche schätzt seine Helden anders und neu ein) herausfordert.

In der Literatur wird in diesem Zusammenhang immer wieder auf sein Urteil über Adam Smith hingewiesen: Es sei eine Tatsache, dass das Werk von Smith „keine einzige analytische Idee oder Methode und kein analytisches Prinzip enthält, die im Jahre 1776 völlig neu gewesen wäre“ (Schumpeter 1965, S. 245). Und weiter: „Seine eigenen Grenzen kamen seinem Erfolg zugute … tatsächlich hatte er eine Abneigung gegen alles, was über den gesunden Menschenverstand hinausging“ (Schumpeter 1965, S. 246).

Lionel Robbins schrieb zu dieser Beurteilung: „As for the treatment of Adam Smith, I am inclined to regard it as one of the few real lapses of the book. There can be little doubt that Adam Smith was one of Schumpeter's blind spots" und Jacob Viner stellte fest: „es sei nicht notwendig, Adam Smith als Helden unseres Faches zu akzeptieren, um zu folgern, „that

Schumpeter's objectivity was somewhat undermined here by the conflict between Smith's and his own „ideologies" (Beinsen 1983, S. 6).

Und Beinsen schreibt weiter: „Kaum auszudenken aber, wenn Schumpeter an Böhm-Bawerk mit der gleichen Einstellung herangegangen wäre wie an Adam Smith" (Beinsen 1983, S. 7).

Die Behandlung von Adam Smith ist dabei nur ein Beispiel für die fast unvermeidliche Parteilichkeit und persönliche Anteilnahme von Schumpeter in seinem brillanten Werk. Zu dieser persönlichen, parteilichen Einschätzung gehört auch, dass er Augustin Cournot über David Ricardo, Léon Walras über Alfred Marshall und Böhm-Bawerk über Carl Menger stellte. Einer Erinnerung von Paul A. Samuelson (1962) gemäß bemerkte Schumpeter im Jahre 1935, dass drei der vier größten Ökonomen Franzosen seien: Walras, Cournot und Quesnay. Der vierte sei der Engländer Alfred Marshall. Auch über diese Einschätzung ließe sich trefflich streiten.

Trotz dieser sicherlich nicht allgemein akzeptierten Urteile gilt aber meines Erachtens doch das abschließende Urteil von Lutz Beinsen: „Im großen und ganzen ist aber doch Schumpeters brillante Objektivität der beherrschende Eindruck. Er war grundsätzlich großzügig, im Wesentlichen fair und gutwillig" (Beinsen 1983, S. 11).

Erich Streissler, selbst ein bedeutender Dogmenhistoriker, zielt auf ein anderes Urteil Schumpeters ab: „Ein für Schumpeter bezeichnendes, jedoch abwegiges Urteil scheint es mir hingegen zu sein, wenn er die Mehrzahl der englischen ökonomischen Autoren des 17. und 18. Jahrhunderts einfach als „pamphleteers" abtut oder 1914 sagte, „der Kaufmann schrieb für den Kaufmann". Diese Kaufleute bekleideten jedoch fast stets hohe Staatsfunktionen, so dass er schon besser daran getan hätte, zu sagen, der Staatsmann schrieb für den Staatsmann ... Schumpeter verkennt die angewandte Wissenschaftlichkeit dieser Arbeiten. Denn er blieb in Wahrheit sein ganzes Leben lang blind für die Entscheidungsmechanismen in einer von Volksvertretungen gekennzeichneten Republik, in der eine große Oberschicht am sozialen Entscheidungsprozess teilhat" (Streissler 1984, S. 120).

Anfügen muss man noch, dass Schumpeter noch eine ganze Anzahl dogmenhistorischer und biographischer Aufsätze geschrieben hat, so über Walras (1910), Böhm-Bawerk (1914), Oppenheimer (1917/18), Max Weber (1920), Carl Menger (1921), Edgeworth (1925), Schmoller (1926), Cassel (1927), Sombart (1927), Wicksell (1927), Marshall (1941) und Keynes (1946). Alle diese Aufsätze sind wiederabgedruckt in: Schumpeter, Joseph A., Dogmenhistorische und biographische Aufsätze, Tübingen 1954. Angesichts dieser Auflistung und der Qualität der Aufsätze kann ich wiederum nur meine uneingeschränkte Bewunderung für so viel Arbeitskraft und Genialität ausdrücken.

SCHUMPETERS AUFFASSUNGEN ZU KAPITALISMUS UND SOZIALISMUS:

Zu diesem Fragenkomplex nahm Schumpeter vor allem in seinem wohl populärsten Werk „Kapitalismus, Sozialismus und Demokratie“ Stellung. Hier wurden insbesondere auch soziologische Aspekte berücksichtigt, „wobei der moderne Kapitalismus in einem Stadium des institutionellen Überganges vom Konkurrenzkapitalismus zum Monopolkapitalismus gesehen wird“ (Kolb 1997, S. 160). Dabei sah es Schumpeter als die große historische Leistung des Kapitalismus an, dass er durch seine enorme Produktivität und Freisetzung seiner Produktivkräfte den Lebensstandard gerade der unteren Klassen entscheidend verbessert habe.

Wieder setzte Schumpeter konsequent bei der Energiequelle der wirtschaftlichen Entwicklung, dem Pionierunternehmer, an. Dessen Funktionen würden immer mehr professionell von den großen Unternehmen übernommen und der eigentliche Pionierunternehmer würde verschwinden. Der wirtschaftliche Fortschritt zeige die Tendenz, entpersönlicht und automatisiert zu werden.

„Die vollkommen bürokratisierte industrielle Rieseneinheit verdrängt nicht nur die kleine oder mittelgroße Firma und ‚expropriiert‘ ihre Eigentümer, sondern verdrängt zuletzt auch den Unternehmer und expropriiert die Bourgeoisie als Klasse, die in diesem Prozess Gefahr läuft ... auch ihre Funktion zu verlieren“ (Schumpeter zitiert in: Schmölders 1966, S. 336).

Schumpeter war der Überzeugung, dass der Kapitalismus im bisherigen Sinne nicht überleben könne. Im Gegensatz zu vielen Marxisten glaubte er aber nicht, der Kapitalismus würde an seinen inneren Widersprüchen scheitern, sondern er würde sich durch seinen Erfolg selbst zerstören, es wohne ihm auch ohne Revolutionen eine „Tendenz zur Selbstzerstörung“ inne, welche auf die Entstehung einer „sozialistischen Zivilisation“ hinwirke. Schumpeter selbst schrieb: „Zerstörung ist vielleicht letzten Endes nicht das richtige Wort. Vielleicht hätte ich von einer Wandlung sprechen sollen“ (Schumpeter zitiert in: Schmölders 1966, S. 339).

Und: „Die wahren Schrittmacher des Sozialismus waren nicht die Intellektuellen oder Agitatoren, die ihn predigten, sondern die Vanderbilts, Carnegies und Rockefellers“ (Schumpeter zitiert in: Schmölders 1966, S. 336).

Gründe, warum der Kapitalismus letztlich nicht überleben könne, waren für Schumpeter vor allem im soziologischen Milieu angesiedelt. Sie sind kurz zusammengefasst:

- Verschwinden der Pionierunternehmer und deren Ersetzung durch eine Managerbürokratie (Verbürokratisierung der Unternehmerfunktion). Der Innovationsprozess wird bürokratisiert;
- Verschwinden der Schichten, die die Bourgeoisie geschützt haben (früher die Aristokratie);
- Eliminierung der kleinen Gewerbetreibenden durch den Konkurrenzdruck. An die Stelle der vielen kleinen Unternehmen trete der Großbetrieb mit seiner anonymen Eigentumsstruktur;
- Aushöhlung der Vertragsfreiheit;
- Entfernung des (der) Eigentümer vom eigentlichen Betriebsgeschehen;
- Entstehung einer Klasse von Intellektuellen, die ihre Existenzberechtigung vor allem aus ihrer kritischen Haltung gegenüber dem kapitalistischen Wirtschaftssystem herleite. Diese Gruppe trage eine generelle Unzufriedenheit ins Volk;
- Auflösung der bürgerlichen Familie und damit Verlust der kapitalistischen Ethik, die zur Akkumulation für die Zukunft anrege.

Der solcherart bürokratisierte und angefeindete Kapitalismus ginge (im Zustand der Reife) fast nahtlos und schmerzfrei in einen Sozialismus über, was aber unproblematisch sei, da laut Schumpeter eine sozialistische Wirtschaft gut funktionieren könne. Und auch die Möglichkeit einer rationalen, effizienten sozialistischen Kalkulation mit eigenen Äquivalenten zu Preisen, Gehältern und Märkten unterstellte er dabei. Dieser Sozialismus sei gewissermaßen ein Großunternehmen auf erweiterter Ebene. Dabei freute sich Schumpeter aber nicht über den letztendlichen Sieg des Sozialismus. Bezeichnend seine Aussage: „Wenn ein Arzt voraussagt, dass sein Patient nächstens sterben wird, bedeutet dies nicht, dass er es wünscht."

Interessant sind seine Spekulationen, ob der Sozialismus mit Demokratie vereinbar sei. Schumpeter behauptete, dass der Sozialismus im Prinzip mit jeder Regierungsform vereinbar sei, dass er „kulturell indeterminiert" sei. Allerdings komme es hierbei auf den Reifegrad der Wirtschaft an, die zum Sozialismus übergehe. In „unreifen" Wirtschaften hielt Schumpeter eine demokratische Staatsform im sozialistischen System für unwahrscheinlich und gab als Beispiel die Sowjetunion an.

Robert L. Heilbroner kommentiert die Schumpeterschen Überlegungen wie folgt: „Welch eigenartige These! Sie kann weder bewiesen noch widerlegt werden; denn man beachte diese Tatsache: Sie hat nichts mit den Gesetzen der Nationalökonomie zu tun … Aber ob richtig oder falsch, Schumpeters Ideen sind für uns aus einem anderen Grund interessant. Denn hier haben wir den ersten der großen Nationalökonomen vor uns, der … aus einem nichtökonomischen Grund den Untergang des Systems verkündet hat" (Heilbroner 1960, S. 347).

Karl Brandt fasst das Endstadium des Kapitalismus zusammen: „Die ökonomische Evolution vollzieht sich nicht mehr nach den fortschrittsbetonten Regeln der „schöpferischen Zerstörung", sondern ist oligopolistischer Kampf um Existenzbedingungen geworden". Der Kapitalismus mutiere „in eine planwirtschaftlich gesteuerte Wirtschaft mit begrenzter sozialisierter Produktion und Aufrechterhaltung demokratischer Kontrollmechanismen" (Brandt 1993, Band 2, S. 402).

Bevor man die diesbezüglichen Thesen Schumpeters unter die Lupe nimmt, muss zuerst klargestellt werden, welche Art von Sozialismus Schumpeter meinte, wenn er dessen Unvermeidbarkeit behauptete. DEN Sozialismus gibt es nicht, wohl aber eine große Bandbreite von Sozialismen, die von einem großen Staatssektor mit ständigem Eingreifen des Staates in die Wirtschaft bis hin zu einem reinen Kommunismus ohne jede Art von Privateigentum reicht.

Heute (2009) tut man sich natürlich etwas leichter, zu argumentieren, welche Aspekte der Entwicklung des Kapitalismus Schumpeter ausgelassen, unterschätzt oder richtig eingeschätzt hat. Unterschätzt wurde von ihm vor allem die große Beweglichkeit und Anpassungsfähigkeit dieses Systems. Und auch die rasante Entwicklung ständig neuer Technologien aus einem schier unerschöpflichen Reservoir und damit immer neue Generationen von Unternehmern und Managern, die diese umsetzen. Die Arbeiterschaft (man sagt mittlerweile wohl besser: die unselbständig Beschäftigten) wurde in das kapitalistische System integriert und ist damit auch daran interessiert, das System funktionsfähig zu erhalten.

Ob große oder kleinere Unternehmen innovationsfreudiger sind, lässt sich in dieser Allgemeinheit wohl nicht eindeutig beantworten. Eindrucksvolle Beispiele findet man für beide, und auch dafür, dass große Unternehmen Neuerungen, die sie als Konkurrenz für die eigenen Produkte empfinden (und auch aus anderen Gründen) behindern oder verhindern. Aber wie gesagt: Diese Frage ist nicht entschieden, und kann in dieser Allgemeinheit und ohne Spezifikation von Branchen (und Regionen) wohl auch nicht entschieden werden.

Gültigkeit beansprucht meines Erachtens seine Idee, dass die Produzentenseite die Konsumentenwünsche manipuliert, dies wird uns (jedenfalls mir!) jeden Tag aufs Neue vorgeführt. Und auch eine Tendenz zur Bürokratisierung von Großkonzernen ist nicht zu leugnen.

Eine Klasse von kritischen Intellektuellen ist zwar entstanden. Das System scheint sich aber eher in einer Art von Koexistenz mit ihr zu befinden, ihre Kommentare haben 2009 bei der allgemein vorhandenen und zunehmenden Reizüberflutung nicht mehr das Gewicht wie etwa noch in den 70er und 80er Jahren des 20. Jahrhunderts. Und auch kleine und mittlere Unternehmen sind durch den Konkurrenzdruck nicht völlig verschwunden, sondern sie haben oft in spezialisierten Marktnischen Platz gefunden und sind teilweise auf dem Vormarsch. Natürlich konnte Schumpeter auch die positiven und negativen Wirkungen der stattgefundenen umfassenden Globalisierung nicht vorhersehen. Aber: Schumpeter ist durch all dies noch nicht endgültig widerlegt.

Nachdenkenswert auch Muellers Essenz der Überlegungen Schumpeters zu Sozialismus und Kapitalismus: „Schumpeter did not consider the use or nonuse of the market as an important differentiating criterion for capitalism and socialism. The definition of capitalism rested on the source of finance for innovation – innovation in a capitalist society is financed out of borrowed funds. Schumpeter's somewhat surprising willingness to accept the replacement of capitalism by socialism arises out of this, rather unique, definition of capitalism. For Schumpeter, the question of who owns the capital stocks of a nation was much less important than how new innovations would be financed, since it was only through innovation that countries continue to develop" (Mueller 1998, S. 316).

11.2.2.2 Nachwirkungen von Schumpeter

Zu Lebzeiten hatte Joseph Schumpeter, man muss wohl formulieren, das „Pech", ein Zeitgenosse von John Maynard Keynes gewesen zu sein, dem genialen Vermarkter und Propagandisten seiner Ideen. Hierbei ging es ihm wie einer ganzen Reihe anderer Ökonomen: Keynes zog die Aufmerksamkeit von anderen ab und auf sich. So wurde auch sein monumentales zweibändiges, akribisch recherchiertes Werk über Konjunkturschwankungen, erschienen 1939, nicht wie von Schumpeter erhofft, hinreichend beachtet (natürlich spielte hierbei auch der Krieg eine Rolle).

Interessant ist die Frage, was Schumpeter von Keynes (der übrigens gleichaltrig war, beide Ökonomen wurden 1883 geboren) persönlich und fachlich hielt. In seinem Nachruf „John Maynard Keynes 1883-1946" im American Economic Review 1946 (36), Nr. 4, (wiederabgedruckt in Schumpeter 1954, S. 304-335) schrieb er, bei oberflächlicher Lektüre, viel Positives über Keynes und dessen „General Theory". Wenn man diesen Aufsatz aber genauer liest, wird wieder seine vorher schon genannte „subkutane Kritik" sichtbar. Einige Beispiele: „Wo immer er sonst fortschrittlich gewesen sein mag, in der analytischen Methodik war er es nicht" (Schumpeter 1954b, S. 306), „wenn der Zweck es zu rechtfertigen schien, scheute er sich nicht davor, Argumente zu verwenden, die so primitiv waren wie die von Sir Thomas Mun" (S. 306), „Die Qualität seiner Arbeiten litt unter der Quantität. Das gilt nicht nur für die Form. Manche seiner weniger bedeutenden Arbeiten verraten Hast, und einige seiner bedeutendsten Werke tragen die Spuren häufiger Unterbrechungen" (S. 315), „Es fängt schön an und endet schön; um aber Vollkommenheit zu erreichen, hätte er weitere 14 Tage daran arbeiten müssen" (S. 315, Fußnote 13), „Es kann nicht stark genug betont werden, dass der von Keynes erteilte Rat stets ein englischer Rat war, der einem englischen Problem entsprang" (S. 317), „Genau wie die alten Freihändler erhob er immer das, was im gegebenen Augenblick für England Wahrheit und Weisheit war, zur allgemein gültigen Wahrheit und Weisheit (S. 318), „praktischer Keynesianismus (ist) ein Keimling, der sich nicht auf fremden Boden verpflanzen lässt: er stirbt dort und wird giftig, bevor er stirbt" (S. 319), „Irgendwie war der Schuss nicht losgegangen – es hatte nicht eingeschlagen. Und der Grund dafür lag nicht fern: Es war Keynes nicht gelungen, sein eigenes persönliches Anliegen verständlich zu machen" (S. 322) „Es ist wahr, dass er eine ihrem Wesen nach langfristige Version durch ein short-run-Modell zu erfassen versuchte" (S. 327), „Natürlich ist gerade deswegen ihre Verwendbarkeit begrenzt, wenn es nicht um Keynes' besondere Ziele geht. Ein Fruchtmesser ist ein vorzügliches Gerät, um eine Birne zu schälen. Wer damit aber ein Steak in Angriff nimmt, hat sich unbefriedigende Ergebnisse selbst zuzuschreiben" (S. 331). Besonders deutlich, ja direkt offen, wird seine kritische Einschätzung bei folgenden Formulierungen: „Wie Marx, so kann man auch Keynes bewundern, selbst wenn man seine soziale Sicht für falsch und jede einzelne seiner Thesen als irreführend ansieht" (S. 335), und boshaft (aber typisch Schumpeter): „Welch grandiose Leistung, aus so dürftigem Material solch eine „Creme" zu bereiten" (S. 325).

Diese Beispiele mögen genügen. Oberflächlich viel Lob, bei genauerer Lektüre viel Kritik (allerdings geschickt „verpackt") bis hin zur offenen Ablehnung.

„Keynes wiederum hielt Schumpeter für einen der wenigen zeitgenössischen Volkswirtschaftler, der seines Respekts würdig war. In seinen Vorlesungen hat er sich immer wieder auf die Werke bezogen, die Schumpeter während des Ersten Weltkrieges veröffentlicht hatte. Besonders hat er dabei auf Schumpeters Aufsatz zu den Rechenpfennigen hingewiesen" (Drucker 1983, S. 1).

Nicht zu leugnen war trotz aller äußeren Anerkennung aber letztlich eine Animosität Schumpeters gegenüber Keynes, auch oder gerade weil es in ihren Viten (und ihrem Selbstbewusstsein) erstaunliche Analogien gab: Eliteschulen: Theresianeum vs. Eton, berühmte Universitäten: Wien vs. Cambridge, berühmte akademische Lehrer: Eugen von Böhm-Bawerk und Friedrich von Wieser vs. Alfred Marshall und Arthur Cecil Pigou.

Christian Seidl führt diese unübersehbare Animosität auf folgende Gründe zurück:

(1) Als Bewunderer von Walras und „Kind" (wenngleich nicht Mitglied) der österreichischen Schule lehnte er die keynesianische Aggregatökonomik ab;

(2) Statt des agierenden Unternehmers als Triebfeder bei Schumpeter gab es bei Keynes nur „entpersönlichte Aggregate";

(3) Schumpeter war der Überzeugung, nur eine dynamische Theorie könne die reale Welt beschreiben. Das Theoriegebäude der „General Theory" war aber im Wesentlichen statisch;

(4) Die von Schumpeter verehrte klassische Theorie wurde von Keynes als ein fundamentaler Irrtum, als eine unfruchtbare Sackgasse bezeichnet;

(5) In Schumpeters Welt hatte das Wirtschaftsgeschehen trotz aller Störungen eine Tendenz zum stationären Gleichgewicht, einem Vollbeschäftigungsgleichgewicht mit Nettoinvestitionen gleich Null. Für freiwilliges Sparen war hier kein Platz. Keynes hingegen behauptete die Möglichkeit eines (statischen) Unterbeschäftigungsgleichgewichts;

(6) Schumpeter war (wie man heute verkürzt sagen würde) eher ein Angebotstheoretiker, der keine Nachfrage um ihrer selbst willen ankurbeln wollte. Er war auch ein Gegner der „Feinsteuerung" mittels wirtschaftspolitischer Maßnahmen. Keynes war ein nachfrageorientierter Ökonom. Also gaben die beiden auch unterschiedliche wirtschaftspolitische Empfehlungen;

(7) Keynes hatte bereits 1930 in einem Artikel das Verschwinden des technischen Fortschritts prognostiziert. Dies (wie auch eine säkulare Stagnation) empfand Schumpeter als absurd. Er war der Meinung, ei-

ne ständige Weiterentwicklung der Technik sei wahrscheinlicher, die resultierenden Neuerungen seien aber unvorhersehbar;

(8) Keynes ging in seinem Theoriegebäude vor allem vom Einkommenseffekt der Investitionen aus. „Schumpeter dagegen sieht die Investitionen vornehmlich als Träger des technischen Fortschritts, die die produktive Kapazität erhöhen, eine radikale Neuverteilung der Produktionsfaktoren für weitere wirtschaftliche Entwicklung herbeiführen und die alten Faktorallokationen weitgehend unhaltbar machen. Schumpeter und Keynes sehen den Wirtschaftsprozess somit grundsätzlich verschieden" (Stolper 1984, S. 103);

(9) Schumpeter orientierte sich anders als Keynes vor allem an den langfristigen Wirkungen wirtschaftspolitischer Maßnahmen, die in der kurzen Frist oft nicht erkannt oder genügend berücksichtigt würden, z.B. wegen tagespolitischen konträren Interessen;

(10) „Es ist evident, dass Schumpeter, ungleich Keynes, den Wirtschaftspolitikern eine schmale Existenzrechtfertigung einräumte" (Stolper, Seidl 1085, S. 37);

(11) Zudem hat Keynes (wie übrigens auch die Klassiker) die Innovation als einen „Außenfaktor" aufgefasst, der auf die Wirtschaft keinen sehr großen Einfluss ausübe;

(12) Peter Drucker betont als wesentlichen Unterschied zwischen Keynes und Schumpeter: „Schumpeter ging seit seinen Studententagen davon aus, dass sich eine moderne Wirtschaft immer in einem dynamischen Ungleichgewicht befindet. Schumpeters Wirtschaftstheorie ist kein geschlossenes System wie Newtons Weltall oder Keynes' „Makroökonomie". Es ist vielmehr ein System, das ständig wächst und sich ständig verändert und seiner Natur nach eher biologisch als mechanisch ist. Wenn Keynes ein „Ketzer" war, war Schumpeter ein „Heide" (Drucker 1983, S. 3);

(13) Und Wolfgang Stolper fügt hinzu: „Der wesentliche Unterschied zwischen Keynes und Schumpeter liegt nicht in der Bewertung von Budgetdefiziten, nicht in der Beurteilung expansionistischer Geldpolitik, sondern darin, wie die beiden Ökonomen Antrieb und Ziel des Wirtschaftsprozesses sehen … Vereinfacht ausgedrückt steht für Schumpeter die ständige Strukturveränderung im Prozess des Wachstums und bei Keynes die Wiedergewinnung des Gleichgewichts im Mittelpunkt der Überlegungen … Überspitzt formuliert, will Schumpeter einen Wohlfahrtszuwachs durch wirtschaftliche Entwicklung erreichen, während Keynes einen Wohlfahrtsverlust durch Arbeitslosigkeit ver-

meiden will. In diesem Sinne ist die „General Theory" eindeutig eine speziellere und kurzfristigere Theorie als die Schumpeters" (Stolper 1984, S. 95).

Wolfgang Stolper kommt trotz alledem zu dem (nicht unumstrittenen) versöhnlichen Schluss: „Es sollte aber nicht schwer sein, das keynesianische Gedankengut in das Schumpetersche System einzubauen" (Stolper 1984, S. 103).

Alle die aufgeführten 13 Unterschiede in den Auffassungen der beiden Ökonomen sind sicher richtig. Berücksichtigt man aber Schumpeters Toleranz gegenüber anderen Auffassungen, glaube ich, dass als Grund für die Animosität Schumpeters ein anderer Faktor überwog. Schumpeter war enttäuscht und vielleicht sogar gekränkt, dass ein anderer Ökonom ihm „die Show stahl", und dass sogar einige seiner Schüler in Harvard zu Keynes „überliefen". Dieser letztere Grund passt in meinen Augen besser zur Person Schumpeters und seinen Reaktionen.

„Im Jahre 1937 notierte Schumpeter in einem Brief an einen Kollegen bestürzt, dass „die Vielzahl unserer besten jungen Leute fast fanatisch für Mr. Keynes Buch eintreten". Es sollte noch schlimmer kommen. Einige der Professoren, so John Kenneth Galbraith und Alvin Hansen, wurden bald ebenfalls „Keynesianer". Auch der beste Student des Departments, Paul Samuelson, lief zu Keynes über. Schließlich wurde Harvard nicht nur das Zentrum der keynesianischen Nationalökonomie in den Vereinigten Staaten, sondern auch der Ort, von dem aus Keynes' Ideen mit Hilfe der Schriften von Alvin Hansen und durch Paul Samuelsons berühmtes Lehrbuch der Ökonomie in die ganze Welt verbreitet wurden" (Swedberg 1994, S. 165).

Nachdem allerdings das lehrbuchkeynesianische Programm bei der (permanenten) Umsetzung schließlich in Schwierigkeiten geriet, erinnerte man sich wieder an die Thesen des inzwischen verstorbenen Joseph Schumpeter. Er wurde in den 80er Jahren als einer der Paten der angebotsorientierten Ökonomik und der Überlegungen zum Strukturwandel bemüht.

Man versuchte (zeitgemäß!) seine Überlegungen in eine mathematische Form zu gießen (vergeblich!), und man sah in ihm einen der Gründungsväter der evolutorischen Ökonomik.

Schumpeter argumentierte mit der Durchsetzung NEUER Kombinationen, die aus einer unendlichen Menge derartiger Konzepte von Pionierunternehmen ausgewählt würden. Welche spezielle neue Kombination und welcher Typ aus den fünf möglichen Neuerungen ausgewählt und durchgesetzt wird, ist nicht im Voraus bestimmbar. Damit ist eine mathematische Formulierung etwa in Form eines deterministischen Wachstumsmodells nicht möglich bzw. sinnvoll.

Und eine sehr verallgemeinerte abstrakte Form würde dem Ansatz Schumpeters, und sei es nur als allgemeine Illustration, nicht gerecht. Meines Erachtens zeigt der Schumpetersche Ansatz sehr schön, dass gewisse Typen von Theorien, speziell offene Systeme, deren Ereignisabfolge und Ergebnisse aus logischen Gründen unbekannt sind, nicht sinnvoll in mathematische Ausdrücke gegossen werden können.

Eine weitere Spätwirkung: Schumpeters Überlegungen zur Demokratie als „Theorie der Konkurrenz um die Führerschaft" gingen in die ökonomische Theorie der Politik ein, sie waren ein Ausgangspunkt bei der Übertragung des ökonomischen Paradigmas auf die Politologie. Sehr verkürzt: Dem Politiker ginge es um Macht, dem Geschäftsmann um Geld.

Schwer verständlich ist für mich die Bewunderung Schumpeters für das Walras'sche System. In seiner Geschichte der ökonomischen Analyse schrieb er ganz unzweideutig: Walras habe die „Magna Charta" der ökonomischen Theorie geschaffen (Schumpeter 1965, S. 312). Und Schumpeter wies ihm einen „Titel auf Unsterblichkeit" zu (in seinem Aufsatz über Walras aus dem Jahre 1910), ja er hielt Walras bezüglich der reinen Theorie sogar für den größten aller Nationalökonomen.

Und bereits in seiner Habilitationsschrift 1908 ist zu lesen: „Nur kurz sei bemerkt, dass L. Walras und v. Wieser jene Autoren sind, denen der Verfasser am nächsten zu stehen glaubt" (Schumpeter 1908, S. IX).

Diese Begeisterung für das Walrassche System steht meines Erachtens in direktem Widerspruch zu seiner Forderung nach einer (echten) Dynamisierung der Theorie, auch wenn sein System immer wieder die Tendenz hatte, nach Störungen zu einem Gleichgewicht zurückzukehren. Zudem erscheint es mir etwas paradox, einerseits das STATISCHE System von Walras als DAS System der reinen Theorie anzupreisen, andererseits objektive sozioökonomische BEWEGUNGSgesetze zu suchen und einen permanenten strukturellen Wandel zu behaupten. Zu dieser Problematik vermerkt Tsuru nur lakonisch: „Whether this was a double-faced paradox or not is debatable" (Tsuru 1993, S. 264).

Schumpeter war keiner ökonomischen Schule zuzurechnen und gründete auch keine eigene Schule. Dies tat seinem Bekanntheitsgrad aber keinen Abbruch. Er war der Namensgeber für eine ganze Reihe von Preisen bzw. Förderprogrammen, so z.B. das „Schumpeter-Fellowship" der Volkswagen-Stiftung, das Schumpeter-Stipendium des Wiener Bundesministeriums für Wissenschaft und Forschung, den „Schumpeter-Preis" des „Helmut-Zilk-

Fonds für Internationale Beziehungen Wiens", der für innovative Leistungen auf dem Gebiet der Wirtschaft, Politik und der Wirtschaftswissenschaften verliehen wird, sowie den „Schumpeter-Preis" der Universität St. Gallen.

Zudem existiert eine Schumpeter-Gesellschaft, 1991 unter dem Patronat des damaligen Bundeskanzlers Dr. Franz Vranitzky gegründet. Zum 100. Geburtstag von Joseph Schumpeter (1983) fanden Symposien statt, so z.B. das Schumpeter Forum (am 5./6. Mai 1983) in Graz (Einladende: Universität Graz und die Österreichische Länderbank). Und es wurde eine ganze Reihe von Aufsatzsammlungen und Monographien über ihn publiziert.

Nachzutragen ist noch eine Liste seiner bekannteren Schüler. In Bonn: Erich Schneider, Wolfgang Stolper, in Harvard: Paul A. Samuelson, Arthur Smithies, James Tobin, Richard Goodwin, Richard Musgrave, Abram Bergson, sowie die angehenden Professoren: Paul Sweezy, John Kenneth Galbraith und Wassily Leontief.

Zum Schluss sei noch das Urteil des offiziellen Ökonomenlexikons (1989) der DDR angefügt. Schumpeter werden immerhin vier Seiten (S. 505-508) gewidmet. Und er wird erstaunlich milde beurteilt: Er sei „einer der bedeutendsten bürgerlichen Wirtschaftswissenschaftler des 20. Jahrhunderts" (S. 505) und: „Trotz seiner vulgärökonomischen Grundqualität findet das Schumpersche Gesamtwerk im Rahmen des bürgerlichen ökonomischen Denkens seiner Zeit kaum etwas Gleichwertiges" (S. 507). Und auch seine Hochachtung gegenüber dem Werk von Karl Marx wird positiv erwähnt. Allerdings wird kritisch vermerkt, dass „Schumpeter die Triebkräfte kapitalistischer Entwicklung und insbesondere die historische Begrenztheit des Kapitalismus falsch gesehen hat" (S. 507). Diese Kritik ist aus marxistischer Sicht verständlich und offiziell wohl auch notwendig, denn sonst käme Schumpeter zu gut weg.

11.2.3 Gottfried von Haberler (1900-1995)

Vita von Haberler

1900:	Geboren als Sohn einer großbürgerlichen Wiener Beamten-Familie am 20. Juli 1900 in Purkersdorf bei Wien;
1919:	Beginn des Studiums an der Wiener Universität trotz schwierigen Zeiten;
1923:	Nach Studium der Rechts- und Staatswissenschaften Promotion zum Dr. rer. pol.; Besuch des außeruniversitären Privatseminars von Ludwig von Mises. Die sonstigen Teilnehmer sind im Abschnitt (11.2.1) über Ludwig von Mises nachzulesen;
1925:	Promotion zum Dr. jur.;
1927:	Erscheinen des Buches „Der Sinn der Indexzahlen". Dieses Werk verschaffte ihm ein Rockefeller-Stipendium, das einen zweijährigen Forschungsaufenthalt in den USA und in England ermöglichte;
1928-1936:	Universitätsdozent, dann Professor für Wirtschaft und Statistik an der Universität Wien;
1931/32:	Gastdozent an der Harvard Universität;
1933:	Erscheinen seines Werkes „Der Internationale Handel";
1934:	Ab 1934 (bis 1936) Finanzexperte beim Völkerbund in Genf;
1936:	Emigration in die USA und Professur für internationalen Handel an der Harvard Universität. Hier war er ein Kollege und enger Freund von Joseph Schumpeter und übte wie dieser einen großen Einfluss auf die (später oft berühmten) Studierenden in Harvard aus;
1943:	Ab 1943 (bis 1947) Berater des Board of Governors des Federal Reserve Systems;
1950/51:	Präsident der International Economic Association;
1953:	Seit 1953 Ehrenpräsident der International Economic Association;
1955:	Präsident des National Bureau of Economic Research;
1957:	Haberler war Vorsitzender einer Kommission (GATT), die einen Bericht über die Terms of Trade der Primärgüter ablieferte. Die Kommission kam zu dem Ergebnis, dass die Terms of Trade der Primärgüter um 5% gefallen seien, während in dieser Zeit die Preise für Industriegüter um 6% gestiegen sei-

en. Allerdings nahm Haberler nicht an, dass es einen systematischen langfristigen Verfall dieser Terms of Trade gebe;

1963: Präsident der American Economic Association;

1971: Nach seiner Emeritierung an der Harvard Universität war Haberler (zusammen mit Fritz Machlup) „Resident Scholar" am „American Enterprise Institute for Public Policy Research" in Washington; „Auch in dieser Umgebung hat Haberler seine Unparteilichkeit und Objektivität bewahrt: Er kritisiert mit gleichem Freimut die „Republikanische" Regierung und die „Demokratische" Opposition, wann immer er findet, dass ihre Handlungen oder Erklärungen mit den Grundsätzen einer gesunden Wirtschaftspolitik unvereinbar sind" (Furth 1990, S. 410);

1974: Bernhard-Harms-Preis des Kieler Instituts für Weltwirtschaft;

1995: Nach längerer Krankheit Tod am 6. Mai 1995 in Washington D.C.

Ein sehr positives Bild des Charakters von Gottfried von Haberler zeichnet Herbert J. Furth, dem er bei der Emigration und nach seiner Ankunft in den USA selbstlos half: „Solide humanistische Bildung, verbunden mit dem Bewusstsein sozialer Verantwortung; tiefe Liebe zur Wissenschaft, verbunden mit Verständnis für die nicht-wissenschaftlichen Teile unserer Kultur; starken Unabhängigkeitsinn, verbunden mit rührender Sorge um Familie und Freunde" (Furth 1990, S. 404).

Und Paul Anthony Samuelson, der Nobelpreisträger, ergänzte: „Always he has been of one piece. What you see is what you get. No trimming to fad and fashion. No striving for elegant exoticism or paradox. No compromising for policy effectiveness or jockeying for personal power and influence" und: „Schumpeter and Haberler were both critical of the Keynesian Revolution. But it was Haberler who concentrated on its contents, weighing and judging its constituent parts" (Samuelson 1990b, S. 311).

Einige ausgewählte Werke von Haberler

„Der Sinn der Indexzahlen" (1927);

„Money and the Business Cycle" (1932);

„Der Internationale Handel" (1933);

Herbert Furth charakterisiert dieses Buch folgendermaßen: „Haberlers Band ist weit mehr als die übliche zusammenfassende und kritische Beleuchtung der verschiedenen Theorien und handelspolitischen Programme. Haberler verbindet die Lehre von internationalen finanziellen Transaktionen mit der herkömmlichen Handelstheorie, er leitet Ricardos Gesetze des Freihandels von der Lehre des Grenznutzens statt von der klassischen Theorie des Arbeitswertes ab“ (Furth 1990, S. 407).

„Liberale und planwirtschaftliche Handelspolitik” (1934);

„Mr. Keynes Theory of the Multiplier” (1936);

„Prosperity and Depression: A Theoretical analysis of cyclical movements“(1937, deutsch 1948);

Das Buch „Prosperity and Depression” war auf einen Beschluss des Völkerbundes zurückzuführen. A. Loveday, der Leiter der Finanzabteilung des Völkerbundes, schrieb im Vorwort zur ersten Auflage (September 1936): „Den Anstoß zu diesem Buche gab ein Beschluss der Völkerbundsversammlung vom September 1930, der bestimmte, dass der Versuch gemacht werden sollte, die analytische Arbeit zu koordinieren, die bis anhin dem Problem der periodischen Wiederkehr wirtschaftlicher Depressionen gewidmet worden war (Vorwort in: Haberler 1948, S. 5).

„Schon die erste Auflage wurde zweimal nachgedruckt, 1938 wurde sie ins Japanische übersetzt, 1939 wurde sie insbesondere durch die Berücksichtigung der Erkenntnisse von Keynes überarbeitet, 1940 ins Schwedische, 1942 ins Spanische und 1948 ins Deutsche (2. Auflage 1955) übersetzt; 1958 erschien eine dritte englische Auflage, 1962 eine (leicht veränderte) Paperback-Ausgabe“ (Tichy 1990, S. 377).

„Some Factors Affecting the Future of International Trade and International Economic Policy“ (1945);

„The General Theory After Ten Years” (1947);

„Dollar Shortage? (1948);

„The Market for Foreign Exchange and the Stability of the Balance of Payments” (1949);

„Some Problems in the Pure Theory of International Trade” (1950);

„Integration and Growth of the World Economy in Perspective” (1964)

„Money in the International Economy” (1965);

„Inflation: Its Causes and Cures” (1966);

„Incomes Policy and Inflation” (1971);

„Economic Growth and Stability” (1974);

„Two Essays on the Future of the International Monetary Order” (1974);

„The Problem of Stagflation: Reflection on the Microfoundation of Macroeconomic Theory and Policy” (1985);

„The International Monetary System, the European Monetary System (EMS) and a Single European Currency in a „Single European Market" (1989);

Eine Bibliographie von Haberlers bis zum Jahre 1979 findet sich in: Koo, Anthony C., Selected Essays of Gottfried Haberler (1985).

Für beide Hauptwerke von Haberler („Der Internationale Handel" und „Prosperity and Depression") gilt, dass er viele verstreute, zu diesen Themen geäußerte theoretische Fragmente einer einheitlichen theoretischen Behandlung unterzog.

11.2.3.1 THESEN VON HABERLER

Eine erste Frage im Zusammenhang mit den Thesen von Haberlers ist, inwieweit er der Österreichischen Schule (er wird der vierten Generation zugeordnet) zugerechnet werden kann.

Gottfried von Haberler war zwar Mitglied des berühmten Mises-Seminars. Allerdings lehnte er später einige Aspekte der „Österreichischen Konjunkturtheorie" ab und wandte sich in seinen späteren Schriften auch gegen den Goldstandard. Auch das Arbeiten mit Aggregaten lehnte er nicht vollständig ab. So führte er 1979 in einem Interview mit Ebeling aus: „You can't handle such complicated problems by going down really to the last individual unit. The economy is too complicated for that; you have to use aggregates" (Ebeling 1979, S. 9).

Somit war er sicherlich kein doktrinärer Verfechter aller Thesen der „Österreicher", in seinen grundsätzlichen Auffassungen kann er aber dieser Schule zugerechnet werden.

Herbert Furth charakterisiert die methodische Einstellung Gottfried von Haberlers wie folgt: „Für ihn beruhen Wirtschaft und Wirtschaftswissenschaft auf dem gesunden Menschenverstand. Philosophie, Mathematik und sogar Statistik sind selbstverständlich sehr wichtig und wertvoll, aber – so wie Arzneien in der Medizin – immer mit Vorsicht anzuwenden, weil wir sonst Gefahr laufen, die unterliegenden realen Tatbestände und Zusammenhänge zu verdunkeln" (Furth 1990, S. 406).

THESEN ZUM INTERNATIONALEN HANDEL UND ZUR WÄHRUNGSTHEORIE:

Haberler vertrat die These, dass ein ungehinderter internationaler Handel und eine internationale Arbeitsteilung wohlfahrtssteigernd seien. In den Worten Samuelsons: „Whatever world totals of the goods were produced under autarky, under free-trade's specialization ... more could be produced of every good under free trade" (Samuelson 1990b, S. 315).

Haberler argumentierte dabei mit einer modernen Formulierung, einer Neuformulierung, der komparativen Kostentheorie, die auf der österreichischen Wert- und Preistheorie aufbaute: Opportunitätskosten statt den bis dahin verwendeten Arbeitswerten bzw. Realkosten). „Die Kosten der Mehrerzeugung eines Gutes, so Haberler, bestehen letztlich in dem Verzicht auf andere Güter, deren Produktion nun bedingt durch die insgesamt gegebene Faktorknappheit verringert werden muss ... Was Haberler als erster zeigte, war, dass eine Konzentration auf die Opportunitätskosten die Theorie komparativer Vorteile von jeglicher Einschränkung bezüglich der Art und Anzahl der originären Produktionsfaktoren befreit" (Kohler 1995, S. 301).

Und genial: Von Haberler verwendete hierfür zum Ursprung konkave (wegen abnehmender Erträge) gesellschaftliche Produktionsmöglichkeitenkurven (production-possibility frontiers), die es erlaubten, mehrere Produktionsfaktoren zu berücksichtigen. Damit verallgemeinerte er das „Gesetz des komparativen Vorteils". „His most fundamental contribution is the reformulation of classical comparative cost theory in terms of opportunity cost and the introduction of a new analytical tool, the concave production possibility frontier" (Kohler 1990, S. 330). Dies war ein Beitrag zur realen (güterwirtschaftlichen) Außenwirtschaftstheorie, der kaum überschätzt werden kann.

Von Haberler leistete noch weitere bedeutende Beiträge zur internationalen Ökonomik, die hier nur angedeutet werden sollen: „What Haberler reminds us of is that international factor price divergences are likely to persist even under free trade, and there will consequently always be incentives for factor movements ... He takes Ohlin's position that trade will tend to bring about only partial factor price equalization" (Kohler 1990, S. 332).

Und er diskutierte das „magische Dreieck" der Außenwirtschaftspolitik bei freiem Handel: Volle Kapitalmobilität, stabile Wechselkurse und national autonome Geldpolitik.

Von Haberler war gegenüber Wechselkurssystemen grundsätzlich vorsichtig: „Haberler emphasizes repeatedly the importance of judging the performance of exchange rate systems by what happens to trade, living standards and price stability" (Meltzer 1990, S. 361).

Nachzutragen ist noch: Auch zur Kaufkraftparitätentheorie leistete er Beiträge.

Seine wirtschaftspolitische Haltung bezüglich der außenwirtschaftlichen Beziehungen war, zusammengefasst: Ein ungehinderter, freier internationaler Handel. Zu seinen Auffassungen zu Wechselkurssystemen muss man hinzufügen: „you will find that Haberler has changed his mind on exchange-rate policy. In the 1930's, he favored fixed exchange rates (and a gold standard to tie down the price level). In the 1950s, he was agnostic. But by the 1970s, he favored floating rates" (Kenen 1990, S. 350).

Sein Eintreten für flexible Wechselkurse nach dem Zusammenbruch des Bretton Woods-Systems war vor allem beeinflusst von seiner Überzeugung, dass vollständig flexible Wechselkurse die Spekulation entmutigten und Differenzen in den nationalen Inflationsraten ausglichen.

Kleine offene Länder wie Österreich täten allerdings gut daran, ihre Währung an die Währung größerer Länder mit stabilen Preisen anzubinden, und zwar ohne Kapital- und Handelskontrollen. Dem EMS stand er kritisch gegenüber.

Konjunkturtheorie:

In seinem Werk „Prosperität und Depression" untersuchte von Haberler im I. Teil „Systematische Untersuchung der Konjunkturtheorien" (Haberler 1948):

„Die rein monetäre Theorie";

„Die Überinvestitionstheorien";

„Veränderungen der Produktionskosten, horizontale Gleichgewichtsstörungen und Überschuldung als Ursachen von Krisen und Depressionen";

„Unterkonsumtionstheorien";

„Psychologische Theorien";

„Erntetheorien";

„Einige neuere Diskussionen über die Theorie des Konjunkturzyklus".

Er selbst sympathisierte wohl am meisten mit Überinvestitionstheorien im Stile von Hayek.

In dieser Einführung kann man von Haberlers Erkenntnisse zum Konjunkturphänomen wie folgt sehr verkürzt komprimieren:

(1) Von Haberler lieferte keine monokausale Konjunkturerklärung; „Haberlers Konjunkturtheorie ist eher kaleidoskopartig. Es gibt einen kumulativen Auf- bzw. Abschwungprozess, in dem verschiedene Faktoren in wechselnder Zusammensetzung dazu beitragen, dass dieser zunächst stärker, mit zunehmender Dauer jedoch allmählich schwächer wird; auf diesen kumulativen Prozess wirken verschiedene exogene Faktoren in verschiedener Zusammensetzung und Stärke" (Tichy 1990, S. 378);

(2) Die Zustände „Depression“ und „Prosperität“ wurden wie folgt festgelegt: „wobei Depression (Prosperität) als eine Situation definiert wird, in der Realeinkommen, Realkonsum, Produktivität oder Beschäftigung fallen (steigen) und unter- (über-) durchschnittlich hoch in dem Sinn sind, dass es freie (keine freien) Ressourcen gibt“ (Tichy 1990, S. 379);
(3) Für die Konjunkturerklärung wurden endogene (kumulative) und exogene Faktoren gleichermaßen berücksichtigt;
(4) Jede Konjunkturwelle sei einzigartig;
(5) Multiplikator- und Akzeleratorprozesse wurden durch finanzielle Entwicklungen und durch Erwartungen ergänzt. Die Sparquote sei keinesfalls in den verschiedenen Phasen des Konjunkturzyklus konstant. Damit wurden Multiplikator- und Akzeleratorprozesse zu nichtmechanischen Modellen;
(6) „Finanzierungsüberlegungen spielen bei Haberler … eine ganz entscheidende Rolle für die Erklärung des kumulativen Prozesses: Dass der Aufschwung sich überhaupt entfalten kann, setzt ein flexibles Finanzierungssystem voraus“ (Tichy 1990, S. 380);
(7) „Je länger der Aufschwung jedoch andauert, desto mehr kommt es … zu Fehlanpassungen, zu Disproportionalitäten: Das Angebot an Produktionsfaktoren wird weniger elastisch“ (Tichy 1990, S. 380);
(8) Erwartungen spielten in Haberlers Konjunkturüberlegungen eine wichtige Rolle,
(9) „Haberler betont, dass eine Schrumpfung auch bloß einzelner Branchen – als Folge von Verzögerungen oder Mobilitätshemmnissen – die globale Nachfrage negativ beeinflussen kann“ (Tichy 1990, S. 380).

Diese unvollständigen Anmerkungen zu von Haberlers Konjunkturüberlegungen zeigen bereits, wie viele von ihnen mittlerweile Allgemeingut der Konjunkturlehre geworden sind. Treffend hierzu Gunther Tichys Resümee: „Zunächst scheint es jedoch bemerkenswert, wenn ein Leser im Jahr 1990 eine Theorie voll akzeptabel findet – und zwar voll akzeptabel für die Probleme seiner Zeit – die 1937/39 aufgestellt wurde“ (Tichy 1990, S. 381).

Und Tichy betont weiter, dass ein Hauptverdienst von Haberlers in der Berücksichtigung monetärer Prozesse zusätzlich zum realen Kernprozess liegt. Solche monetären Faktoren sind nach von Haberler vor allem für die stärkeren Wellen verantwortlich. Und auch die Berücksichtigung der Finanzierungsbedingungen und Erwartungen im Akzeleratormodell wird herausgestellt, und: „Die Kurven verschieben sich, die Koeffizienten sind nicht stabil“, „an die Stelle von deterministischen treten Wahrscheinlichkeitsaussagen", „der Anpassungszeitraum variiert im Verlauf des Zyklus, je nach dem Grad der Unsicherheit" (Tichy 1990, S. 381/382).

Von Haberler wies immer wieder darauf hin, dass die Idee einer Wachstumsförderung durch Inflation falsch sei. „Langfristig kann das Wachstum durch monetäre Kräfte eher behindert als gefördert werden. Das langfristige Wachstum wird durch nicht-monetäre Kräfte bestimmt, reale und soziale" (Socher 1990, S. 390), und auch der extremen Idee der Neuklassik, Geldpolitik sei im realen Sektor wirkungslos, schloss er sich nicht an.

„Haberler (war) zwar immer ein Verteidiger der freien Marktwirtschaft, aber nie ein dogmatischer Anhänger von Laissez-faire … (er hat) immer die Möglichkeit eines erfolgreichen Eingreifens der Staatsgewalt zugegeben … Insbesondere hat er die Art der von Keynes befürworteten Geld- und Finanzpolitik nicht nur für erlaubt, sondern geradezu für geboten erklärt … Seine Kritik gilt hauptsächlich den Anhängern von Keynes, die eine solche Politik zu einer vollständigen Planwirtschaft erweitern wollen" (Furth 1990, S. 408).

Und Herbert Furth fährt weiter fort: „Es war kein Zufall, dass Haberler ständig mindestens einen seiner Seminarkurse gemeinsam mit einem der zwei bedeutendsten Keynes-Anhänger unter seinen Harvard-Kollegen abhielt. Seymour Harris oder Alvin Hansen" (Furth 1990, S. 408).

In einem Interview 1979 sagte von Haberler zu dem Thema „Keynesianismus": „In that particular situation the Keynesian prescription made sense that what was needed was large deficit spending. But the mistake the Keynesians now make is that they go on speaking as if they still lived in a Keynesian world with mass unemployment, where you can spend without rising prices. That, of course, is nonsense. That is the weakness of the present Keynesian school, that they still think they are living in a deep depression" (Ebeling 1979, S. 4).

Von Haberler sah Gefahren im zunehmenden Anteil des öffentlichen Sektors in der Wirtschaft und in der wachsenden Gewerkschaftsmacht. So könne Inflation durch eine falsche Wirtschaftspolitik des Staates und überzogene Lohnforderungen der Gewerkschaften entstehen. Eine begrenzte staatliche Wachstumspolitik, z.B. durch Beschränkung des Geldmengenwachstums, fand von Haberler aber durchaus sinnvoll. Wenn man schwache Rezessionen mit „großem Kaliber" bekämpfe, ergäben sich aus der verzögerten Wirkung wirtschaftspolitischer Maßnahmen Gefahren.

Ein besonderes Anliegen war ihm eine Beschränkung der Macht der Gewerkschaften und anderer Wirtschaftsorganisationen.

11.2.3.2 Wirkungen von Haberler

Von Haberler war bei seinen Zeitgenossen hochgeschätzt. Samuelson schrieb über ihn: „he has been one of the few most valuable economic scholars of that epoch" und fügte sogar noch hinzu: „I want my mausoleum to include the words: Gottfried Haberler was his teacher" (Samuelson 1990b, S. 310).

Von Haberler erhielt während seiner langen Karriere viele Ehrungen und Auszeichnungen, so unter (vielen) anderen: Ehrendoktorate der Universitäten St. Gallen (1949), Saarland (1967), Innsbruck (1970) und der Wirtschaftsuniversität Wien (1980). Und es wurden posthum sogar internationale „Gottfried von Haberler-Konferenzen" ausgerichtet (so z.B. 2005 in Vaduz).

Problematisch an einer Nachzeichnung der Rezeption der Ideen von Haberler ist, dass diese mittlerweile zum Allgemeingut der ökonomischen Theorie geworden sind, und zwar sowohl seine genialen Beiträge zur Außenwirtschaftstheorie als auch seine Beiträge zur Konjunkturtheorie. Ein Beleg: Der Name „Haberler" findet sich im Index des oft verwendeten einführenden Lehrbuches von Paul R. Krugman und Maurice Obstfeld „International Economics; Theory and Policy" überhaupt nicht (zum Vergleich: Heckscher, Ohlin, Ricardo und viele andere Namen sind aufgeführt), die Instrumente, die von Haberler schuf, sind zwar (als Allgemeingut der Ökonomie) genannt, Beispiel: „Production possibility frontier", aber wiederum ohne Bezug auf Haberler.

Analoges läuft im Rahmen der Konjunkturtheorie ab: „In den neueren Lehrbüchern der Konjunkturtheorie kommt der Name Haberler nicht einmal mehr vor ... Haberler war nicht mehr zu zitieren, weil seine Konjunkturerklärung Allgemeingut geworden war, die Standarderklärung, das, was man schon im ersten Kurs lernte, was „man einfach wusste" (Tichy 1990, S. 377).

Im offiziellen Ökonomen-Lexikon der DDR (1989) wird von Haberler eher neutral abgehandelt. Natürlich wird er wegen seiner liberalen Position gerügt und als ein „auf neoliberalen bürgerlichen Positionen stehender Ökonom" (S. 186) bezeichnet. Aber insgesamt ist die Beurteilung meines Erachtens ziemlich neutral und mäßigend.

11.2.4 Oskar Morgenstern (1902-1977), John von Neumann (1903-1957) und die Spieltheorie

Vita von Morgenstern

(Die Daten zu den Viten von Oskar Morgenstern und John von Neumann wurden vor allem dem Kommentarband „Vademecum zu einem Klassiker der Spieltheorie“ entnommen.)	
1902:	Geboren am 24. Januar im schlesischen Görlitz (Deutschland) als Sohn eines kaufmännischen Angestellten. Seine Mutter Margarete Teichner war (angeblich?) eine illegitime Tochter des preußischen Kronprinzen (und späteren Hunderttagekaisers) Friedrich Wilhelm;
1914:	Übersiedelung mit seinen Eltern und seiner jüngeren Schwester nach Wien. Sein Vater wurde leitender Mitarbeiter des Handelshauses Julius Meinl. Oskar besuchte dort ein Gymnasium;
1922:	Im Herbst 1922 Beginn eines Studiums der Staatswissenschaften an der Universität Wien; „Der junge Student war anfänglich von Othmar Spann beeindruckt … Im Herbst 1924 jedoch … wechselte Oskar Morgenstern die Fronten und ging ins Seminar von Hans Mayer“ (Schwödiauer 2001, S. 66). Zu diesem frühen Einfluss Spanns auf Morgenstern schreibt Leonard: „Morgenstern was, for a time, swept along by this anti-liberal, anti-Semitic tide, and his diary entries in these years reveal the extent to which Spann had a hold over him. More important to our story is the fact that Morgenstern, given its mentor's views, spent a good deal of time reading idealistic philosophy – Fichte, Hegel and Schelling – at the cost of undertaking other study, for example in mathematics” (Leonard 1995, S. 740);
1924:	Hans Mayer schlug Oskar Morgenstern für ein Rockefeller Stipendium vor. Dazu musste der Stipendiat allerdings ein abgeschlossenes Studium vorweisen;
1925:	Mit einer Ausnahmegenehmigung durfte Morgenstern bereits nach 6 Semestern sein Studium abschließen; Oskar Morgenstern verfasste innerhalb von weniger als 2 Monaten eine Dissertation über „Fragen der Verteilungslehre mit besonderer Berücksichtigung der Grenzproduktivität“. Promo-

	tion zum Dr. rer. pol. im Juli 1925. Im Anschluss an seine Promotion trat Morgenstern sein dreijähriges Rockefeller-Forschungsstipendium an, wobei er wichtige Ökonomen besuchen konnte, darunter Wesley Clair Mitchell (1874-1948), Frank Albert Fetter (1863-1949) etc.;
	Morgenstern erwarb zusätzlich zur deutschen die österreichische Staatsbürgerschaft. Auf dem Weg in die USA besuchte er in Oxford den im Ruhestand befindlichen Edgeworth;
1927:	Im Rahmen seines Aufenthalts an der Harvard Universität, wo er Allyn Young (1876-1929) traf und ein Philosophie-Seminar bei Alfred North Whitehead (1861-1947) besuchte, stellte Morgenstern im Sommer 1927 seine Habilitationsschrift über die Voraussetzungen und Möglichkeiten von Wirtschaftsprognosen fertig. Morgenstern reiste im Zuge seines Stipendiums auch zu Forschungsaufenthalten nach Paris und Rom;
1928:	Rückkehr nach Österreich. Einreichung seiner Habilitationsschrift: „Wirtschaftsprognose: Eine Untersuchung ihrer Voraussetzungen und Möglichkeiten“ an der Universität Wien. Ende Mai nahm die Fakultät trotz heftiger Opposition Spanns die Habilitationsschrift an;
	Am 16. Juni 1928 absolvierte Oskar Morgenstern sein Habilitationskolloquium. Auch hierbei kam es zu heftigen Auseinandersetzungen mit Spann;
	Anfang Dezember trat Oskar Morgenstern eine Stelle im Wiener Konjunkturforschungsinstitut an;
1929:	Im Wintersemester 1929 Beginn seiner Lehrtätigkeit als Privatdozent;
	Morgenstern war geschäftsführender Herausgeber der seit diesem Jahr erscheinenden „Zeitschrift für Nationalökonomie“;
1931:	Als Nachfolger von Hayeks (Berufung an die „London School of Economics“) Direktor des „Österreichischen Instituts für Konjunkturforschung“;
	„Schon damals trat Morgensterns besondere Begabung, herausragende Talente zu entdecken, und seine uneingeschränkte Bereitschaft, sie zu fördern und auf wissenschaftliche Fragestellungen, die ihm wichtig schienen, hinzuführen, zu Tage“ (Schwödiauer 2001, S. 70). „At the same time Abraham Wald, to whom I had been able to offer a position as statistician in

my Institute, gave me special instruction in various fields of mathematics" (Morgenstern 1976, S. 807);
In den dreißiger Jahren spielte Oskar Morgenstern eine aktive Rolle in der österreichischen Wirtschaftspolitik. Zu den Einzelheiten und den zu dieser Zeit widerstreitenden Interessen, denen auch Oskar Morgenstern ausgesetzt war, siehe die akribisch recherchierte Studie von Klausinger (2006).

1934: Veröffentlichung seines Buches „Die Grenzen der Wirtschaftspolitik", das große Beachtung fand;

1935: Außerordentlicher Professor an der Universität Wien;

1938: Im Januar 1938 begab sich Morgenstern auf eine für drei Monate geplante Vortragsreise in die USA. Morgenstern erfuhr nur 2 Monate nach seiner Abreise aus Wien, dass Österreich im März 1938 von den Nationalsozialisten an Deutschland „angeschlossen" worden war und dass er als Direktor des „Österreichischen Instituts für Konjunkturforschung" und auch als Professor an der Universität Wien von den Nazis als „politisch untragbar" eingestuft und in Abwesenheit entlassen wurde. Er verblieb daraufhin in den USA, und trat eine von der Rockefeller-Stiftung unterstützte dreijährige Professur an der Princeton University an. 1941 wurde er dort zum „associate professor" und 1944 schließlich zum „full professor" ernannt;

1939: Oskar Morgenstern traf am 1. Februar 1939 John von Neumann nach einem Vortrag über Konjunkturschwankungen, den er in Princeton hielt;
„It is curious that years later neither of us could ever remember where we met the first time, but we did remember where we met the second time: I gave an after-luncheon talk on the 1st of February 1939" (Morgenstern 1976, S. 807);
Im Oktober 1939 fand die erste intensive Diskussion zwischen Morgenstern und von Neumann statt. Nach einigen familiären Abendessen stellten sie ihre gemeinsamen Interessen an einigen Themen fest. Später begannen sie sich zu duzen. Übrigens sprachen sie ständig Deutsch miteinander, publizierten aber in Englisch;

1941: „Im Mai 1941 ermutigte von Neumann Morgenstern, seine Ideen über Maximen des Verhaltens aufzuschreiben und schlug ihm vor, gemeinsam eine Arbeit mit dem Titel „Quantitative Implications of Maxims of Behavior" zu verfassen.

	Dieses Arbeitspapier entstand tatsächlich, wurde aber nie publiziert. Es ist … besonders interessant, weil es von Morgensterns ökonomischer Perspektive aus seinen früheren Arbeiten geprägt ist und das Problem der Interdependenz ökonomischer Handlungen vor allem darin sieht, dass sie die Fähigkeit des einzelnen Akteurs, die zukünftigen Konsequenzen seiner Handlungen vorauszusehen, beschränkt“ (Schwödiauer 2001, S. 75);
	Im September 1941 entstand als Ergebnis einer intensiven Zusammenarbeit mit John von Neumann ein erster Entwurf zum ersten Kapitel der „Theory of Games and Economic Behavior“;
1942:	Trotz der räumlichen Entfernung von John von Neumann (der sich in Washington D.C. aufhielt) lag das abgeschlossene Manuskript des gemeinsamen Werkes am 28. Dezember 1942 vor;
1944:	Zusammen mit John von Neumann Veröffentlichung ihres Buches „The Theory of Games and Economic Behavior“ (mit finanzieller Unterstützung der Drucklegung durch John D. Rockefeller III);
	Oskar Morgenstern wurde amerikanischer Staatsbürger;
1959:	Verwaltungsratsvorsitzender der von ihm zusammen mit anderen gegründeten wissenschaftlich anspruchsvollen Beratungsfirma „Mathematica“ in Princeton;
1963:	Zusammen mit Paul F. Lazarsfeld Gründung des „Instituts für Höhere Studien“ (IHS) in Wien;
1966/67	war er Direktor dieses Instituts;
1970:	Emeritierung als Professor an der Princeton University;
	Gründung des „International Journal of Game Theory“;
	Nach 1970 gehörte er der New York University an, die ihn 1977 zum „Distinguished Professor in Game Theory and Mathematical Economics“ ernannte. Er leitete dort bis zu seinem Tod das „Center for Applied Economics“;
1977:	Tod am 26. Juli 1977 in Princeton (USA).

Gerhard Schwödiauer stellt als eine der Stärken Morgensterns fest: „relevante konzeptionelle Probleme zu identifizieren und so weit zu formulieren, dass Mathematiker eine Zusammenarbeit daran lohnend fanden“ (Schwödiauer 2001, S. 73), und er bezeichnete ihn im positiven Sinne als einen „innovating entrepreneur“.

EINIGE SCHRIFTEN VON MORGENSTERN

„International vergleichende Konjunkturforschung“ (1927);

„Wirtschaftsprognose; Eine Untersuchung ihrer Voraussetzung und Möglichkeiten“ (1928);

Hierin kam Morgenstern zu dem mittlerweile generell akzeptierten Schluss, dass die Publikation einer Prognose die Antizipationen der Betroffenen und damit auch ihre Handlungen verändern kann. „Nach Beobachtung der Verhaltensänderung und damit des Prognosefehlers könnte die Prognose verändert werden, was neuerliche Verhaltensänderungen auslösen würde, etc., es gebe jedoch keinen Grund zur Annahme einer Konvergenz zu einer schließlich „richtigen“ Totalprognose, vielmehr werde die Glaubwürdigkeit der Prognosen erschüttert und das Ausmaß an Unsicherheit so groß, dass die Wirtschaftssubjekte ihre Entscheidungen aufschieben würden“ (Schwödiauer 2001, S. 69). Man könnte (aus heutiger Sicht) aber auch folgendermaßen argumentieren: Ist das prognostische Verhalten ein Gleichgewicht (im spieltheoretischen Sinn) und glauben die Betroffenen, dass sich die anderen gemäß der Prognose verhalten, dann haben sie keinen Anreiz von der für sie prognostizierten Handlung abzuweichen. Die Prognose ist dann sozusagen „selbsterfüllend“ und nicht „selbstzerstörend“. Mit anderen Worten: Die Aussage Schwödiauers gilt im Grunde nur, wenn die Prognose „ungleichgewichtig“ ist – dann zerstört sie sich selbst (wenn die Betroffenen an sie glauben).

Oskar Morgenstern schrieb dazu 1976: „One of the problems that naturally sprang to my attention was that of the influence of prediction on the predicted events, a typical case in the social sciences“ (Morgenstern 1976, S. 806).

Und Robert J. Leonard schreibt über dieses Werk: „the book is as remarkable for its pessimism as it is for any qualities of theoretical innovation. In it, Morgenstern sets out to show the impossibility of making any complete forecast of the state of the economy at any time, given the complexity of the mechanisms which shape economic events” (Leonard 1995, S. 741).

„Die Grenzen der Wirtschaftspolitik“ (1934);

„Das Zeitmoment in der Wertlehre” (1934);

„Vollkommene Voraussicht und wirtschaftliches Gleichgewicht“ (1935, im gleichen Jahr ins Englische übersetzt: „Perfect Foresight and Economic Equilibrium“);

„Logistics and the Social Science” (1936);

„Währung und Preise” (1936);

„Entstehung und Abbau der österreichischen Devisenbewirtschaftung" (1937);

„Professor Hicks on Value and Capital" (1941);

„Quantitative Implications of Maxims of Behavior" (1941);

„Theory of Games and Economic Behavior" (mit John von Neumann erschienen am 18. September 1944, 2. Auflage 1947, 3. Auflage 1953);

„Oligopoly, Monopolistic Competition and the Theory of Games" (1948);

„Demand Theory Reconsidered" (1948);

„Economics and the Theory of Games" (1949);

„On the Accuracy of Economic Observations" (1950);

„Prolegomena to a Theory of Organization" (1951);

„Wann ist ein wirtschaftspolitisches Problem lösbar?" (1953, wiederabgedruckt in: Morgenstern, Oskar, Spieltheorie und Wirtschaftswissenschaft, 2. Auflage, Wien, München 1966);

„Experiment and Large-Scale-Computation in Economics" (1954);

„Generalization of the von Neumann Model of an Expanding Economy" (mit J.G. Kemeny und G.L. Thompson, 1956);

„International Financial Transactions and Business Cycles" (1959);

„The Question of National Defense" (1959);

„A New Look at Economic Time Series Analysis" (1961);

„Gibt es Grenzen für die Anwendung mathematischer Verfahren in der Wirtschaftswissenschaft?" (1963, wiederabgedruckt in: Morgenstern, Oskar, Spieltheorie und Wirtschaftswissenschaft, 2. Auflage, Wien, München 1966);

„The Random Walk Hypothesis of Stock Market Behavior" (1964, mit M. Godfrey und C.W.J. Granger);

„Predictability of Stock Market Prices" (1970, mit C.W.J. Granger);

Hier setzte sich Oskar Morgenstern kritisch mit einigen, den Aktienmarkt betreffenden grundsätzlichen Aussagen und Annahmen auseinander: „The main assertions in economic theory, to the extent that economists have investigated the stock market in depth, are four:

(a) The market assures the optimal allocation of investible funds – if these search employment in stocks, especially by issue of new stocks;

(b) The price movement of the stock market in their aggregate (as represented by various indices) are a predictor of subsequent fluctuations in the economy as a whole;

(c) The price of a share in the company is a function of past earnings, assumed future earning power, expected dividend flow, and other characteristics of the respective enterprise;

(d) Future stock prices are predictable in a practically useful manner from their previous, mostly cyclical movements, either individually or in the aggregate.

It will be seen in the following chapters that all these beliefs are either untrue or need to be specified very carefully before having any scientific value" (Morgenstern 1970 zitiert in: Vademecum zu einem Klassiker der Spieltheorie, Düsseldorf 2001, S. 44).

„Thirteen Critical Points in Contemporary Economic Theory" (1972);

„Descriptive, Predictive and Normative Theory" (1972);

„Mathematical Theories of Expanding and Contracting Economies" (mit G.L. Thompson, 1976);

Zudem hat Oskar Morgenstern vor allem in den dreißiger Jahren eine Vielzahl von Zeitungsartikeln veröffentlicht (siehe Klausinger 2006).

11.2.4.1 Thesen von Morgenstern

Oskar Morgenstern wird üblicherweise der vierten „Generation" der Österreichischen Schule zugerechnet. Er war aber weniger dogmatisch als zum Beispiel Ludwig von Mises. So war er einer der Kritiker der Österreichischen Kapitaltheorie und hier insbesondere der „durchschnittlichen Produktionsperiode". „Tatsächlich vergrößerte sich im Laufe des zu betrachtenden Jahrzehnts die Distanz Morgensterns zum österreichischen Ansatz, den er – wenn auch oft dunkel und mehrdeutig – auf verschiedenen Ebenen heftig kritisierte: für die Unexaktheit der Methoden, die Unschärfe der Konzepte und die außerwissenschaftliche Basis des Kampfes für eine liberale Ordnung" (Klausinger 2006, S. 3).

Oskar Morgenstern schrieb selbst dazu: „When I became a Rockefeller Fellow, I was a product of the Austrian School of Economics ... But I was constantly troubled by the fact that Böhm-Bawerk's theory of bargaining and of the „marginal pairs", while dealing with fundamentals could not be considered completed" (Morgenstern 1976, S. 805).

Und: „Obwohl Morgenstern in der praktischen Wirtschaftspolitik durchaus die Wiederherstellung einer liberalen Wirtschaftsordnung befürwortete, wendete er sich damit emphatisch gegen die Behauptung – die er Mises und dessen Anhängern zuschrieb – die Überlegenheit einer solchen Ordnung ließe sich auf rein wissenschaftlicher Grundlage ableiten, noch viel weniger auf der Grundlage der zeitgenössischen Wirtschaftswissenschaft mit ihren zahlreichen Unvollkommenheiten" (Klausinger 2006, S. 10).

WEITERE METHODOLOGISCHE ANSICHTEN VON MORGENSTERN:

In seinem Aufsatz „Wann ist ein wirtschaftspolitisches Problem lösbar?“ (1953) beschäftigte sich Oskar Morgenstern intensiv mit der Lösbarkeit wirtschaftspolitischer Problemstellungen. Dabei zog er Klassen der Lösbarkeit theoretischer Probleme als Grundlage heran, wobei er seiner Überzeugung Ausdruck verlieh, dass die meisten ökonomischen Theorien hierfür noch nicht hinreichend präzise formuliert seien: „So muss ein Problem, wenn es gelöst werden soll, quantitativ formuliert werden, zumindest in Ausdrücken wie „mehr“ oder „weniger“, und dies gelingt vielleicht nicht. Wirtschaftswissenschaftler können oft nicht einmal Näherungswerte für die in einem Problem aufscheinenden Variablen angeben“ (Morgenstern 1966, S. 10). Auffallend ist in diesem Aufsatz die Nähe seiner Argumentation zur Mathematik. So verwies er z.B. explizit auf Gödels Beweis (S. 12).

Seine Einstellung zur Mathematisierung der Ökonomik fasste er sehr schön zusammen in seinem 1963 erschienenen Aufsatz: „Gibt es Grenzen für die Anwendung mathematischer Verfahren in der Wirtschaftswissenschaft?“ (wiederabgedruckt in: Morgenstern 1966, S. 21-42).

Hierin stellte Oskar Morgenstern unter anderem fest:

(1) In der Vergangenheit wären mathematische Verfahren zuweilen unzweckmäßig oder sogar falsch angewendet worden. „Von den Fehlern der Vergangenheit kann man jedoch kaum auf die Unanwendbarkeit der Mathematik oder auf Begrenzungen der gegenwärtig eingesetzten Verfahren schließen“ (Morgenstern 1966, S. 22);

(2) Die Titelfrage des Aufsatzes sei in dieser Form unklar formuliert: „Was für mathematische Verfahren sind hier gemeint? Wo beginnt, wo endet die Mathematik?“ (Morgenstern 1966, S. 23);

(3) Immer wieder beschäftigte sich Morgenstern mit der immens wichtigen (persönliches Werturteil!) Frage, ob die bisherigen mathematischen Verfahren für die Ökonomik hinreichend seien: „Schließlich – ein sehr wichtiger Fall – kann es sein, dass man eine völlig neue Mathematik finden muss, um sich mit den vielgestaltigen wirtschaftlichen Problemen auseinanderzusetzen“ (Morgenstern 1966, S. 23);

(4) Morgenstern lehnte auch das häufig vorgebrachte Argument ab, die menschliche Natur sei nicht mathematisch beschreibbar, sie sei zu „reich“, um mathematisch dargestellt zu werden;

(5) „Aber es könnte – und es wird mit Sicherheit – der Fall eintreten, dass ein entscheidender Fortschritt der Wirtschaftslehre nicht möglich ist,

ohne dass grundsätzlich neue mathematische Disziplinen aufgestellt und entwickelt werden" (Morgenstern 1966, S. 28);

(6) Aber Oskar Morgenstern äußerte auch Kritik: „Was nun die Anwendung der Mathematik in der Wirtschaftswissenschaft betrifft, so sehen wir oft ein Übermaß an unnötigen Formeln" (Morgenstern 1966, S. 28);

(7) Gegen die Walrasianische allgemeine Gleichgewichtstheorie zu seiner Zeit wandte er in diesem Aufsatz ein: „Allerdings wird eine entscheidende, unausgesprochene Voraussetzung gemacht: weder einzelne noch Unternehmer dürfen hierbei zusammenarbeiten, Koalitionen eingehen, Abstandsgelder zahlen usw. Gerade diese Beschränkung macht jedoch das Modell völlig wirklichkeitsfremd" (Morgenstern 1966, S. 31/32). Und er führte weiter aus, man müsse berücksichtigen, dass das Ergebnis unserer Handlungen nicht nur von unserem eigenen Verhalten abhänge, sondern auch von dem Verhalten anderer. „Es bestehen Wechselbeziehungen, und dafür gibt es keine Entsprechung in der Mechanik, wie es die klassische Lehre wahrhaben will" (Morgenstern 1966, S. 32);

(8) Bezogen auf die Spieltheorie führte Oskar Morgenstern ein weiteres Merkmal sinnvoller Mathematisierung auf: „Zunächst muss eine mathematische Theorie – wenigstens in einem beschränkten Bereich – zu solchen Einsichten führen, wie sie vom gesunden Menschenverstand nicht nur nicht erzielt, sondern oft sogar nicht einmal erahnt werden könnten" (Morgenstern 1966, S. 33);

(9) Bezüglich der zukünftigen Entwicklung schrieb Oskar Morgenstern: „Alles deutet darauf hin, dass die Mathematik in Zukunft von den Sozialwissenschaften einen unerhörten Auftrieb erhalten wird" (Morgenstern 1966, S. 39).

Gerhard Schwödiauer stellt zu Morgensterns Einstellung gegenüber der Mathematik fest: „Oskar Morgenstern war zweifellos kein mathematischer Ökonom. Als Angehöriger der, wenn man will, vierten Generation der Österreichischen Schule entstammte er einem intellektuellen Milieu, in dem die Anwendung mathematischer Methoden als bestenfalls unnütz und schlimmstenfalls sogar gefährlich angesehen wurde. Trotz dieses Umstandes und seines ihm selbst bewussten Mangels an mathematischer Kompetenz, den er in späteren Jahren zu beheben suchte, war Morgenstern (diesbezüglich Schumpeter ähnlich) jedoch voll Bewunderung für die Klarheit und Strenge des mathematischen Denkens und überzeugt vom Wert, ja von der Unverzichtbarkeit der Mathematik für die weitere Entwicklung der Wirtschaftswissenschaft“ (Schwödiauer 2001, S. 51/52).

In die gleiche Richtung geht Morgensterns Tagebucheintrag vom 22. Januar 1941: „I see all this, and feel that it is necessary, but suspect darkly that it escapes me ... All this probably because I never had the necessary mathematical training. Sad" (Morgenstern 1941 zitiert in: Leonard 1995, S. 749).

In „Vollkommene Voraussicht und wirtschaftliches Gleichgewicht“ (1935) beschäftigte sich Oskar Morgenstern akribisch genau mit der oft auch implizit gemachten Prämisse einer vollkommenen Voraussicht und ihrer Beziehung zum Gleichgewicht. Zunächst warf er die nur scheinbar triviale Frage auf: „Voraussicht wessen?“ Er verglich die durch die Annahme einer vollkommenen Voraussicht immanenten „unwahrscheinlich hohen Ansprüche, die an die intellektuelle Leistungsfähigkeit der Wirtschaftssubjekte gestellt werden“ (Morgenstern 1966, S. 50) mit dem Wissen von „Halbgöttern“.

Für die volle Voraussicht mit wechselseitiger Einbeziehung der Voraussicht fremden Verhaltens brachte er wieder sein berühmtes „Sherlock Holmes – Professor Moriarty“ Paradox, das er bereits in seiner Habilitationsschrift (1928) angeführt hatte: „Als Sherlock Holmes von seinem Gegner Moriarty verfolgt, von London nach Dover abfährt, und zwar mit einem Zuge, der auf einer Zwischenstation hält, steigt er dort aus, anstatt nach Dover weiterzufahren. Er hat nämlich Moriarty auf dem Bahnhof gesehen, schätzt ihn für sehr klug ein und erwartet, dass Moriarty einen schnelleren Extrazug nehmen werde, um ihn in Dover zu erwarten. Diese Antizipation Holmes' stellt sich als richtig heraus. Was aber, wenn Moriarty noch klüger gewesen wäre, Holmes' geistige Fähigkeiten höher eingeschätzt und demnach Holmes' Aktion vorausgesehen hätte? Dann wäre er offenbar nach der Zwischenstation gefahren. Das hätte Holmes wieder kalkulieren und daher sich für Dover entscheiden müssen. Worauf Moriarty wieder anders „reagiert“ hätte. Vor lauter Nachdenken wären sie gar nicht zum Handeln gekommen oder der geistig Unterlegene hätte sich schon am Viktoria-Bahnhof dem anderen übergeben müssen, weil die ganze Flucht unnötig geworden wäre. Beispiele solcher Art lassen sich von überall herholen“ (Morgenstern 1966, S. 51/52).

„Immer liegt eine unendliche Kette von wechselseitig vermuteten Reaktionen und Gegenreaktionen vor. Diese Kette kann niemals durch einen Akt der Erkenntnis, sondern immer nur durch einen Willkürakt, durch einen Entschluss abgebrochen werden“ (Morgenstern 1966, S. 52).

Mit heutigen Worten würde man dies als eine Situation bezeichnen, in der es nur ein Gleichgewicht in gemischten Strategien gibt. Die „vollkommene Voraussicht“ bedeutete in solchen Gleichgewichten dann, dass die Wahrscheinlichkeitsverteilung über die reinen Strategien, die der Gegner wählt, korrekt „vorhergesagt“ würde.

Und Morgenstern zog das Resümé: „Aus den gesamten Darlegungen ergibt sich, dass die Annahme vollkommener Voraussicht aus der Theorie ausscheidet“ (Morgenstern 1966, S. 67).

Morgenstern unterschied grundsätzlich zwei Typen von Variablen, die er als „tote“ und „lebende“ Variablen bezeichnete.

„His main concern, however, is the question of dynamics, and, inspired by Mayer, he criticizes the inadequacy of attempts to incorporate time into general equilibrium theory, such as that by Moore (1925). He condemns the Walrasian system for assuming infinitely fast reaction times, presumably of prices, and suggests having different reaction times for different prices” (Leonard 1995, S. 745).

VITA VON JOHN NEUMANN

1903:	Am 28. Dezember 1903 wurde John von Neumann als ältester von drei Söhnen des ungarisch-jüdischen Juristen und Bankiers Max (Miksa) Neumann mit dem Namen Janos in Budapest geboren. Die Neumanns folgten nicht den strengen Regeln des jüdischen Glaubens;
1911:	Janos wurde zunächst von Privatlehrern unterrichtet. Von 1911 bis 1921 besuchte er das renommierte Lutherische Knaben-Gymnasium;
1913:	Sein Vater Max Neumann wurde geadelt (erblicher Adelsstand: „margittai"). Der „korrekte" Name seines Sohnes lautete nun: „Johann Ludwig Neumann von Margitta" (ungarisch: Margittai Neumann Janos Lajos);
1921:	John bestand seine Maturaprüfungen mit hervorragenden Ergebnissen. Er gewann im Sommer 1921 den bedeutenden Eötvös-Mathematikpreis;
	Von Neumann studierte nach Abschluss des humanistischen deutschsprachigen Lutheraner-Gymnasiums an der Universität Budapest Mathematik. Er besuchte dort allerdings keine Veranstaltungen, sondern trat nur zu den Prüfungen an, die er mit Auszeichnung bestand. Parallel zu seinem Mathematikstudium immatrikulierte sich John von Neumann an der Universität Berlin und studierte dort von 1921 bis 1923 Chemie. Allerdings interessierte ihn die Chemie wenig, und er hörte insbesondere mathematische Vorlesungen;
1922:	Im Alter von 18 Jahren publizierte er zusammen mit einem Assistenten der Universität Budapest (M. Fekete) seine erste mathematische Arbeit;
1923:	Im September 1923 ging er an die Eidgenössisch-Technische Hochschule (ETH) Zürich;
1925:	Abschluss des Studiums des Chemieingenieurswesen an der ETH Zürich mit einem Diplom in Chemie;
	In diesem Jahr wurde die in seinen zwei Berliner Jahren entstandene Axiomatisierung der Mengenlehre publiziert. Diese Veröffentlichung beeindruckte David Hilbert (1862-1943);
1926:	Promotion an der Universität Budapest mit einer Arbeit zur Mengenlehre;
	In den zwanziger Jahren existierten in Deutschland in der Ma-

thematik zwei starke Strömungen:

- Einmal versuchte man, der Mathematik eine sichere axiomatische Basis zu geben, nachdem es eine Art von Krise in der Mathematik gegeben hatte (z.B. Paradoxien in der Cantorschen Mengenlehre), siehe z.B. das Programm von Hilbert in Göttingen;
- Zum anderen versuchte man die Anwendung der Mathematik (den axiomatischen Ansatz) auf Gebiete auszudehnen, in denen er bisher nicht angewendet wurde, um zu zeigen, dass damit ein anwendbares Instrument für Erklärungen geschaffen werden könne, quasi fast ein imperialistisches Vorgehen (siehe dazu Leonard 1995). Eine solche Anwendung war z.B. die Analyse des Schachspiels. So konnte der Göttinger Mathematiker Ernest Zermelo 1912 beweisen, dass der Ausgang des Spieles „determinate" (nicht „deterministic") ist. Er hat gezeigt, dass jedes endliche Spiel mit perfekter Information (ein Spieler hat perfekte Information, wenn alle Züge nacheinander erfolgen und jeder Spieler, wenn er am Zug ist, weiß, was vorher passiert ist) ein Gleichgewicht in reinen Strategien hat, das durch Rückwärtsinduktion gefunden werden kann. Beim professionellen Schach gibt es Spielabbruchbedingungen (z.B. dass ein Spiel als beendet gilt, wenn eine Position wiederholt auftritt), die es zu einem endlichen Spiel machen. Für Schach gilt daher: Entweder besitzt Weiß eine Strategie, mit der er nicht verlieren kann, oder es besitzt Schwarz eine Strategie, mit der er nicht verlieren kann. Das heißt, mindestens einer der Spieler hat eine Strategie, mit der er mindestens ein Remis erzwingen kann. Dies ist mit „determinate" gemeint – falls die „optimalen" Strategien irgendwann mal gefunden werden (was aus heutiger Sicht eher unwahrscheinlich ist) stünde der Spielausgang (bei rationalen Spielern) ex ante eindeutig fest: entweder Weiß hat eine Strategie, mit der er einen Sieg erzwingen kann, oder Schwarz hat so eine Strategie oder beide haben eine Strategie, mit der sie ein Remis erzwingen können.

Dies mochte auch von Neumanns Beschäftigung mit Gesellschaftsspielen angeregt haben.

1926/27:	John von Neumann erhielt ein Stipendium der Rockefeller Foundation und ging nach Göttingen. Dort unter anderem Zusammenarbeit mit David Hilbert in Göttingen, dem damaligen „Mekka" der deutschen Mathematik;
1926:	Am 7. Dezember 1926 stellte von Neumann der „Göttinger Mathematischen Gesellschaft" seinen, allerdings noch sehr komplizierten, Beweis dafür vor, dass jedes 2-Personen-Nullsummenspiel mit einer beliebigen endlichen Zahl von (reinen) Strategien eine Lösung (Gleichgewicht in gemischten Strategien) und einen eindeutigen Wert (Gleichgewichtsauszahlung) besitzt" (Schwödiauer 2001, S. 59/60);
1927:	Habilitation an der Universität Berlin in Mathematik als jüngster Privatdozent dieser Institution;
	Während eines Sommerurlaubes traf sich von Neumann in Budapest mit Nicholas Kaldor. Kaldor erweckte dabei das Interesse von Neumanns an der Ökonomik. Kaldor selbst schilderte dies wie folgt: „One day he expressed an interest in economics and he asked me whether I could suggest a short book which gives a formal mathematical exposition of prevailing economic theory". Kaldor schlug Wicksell's „Über Wert, Kapital und Rente" vor. „He read it in a very short time and expressed some scepticism of the „marginalist" approach on the ground that it gives too much emphasis to substitutability and too little to the forces which make for mutually conditioned expansion. According to Kaldor, von Neumann subsequently had a look at the original Walrasian equations. „He told me afterwards that they provide no genuine solution, since the equations can result in negative prices (or quantities) just as well as positive ones" (Kaldor 1989 zitiert in: Kurz, Salvadori 1993, S. 133). Die Sichtweise von Walras erschien ihm auch als zu mechanisch und damit nicht geeignet. Die Wirtschaft war seiner Auffassung nach kein mechanisches System, sondern durch die Interaktionen von Menschen geprägt. Das Ergebnis der Entscheidungen eines Wirtschaftssubjektes hänge von den Aktionen aller anderen Wirtschaftssubjekte ab;
1928:	Erste spieltheoretische Veröffentlichungen, angeregt durch seine Neigung zum Pokerspiel, darunter die „Theorie der Gesellschaftsspiele" (1928) mit der Formulierung des Minimax-

	Theorems: In einem endlichen Nullsummenspiel mit zwei Spielern solle von jedem Spieler diejenige (möglicherweise strikt gewünschte) Option gewählt werden, bei der der größtmögliche Verlust für ihn so klein wie möglich ausfällt; Jedes endliche Zweipersonen-Nullsummenspiel hat ein Nash-Gleichgewicht in gemischten Strategien; Wie auch immer man formuliert: Im Statement müssen folgende drei Elemente auf alle Fälle vorkommen: (1) endliche Strategiemengen; (2) Zweipersonenspiel; (3) Nullsummenspiel.
1929/1930:	Angebot der Universität Princeton, Gastvorlesungen über Quantentheorie zu halten. Vor seiner Abreise in die USA Heirat mit seiner Freundin Mariette Koevesi. „Der frisch verheiratete von Neumann kam im Februar 1930 zum ersten Mal nach Princeton, wo er bis 1933 abwechselnd zu seiner Dozentur in Berlin jeweils ein halbes Jahr lehrte" (Schwödiauer 2001, S. 61/62); Dann: Angebot einer dauerhaften Gastprofessur durch die Universität Princeton, die er bis 1933 ausfüllte;
1931:	Der österreichische Mathematiker Kurt Gödel legte sein Unvollständigkeitstheorem vor;
1932:	John von Neumann stellte sein lineares Wachstumsmodell erstmals im Winter 1932 im mathematischen Seminar der Universität Princeton vor;
1933:	Als jüngstes Mitglied (hochbezahlter) ordentlicher Professor (ohne Lehraufgaben) am neu eröffneten elitären „Princeton Institute for Advanced Study" (IAS, andere Institutsmitglieder: Albert Einstein, Hermann Weyl und weitere bedeutende Mathematiker und Physiker). Paul Strathern berichtet: „Während seiner Zeit am Institut spielte von Neumann eine maßgebliche Rolle bei der Entwicklung der ersten Computer. Obwohl praxisbezogene Arbeiten am Institut nicht gestattet waren, gelang es ihm, im Heizraum den riesigen Prototyp eines Computers zu bauen, eine frühe Version des Mathematical Analyzer, Numerator, Integrator und Calculator (bekannt unter dem Namen MANIAC)" (Strathern 2006, S. 12/13); Nach seinem letzten Besuch in Berlin beantragte John von Neumann 1933 die amerikanische Staatsbürgerschaft, die er

	1937 erhielt. Bei seinen Europabesuchen vermied von Neumann jetzt Deutschland;
1935:	Mariette ließ sich von John von Neumann scheiden. Der Scheidungsvertrag sah vor, dass die 1933 geborene Tochter Marina bis zu ihrem 12. Lebensjahr bei der Mutter bleibt und dann zu ihrem Vater zieht;
1936:	Anlässlich eines Europabesuches Vortrag im mathematischen Kolloquium von Karl Menger (seines Modelles des Princeton Vortrages von 1932) unter dem Titel: „Über ein ökonomisches Gleichungssystem und eine Verallgemeinerung des Brouwerschen Fixpunktsatzes“. Das Manuskript dieses Vortrages wurde 1937 veröffentlicht (siehe Literatur), und von den Ökonomen in den sechziger Jahren als „Von Neumannsches Wachstumsmodell“ diskutiert;
1937:	Vortrag in Princeton. „He presented some ideas on what was for him „a mere recreation“, his analysis of games and gambling. Apparently, he spoke about „stone-papers-scissors” (Leonard 1995, S. 739);
1938:	John heiratete im November 1938 seine (inzwischen ebenfalls geschiedene) Jugendliebe Klara. Rückkehr des Paares nach Amerika;
1939:	John von Neumann traf Oskar Morgenstern;
1940:	John von Neumann hielt an der University of Washington in Seattle drei abendliche Vorlesungen über Spieltheorie: The general problem; The case of chess; The notion of the „best strategy“; Problems in Games of three or more players; General remarks; Von Neumann war Mitglied des wissenschaftlichen Beraterstabs für ein Ballistisches Forschungszentrum in Maryland (Advisory Committee at the Ballistic Research Laboratories at the Aberdeen Proving Ground);
1941:	Mitglied des „Navy Bureau of Ordnance”;
1943:	John von Neumann verbrachte viel Zeit für die Navy in England. Als Berater der Army und Navy beschäftigte er sich mit Ballistikfragen, Optimierung der Wirkung von Bomben mit schrägen Schockwellen, Bekämpfung deutscher Magnetminen usw. Gegen Ende 1943 überzeugte ihn J. Robert Oppenheimer, am „Manhattan Project“ (ab 1943), dem Bau der Atombombe, in Los Alamos mitzuwirken. John von Neumann sagte

	zu und leistete in dem Projekt wichtige Entwicklungsarbeiten zum Implosionsverhalten der Bombe. Sicher ist, dass er ein Mitglied des „Target Committee“ im Zusammenhang mit den Atombombenabwürfen über Japan war, das die genauen Ziele dieser Bomben mitbestimmte;
1944:	Konsulent einer Arbeitsgruppe an der University of Pennsylvania, die den ENIAC, den ersten elektronischen Computer, entwickelte;
	Publikation (gemeinsam mit Oskar Morgenstern) des Werkes „Theory of Games and Economic Behavior“. „Die Autoren empfehlen den Lesern ... schon im Vorwort, sich mit der Methode mathematischer Beweisführung anzufreunden“ (Hammerschmidt 2000, S. 106);
1945:	Auch nach dem Krieg blieb von Neumann der US-Regierung als Berater verbunden. Er arbeitete an der Entwicklung der Wasserstoffbombe mit;
1949:	Ab 1949 Leitung eines eigenen Computer-Projektes am „Institute for Advanced Study“. Hier entwickelte von Neumann „nebenbei“ auch viele Programmierkonzepte. So nutzte er den Princeton-Rechner unter anderem auch für die erste rechnergestützte 24-Stunden-Wetterprognose. Sein EDVAC wurde 1952 mit einem Magnetbandspeicher fertig gestellt;
1952:	Von Neumann veröffentlichte 1952 eine Gesetzmäßigkeit, die die zeitliche Änderung der Größe von Zellen zweidimensionalen Schaumes beschrieb (Von-Neumann-Gesetz);
1954:	Präsident Eisenhower ernannte ihn Ende 1954 zum Mitglied der Atomenergiekommission;
	Immer wieder wird in der Literatur berichtet, er hätte dem amerikanischen Präsidenten Eisenhower (gestützt durch Erkenntnisse der Spieltheorie) geraten, einen atomaren Erstschlag gegen die Sowjetunion durchzuführen. Paul Strathern ist dieser Meinung: „Der globale Konflikt bot für von Neumann die ideale Gelegenheit, seine Spieltheorie praktisch umzusetzen. Hier hatte er ein Zweipersonenspiel, das alle anderen Zweipersonenspiele in den Schatten stellte. Die Anwendung der Spieltheorie auf diese Situation ließ für ihn nur eine Schlussfolgerung zu, deren Logik unanfechtbar war: den Erstschlag ... Trotz von Neumanns beschwörender Worte zögerte Präsident Eisenhower“ (Strathern 2006, S. 13). Dieser öfter

erwähnte Sachverhalt ist allerdings umstritten und es gibt keine greifbaren Belege dafür;

1955: John von Neumann interessierte sich nun zunehmend für Computer. Er arbeitete an der Konstruktion eines Computers am „Institute for Advanced Study" mit; Seit Sommer 1955 wusste John von Neumann um seine unheilbare Krebserkrankung (verursacht vermutlich durch Verstrahlung). Er wurde in den fünfziger Jahren von vielen großen Firmen (z.B. IBM, RAND Corporation, Standard Oil) engagiert, um laufende und geplante Projekte zu beurteilen;

1956: John von Neumann erhielt den Enrico-Fermi-Preis der Atomenergiekommission und die Medal of Freedom, die höchste zivile Auszeichnung der USA;

1957: Am 8. Februar 1957 starb John von Neumann qualvoll an seiner Krebserkrankung im Washingtoner Walter Reed Hospital im Alter von nur 53 Jahren. Vor der Tür seines Krankenzimmers hielt ein Luftwaffenoberst Wache, seine „Krankenschwestern" waren CIA-Mitarbeiterinnen, damit er im Delirium keine Staatsgeheimnisse ausplauderte;

1963: Seine zweite Frau Klara beging sechs Jahre nach seinem Tod Selbstmord;

1968: In Budapest wurde die Von-Neumann-Gesellschaft gegründet. Für verdiente Informatiker und Mathematiker verleiht sie ab 1976 die Von-Neumann-Medaille.

John von Neumann galt seit seiner frühesten Kindheit als Wunderkind. Mit sechs Jahren beherrschte er Altgriechisch und konnte achtstellige Zahlen mit hoher Geschwindigkeit im Kopf dividieren. Er konnte ganze Passagen griechischer und lateinischer Klassiker auswendig im Original zitieren. Er lernte Deutsch und Französisch, und konnte aufgrund seines ungewöhnlichen Gedächtnisses das Telefonbuch (und andere Bücher) nach einem kurzen Blick darauf seitenweise auswendig lernen. Er „besaß eine auf intensiver Lektüre seit seiner Kindheit beruhende, umfassende historische und literarische Bildung" (Schwödiauer 2001, S. 58). Seine außergewöhnliche mathematische Begabung fiel schon früh auf. So veröffentlichte er, wie erwähnt, zusammen mit einem seiner Lehrer bereits im Alter von 18 Jahren seinen ersten mathematischen Aufsatz.

Die bisherigen „mathematischen" Ökonomen, wie Cournot, Edgeworth und die Vertreter der Lausanner Schule Walras und Pareto „waren zwar mathematisch gut vorgebildet und kompetent, jedoch keine kreativen Mathematiker. John von Neumann war der erste schöpferische mathematische Genius, der sich ökonomischen Fragestellungen öffnete und mit der Theory of Games zu einer neuen mathematischen Modellbildung vorstieß, die sich von jener der klassischen Mechanik grundlegend unterschied" (Schwödiauer 2001, S. 52). John von Neumann war nicht nur ein genialer THEORETISCHER Mathematiker. Er war lebenslang gerade auch an der ANGEWANDTEN Mathematik interessiert.

Eine Kuriosität am Rande: John von Neumann diente Stanley Kubrick als „Modell" für die Figur des „Dr. Seltsam" (im Englischen „Dr. Strangelove") in seinem (absolut sehenswerten, satirischen aber auch beklemmenden) Film „Dr. Seltsam oder wie ich lernte die Bombe zu lieben".

Und: John von Neumann, der elegante Bonvivant, begann gegen Ende der dreißiger Jahre dick zu werden. „Wie seine Frau einmal sagte, konnte Johnny alles berechnen außer Kalorien; Von Neumann bevorzugte schwere Speisen und Wiener Cremetorten" (Strathern 2006, S. 282).

Im privaten Bereich galt John von Neumann als ein lebenslustiger und geselliger Mensch, wie auch sein Spitzname „Good Time Johnny" bewies. So war sein Haus oft Mittelpunkt legendärer Princeton-Parties. Er spielte gerne, liebte schnelle Autos, sein Fahrstil war aber eher unkonzentriert und damit gefürchtet. Angeblich fuhr er fast jedes Jahr ein Auto zu Schrott. Er soll ein unerschöpfliches Reservoir an Witzen parat gehabt haben (bei seinem Gedächtnis nicht überraschend!) und Limericks geschätzt haben.

Paul Strathern beschreibt das Auftreten John von Neumanns wie folgt: „Schon als junger Mann besaß er jene Weitläufigkeit und Kultiviertheit, die für die österreichisch-ungarische Epoche charakteristisch war; er trug seidene Hemden und gut geschnittene Anzüge, wie man es von einem respektablen Bankierssohn erwarten durfte. Aber Johnny von Neumann war kein muffiger Stockfisch – er genoss die verruchten Cabarets und die wilden Partys im Berlin der zwanziger Jahre, und seine Vorliebe für gehaltvolle Cocktails war geradezu legendär" (Strathern 2006, S. 280).

EINIGE WENIGE (VOR ALLEM ÖKONOMIEBEZOGENE) SCHRIFTEN VON NEUMANNS

„Zur Theorie der Gesellschaftsspiele" (1928 in „Mathematische Annalen");

Das Bestechendste an der „Theorie der Gesellschaftsspiele ist für Schwödiauer der gewählte axiomatisierende Zugang.

„Mathematische Grundlagen der Quantenmechanik" (1932);

„Zwischen 1932 und dem Erscheinen der „Theory of Games“ publizierte er etwa fünfzig Arbeiten, deren bedeutendste die Spektraltheorie des Hilbert-Raumes, die für die statistische Mechanik fundamentale Ergodentheorie, die Theorie der Operatorenringe, die axiomatischen Grundlagen der von ihm eingeführten und so genannten stetigen Geometrie und die Theorie der fast-periodischen Funktionen entweder schufen oder entscheidend weiterentwickelten“ (Schwödiauer 2001, S. 62/63);

„Über ein ökonomisches Gleichungssystem und eine Verallgemeinerung des Brouwerschen Fixpunktsatzes“ (1937, englische Übersetzung: „A Model of General Equilibrium“, publiziert 1945 im „Review of Economic Studies“, S. 1-9). Diese englische Übersetzung wurde durch Kaldor, dem Vorsitzenden des Redaktionskommitees der „Review of Economic Studies“, veranlasst, der allerdings die wörtliche Übersetzung: „On an economic system of equations and a generalization of Brouwer's fixed point theorem“ verwarf und statt dessen den für Ökonomen ansprechenderen Titel „A Model of General Equilibrium“ wählte. Und zusätzlich publizierte D.G. Champernowne gleich dahinter einen erläuternden Artikel (S. 10-18);

„Theory of Games and Economic Behavior“ (1944, zusammen mit Oskar Morgenstern, 2. Auflage 1947, 3. Auflage 1953);

„First Draft of a Report on the EDVAC“ (1945);

Hierin vertrat von Neumann unter anderem die Idee, Daten und Programme sollten binär codiert im gleichen Speicher liegen, und erörterte die daraus folgenden Konsequenzen. Die Befehle sollten seriell abgearbeitet werden.

„Preliminary discussion of the logical design of an electronic computing instrument (zusammen mit anderen 1946);

„Die Rechenmaschine und das Gehirn“ (1958).

11.2.4.2 Thesen von Neumanns

John von Neumann erbrachte auf vielen Gebieten großartige wissenschaftliche Leistungen.

In diesem Rahmen kann nur auf seine ökonomierelevanten Beiträge eingegangen werden. Es sei aber ausdrücklich erwähnt, dass er Wesentliches und teilweise Weiterführendes in der Mathematik, der Computer-Architektur, der Physik (Quantenmechanik) und der Meteorologie (Strömungsdynamik) geleistet hat. So war er etwa in der Quantenmechanik der Verfasser eines wichtigen, mathematisch angelegten Buches, das die Theorie weiterentwickelte.

11.2.4.3 Das lineare Wachstumsmodell

Zur Entstehung: „Then, in 1932, during the period in which he „commuted" between Berlin and the U.S., he presented an economic model of his own devising at a colloquium at Princeton, his linear growth model, which he later published in 1937 in the proceedings of Karl Menger's own Vienna colloquium" (Leonard 1995, S. 735).

Es ging dabei um das Gleichgewicht einer gleichförmig wachsenden Wirtschaft mit einer Struktur von n Gütern und m Produktionsprozessen mit constant returns to scale. Die realen Löhne, die von den „Notwendigkeiten des Lebens" determiniert waren, wurden als gegeben angenommen und zu Beginn der Produktionsperiode bezahlt. Alle Einkommen, die über diese Lebensnotwendigkeiten hinausgehen, werden investiert. Die Güter werden nicht nur durch die natürlichen Produktionsfaktoren produziert, sondern in erster Linie durch andere Güter. Eingeschlossen ist der Spezialfall einer „joint production". Und es existiert die „Regel der freien Güter": wenn es bei einem Gut eine Überschussproduktion gibt, wird dieses Gut ein freies Gut mit einem Preis von Null.

Und Neumann verwendete dabei Ungleichungen statt Gleichungen.

Dieser „use of inequalities in economic analysis" wurde vorgenommen, weil: „Whether a productive resource in fixed supply is scarce or not is no longer taken as given from outside, as in previous theory, but is decided endogenously and is thus a part of the solution of the system" (Kurz, Salvadori 1993, S. 140).

Bei diesem von Neumann-Modell wurde bestimmt:

- welche Produktionsprozesse verwendet werden und welche nicht;
- mit welcher Rate das System wächst;
- welche Preise erzielt werden.

Von Neumann konnte die Existenz einer Lösung beweisen und dass Wachstumsrate und Zinssatz gleich sind. „Furthermore, the Brouwer fixed point theorem, generalized by von Neumann in his growth model, subsequently became a central element in the theoretical baggage of neoclassical economics" (Leonard 1995, S. 736).

Eine ausführliche Darstellung des Neumann-Modelles, die hier zu weit führen würde, findet sich in Abschnitt III.1 „The Neumann Model" des ausgezeichneten Surveys über die Wachstumstheorie von F.H. Hahn und R.C.O. Matthews. Auch wenn dieser Survey bereits im Jahre 1965 in Band II von Überblicken zur Theorie publiziert wurde, also schon relativ alt ist, ist er meines Erachtens mit seinen 124 (!) Seiten immer noch ein absolut lesenswerter, anspruchsvoller Aufsatz. In Abschnitt III.2 wird dann das Neumann-Modell mit Konsumtion vorgestellt.

Hahn und Matthews eröffnen ihren Teil III über lineare Wachsums-modelle mit der Feststellung: „In much of the foregoing has been supposed that only a single good was used in production. Hence problems of the measurement of capital can be avoided. In this part of the survey we shall always suppose that at least two different goods are used in production. But anything that holds for such a case can be also shown to be true when the number of different goods is n … Neumann was concerned with the existence and properties of balanced growth paths expanding at the highest possible rate. As such this appears like an optimisation problem. But Neumann showed that associated with such a path there are prices and an interest rate which, if they ruled, would lead a competitive economy to expand along this path" (Hahn, Matthews 1965, S. 75).

Die bezüglich dieses Modells aufgeworfene Frage, ob von Neumann damit als Neoklassiker oder als Klassiker gelten solle, scheint mir persönlich von untergeordnetem Interesse. Während Leonard und andere von Neumann als „very respectable early-modern neoclassical" (Leonard 1995, S. 736) einstufen, bestehen Heinz D. Kurz und Neri Salvadori (1993) darauf, dass man ihn in die klassische Tradition einordnen muss: „Since from our point of view the conventional interpretation does not stand up to examination, the question was close at hand whether a different interpretation could be tried which is both plausible and not in conflict with the facts known to us. We think that we can offer elements of such an interpretation, in which the von Neumann model emerges as belonging to the „classical" tradition of economic thought" (Kurz, Salvadori 1993, S. 130).

Als Gründe geben sie an: „Most important, in von Neumann there is no endowment of the economy with a given (physical or value) „quantity of capital" that constrains productive capacity and provides the basis in terms of its relative „scarcity", for a determination of the rate of interest. It is a characteristic feature of the von Neumann model that the distributive variables, the wage rate and the rate of interest, are not determined in the conventional, symmetric way in terms of the demand for and supply of the respective factors of production, labour and „capital". Moreover, whereas in the growth model of Cassel the (long-term) rate of growth, assuming the full employment of all primary factors, in von Neumann the rate of growth is endogenously determined and full employment of labour (or natural resources) is not assumed" (Kurz, Salvadori 1993, S. 150).

11.2.4.4 Einige kurze kursorische (zudem unvollständige) Ausführungen zur Entwicklung der Spieltheorie

Wichtige Einschränkung: In diesem Abschnitt ist nicht beabsichtigt, eine Einführung in die Spieltheorie zu geben. Mittlerweile gibt es dazu auch didaktisch ansprechende Texte. Hier soll skizzenhaft nur die historische Entwicklung der Spieltheorie angedeutet werden. Bitte diese Einschränkung bei der weiteren Lektüre berücksichtigen!

Vorweg gleich die angesichts der unbestrittenen Genialität von Neumanns oftmals gestellte und nahe liegende Frage: Wie groß war der Anteil Oskar Morgensterns an dem Werk „Theory of Games"? Brachte er vor allem im ökonomischen Bereich Eigenes ein, regte er von Neumann durch Fragen und Problemstellungen zur Gestaltung der Theorie an, wirkte also wie ein Katalysator, oder „hängte" er sich letztlich nur ohne einen oder mit einem geringen eigenen Beitrag an die Ideen John von Neumanns an?

Ich tendiere nach dem Studium der früheren Schriften Morgensterns zu der ersten Auffassung: Oskar Morgenstern brachte im ökonomischen Bereich seine Auffassungen (vor allem auch in methodologischer Hinsicht) ein. Ein Indiz dafür ist das erste Kapitel „Formulation of the Economic Problem", das unverkennbar von Morgenstern stammte. Ein weiteres Indiz ist die „Von Neumann-Morgensternsche Nutzentheorie", die auf ein Insistieren Oskar Morgensterns auf eine nutzentheoretische Fundierung der Spieltheorie zurückging.

Mit dieser Nutzentheorie wurde wiederum ein kardinaler Nutzen eingeführt, indem man zu Präferenzen zwischen Wahrscheinlichkeitsverteilungen über die betrachteten Objekte überging. „Eine Wahrscheinlichkeitsverteilung wird dabei als eine „Lotterie" aufgefasst, die festlegt, was man mit welchen Wahrscheinlichkeiten erhält. Von Neumann und Morgenstern geben ein System plausibler Axiome für den Nutzen solcher Lotterien an. Eine Nutzenfunktion, die diesen Anforderungen genügt, ist bis auf positive lineare Transformationen eindeutig bestimmt. Der Nullpunkt und die Maßeinheiten können beliebig gewählt werden, aber sonst nichts" (Selten 2001, S. 82). Dass ein kardinaler Nutzen für die Spieltheorie sinnvoll ist, ist unmittelbar einsichtig: „Ohne einen kardinalen Nutzen wäre die Bestimmung eines erwarteten Nutzens nicht sinnvoll und man könnte Kombinationen von gemischten Strategien keine Auszahlung zuordnen" (Selten 2001, S. 83).

Robert J. Leonard ist ähnlicher Meinung: „in the division of intellectual labor, Morgenstern's role was crucial. What he did was to ask interesting, provocative, questions, and his ideas on economic plans, interdependence, and equilibrium were grist to von Neumann's mill" (Leonard 1995, S. 753).

John von Neumann war sich grundsätzlich der Anwendungsmöglichkeiten der Spieltheorie auf ökonomische Probleme bewusst. „Es scheint, dass sein Interesse an ökonomischen Problemstellungen im Sommer 1927 bei einem Ferienaufenthalt in Budapest in Gesprächen mit Nicholas Kaldor geweckt wurde" (Schwödiauer 2001, S. 60).

Den beiden Autoren, Morgenstern und von Neumann, war es gemäß ihren eigenen Formulierungen klar, dass sie mit ihrer Spieltheorie ökonomisches Neuland betraten, ja sie forderten damit sogar bewusst die herrschende neoklassische Theorie heraus. So schrieben sie in ihrem Werk „Theory of Games and Economic Behavior" (1944): „The purpose of this book is to present a discussion of some fundamental questions of economic theory which require a treatment different from that which they have found thus far in the literature ... We hope to establish satisfactorily ... that the typical problems of economic behavior become strictly identical with the mathematical notions of suitable games of strategy" (Von Neumann, Morgenstern 1944 zitiert in: Grüske 2001, S. 5).

Und auch später (1963) befand Oskar Morgenstern: „Die Entstehung der Spieltheorie bedeutet einen klaren Bruch in der Entwicklung des wirtschaftswissenschaftlichen Denkens; sie berührt die Grundlagen dieser Wissenschaft" (Morgenstern 1966, S. 33). Morgenstern akzentuierte die Spieltheorie als eine VÖLLIGE NEUORIENTIERUNG der Ökonomik. Die beiden Autoren beabsichtigten einen radikalen Bruch mit der Hicks-Samuelson Variante der Neoklassik. Sie wollten die auf der Bezugsdisziplin der klassischen Mechanik beruhende Ökonomik mit ihrem Differentialkalkül hinter sich lassen.

Tatsächlich geht die Spieltheorie, wie der Name bereits andeutet, auf den Versuch zurück, Gesellschaftsspiele (nicht aber reine Glücksspiele, hier fehlt die strategische Interaktion) mathematisch zu analysieren. John von Neumann hatte bereits 1928 mit seinem Aufsatz „Zur Theorie der Gesellschaftsspiele" Grundgedanken der später ausgearbeiteten Spieltheorie geäußert.

Allgemein analysiert die Spieltheorie Situationen, in denen die Entscheidung eines „Spielers" A die Auszahlungen und damit das Verhalten eines oder mehrerer anderer „Spieler" beeinflusst und umgekehrt. Verkürzt: Die Spieltheorie beschreibt Entscheidungssituationen, in denen der Erfolg des Einzelnen nicht nur vom eigenen Handeln, sondern auch von den Aktionen anderer abhängt und in denen sich die Akteure dieser Abhängigkeiten bewusst sind. Grüske nennt die Spieltheorie deshalb auch zu Recht „Interaktive

Entscheidungstheorie" (Grüske 2001, S. 6). Dabei liefert die Spieltheorie einen Satz von Analyseinstrumenten.

Darüber hinaus versucht die Spieltheorie unter starken Rationalitätsannahmen situationsgerechte optimale Verhaltensweisen der Spieler abzuleiten und zu erwartende Ergebnisse des Spiels zu nennen. Und, wie man später sieht, kann auch die Entstehung gesellschaftlicher Institutionen als Ergebnis strategischer Spiele interpretiert werden.

Die Auszahlung, der „Gewinn" des Spielers, ist keineswegs auf monetäre Größen beschränkt. Es können je nach Spiel z.B. auch Wählerstimmen oder die Reproduktionsfähigkeit einer Art sein.

Entscheidend für die Darstellung und Lösung ist insbesondere auch der Informationsstand der jeweiligen Spieler.

Berühmte Probleme der Spieltheorie, die hier nur genannt werden sollen, sind unter anderen:

- Gefangenendilemma;
- Spiel mit dem Untergang (chicken game);
- Ultimatumsspiel;
- Triell;
- Tit for tat;
- Tragik der Allmende (tragedy of the commons).

Das bekannteste oben genannte Beispiel ist wohl das Gefangenendilemma, das mit seiner spezifischen Spielstruktur geholfen hat, viele in der Realität vorfindbare strukturgleiche Zusammenhänge aufzudecken und das Ergebnis zu verstehen.

Die ursprüngliche Geschichte, die auch für die Namensgebung verantwortlich ist, lautet: Zwei Personen werden wegen eines schweren Verbrechens inhaftiert. Der Staatsanwalt befragt nun aus taktischen Gründen jeden der beiden Kriminellen einzeln. Und er verhindert erfolgreich jeglichen Kontakt zwischen den beiden, die Gefangenen sind also isoliert voneinander. Er teilt den beiden Tätern das Gleiche mit (dies ist wichtig!): Falls keiner der beiden als Kronzeuge für den Staatsanwalt fungiert (also jeder die Tat leugnet), kann ihnen nur eine Strafe für unerlaubten Waffenbesitz auferlegt werden. Wenn nur einer der beiden gesteht, der andere aber nicht, so wird der Geständige als Kronzeuge sehr milde, der nicht Geständige aber sehr hart bestraft werden. Wenn beide Täter gestehen, gibt es eine verhältnismäßig harte Strafe (aber nicht so hart, wie die Strafe, die den Leugner trifft, wenn der andere gesteht, und als Kronzeuge mit einer milden Strafe davonkommt).

Diese Den beiden Tätern bekannte Situation kann man auch in Zahlen ausdrücken und in einer Matrix auftragen, mit den Zeilen für die

Aktionen des Gefangenen A: „leugnet" und „gesteht" und mit den Spalten für die Aktionen des Gefangenen B: „leugnet" und „gesteht". Jede Zelle steht dann für ein Ergebnis und man kann die Bewertungen dieser Ergebnisse durch die beiden Spieler in Nutzeneinheiten angeben. So kann man die Bewertung der harten Strafe mit (-)10 (Jahren), die verhältnismäßig harte Strafe mit (-)5 (Jahren), die Strafe für unerlaubten Waffenbesitz mit (-)1 (Jahr) und die milde Strafe mit Freispruch 0 (Jahre) eintragen.

Die Nutzenmatrix (Auszahlungsmatrix) für die beiden Gefangenen hat dann das folgende Aussehen:

	B leugnet	B gesteht
A leugnet	(-1, -1)	(-10, 0)
A gesteht	(0, -10)	(-5, -5)

Dabei stellt in jeder Zelle die erste Zahl in der Klammer die Bewertung des Ergebnisses für den Gefangenen A dar, die zweite Zahl die Bewertung des Ergebnisses für den Gefangenen B. In der Zelle links unten geht der Gefangene A z.B. als Kronzeuge frei, während B für 10 Jahre hinter Gitter wandert. A bewertet diesen Spielausgang mit 0, Spieler B mit minus 10.

In der Einsamkeit der Zelle kommen die beiden isolierten Gefangenen zum gleichen Ergebnis: „gestehen". Denn wenn einer der beiden tapfer leugnet, der andere jedoch gesteht, hat der Leugnende den „schwarzen Peter" (Sucker's Payoff): 10 Jahre Gefängnis. Auch wenn der andere nicht gesteht, ist „gestehen" strikt besser als „nicht gestehen" – statt wegen unerlaubtem Waffenbesitz hinter Gitter zu landen, kommt der Gefangene als Kronzeuge frei. In Summe: unabhängig vom (erwarteten) Verhalten des Gegners ist für jeden der beiden Gefangenen „gestehen" strikt besser als „nicht gestehen". In der Sprache der Spieltheorie ist „gestehen" für jeden der beiden Gefangenen eine STRIKT DOMINANTE Strategie.

Also werden beide gestehen und für 5 Jahre ins Gefängnis gehen. Die beiden Gefangenen haben bei dem EINMAL GESPIELTEN Spiel individuell rational gehandelt, hätten sie kollektiv rational handeln können, hätten sie nur für 1 Jahr ins Gefängnis gemusst.

Allgemein kann man für ähnlich strukturierte Situationen statt „gestehen" und „leugnen" die allgemeinere (und auf mehr Probleme anwendbare) Formulierung „kooperieren" und „nicht kooperieren (defektieren)" einsetzen. Und es gibt in der Realität viele Situationen, die die gleiche Struktur wie dieses einfache Schema haben, z.B. Arbeitsmotivation (hart arbeiten, nicht hart arbeiten), Trittbrettfahrerproblem (beitragen, nicht beitragen), Produktionsdisziplin in einem Kartell (hält sich an Mengenbeschränkungen, hält sich nicht an Mengenbeschränkungen), Ausbeutung natürlicher Ressourcen etc.

Das obige sehr einfache Beispiel unterstellte:

- Es wird nur einmal gespielt;
- Die beiden Spieler haben keine Kommunikationsmöglichkeit, bzw. präziser, es ist nicht möglich, dass sie verbindliche Verträge eingehen;
- Es sind nur 2 Spieler zugelassen;

Im Zuge der Weiterentwicklung von Gefangenendilemma-Situationen wurden unter anderem eingeführt:

- Iteratives Gefangenendilemma (wiederholend, mehrere Spielrunden mit dem selben Gegner);
  Gerade diese Erweiterung auf wiederholte Spiele (unendlich oft wiederholte Spiele werden als Superspiel bezeichnet) ist in der Realität oft vorfindbar (einmalige derartige Spiele sind im Alltag eher selten), man denke an die kontinuierlichen Abrüstungsverhandlungen zwischen den Supermächten.
- Größere Anzahl von Spielern (Erweiterung von 2 auf n Spieler).

Die Rezeption der Spieltheorie wird im Folgenden in zwei Richtungen verfolgt:

- einmal in der Ökonomik selbst,
- und dann in anderen Disziplinen.

Werner Güth und Hartmut Kliemt loben am ursprünglichen Werk Morgensterns und von Neumanns: „Es ist das große Verdienst von Neumanns und Morgensterns, neue Abstraktionen und Idealisierungen vorzuschlagen, die es erlauben, für bis dahin allein qualitativ und umgangssprachlich erfassbare Phänomene präzise Modelle zu formulieren. Zugleich greifen sie auf klassische Konzepte zurück wie die eines „idealtypischen" Homo oeconomicus, dessen (kognitive) Fähigkeiten die eines „real-typischen" Homo sapiens bei weitem überschreiten. Insgesamt geht es ihnen darum, die „Situationslogik" sozialer Interaktionen auf der Grundlage eines Idealtypus menschlichen Verhaltens zu „verstehen" und gegebenenfalls bestimmte Verhaltensweisen aus der Logik der Situation zu erklären" (Güth, Kliemt 2001, S. 111).

In dieser ursprünglichen Veröffentlichung findet man bereits die extensive Form, die Normalform und die charakteristische Funktion (für die kooperative Spieltheorie) für die Beschreibung von Spielsituationen. „Für von Neumann und Morgenstern enthielt die Normalform alle wesentlichen Informationen, so dass sie sich nicht lange bei der extensiven Form aufzuhalten brauchten. Das war von ihrem Standpunkt aus gesehen auch richtig. Für später entwickelte Konzepte wie das des perfekten Gleichgewichts erwies es sich aber als günstig, direkt an der extensiven Form anzuknüpfen" (Selten 2001, S. 84/95).

Methodologisch interessant: „Soweit ich sehen kann, sagen von Neumann und Morgenstern nichts darüber, ob ihre Theorie normativ oder deskriptiv ist ... Von Neumann und Morgenstern stehen zwar in der Tradition des Homo oeconomicus, aber sie verwenden in der Theorie der Zwei-Personen-Nullsummenspiele einen Rationalitätsbegriff, der die Möglichkeit des irrationalen Handelns auf der anderen Seite ausdrücklich einbezieht" (Selten 2001, S. 97).

ZUNÄCHST ZUR REZEPTION DURCH DIE ÖKONOMEN. Hierzu stellen die Autoren Andrew Schotter und Gerhard Schwödiauer in ihrem Überblicksartikel (im: Journal of Economic Literature 1980) zur Spieltheorie fest: „its popularity has risen and fallen with almost fixed periodicity" (Schotter, Schwödiauer 1980, S. 479). Man kann noch anfügen: Wobei die Ursachen für die jeweiligen „Aufschwünge" des Interesses an der Spieltheorie andere, neue Problemstellungen waren, für die die Spieltheorie eingesetzt, ja „entdeckt", wurde.

Zunächst bahnte sich eine erste Welle des Interesses an der Spieltheorie gleich nach ihrem Erscheinen an. „In the initial excitement it seemed that the theory promised to place all of economic theory on a totally new strategic footing in which the very concept of the „competition" process would be restructured and rephrased in terms of games of strategy" (Schotter, Schwödiauer 1980, S. 479).

Die „Theory of Games" wurde von Leonid Hurwicz (1945), Jacob Marschak (1946) und Abraham Wald (1947) sehr positiv besprochen. „Dieser positive Grundtenor der Rezeption von „Spieltheorie und wirtschaftliches Verhalten" erfuhr im März 1946 seine Krönung, als das Buch die Titelseite der New York Times eroberte" (Strathern 2006, S. 18).

Die Ökonomen insgesamt standen aber der Spieltheorie in den ersten eineinhalb Dezennien nach ihrem Erscheinen eher uninteressiert gegenüber. „In dieser Zeit fasste die Spieltheorie hauptsächlich in einer Generation begabter Mathematiker Fuß, die sich von den mathematischen Problemen, die von der Theory of Games aufgeworfen worden waren, herausgefordert sahen und vielfach an militärwissenschaftlichen Anwendungen arbeiteten" (Schwödiauer 2001, S. 53).

Im ökonomischen Bereich wurde der Spieltheorie zu dieser Zeit, durchaus nahe liegend, die Oligopoltheorie als Anwendungsgebiet zugewiesen, weil hierbei ja strategische Fragen im Mittelpunkt des Interesses stehen. „By the late 1950s the consensus in the profession was clear: game theory was to be a theory for the small numbers case in economics“ (Schotter, Schwödiauer 1980, S. 480). Damit war die Spieltheorie in die Gesamttheorie eingeordnet, die mathematisch orientierten Ökonomen interessierten sich in dieser Zeit übrigens eher für die allgemeine Gleichgewichtstheorie.

Ich darf als Zeitzeuge hinzufügen: Auch mir als Studenten der Volkswirtschaftslehre an der Universität München wurde die Spieltheorie NUR im Zusammenhang mit der Oligopoltheorie genannt und näher gebracht.

Eine zweite „Welle“ des Interesses an der Spieltheorie wurde von Martin Shubik (1959) ausgelöst, der zeigen konnte, dass die Edgeworthsche Kontraktkurve identisch mit einem spieltheoretischen Lösungskonzept, dem sogenannten „Kern“ (Core) war.

Genauer in den Worten Gerhard Schwödiauers: „Die Einbettung in die allgemeine Gleichgewichtstheorie Walrasianischer Provenienz erfolgt über die Entdeckung des „Core“, der Menge aller nichtdominanten Zurechnungen des Wertes der Gesamtkoalition aller Spieler, die in der Theory of Games Menge der „detached imputations“ heißt und sich in der Anwendung auf Tauschökonomien als Verallgemeinerung der Edgeworthschen Kontraktkurve herausstellte. Für den „core“ konnte gezeigt werden, dass er mit geeigneter Vergrößerung der Zahl der Marktteilnehmer zur Menge der Walras-Gleichgewichte konvergiert bzw. für Kontinuumsökonomien mit ihr zusammenfällt“ (Schwödiauer 2001, S. 54).

„While the then current analysis of the general equilibrium problem being conducted by Kenneth Arrow, Gerard Debreu, Lionel McKenzie, and others was strictly Walrasian in orientation, treating all agents as perfect price-taking maximizers tied together by a price-making auctioneer, the new game theoretical analysis was Edgeworthian ... which viewed the price-formation process as the outcome of a large multilateral bargaining procedure. A long discussion ensued in the literature, in which it was proven that in the limit, as the economies studied get „large” in an appropriate manner, both the Walrasian and the game theoretical (Edgeworthian) analysis converge to the same solution” (Schotter, Schwödiauer 1980, S. 480).

Allerdings: „Streng genommen stellte er nämlich keineswegs einen Siegeszug des Forschungsprogrammes der von Neumann-Morgensternschen Theory of Games dar, sondern eher ihre Reintegration in eine nach wie vor neoklassisch geprägte Gleichgewichtstheorie“ (Schwödiauer 2001, S. 54).

Nachdem dies das Interesse an der (hier kooperativen) Spieltheorie zunächst beflügelte, ließ es auch dieses Mal wieder nach. Sie schien zu viele Informationen zu benötigen.

Und wieder wurde das Interesse an der Spieltheorie durch ein neues Anwendungsgebiet, durch eine neue Problemstellung, belebt. In den sechziger und frühen siebziger Jahren wurde die Spieltheorie als geeignete Modellierung für die Ausgestaltung und Arbeitsweise sozialer Institutionen, „allocating and voting mechanisms", entdeckt. Allokationsmechanismen wurden in diesem Zusammenhang als nonkooperative n-Personen-Spiele aufgefasst. „On a behavioral level, then, the study of economic and social institutions becomes equivalent to the analysis of the equilibrium properties of n-person-games" (Schotter, Schwödiauer 1980, S. 481).

In der Mechanismus-Design-Theorie wird versucht, zu einem gewollten Ergebnis ein entsprechendes Spiel zu entwerfen, um den Ausgang bestimmter regelbezogener Prozesse zu bestimmen oder festzulegen. Dieses Vorgehen kann für das Verhalten von Gruppen in Wirtschaft und Gesellschaft genutzt werden.

Dies löste die dritte Welle des Interesses an der Spieltheorie aus, die bis heute nicht abgeebbt ist.

Und auch hierzu ein persönliches Erlebnis: Der (spätere Nobelpreisträger) Reinhard Selten hielt 1979 an der Universität Innsbruck einen Vortrag mit dem bezeichnenden Titel „Was ist eigentlich aus der Spieltheorie geworden?" Allein dieser Titel zeigt schon, dass die vielfältigen Weiterentwicklungen der Spieltheorie, insbesondere auch die der dritten Welle, von vielen Ökonomen zu dieser Zeit gar nicht wirklich wahrgenommen wurden. Reinhard Selten endete 1979 übrigens mit dem optimistischen Schluss: „Die wenigen beispielhaft beleuchteten Themen lassen erkennen, dass in der Spieltheorie Wichtiges erreicht worden ist. Mit seinen vielfältigen Anwendungen ist das Gebiet ein echt interdisziplinäres Forschungsfeld geworden, das eine Brückenfunktion zwischen sehr unterschiedlichen Wissenschaften wie Ökonomie, Soziologie, Politologie, Psychologie und Biologie übernehmen kann. Das Auftauchen neuer Anwendungsgebiete in den letzten zehn Jahren lässt vermuten, dass in dieser Hinsicht die Möglichkeiten noch nicht ausgeschöpft sind. Die Spieltheorie ist trotz ihrer bereits erzielten Erfolge noch ein junges Gebiet, von dessen Fortentwicklung auch weiterhin starke Impulse auf substanzwissenschaftliche Disziplinen zu erwarten sind".

DIE VERWENDUNG DER SPIELTHEORIE IN ANDEREN DISZIPLINEN soll hier nur angedeutet werden.

SOZIALPSYCHOLOGEN, SOZIOLOGEN und naheliegend POLITOLOGEN (z.B. Problematik der Bildung von Regierungskoalitionen) setzten die Spieltheorie im Rahmen ihrer Disziplinen ein.

„Ein weiteres Beispiel aus der internationalen Politik bilden Probleme des internationalen Umweltschutzes. Die Vermeidung grenzüberschreitender Emissionen und die Verteilung der Kosten solcher Maßnahmen ist eine interessante Anwendung der Spieltheorie“ (Güth, Kliemt 2001, S. 131).

Da sich die Spieltheorie zur Diskussion der Probleme von Verträgen (man denke nur an die Vertragsdurchsetzung!), überhaupt zur ökonomischen Analyse des Rechts, eignet, lassen sich auch JURISTISCHE Problemstellungen damit modellieren und diskutieren.

Eindrucksvoll lassen sich vor allem auch evolutionäre Prozesse im Rahmen der Evolutionsbiologie modellieren. Beginnend mit dem eher einfachen Spiel „Fuchs, Gras, Has“, das auf der wechselseitigen Verknüpfung dieser drei Arten aufbaut, sind die entsprechenden Modelle immer anspruchsvoller geworden. Auch hier hängt der Erfolg des eigenen Verhaltens immer auch vom Verhalten anderer ab: Das bekannte Problem der strategischen Interaktion. Und dies kann spieltheoretisch analysiert werden.

Um Missverständnisse zu vermeiden: Nicht die Tiere stellen strategische Überlegungen an, es geht um Selektionsprozesse in der Evolution. Die Anpassung an die strategischen Erfordernisse ist das Ergebnis der Evolution.

Insgesamt kann man, wie auch obige (sicher unvollständige) Beispiele zeigten, zweifelsfrei konstatieren: Die moderne Spieltheorie liefert ein sehr flexibles Instrumentarium und reichhaltige Modellierungsmöglichkeiten für viele Problemstellungen in den verschiedensten Disziplinen.

Sogar in der RELIGIONSTHEORIE wurde die Spieltheorie am Rande bemüht, auch wenn sie meines Erachtens diesen Problemen nicht immer wirklich gerecht werden kann (Werturteil!). Ein Beispiel ist die „Pascalsche Wette“, ob Gott existiert oder nicht. Schon bei kleinen Wahrscheinlichkeitswerten für die Existenz Gottes überwiegt die „Auszahlung“ FÜR den Gottesglauben über die „Auszahlung“ gegen die Existenz Gottes (aufgrund des Gewichtes der unendlich langen Qualen im Jenseits bei Existenz Gottes aber Nichtglauben daran).

Als besonders fruchtbar stellte sich die Zusammenarbeit der Spieltheorie mit der EXPERIMENTELLEN WIRTSCHAFTSFORSCHUNG heraus. Gerade diese „experimentelle Spieltheorie“ hat die universelle Gültigkeit der Eigennutzhypothese, des Homo oeconomicus, nachhaltig erschüttert. So „zeigt insbesondere die experimentelle Spieltheorie, dass realen menschlichen Subjekten eine reichere Motivation unterstellt werden muss“ (Güth, Kliemt 2001, S. 125). Diese Erkenntnis kann in ihrer Bedeutung kaum überschätzt werden, sie geht über eine rein normative Betrachtungsweise bzw. Rationalitätsannahme hinaus. Erst sie erlaubt ja einen Einbezug tatsächlich existierender, realer Menschen (und nicht nur geschaffener Kunstfiguren) in theoretische Zusammenhänge.

Hier sind meines Erachtens noch lange nicht alle Möglichkeiten ausgeschöpft. Reinhard Selten schreibt diesbezüglich 2001: „Wir stehen jetzt vor der Aufgabe, aus der experimentellen Forschung heraus eine deskriptive Spieltheorie zu entwickeln, die eingeschränkt rationales strategisches Verhalten realistisch beschreibt“ (Selten 2001, S. 99).

Mit den obigen Bemerkungen wurde stets die Ausgestaltung der MODERNEN Spieltheorie angesprochen. Und hier ist eine wichtige Bemerkung angebracht: Die moderne Spieltheorie ist gegenüber dem ursprünglichen Entwurf von Morgenstern/von Neumann WESENTLICH verändert und erweitert, und zwar nicht nur in ihren Fragestellungen. Sie hat sich von dem Entwurf im Jahre 1944 mittlerweile weit entfernt. Ich erinnere nur an die bahnbrechende Leistung des späteren Nobelpreisträgers John Nash und sein Nash-Gleichgewicht.

Hier sind nun einige Bemerkungen zu John Forbes Nash Jr. angebracht, der 1994 nach Genesung von einer Geisteskrankheit den Nobelpreis für Wirtschaftswissenschaften entgegennahm.

Nash schrieb seinen entscheidenden Beitrag 1950. In dieser kurzen Arbeit führte er einen Begriff ein, der mittlerweile als NASH-GLEICHGEWICHT bezeichnet wird und der zu einem grundlegenden Begriff der Spieltheorie wurde.

Ein Nash-Gleichgewicht ist eine Strategienkombination (eine Strategie für jeden Spieler), die die Eigenschaft hat, dass keiner der Spieler einen Anreiz hat, als einziger von diesem Gleichgewicht abzuweichen. Anders formuliert: Diese Strategienkombination ist in dem Sinne stabil, dass sich kein einzelner Spieler mehr von ihr entfernen will.

Da bei nonkooperativen Spielen zwar Vereinbarungen getroffen werden können, aber nicht eingehalten werden müssen, steht jeder Spieler immer wieder vor der Frage, ob es sich für ihn nicht lohnt, eine Vereinbarung zu brechen, also auszuscheren, und damit eine größere Auszahlung zu erhalten.

Ein Beispiel für ein Nash-Gleichgewicht (entnommen aus http://www.spieltheorie.de/Spieltheorie_Grundlagen/Nash-Gleichgewicht:

			Spieler B	
		gering	mittel	stark
	gering	(18, 18)	(15, 19)	(10, 21)
Spieler A	mittel	(19, 15)	(16, 16)	(11, 15)
	stark	(21, 10)	(15, 11)	(9, 9)

A und B seien zwei Oligopolisten, die auf einem Markt keine weitere Konkurrenten haben, also zu zweit den Markt beherrschen. Beide Spieler haben drei Handlungsoptionen ihres Mitteleinsatzes: „gering“, „mittel“ und „stark“.

Die obige Matrix zeigt die jeweiligen Auszahlungen, wobei die erste Zahl in der Klammer jeweils die Auszahlung für A abbildet, die zweite Zahl für B.

Angenommen die beiden Oligopolisten vereinbaren ein Kartell, bei dem beide nur „gering“ handeln wollen, weil dies den GEMEINSAMEN Gewinn maximiert (nämlich 18 + 18 = 36). Dabei soll sich dieses Beispiel auf ein einmaliges Spiel beziehen (in der Realität für Oligopole unrealistisch, aber hier eben als Beispiel!). Die Frage ist nun: Ist die den Gesamtgewinn maximierende Konstellation „gering“ – „gering“ eine stabile Situation, wenn beide Oligopolisten die Vereinbarungen brechen können, wenn sie dadurch besser abschneiden. Wenn Spieler A denkt, dass Spieler B bei der Abmachung „gering“ bleibt, wird er sich seine Auszahlungen in der ersten Spalte der Matrix anschauen. Es ist sofort zu sehen, dass „gering“ (bisherige Abmachung) ihm selbst 18 einbringt, „mittel“ 19 und „stark“ sogar 21. Also wird er, da er nur an seinem eigenen Abschneiden interessiert ist, „stark“ spielen und damit den bisherigen Punkt „gering“ – „gering“ verlassen. Die vor dem Spiel vereinbarte Strategienkombination ist also nicht stabil.

Anders sieht es bei der Kombination „mittel“ – „mittel“ aus. Die Auszahlung ist hier in diesem Spiel pro Spieler 16. Wenn sich nun Spieler A darauf verlässt, dass Spieler B die vereinbarte Strategie „mittel“ spielt, würde er bei einem Wechsel von „mittel“ zu den Strategien „gering“ (Auszahlung: 15) oder „stark“ (Auszahlung: 15) gegenüber der vereinbarten Strategie „mittel“ (Auszahlung: 16) verlieren. Und Analoges gilt für Spieler B. Wenn der sich darauf verlässt, dass A die Strategie „mittel“ spielt, würde er sich bei einem Wechsel zu Strategie „gering“ (Auszahlung: 15) bzw. „stark“ (Auszahlung: 15) ebenfalls verschlechtern. Die Strategiekonstellation: „mittel“ – „mittel“ ist im Beispiel ein sogenanntes „strategisches Gleichgewicht“ oder ein „Nash-Gleichgewicht“.

Nochmals zur Wiederholung: Ein Nash-Gleichgewicht stellt eine Strategienkombination dar:

- bei der sich kein Spieler dadurch verbessern kann, indem er als einziger von dieser Strategienkombination abweicht;
- bei der keiner der Spieler einen Anreiz hat, als einziger von dieser Strategienkombination abzuweichen;

- bei der alle Spieler eine beste Antwort auf das Verhalten der Gegenspieler spielen;
- in der keine inneren Kräfte darauf hinwirken, diesen Gleichgewichtszustand zu ändern, die also in diesem Sinne stabil ist.

Und nicht unwichtig: Das Nash-Gleichgewicht erlaubte es, sich von den etwas einengenden Nullsummenspielen hin zu realistischeren Nichtnullsummenspielen zu bewegen.

Roger B. Myerson vertritt im „Journal of Economic Literature" die Meinung: „The formulation of Nash equilibrium has had a fundamental and pervasive impact in economics and the social sciences ..." und: „Nash's theory of noncooperative games was the critical breakthrough in this process of extending the scope of rational-choice analysis to general competitive situations" (Myerson 1999, S. 1067, 1068).

Anmerkung: Das Nash-Gleichgewicht ist für eine beliebige Zahl von Spielern definiert. Einige Spiele haben allerdings mehrere derartige Gleichgewichte, so dass es nicht immer (wie in obigem konstruierten Beispiel) zu einer eindeutigen Lösung kommt.

Zweite Anmerkung: Das oben vorgeführte Nash-Gleichgewicht darf nicht mit der Nash-Verhandlungslösung verwechselt werden. Sie ist ein Lösungskonzept aus der kooperativen Spieltheorie und beschreibt, wie Verhandlungspartner einen gemeinsam erwirtschafteten Mehrgewinn (oder sonst einen „Kuchen" fixer Größe) aufteilen können.

Zum Leben von John Nash: Geboren wurde John Nash am 13. Juni 1928 in West Virginia. Interessant in unserem Zusammenhang ist, dass John Nash im Oktober 1949 John von Neumann in seinem Büro in Princeton aufsuchte. Paul Strathen beschreibt ihn folgendermaßen: „Nashs geniale mathematische Begabung stand außer Frage ... Er war groß und breitschultrig, athletisch gebaut und schön wie ein Gott; aber er war auch ein aggressiver, ungehobelter Kerl, der unablässig das Bedürfnis hatte, seine intellektuelle Überlegenheit zur Schau zu stellen. Sein fast pathologischer Mangel an sozialer Kompetenz ließ seine unterdrückte Homosexualität nur umso deutlicher hervortreten" (Strathern 2006, S. 292).

Zurück zum Besuch bei von Neumann: Dieser war von den Gedanken John Nashs nicht beeindruckt, erachtete sie sogar als trivial. John Nash musste unverrichteter Dinge wieder gehen.

Sein Leben wurde in einem lesenswerten Buch von Sylvia Nasar: „Auf den fremden Meeren des Denkens„ („A Beautiful Mind" 1998, deutsche Übersetzung 1999, 574 Seiten) niedergeschrieben. Allerdings: „Nash himself chose not to cooperate with Nasar in writing this biography, and so we cannot assume that her depiction of his life coincides with his own experience" (Myerson 1999, S. 1078). Und auch der Film nahm sich seiner Vita an: „A Beautiful Mind" mit Russell Crowe als John Nash.

John Nash hat nicht viel geschrieben. Seine Dissertation (Princeton University, Mai 1950) über „Non-cooperative Games" z.B. ist nur 32 Seiten lang. Seine wichtigsten (nicht alle) Leistungen sind:

- Er stellte die Unterscheidung in kooperative und nonkooperative Spiele explizit heraus. Implizit war sie schon vorher da;
- Das Nash-Gleichgewicht (siehe die obigen Ausführungen);
- Die Nash-Verhandlungslösung (Nash Bargaining Solution);
- Initiation des sogenannten Nash-Programmes, ein Forschungsprogramm, das darauf abzielt, Lösungskonzepte der kooperativen Spieltheorie nonkooperativ zu fundieren.

Gerade die nonkooperative Spieltheorie ist für viele Situationen die geeignete Modellierung. Sie eröffnete der Spieltheorie viele Anwendungsmöglichkeiten. Hier handelt jeder Spieler in Richtung eines für ihn optimalen Ergebnisses. Kooperation ist hier ein Instrument reiner Zweckmäßigkeit. Spieler kooperieren zwar miteinander, brechen aber die Vereinbarungen, wenn es für sie vorteilhaft ist.

Das Nash-Gleichgewicht, wie oben dargestellt, beschreibt eine Situation, bei der sich kein Spieler mehr verbessern kann, indem er eine andere Strategie wählt (gegeben die Strategien der anderen Spieler). Nash konnte nun zeigen, dass es in allen endlichen nonkooperativen Spielen einen solchen Gleichgewichtspunkt gibt. Diese Ideen publizierte John Nash 1950 auf bloß zwei Seiten unter dem Titel: „Equilibrium Points in n-Person Games". Und dieser zweiseitige Aufsatz wurde von Anfang an viel beachtet.

Er führte gemischte Strategien ein. Und auch die reinen Nullsummenspiele verließ er, die viele Gesellschaftsspiele charakterisieren. In der sozialen und wirtschaftlichen Realität gibt es aber reine Nullsummenspiele eher selten, zwar stehen die Interessen der Beteiligten im Konflikt zueinander, sind aber nicht diametral entgegengesetzt. John Nash untersuchte auch „win"-„win"-Situationen.

Nash wurde sogar Berater bei der RAND Corporation. „Er gewann größere Selbstsicherheit, wurde aber auch zunehmend exzentrisch – eine kuriose Mischung aus Angeberei und Verdruckstheit. Endlich war er in der Lage, sich seine Homosexualität einzugestehen" (Strathern 2006, S. 296). Dies war aber auch sein Verhängnis: Im August 1954 wurde John Nash wegen unsittlichem Benehmen in einer öffentlichen Toilette verhaftet. Daraufhin wurde er bei der RAND Corporation entlassen.

Nun arbeitete Nash am MIT. Er heiratete zwei Jahre später. Er setzte sich das (sehr hohe) Ziel, die Fields-Medaille zu erringen, die höchste Auszeichnung der mathematischen Welt. Aus diesem Grund bemühte er sich, den sogenannten Stetigkeitssatz zu beweisen. „Nach mehreren erfolglosen Anläufen und sechs Monaten intensivster Konzentration fand Nash endlich eine spektakuläre Lösung. Ein absoluter Geniestreich“ (Strathern 2006, S. 296).

Aber dann wurde es für Nash unendlich bitter: Ein unbekannter junger italienischer Mathematiker Ennio De Giorgi hatte in einer wenig gelesenen italienischen Zeitschrift einen Beweis für den Stetigkeitssatz publiziert. Daraufhin arteten Nashs exzentrische Auswüchse in echte Geisteskrankheit aus. Er legte nun ein beunruhigendes Verhalten an den Tag, glaubte sich von Außerirdischen bedroht und suchte um politisches Asyl in der Schweiz an.

„Nashs Niedergang vollzog sich blitzschnell und erbarmungslos; er trank und zeigte immer öfter Ausbrüche heftiger Aggression. Seiner Frau Alicia blieb schließlich keine andere Wahl, als ihn in eine psychiatrische Klinik einliefern zu lassen“ (Strathern 2006, S. 298). Seine Krankheit wurde als paranoide Schizophrenie diagnostiziert.

Nach einigen Jahren wurde er als „geheilt“ entlassen, „aber er war nur noch ein Schatten seiner selbst. Er kehrte nach Princeton zurück und trieb sich auf dem Campus herum. Eingedenk seiner früheren intellektuellen Brillanz und überzeugt von seiner Harmlosigkeit tolerierte man an der Universität seine Anwesenheit. In den siebziger und achtziger Jahren war Nash ein stadtbekannter Exzentriker. Blass und hager saß er in der Cafeteria der Universität und rauchte geschnorrte Zigaretten oder hockte stundenlang wie erstarrt in der Bibliothek. Gelegentlich schlich er in einen leeren Hörsaal und schrieb unverständliche Formeln oder verschlüsselte Botschaften an die Tafel“ (Strathern 2006, S. 298).

Es gibt aber ein Happy End: Um 1990 ging es John Nash wieder besser und er kontaktierte frühere Kollegen. Und 1994 gewann er schließlich den Nobelpreis.

Im Vergleich zur ursprünglichen Veröffentlichung von von Neumann/Morgenstern wurden im Zeitablauf auch die Gleichgewichtsbegriffe verfeinert: „Der Gleichgewichtsbegriff kommt in seiner vollen Allgemeinheit bei von Neumann und Morgenstern nicht vor. In der modernen Spieltheorie hat er jedoch eine zentrale Bedeutung“ (Selten 2001, S. 87). Eine Theorie, wie das jeweilige Problem der strategischen Interaktion im Rahmen der jeweiligen Spielstruktur rational gelöst wird, heißt „Lösungskonzept“. Die nonkooperative Spieltheorie hat viele solche Lösungskonzepte hervorgebracht.

Neben einmaligen (One-Shot-Games wie bei von Neumann/Morgenstern) wurden auch (endlich und unendlich) wiederholende Spiele analysiert. Zudem wurde im Unterschied zur „perfekten“ Rationalität die Spieltheorie zunehmend auch mit eingeschränkter Rationalität formuliert.

Und wesentlich war auch die Erweiterung der Spieltheorie auf Spiele mit unvollständiger Information (die Spieler können unterschiedliche Kenntnisse über Art, Ziel und Stand des Spiels haben). In der Spieltheorie wird üblicherweise vorausgesetzt, dass alle Spieler die Spielstruktur kennen und zudem wissen, dass alle Spieler diese Struktur kennen. In der Realität sind die Spieler aber oft nicht genau darüber informiert, welche Handlungsalternativen die anderen Spieler haben und wie die Auszahlungen genau vom Spielverhalten abhängen. Wie unvollständige Information über Handlungsalternativen und Auszahlungen anderer Spieler (oder über Identität und Anzahl der Mitspieler) mit der Annahme, dass alle Spieler die Spielstruktur kennen (und dass alle Spieler wissen, dass alle Spieler die Spielstruktur kennen) in Einklang gebracht werden können, war lange Zeit unklar. John C. Harsanyi, ebenfalls späterer Nobelpreisträger, hat in den sechziger Jahren eine geeignete Modellierung eingeführt, die es erlaubte, diese beiden Dinge in Einklang zu bringen. (Hinweis: Aufspaltung von Spielern in Typen und Einführung von Wahrscheinlichkeiten für Typenkombinationen).

Reinhard Selten (auf dessen wichtige Beiträge hier nicht eingegangen werden kann: teilspielperfektes Gleichgewicht), Nobelpreisträger für seine spieltheoretischen Leistungen und natürlich hervorragender Kenner der Materie, schreibt zur modernen Spieltheorie im Gegensatz zum klassischen Entwurf von Neumann/Morgenstern: „Wer heute Spieltheorie lernen will, muss zu einem modernen Lehrbuch greifen ... Das liegt nicht nur daran, dass einige bei von Neumann und Morgenstern offene Probleme inzwischen gelöst sind. Die Auffassungen darüber, was Spieltheorie ist und was sie sein sollte, sind einem steten Wandel unterworfen. Es werden heute zum Teil ganz andere Fragen gestellt als damals“ (Selten 2001, S. 81).

Der Leser sei an dieser Stelle nochmals nachdrücklich daran erinnert: Dieses Buch leistete keine Einführung in die Spieltheorie, sondern behandelte die Spieltheorie nur kurz unter theoriehistorischem Aspekt!

Die Spieltheorie ist heute ein an den Universitäten anerkanntes, standardmäßig gelehrtes Fach mit entsprechenden Lehrbüchern, wobei vor allem die nonkooperative Spieltheorie behandelt wird. Der Nobelpreisträger James M. Buchanan stufte die Spieltheorie als einen der wichtigsten Beiträge zur Wirtschaftswissenschaft während des 20. Jahrhunderts ein. Wenn man eine Rangordnung der Beiträge aufstellen würde, kam Buchanan zu der Auffassung, „dass die Spieltheorie wohl auf den ersten Platz gehörte" (Buchanan 2001, S. 103).

Und es existiert mittlerweile auch ein „International Journal of Game Theory" (seit 1971). „A bibliography on game theory prepared in Vienna lists up to 1970 over 6200 publications, among them dozens of books in many languages" (Morgenstern 1976, S. 814). Neuere Zählungen sind mir nicht bekannt. Aber mittlerweile dürfte die Zahl der Beiträge (mit den verwandten Beiträgen) locker über 20.000 liegen.

Myerson stellt etwas überschwänglich fest: „So the task for economic theorists in the generations after Nash has been to identify the game models that yield the most useful insights into economic problems. The ultimate goal of this work will be to build a canon of some dozens of game models, such that a student who has worked through the analysis of these canonical examples should be well prepared to understand the subtleties of competitive forces in the widest variety of real social situations" (Myerson 1999, S. 1080).

In jedem Fall, wie man auch immer zur Spieltheorie steht, glaube ich: Gerade in ihren neuen Ausprägungen, der experimentellen Spieltheorie und der Mechanismus-Design-Theorie, hat die Spieltheorie die traditionelle Ökonomik, insbesondere die Preistheorie, wesentlich bereichert und erweitert.

Ich muss an dieser Stelle des ständigen Lobes für die Spieltheorie aber auch etwas Wasser in den Wein gießen: Die Modelle werden oft so kompliziert, dass sie sich nicht mehr lösen lassen. Dies dürfte auch der Grund dafür sein, dass man oft (wie in der üblichen Theorie auch) vereinfachende Annahmen über das Verhalten der Spieler einführt bzw. einführen muss.

Ein weiteres Indiz für die heutzutage unbestrittene Bedeutung der Spieltheorie war die Vergabe des Nobelpreises 1994 an die drei Spieltheoretiker Reinhard Selten, John C. Harsanyi und John Nash, und 2005 an Robert J. Aumann und Thomas C. Schelling. Und auch die Nobelpreise an Leonid Hurwicz, Eric S. Maskin und Roger B. Myerson im Jahre 2007 für ihre Forschungen auf dem Gebiet der Mechanismus-Design-Theorie stehen in engem Zusammenhang zu spieltheoretischen Fragestellungen.

Als Komplettierung könnte man im weiteren Umfeld noch hinzufügen: Nobelpreis 1996 an William Spencer Vickrey und James Mirrlees (ohne Spieltheorie kaum vorstellbar), Nobelpreis 2001 an George Arthur Akerlof, Michael Spence und Joseph E. Stiglitz (Analyse von Märkten mit asymmetrischer Information, ohne Spieltheorie kaum machbar).

11.2.5 Friedrich August von Hayek (1899-1992)

Vita von Hayek

1899:	Am 8. Mai 1899 wurde Friedrich August (die Eltern nannten ihn: Fritz) als ältester von drei Söhnen des Ehepaares Dr. August Edler von Hayek und Felicitas (geborene von Juraschek) in Wien geboren. Die Familie gehörte der großbürgerlichen gebildeten Schicht an. Der Vater war zunächst als Armenarzt tätig, und lehrte als außerordentlicher Professor an der Universität Wien Botanik. Und auch beide Großväter Friedrich Augusts waren wissenschaftlich tätig (väterlicherseits: Zoologie und der Großvater mütterlicherseits, Professor Franz von Juraschek, Staatsrecht und Statistik, war später Präsident der statistischen Zentralkommission). Eugen von Böhm-Bawerk war ein häufiger Gast der Familie. In der Schule interessierte sich Friedrich August vor allem für Biologie. Seinen eigenen Aussagen zufolge war er ein eher fauler und desinteressierter Schüler, weshalb er auch eine Klasse wiederholen musste und vor seiner Matura mehrfach die Schule wechselte;
1917:	Matura; Im März 1917 Eintritt in ein Artillerieregiment der k.u.k. Armee und Teilnahme am 1. Weltkrieg als Offizier an der italienischen Piave-Front;
1918:	Nach der Rückkehr aus dem Krieg und einer Malariaerkrankung im gleichen Monat Beginn eines Jurastudiums. Hayek besuchte aber vor allem Veranstaltungen in Psychologie und Volkswirtschaftslehre;
1919/20:	„Ich sollte hier vielleicht erwähnen, dass Hayek, als die Wiener Universität während der kalten Wintermonate 1919/1920 geschlossen werden musste, an die Universität Zürich auswich“ (Leube 1989b, S. 130);
1921:	Abschluss des juristischen Studiums mit der Promotion zum „Dr. jur.“. Danach Arbeit im Österreichischen Abrechnungsamt (für Kriegsschulden) und Studium der Staatswissenschaften. Zu seinen akademischen Lehrern zählten hier unter anderen Friedrich von Wieser und Ludwig von Mises; Herbert Furth beschreibt in seinen „Erinnerungen an Wiener

Tage" eine typische Reaktion Hayeks: „Im Herbst 1921 nehmen Hayek und ich, wie schon seit ein paar Semestern, an Spanns „Volkswirtschaftlichen Übungen" teil. Eines Abends entwickelt Spann eine seiner Lieblingsideen: die Schöpfung eines „Ständestaates" ... Hayek kritisiert den Vorschlag ... Ich unterstütze Hayek mit einigen konkreten Beispielen. Nach der Diskussion ruft Spann uns zu sich und beschwert sich bitter darüber, dass seine beiden „Lieblingsschüler" ihn in einer so wichtigen Frage „im Stich gelassen" hätten. Wir empfinden diesen Vorwurf als einen Eingriff in unsere akademische Diskussionsfreiheit und beschließen noch am selben Abend, uns „selbständig zu machen" und einen kleinen Kreis gleichgesinnter Kollegen aus allen Zweigen der Sozialwissenschaften zu versammeln, in dem wir unsere Gedanken frei austauschen können" (Furth 1989, S. 248);

Zu diesem Diskussionskreis, später von Steffy Braun mit dem Spitznamen „Geistkreis" versehen, gehörten unter anderen Gottfried Haberler, Fritz Machlup, Oskar Morgenstern, Felix Kaufmann und Karl Menger. Hayek hielt (nach den Erinnerungen Furth's) fünf Vorträge in diesem Kreis, unter anderem über Richard Cantillon und im Juli 1929 über den Widersinn des Sparens.

Das damalige intellektuelle Klima Wiens gerade für junge interessierte Ökonomen ist heute in seiner Intensität kaum mehr vorstellbar. Wien war ohne Übertreibung DAS intellektuelle Zentrum für viele Disziplinen. Neben dem „Geistkreis" gab es das Mises-Privatseminar (das Hayek ebenfalls besuchte) mit den anschließenden Diskussionen im „Ancora Verde" in der Grünangergasse und die „Nationalökonomische Gesellschaft" mit ihrem Präsidenten Hans Mayer, der allerdings diese Gesellschaft gleich nach dem Einmarsch der Nazis unrühmlich freiwillig „gleichschaltete" und alle nicht-arischen Mitglieder ausschloss. In dieser Nationalökonomischen Gesellschaft trug Hayek (gemäß Furth) auch fünf Mal vor: im März 1928 über „internationales Gleichgewicht", im Februar 1931 über „Krisentheorie", im April 1935 über „100%-Banking", im September 1935 über „Wissen und Wirtschaftswissenschaft" und im Dezember 1937 über Wirtschaftspolitik.

1923:	Promotion in Wirtschaftswissenschaften zum „Dr. rer. pol." (Doktorvater: Friedrich von Wieser);
1923/24:	Von März 1923 bis Mai 1924 selbst finanzierter Forschungsaufenthalt in den USA (vor allem an der New York University) auf eigenes Risiko mit einer Empfehlung von Ludwig von Mises. Hier hörte er Vorlesungen von Wesley Clair Mitchell an der Columbia University, dem führenden Institutionalisten, und J.B. Clark. In dessen Seminar präsentierte er seine Ideen zum Geldwert. Stephan Böhm vermutet, dass er in den Vorlesungen Wesley Clair Mitchells „zum ersten Mal den Grundgedanken dessen vernahm, was er später als „Konstruktivismus" geißeln sollte: die irrige Vorstellung, wonach der Mensch alle gesellschaftlichen Institutionen bewusst geschaffen habe und deshalb nach seinem Gutdünken jederzeit ändern könne" (Böhm 1993, S. 46);
1924:	Rückkehr nach Wien. Hayek nahm seine Tätigkeit im österreichischen Staatsdienst wieder auf;
1926:	Ehe mit Hella Fritsch. Aus dieser Ehe gingen zwei Kinder hervor: Christine und Laurence;
1927:	Zusammen mit Ludwig von Mises nach Überwindung der „üblichen" bürokratischen (und politischen) Hürden Gründung des „Österreichischen Instituts für Konjunkturforschung" und Leitung des Instituts bis 1931;
1928:	Auf der Jahrestagung des Vereins für Socialpolitik trug Hayek seine Thesen vor. „Sein Referat wurde damals gerade höflich zur Kenntnis genommen" (Leube 1995, S. 53);
1929:	Habilitation an der Universität Wien für die Fächer Volkswirtschaftslehre und Statistik. Habilitationsvortrag: „Gibt es einen Widersinn des Sparens?"; Von 1929 bis 1931 hielt Hayek als Privatdozent Veranstaltungen an der Universität Wien ab;
1931:	Zu Beginn des Jahres 1931 erhielt Hayek von Lionel Robbins eine Einladung an die London School of Economics für vier Gastvorlesungen. Diese Vorlesungen machten einen sehr guten Eindruck. Bereits nach kurzer Zeit als Gastvortragender erhielt Hayek als erster Ausländer einen Ruf an die LSE („Tooke-Professor of Economics and Statistics"), wohl vor allem auch, um ein Gegengewicht gegen den wachsenden Einfluss von Cambridge (Keynes und seine Anhänger) zu

bilden. Hayek nahm den Ruf an. Regelmäßige Teilnehmer an seinen Seminaren waren die (später prominenten) Ökonomen John Richard Hicks, Nicholas Kaldor, Abba Lerner, Ronald Coase, Arthur Lewis;

Im Sommer 1931 begann seine (mittlerweile berühmte) Auseinandersetzung mit John Maynard Keynes und seinen Anhängern. Sir John Hicks bezeichnete diese Auseinandersetzung später als ein „großes Drama“. Hayek verlor im Verlaufe dieser Debatte fast ebenso rasch an Einfluss, wie er ihn zuvor gewonnen hatte. Vor allem die Argumente von Piero Sraffa (1898-1983) gegen ihn wogen schwer (siehe auch den Abschnitt 11.2.5.2). An dieser grundlegenden Debatte, fast vergleichbar dem ersten Methodenstreit, beteiligten sich direkt bzw. indirekt fast alle wichtigen Ökonomen dieser Zeit.

„In dieser Zeit waren die neuen Ideen von Hayek die intellektuelle Alternative zu Keynes' neuen Ideen. Wer hatte recht, Keynes oder Hayek?“ (Hicks 1967 zitiert in Leube 1989b, S. 131); Hayek besprach zunächst (August 1931 und Februar 1932 in der Zeitschrift „Economica“) kritisch Keynes „A Treatise on Money“. Die Vorwürfe Hayeks waren im Wesentlichen begriffliche Unklarheiten und das Fehlen einer kapitaltheoretischen Fundierung. Keynes antwortete im November 1931 in der „Economica“, wobei er vor allem auf Hayeks „Prices and Production“ Bezug nahm, um ihre unterschiedlichen Positionen klarer herauszuarbeiten. „Auf diese Weise wird aus einer Replik zu einer Besprechung im Handumdrehen eine Gegenbesprechung: Von der zweiten Seite der Keynesschen Erwiderung an geht es fast nur noch um die Fehler und Irrtümer in Hayeks Buch ... Hayeks Buch sei ein einziger „Wirrwarr“ und ein „außergewöhnliches Beispiel dafür, wie ein unbarmherziger Logiker, der mit einem Fehler beginnt, im Tollhaus enden kann“ (Kurz 1995, S. 91/92). Keynes wies aber dann sachlich darauf hin, dass sie beide unterschiedliche Untersuchungsobjekte hätten: Hayek befasse sich mit den Determinanten eines langfristigen natürlichen Zinssatzes, er befasse sich mit den Determinanten des kurzfristigen natürlichen Zinssatzes.

Hayek erwiderte daraufhin wieder mit einer polemischen Replik. „Im Anschluss an die Polemik in „Economica“ wechseln

	er und Hayek mehrere Briefe, in denen vorwiegend Definitionsfragen zur Sprache kommen“ (Kurz 1995, S. 94). Letztlich ging es bei dem Streit um nichts weniger als um die Möglichkeiten der Wirtschaftspolitik, aktiv konjunkturelle Bewegungen zu glätten;
1938:	Hayek wurde britischer Staatsbürger;
	„Die dreißiger Jahre sind von den kapitaltheoretischen Disputen beherrscht: Hier vertritt Hayek in zahlreichen Aufsätzen pointierte Gegenpositionen zu Keynes und Sraffa; den Abschluss bildet die Veröffentlichung von „The Pure Theory of Capital“ (1942)“ (Kommentarband zu Hayek 1995, S. 123);
	Als die Nazis im März 1938 in Österreich einmarschierten, beschloss Hayek (trotz massiver Warnungen über die damit verbundenen Gefahren für ihn) sofort, nach Wien zu fahren, um seinen Freunden zur Seite zu stehen;
1941:	Ehrendoktorwürde der London School of Economics;
1944:	Im März 1944 Wahl in die „British Academy“. „Wäre „The Road to Serfdom“ einen Monat früher publiziert worden, so wäre er nicht gewählt worden, teilte man ihm mit“ (Streissler 1992);
	Erscheinen der Schrift „The Road to Serfdom”;
1945:	Ausgedehnte Vortagsreisen in die USA;
1947:	Gründung der Mont Pélerin-Gesellschaft, nachdem Hayek 36 dem Liberalismus nahe stehende Gelehrte verschiedener Disziplinen zum Mont Pélerin in die Schweiz zu einer zehntägigen internationalen Konferenz eingeladen hatte. Hayek war von 1947 bis 1960 ihr Präsident, ab 1960 Ehrenpräsident. Die Mont Pélerin Society besteht noch heute. Ihre mittlerweile rund 500 Mitglieder treffen sich alle zwei Jahre;
1949:	Im Dezember 1949 Abschied von der London School of Economics;
1950:	Hayek ging im Oktober 1950 an die University of Chicago (Lehrstuhl: „Social and Moral Sciences”). Er war Mitglied des renommierten „Committee on Social Thought”. In Chicago lehrten unter anderen Milton Friedman, Frank Knight und später George Stigler;
1962:	Im Winter 1961/62 erhielt Hayek einen Ruf auf den traditionsreichen Lehrstuhl Walter Euckens (für Nationalökonomie) an der Universität Freiburg im Breisgau. Damit war (im Gegen-

	satz zu Chicago) eine gute Alterssicherung verbunden. Hayek hielt zahlreiche Gastvorträge (USA, Südafrika, Japan);
1964:	Verleihung der Ehrendoktorwürde der Rikkyo Universität Tokio;
1967:	Emeritierung. Hayek lehrte aber noch weiter;
1968:	Nach seiner Emeritierung ging Hayek 1968 als Gastprofessor an die Universität Salzburg. „Anlässlich seiner bevorstehenden Rückkehr nach Freiburg im Jahre 1977 beklagte er sich in einem Leserbrief über gewisse Usancen der österreichischen Bürokratie und vor allem darüber, dass er bei jeder größeren Büchersendung aus dem Ausland auf das örtliche Zollamt zitiert worden war" (Böhm 1993, S. 46). Und auch die Kontakte mit den dortigen Kollegen hätten ihn nicht wissenschaftlich angeregt oder gefördert;
1971:	Ehrensenator der Universität Wien;
1972:	Ehrenmitglied der London School of Economics;
1974:	Zusammen mit Gunnar Myrdal (für Hayek überraschend) Verleihung des Nobelpreises für Wirtschaftswissenschaften für seine „Pionierarbeit auf dem Gebiet der Geldtheorie und der wirtschaftlichen Fluktuation und für seine tiefschürfende Analyse der Interdependenz in ökonomischen, sozialen und institutionellen Phänomenen";
	Österreichisches Ehrenzeichen für Wissenschaft und Kunst;
1977:	Verleihung des Ordens „Pour le Mérite" für Wissenschaften und Künste der Bundesrepublik Deutschland;
	Rückkehr nach Freiburg;
1978:	Im Mai 1978 Jubiläumsvortrag an der London School of Economics: „The Three Sources of Human Value";
1991:	Hayek erhielt die höchste zivile Auszeichnung der USA, die „Presidential Medal of Freedom";
1992:	Tod am 23. März 1992 in Freiburg.

Hayek wurde daneben auch als Namensgeber von Gesellschaften bzw. Stiftungen herangezogen, 1998 in Freiburg die Friedrich-August-von-Hayek Gesellschaft, die eine Hayek-Medaille verleiht und einen Essay-Wettbewerb ausschreibt. Zudem wurde 1999 in Freiburg die „Friedrich-August-von-Hayek-Stiftung" für eine freie Gesellschaft gegründet. Außerdem gibt es noch eine F.A. Hayek Stiftung, die alle zwei Jahre einen internationalen Preis verleiht.

EINIGE SCHRIFTEN VON HAYEK

Das Werk Hayeks ist immens umfangreich und vielfältig. Bereits 1977 zählte Fritz Machlup 26 Bücher, davon 3 Sammelwerke, 15 Broschüren und 141 Artikel (siehe eine Einteilung dazu im Kommentarband zu Hayek 1995, S. 127). Und Kurt Leube zählte 1992 über 50 Bücher, knapp 30 Broschüren, über 270 Aufsätze und Übersetzungen seiner Werke in fast 20 Weltsprachen (Leube 1992, S. 74). Ich beschränke mich hier im Wesentlichen auf seine Bücher, und auch die sind nicht vollständig aufgeführt.

„Einige Bemerkungen über das Verhältnis der Geldtheorie zur Konjunkturtheorie" (1928);

„Das intertemporale Gleichgewichtssystem der Preise und die Bewegungen des „Geldwertes" (1928);

„Geldtheorie und Konjunkturtheorie" (1929, englische Übersetzung 1933, japanische Übersetzung 1935, spanische Übersetzung 1936);

„Prices and Production" (1931, überarbeitete deutsche Fassung: „Preise und Produktion" 1931, Übersetzungen ins Japanische, Chinesische, Französische);

„Economics of Knowledge" (1937);

„Monetary Nationalism and International Stability" (1937);

„Freedom and the Economic System" (1939);

„Profits, Interest and Investment; And Other Essays on The Theory of Industrial Fluctuations" (1939);

„The Pure Theory of Capital" (1941, Übersetzungen in verschiedene Sprachen);

Dieses wissenschaftlich bedeutende Werk fand nur wenig Aufmerksamkeit.

„The Counter-Revolution of Science" (1941, 1942, 1944, deutsche Übersetzung: „Missbrauch und Verfall der Vernunft");

„The Road to Serfdom" (1944, deutsche Übersetzung: Der „Weg zur Knechtschaft" 1945, übersetzt in insgesamt 17 (!) Sprachen, millionenfach verbreitet, popularisiert und bekannt geworden vor allem durch eine (gute) kondensierte Version von Max Eastman in „Reader's Digest". Und Ende 1944 erschien sogar ein Cartoon mit demselben Titel in Detroit). George Orwell's Roman „1984" wurde dadurch maßgeblich beeinflusst;

In diesem Werk wies Hayek unter anderem darauf hin, dass der deutsche Nationalsozialismus und der italienische Faschismus nicht aus einer kapitalistischen Reaktion hervorgegangene Staatsformen seien, sondern Weiterentwicklungen des Sozialismus. Totale Planung führe notwendig zu Unterdrückung und Unfreiheit, selbst wenn dies nicht die ursprüngliche Absicht der Planer gewesen sei.

„The Use of Knowledge in Society" (1945);

„The Meaning of Competition" (1946);

„Individualism and Economic Order" (1949, deutsch: „Individualismus und wirtschaftliche Ordnung" 1952);

„The Counter-Revolution of Science; Studies on the Abuse of Reason" (1952, deutsch: „Missbrauch und Verfall der Vernunft" 1959);

„The Sensory Order; An Inquiry into the Foundations of Theoretical Psychology" (1952);

„The Political Ideal of the Rule of Law" (1955);

„The Constitution of Liberty" (1960, deutsch: „Die Verfassung der Freiheit" 1971);

„Law, Legislation and Liberty" Band I: Rules and Order (1973), Band II: The Mirage of Social Justice (1976), Band III: The Political Order of a Free People (1977), deutsch: „Recht, Gesetzgebung und Freiheit", 3 Bände, 1980, 1982);

„The Pretence of Knowledge" (1975, Nobel-Vortrag, deutsch: „Die Vortäuschung von Wissen");

„Denationalization of Money; An Analysis of the Theory and Practice of Concurrent Currencies" (1976, deutsch 1977);

„The fatal conceit" (1988, deutsch: „Die verhängnisvolle Anmaßung: Die Irrtümer des Sozialismus" 1996).

11.2.5.1 Thesen von Hayek

Gleich zu Beginn der Thesen ein Zitat von Hayek, das so recht seine Einstellung (Werturteil: die ich uneingeschränkt teile!) zur Ökonomik widerspiegelt: „Niemand kann ein großer Ökonom sein, der nur Ökonom ist, und ich bin sogar versucht hinzuzufügen, dass der, der ausschließlich Ökonom ist, leicht zum Ärgernis, wenn nicht gar zu einer wirklichen Gefahr wird" (Hayek 1956 zitiert in: Leube 1989b, S. 130).

Die untenstehende Einteilung der Thesen Hayeks muss zumindest in zweifacher Hinsicht relativiert werden (bitte beim Weiterlesen UNBEDINGT beachten!):

(1) Zum einen sind ökonomische und sozialphilosophische Aussagen oft untrennbar miteinander verknüpft bzw. folgen auseinander. Eine solche Verknüpfung trifft besonders für Überlegungen zur Wirtschaftsordnung zu, die notwendig stets auch sozialphilosophische Ideen ein-

schließt. Die untenstehende Aufteilung dient daher eher didaktischen Zwecken. Sie ist NICHT trennscharf;

(2) Zudem hat August Friedrich von Hayek noch in weiteren Disziplinen und Teildisziplinen (Theorie der Wirtschaftspolitik, theoretische Psychologie, Evolutionstheorie, politische Philosophie, Rechtsphilosophie, Ethik, Wissenschaftstheorie, Ideengeschichte, Theoriegeschichte) gearbeitet und auch publiziert. Es wären also noch eine ganze Reihe weiterer Teilabschnitte möglich gewesen.

Der junge Hayek beschäftigte sich vor allem mit wirtschaftstheoretischen Themen. In seiner zweiten Lebenshälfte waren es dann zunehmend ordnungspolitische und sozialphilosophische Fragestellungen.

11.2.5.1.1 HAYEK ALS ÖKONOM

Friedrich August von Hayek gilt als bedeutendster Vertreter der vierten „Generation" der Österreichischen Schule.

HAYEK ALS KONJUNKTURTHEORETIKER:

Hayek baute die Konjunkturtheorie von Mises weiter aus. Sein diesbezügliches Werk ist „Preise und Produktion" (1931). Seine Konjunkturtheorie lässt sich grob folgendermaßen charakterisieren:

Hayek baute auf der Gleichgewichtsvorstellung auf. Zu Beginn seines konjunkturellen Ablaufes stand als Ausgangssituation ein langfristiges Gleichgewicht. „Wir werden sehen, dass Hayek das Konjunkturproblem begreift als Veränderung bzw. „Störung" eines (der) Daten samt den dadurch ausgelösten Anpassungsprozessen in der Ökonomie, bis ein neues Gleichgewicht erreicht wird" (Kurz 1995, S. 74).

Dabei verwandte Hayek eine ganz bestimmte Gleichgewichtsdefinition: „Focusing on the informational requirements of societal equilibrium, he propounds an equilibrium concept that is far removed from its moorings in classical mechanics. Hayek's subjectivist definition of equilibrium in terms of a perfect mutual compatibility of individual plans, rather than in terms of prices and quantities" (Böhm 1989, S. 204).

Die im Zitat angesprochenen Störungen der Daten konnten „natürliche" Störungen, namentlich Änderungen der Präferenzen, der Technik und der Verteilung der Anfangsausstattungen, sein. Die Anpassungsprozesse führten dann zu einem neuen, durch diese neuen Daten determinierten, Gleichgewicht. Daneben existierten aber auch „künstliche" Störungen. Sie umfassten bei Hayek Eingriffe aller Art in das freie Spiel der „natürlichen" Kräfte.

Hayek zog für eine solche künstliche Störung vor allem Einflussnahmen des Bankensystems auf den Wirtschaftsablauf heran.

Eine solche auf dem Gleichgewicht basierende Konjunkturtheorie ist nicht selbstverständlich. Viele Konjunkturtheorien wollen den Zyklus im Gegensatz zur Gleichgewichtstheorie erklären.

Und weiter: „Hayeks Konjunkturtheorie liefert die These, dass nichtneutrales Geld in einer Wirtschaft, in der für die zukünftige Produktion unterschiedlich lange Produktionsumwege eingeschlagen werden, zu Koordinationsfehlern führt, deren Korrektur zyklische Schwankungen der gesamtwirtschaftlichen Aktivität erzeugt“ (Schmidtchen, Utzig 1989, S. 233).

Jede Veränderung der Preisstruktur, insbesondere inflationär verursachte Veränderungen, führten zu einer Veränderung der Produktionsstruktur. Dies war für Hayeks Konjunkturerklärung grundlegend: Diese realwirtschaftlichen Veränderungen seien durch eine „Analyse des Wirkens des Preismechanismus im Konjunkturzyklus“ zu erklären. Konjunkturelle Ungleichgewichtsprozesse seien auf das Auseinanderfallen von „natürlichem Zins“ (Hayek hatte ein realwirtschaftlich gefasstes Konzept des „natürlichen“ Zinses) und dem (von den Banken festgelegten) „Geldzins“ zurückzuführen. Hier ist der Einfluss Knut Wicksells deutlich zu spüren.

Der Geldzins sinke unter den natürlichen Zins. Dies könne vor allem verursacht werden durch eine bewusste (inflationäre) Kreditausdehnung der Banken. Durch diesen künstlich verbilligten Geldzins angelockt stiegen die Investitionen. Hayek setzte dabei an den Entscheidungen der Investoren an, bot also eine MIKROÖKONOMISCHE Fundierung. Vorher unrentable Projekte könnten jetzt finanziert werden und erschienen bei dem künstlich gesenkten Zins rentabel. D.h., es würden auch Investitionsprojekte mit einem längeren Produktionsumweg, die beim „echten“ (gleichgewichtigen) Zins nicht rentabel wären (capital deepening), in Angriff genommen. Die Unternehmer würden irrigerweise dazu verleitet, zu agieren, als stünde mehr Kapital zur Verfügung, als tatsächlich vorhanden ist. Das intertemporale Preisgefüge ändere sich. Die jährlichen Gewinnraten der unterschiedlich langen Produktionsumwege veränderten sich in unterschiedlicher Größe. „Dementsprechend wird die volkswirtschaftliche Kapitalstruktur verändert: Kapital wird von relativ konsumnahen Stufen abgezogen und in früheren Produktionsstufen eingesetzt ... Das ist gewissermaßen die erste Phase des durch den monetären Schock ausgelösten dynamischen Prozesses der Herstellung eines dem relativ niedrigen Zins entsprechendem neuen volkswirtschaftlichen Produktionsprogramms“ (Schmidtchen, Utzig 1989, S. 235).

Dieses neue, dem niedrigeren Zins angepasste Produktionsprogramm könne jedoch nicht durchgezogen werden. Es lägen ja keine „echten" Sparentscheide der Konsumenten zugrunde, die Nachfrage nach Konsumgütern bleibe deshalb unverändert. Das durch einen künstlich niedrigen Geldzinssatz charakterisierte Ungleichgewicht könne nicht zu einem neuen Gleichgewicht führen. Das Gleichgewicht war ja bestimmt durch einige fundamentale Faktoren. Diese grundlegenden Faktoren hätten sich aber nicht geändert. Da aber reale Ressourcen in den Investitionsgütersektor abgezogen würden, würde die dadurch entstandene relative Knappheit des Konsumgüterangebots die Preise für Konsumgüter ansteigen lassen. Denn: die notwendigen Produktionsfaktoren für die Konsumgüterproduktion stünden in der Hochkonjunktur nicht mehr zur Verfügung (vertikale Disproportionalität).

„Vor die Wahl zwischen kürzerem oder längerem Produktionsumweg gestellt, wird sich ein gewinnmaximierender Unternehmer immer dann für den kürzeren Produktionsumweg und damit zur Befriedigung des Gegenwartskonsums entscheiden, wenn seine Erwartungen über zukünftige Preissteigerungen den zu erwartenden Gewinn bei längeren Produktionsumwegen geringer erscheinen lassen als den bis dahin mit kürzeren Produktionsperioden erzielbaren Gewinn … Die Entscheidung des Unternehmers muss notwendigerweise für das Einschlagen des kürzeren Produktionsumweges und damit für die Befriedigung der gegenwärtigen Konsumwünsche fallen … Beginnend im Konsumgütersektor findet so ein Prozess der Umorganisation der Produktion statt (capital shortening), der schließlich dadurch, dass er die längeren Produktionsumwege unrentabel werden lässt, das Ende des Aufschwunges bewirkt. Mit anderen Worten: der Aufbau einer neuen gleichgewichtigen Produktionsstruktur misslingt" (Schmidtchen, Utzig 1989, S. 237).

Das dabei angesprochene „intertemporale Gleichgewicht" beschreibt aus jetziger Sicht, dass die Pläne der Individuen auf gegenwärtigen und zukünftigen Märkten so koordiniert werden, dass die hinter diesen Plänen stehenden Erwartungen erfüllt werden.

Anders formuliert: Der durch die Ausdehnung der Investitionsgüterproduktion verringerten Produktion von Konsumgütern steht eine gleich bleibende Nachfrage nach Konsumgütern gegenüber. Denn an den Präferenzen (einer der fundamentalen Faktoren) und den Budgets der Konsumenten hätte sich durch die künstliche Zinssenkung nichts geändert. Dies führt zu einer Steigerung der Konsumgüterpreise, einem erzwungenen „Sparen", das die Konsumnachfrage mit dem kleineren Konsumgüterangebot wieder in Einklang bringt. Durch diese Preissteigerung der Konsumgüter im Vergleich zu den Preisen der Produktionsmittel bedingt, würde auch der Zins steigen.

Wenn die Banken nicht eine weitere Kreditexpansion durchführten, die die rezessive Bewegung letztlich aber nur vertage (und schlimmer mache), erwiesen sich die durch den früher zu niedrigen Geldzinssatz ausgelösten Investitionen nun als unrentabel und müssten abgebrochen werden. Durch den künstlich verbilligten Zins wurde eine intertemporale Fehlallokation zwischen Konsum- und Investitionsentscheidungen ausgelöst. Nun tritt unvermeidlich eine Rezession ein. Im Zuge dieser Rezession gleicht sich das intersektorale Ungleichgewicht zwischen Konsumgütern und Kapitalgütern wieder der tatsächlichen (durch den natürlichen Zins ausgedrückten) Nachfragestruktur an. Die durch das falsche Zinssignal ausgelöste Überinvestition wird schmerzhaft bereinigt. Letztlich sei es also eine Kapitalknappheit, ausgelöst durch eine ungerechtfertigte Überinvestition, die die unmittelbare Ursache der Krise sei.

Inflationär verfälschte Preise, starke Kreditinflationen, führten unweigerlich zu Fehlallokationen der oben genannten Art.

Hayek unterstellte bei seinen konjunkturellen Überlegungen also unter anderem:

(1) Eine Änderung der Geldmenge verändere (auch) das Gefüge der relativen Preise;

(2) Diese relative Preisstruktur determiniere die Höhe und die Ausgestaltung der Produktion.

Die Quantitätstheorie sei wegen ihres Arbeitens mit Aggregatgrößen (Geldmenge, allgemeines Preisniveau, gesamte Produktion bzw. Handelsvolumen) ungeeignet, um den Einfluss des Geldes auf Preise und auf die Produktion zu erklären. Daraus resultiere z.B. auch die falsche Aussage, ein steigendes Preisniveau sei förderlich für eine Steigerung der Produktion.

„Aller Erkenntnisfortschritt in der Nationalökonomie sei der von der ökonomischen Klassik eingeführten und von der subjektivistischen Theorie weiterentwickelten „individualistischen Methode“ zu verdanken: Danach habe sich die Theorie, einschließlich der Geldtheorie, auf jene Größen zu konzentrieren, die einen Einfluss auf die Entscheidungen der Individuen ausüben, so insbesondere die relativen Preise, während Durchschnittsgrößen „nie ein Glied in ihren Ableitungen bilden dürfen“ (Kurz 1995, S. 69). Die Quantitätstheorie sei deshalb ein Hindernis bei der Entwicklung der Geldtheorie gewesen.

Hayeks Konjunkturtheorie wird üblicherweise den MONETÄREN ÜBERINVESTITIONSTHEORIEN zugerechnet. Und typisch für die „österreichischen Konjunkturerklärungen“: „Hier wird Kapital nicht als ein gleichsam homogener Block gesehen, sondern vielmehr als ein Netzwerk interdependenter

Güter oder als eine diversifizierte Struktur komplementärer Elemente interpretiert. Für die Österreicher durchläuft jeder Produktionsprozess demnach verschiedene Phasen oder manchmal eine ganze Reihe von Phasen, die vom konsumreifen Endprodukt bis zu aufeinander folgenden, immer weiter entfernten Stufen reichen können“ (Leube 1995, S. 51).

Die Produktion hat in „österreichischer“ Sicht folgende Charakteristika:

(1) Sie braucht Zeit. Die zeitliche Komponente muss also immer mitgedacht werden;

(2) Sie ist unilateral, d.h. sie führt vom Einsatz der originären Produktionsfaktoren über Zwischenprodukte zu den konsumreifen Gütern.

Diese Sicht konjunktureller Schwankungen und Krisen bietet natürlich eine ganz andere Erklärung an als die keynesianische Theorie, ja sie steht in scharfem Gegensatz dazu. So wird die Weltwirtschaftskrise nicht als Folge zu geringer Nachfrage gesehen, sondern als Folge einer verfehlten Bankenpolitik, die wiederum auf eine verfehlte staatliche Geld- und Wirtschaftspolitik zurückzuführen sei.

Gottfried Haberler, selbst ein renommierter Konjunkturtheoretiker, urteilte über Hayeks Konjunkturtheorie wie folgt: „Despite its difficulties, Hayek's business cycle theory is an impressive structure. It presents an ideal type but should not be routinely applied to every cycle ... Each cycle is, after all, embedded in its historical environment and is thus influenced by all sorts of forces, both random and systematic“ (Haberler 1989, S. 228/229).

Überlegungen zur Geldverfassung:

Und hieran kann man gleich die Überlegungen Hayeks zur Geldverfassung anschließen. Wenn für die Abweichungen des Geldzinses vom natürlichen Zins vor allem die Zentralbanken verantwortlich sind, dann lautet eine radikale Folgerung aus dieser Erkenntnis: Man solle die Ausgabe von Zahlungsmittel privatisieren, und den Zentralbanken das Monopol der Geldausgabe entziehen. Private Institutionen sollten das Recht erhalten, ein „unterscheidbares Geld“ auszugeben. Dies bedeutet, dass klar bestimmbare, untereinander konkurrierende, im Wettbewerb zueinander stehende Geldemittenten existieren.

Die Privatisierung der Geldausgabe und damit die Möglichkeit, Wettbewerb und Freiheit in der Wahl des Geldes zu erlauben, schien Hayek geeignet, um Inflation und monetäre Interventionen zu verhindern. Denn dadurch würden die Politiker daran gehindert, über immer größere Geldschöpfungen Probleme scheinbar aus der Welt zu schaffen.

Es ist fast „natürlich“, dass Zentralbanker gegen diese Vorstellung Sturm liefen. So schrieb etwa Otmar Issing: „A truly independent monopolistic central bank with a good reputation and thus with the backing of the population will be better able to discipline fiscal policy makers than numerous private issuing institutions. If things come to a head, it is moreover to be expected that the government will exert pressure on private banks – for instance by means of tax policy or the threat of nationalisation – and thus be able to influence monetary expansion. This is probably very difficult in the case of an independent central bank with a good reputation" (Issing 1997, S. 187) und: „In reality, the attempt of one of several banks to increase their market share in the notes in circulation by promising a growth of purchasing power is likely to lead to a higher and not a lower variability of the purchasing power trend and thus to more uncertainty about future prices, at least for a fairly long transitional period" (Issing 1997, S. 191).

11.2.5.1.2 Hayek als Ordnungspolitiker und Sozialphilosoph

Im Mittelpunkt der diesbezüglichen Thesen Hayeks stehen seine Überlegungen zur:

- Spontanen Ordnung;
- Wissensverteilung und Informationsgewinnung.

Hayek als Sozialphilosoph:

Eine modernere Formulierung für „spontane Ordnung“, die Hayek selbst verwendete, ist „selbst-organisierende Systeme“. Die Vorstellung spontaner Ordnungen gab es zeitlich bereits vor Hayek. Sogar in den Schriften von Aristoteles kann man (bei sehr gutem Willen) Ansätze dazu finden. „In the modern era, significant steps towards an understanding of the idea of spontaneous order were taken by several of the participants in the Scottish Enlightenment and by the founders of the Austrian School of Economics. The particular figures who most directly influenced Hayek were Adam Ferguson, Adam Smith and Carl Menger. Adam Ferguson's „A History of Civil Society" (1767) contains a discussion of those social formations which „are the product of human action but not of human design" (Pullen 1989, S. 149).

Erich Streissler zitiert eine bekannte Stelle aus dem Werk von Adam Smith: „no human wisdom or knowledge could ever be sufficient to direct private people „towards the employments most suitable to the interest of the society". Und er führt weiter aus: „Before that Smith had remarked that

„every individual, it is evident, in his local situation (!) judges much better than any statesman" (Streissler 1992, S. 258/259).

„Smith, Menger, Wieser, and Mises, that makes four famous economists altogether from whom Hayek could have taken ideas on information. The notion of the significance of the use of knowledge in society, and in particular of the difficulties which certain types of economic policy may encounter if they disregard the problem of the creation, gathering and transmission of economic information just seems to have too many fathers to credit Hayek with it" (Streissler 1992, S. 260/261).

Aber die diesbezügliche Leistung Hayeks darf nicht unterschätzt werden. Denn: Eine bloße Erwähnung und auch ein Hinweis auf den Einbau von Ideen genügt, wie die Theoriegeschichte zeigt, nicht für eine wirkliche Kenntnisnahme und Aufnahme dieser Ideen in die wissenschaftliche Gemeinschaft. Hier bedurfte es schon der Zähigkeit eines Friedrich August von Hayek, der immer wieder pointiert auf diese Ideen hingewiesen hat und der sie in seine Argumentation immer wieder eingebaut hat. Und er hatte zusätzlich „much deeper arguments of economic information than his precursors" (Streissler 1992, S. 261).

Hayek übernahm zwei griechische Begriffe: „Cosmos" und „Taxis". „Cosmos" bedeutete eine spontan entstandene und sich selbst erhaltende Ordnung, ein nicht bewusst angestrebtes quantitatives Resultat menschlichen Handelns, bei dem man auch nicht alle beteiligten Wirtschaftseinheiten kennt. Eine Ordnung, die gewachsen ist. „Taxis" bezog sich hingegen auf eine bewusst geschaffene Ordnung, die spezifischen Zwecken dient, und die eine übergeordnete Autorität besitzt. Die Ziele einer solchen Ordnung sind konkret vorgegeben, erlauben also auch Aussagen dazu, inwieweit die Organisation diese Ziele erreicht oder nicht erreicht hat. Bei einer spontanen Ordnung können solche quantitativen Ziele nicht sinnvoll vorgegeben werden. Die Einzelziele der Individuen werden mittels allgemeiner Normen, deren Einzelwirkungen nicht vorherbestimmbar sind, durch die spontane Ordnung harmonisiert, es existiert kein klar vorgegebenes Gesamtziel.

„Alle Einrichtungen der Freiheit sind Anpassungen an die Tatsache des Unwissens, Anpassung daran, dass wir es mit Möglichkeiten und Wahrscheinlichkeiten, nicht mit Gewissheit zu tun haben. Gewissheit können wir nicht erreichen. Der Mensch lernt durch die Enttäuschung von Erwartungen. Wir verdanken es den wechselseitig aneinander angepassten Verhaltensweisen und Lebensplänen vieler Menschen, dass mehr Wissen genützt wird, als irgendeine Einzelperson besitzt oder als ein Verstand synthetisch bilden könnte ... Unser Vertrauen auf die Freiheit beruht nicht auf den voraussehbaren Ergebnissen in bestimmten Umständen, sondern auf dem Glauben, dass sie im Ganzen mehr Kräfte zum Guten als zum Schlechten auslösen wird … Die Voraussagekraft der Gesellschaftstheorie ist notwendig auf eine Art der Struktur beschränkt, nicht aber auf Details“ (Heinrich, Welan 1984, S. 728/729/730).

„What Menger terms „originally created social structures“ or the „unintended social result of individually teleological factors“, are exemplified by language, money, law, the origins of markets, of communities and states. Each of these reveals itself not as the product of deliberate human will aimed at these purposes, but as the products of „organic" historical developments in the process of social evolution" (Pullen 1989, S. 150).

„Die moderne Gesellschaft und unser aller Wohlstand beruhen daher auf der Möglichkeit einer Anpassung an Prozesse, die wir nicht kennen" (Leube 1989b, S. 134).

„A system becomes self-organizing as the concatenation of individual-level processes serves to integrate social actors into an overall order displaying a characteristic pattern" (Pullen 1989, S. 151).

Eine spontane Ordnung habe eine größere Anpassungsfähigkeit an wechselnde Umstände als eine zentralisierte Ordnung, denn die Wirtschaftssubjekte können sich bei ersterer schnell an die geänderten Umstände anpassen, ohne dass sie sich erst mühsam, aufwendig und zeitraubend an eine Zentrale wenden müssten und von dort Anweisungen bekämen. Und gerade auch komplexere Strukturen, wie sie für größere Gruppen zwingend existieren, könnten durch eine spontane Ordnung eher bewältigt werden als in einer zentral-dirigierten Wirtschaft.

„An instrumental organization depends upon its leader's capacity to subordinate enough of its member's secondary purposes to common goals so that the organization's advantages in greater resources are not outweighed by the difficulty of their successful coordination. An organization's dependence upon conscious direction limits the complexity of tasks with which it can successfully cope … Spontaneous orders maximize opportunities for attaining one's plans to the extent that they are compatible with the system's abstract procedural rules. But no set of abstract rules is truly neutral with regard to the type of information they most easily transmit" (di Zerega 1989, S. 160, S. 166).

Es war eine weitere Leistung von Hayek, dass er den Mechanismus herausgearbeitet hat, durch den die Märkte als im Wesentlichen ungeplante Institutionen in eine kohärente, umfassende Ordnung einmündeten. Und dies geschähe vor allem über die Kommunikation und Weitergabe von Wissen.

Es seien die Marktpreise, die dieses millionenfach verstreute Wissen weitervermittelten. Mit diesen in ihnen gespeicherten Informationen könnten die unüberschaubar vielen Pläne und Aktivitäten koordiniert und zu einem kohärenten Ganzen gebündelt werden.

Und dies alles geschehe ohne ein bewusstes Wissen der Marktteilnehmer über den Gesamtzusammenhang. Das Preissystem übertrage die Informationen, ein sozialistisches Planungssystem könne dies nicht erreichen: das dafür notwendige nicht-zentralisierte Wissen, das die Fähigkeiten und Bedürfnisse der Individuen einschließt, könne von einer planenden Autorität nie erreicht werden. Diese Daten seien eben nicht einfach „gegeben", wie dies in Modellen oft unterstellt werde. Und damit sei auch die in einigen Modellen nachvollziehbare rationale Allokation in der Praxis nicht möglich.

So sei es nicht zielführend, die BEKANNTEN Bedürfnisse BEKANNTER Individuen zu befriedigen. Unser Wohlstand (und unsere Gesellschaft mit ihren Strukturen) sei nicht das Ergebnis bewusster Planung, sondern beruhe auf der Möglichkeit der Anpassung an Prozesse, die wir nicht kennen und auch nicht exakt prognostizieren und damit auch nicht planen können. Der Markt schaffe es, die unbekannten Bedürfnisse ex ante unbekannter Individuen zu befriedigen. Und darauf komme es für den Weiterbestand der Gesellschaft an.

Hayek kritisierte immer wieder den „Szientismus", jene „konstruktivistische und unser politisches Denken beherrschende Idee, die vorgibt, den künftigen menschlichen Fortschritt voraussehen, planen und kontrollieren zu können" (Leube 1989c, S. 86). So betonte Hayek als Schlusswort seines Nobel-Vortrages „Die Vortäuschung von Wissen": „Die Erkenntnis von den unüberwindbaren Grenzen seines Wissens sollten den Erforscher der Gesellschaft eigentlich Demut lehren. Diese Demut sollte ihn davor bewahren, Mitschuldiger in dem verhängnisvollen menschlichen Streben nach der Herrschaft über die Gesellschaft zu werden – einem Streben, das ihn nicht nur zum Tyrannen über seine Mitmenschen macht, sondern ihn ebenso zum Zerstörer einer Zivilisation machen kann, die kein Geist erdacht hat, sondern die sich aus den freien Entscheidungen von Millionen von Menschen geformt hat" (Hayek 1974, S. 398). Man könne, wenn überhaupt, nur bloße Muster vorhersagen, also „Vorhersagen über einige allgemeine Kennzeichen der Strukturen, die sich selbst herausbilden, aber keine spezifischen Angaben über die individuellen Elemente enthalten, aus denen sich die Strukturen zusammensetzen werden" (Hayek 1974, S. 389). Eine unreflektierte Nachahmung der naturwissenschaftlichen Sprache und Methode sei für die Ökonomik unangemessen. Darunter fielen auch überformalisierte Gleichgewichtsmodelle und diffizile ökonometrische Berechnungen als Voraussetzung exakter Planungen. Es ist nach dem bisher Gesagten evident, dass Hayek die Annahme der vollständigen Information scharf kritisierte und gänzlich ablehnte.

Zur Verwendung der Mathematik in der Ökonomik sagte er: „Ich erachte es nämlich als großen Vorteil der mathematischen Methode, dass sie uns erlaubt, den allgemeinen Charakter einer Struktur mittels algebraischer Gleichungen zu beschreiben, selbst dann, wenn wir nichts über die numerischen Werte wissen, die die spezifische Erscheinung der Struktur festlegen ... Das hat jedoch zu der Illusion geführt, dass wir diese Methode für die Bestimmung und Vorhersage der numerischen Werte dieser Größen anwenden könnten ... Vielleicht überrascht es auch nicht, dass die ungestümeren, jüngeren Mitglieder unseres Standes nicht immer gewillt sind, dies zu akzeptieren. Das Vertrauen in die unbegrenzten Möglichkeiten der Wissenschaft basierte jedoch nur allzu oft auf dem Irrglauben, die wissenschaftliche Methodik bestünde aus der Anwendung einer gebrauchsfertigen Technik oder der Nachahmung des Formalen und nicht aus der Substanz wissenschaftlichen Vorgehens ... Fast scheint es manchmal, als wären die wissenschaftlichen Techniken leichter erlernbar als das nachdenken darüber, worin der Kern der Probleme liegt" (Hayek 1974, S. 390 und 393).

Methodologisch besonders wichtig: Einfache Zusammenhänge zwischen Aggregatgrößen, die ja „in ihrem Inneren" komplexe Zusammenhänge beinhalteten, lehnte er als „mechanisch" ab. „Keine dieser Größen übt je als solche einen Einfluss auf die Entscheidungen der Individuen aus; es ist jedoch unsere Kenntnis davon wie Individuen auf Änderungen in ihrer Umgebung reagieren, die uns in die Lage versetzt, die ökonomischen Wirkungen irgend eines Ereignisses vorauszusagen ... Weder Kollektive noch Durchschnittsgrößen wirken aufeinander" (Hayek zitiert in: Kirzner 1995, S. 34).

Man dürfe die behaupteten Zusammenhänge zwischen makroökonomischen Aggregatgrößen keinesfalls als Kausalrelationen interpretieren. „That would have been acceptable to Hayek if it aimed at the production of „rules of thumb for the development of predictions with insufficient information" (Hayek). In macroeconomic theory, however, these relationships are interpreted as an expression of the average or the representative behaviour of individuals with regard to classified actions" (Streit 1992, S. 10). Eine solche Interpretation makroökonomischer Zusammenhänge war für Hayek aber inakzeptabel.

Notwendig wäre, modern gesprochen, eine „microfoundation of macroeconomics". Dies ist aber bis heute nur unter äußerst vereinfachenden Annahmen geglückt. Und auch das „Gesetz der großen Zahl“ war für Hayek nicht auf die komplexen Vorgänge innerhalb einer Wirtschaft anwendbar.

„There, permanent and stable relationships between aggregates or averages are lacking which would allow us to replace specific circumstances with statistical probabilities“ (Streit 1992, S. 10). Attraktiv sei die Behauptung stabiler makroökonomischer Zusammenhänge vor allem für Interventionisten, die den Wirtschaftsprozess bewusst (möglichst bis ins kleinste Detail hinein) steuern wollten.

„It is this identification of the „knowledge problems“ which lies at the heart of Hayeks and the Austrians' critique of socialism and central planning. Socialism maintains its intellectual appeal, according to Hayek, partly as an expression of Enlightenment rationalism in the attempt to improve upon social processes by subjecting them to conscious rational control, and partly by its appeal to deeply-rooted sentiments of altruism and solidarity which create a disposition toward collective action in the achievement of common social purposes. The point Hayek stresses, however, is precisely that this faith in rational reconstruction and these inherited sentiments are most properly applicable to intentional organizations or small-scale communities whose members hold a common hierarchy of purposes and values” (Pullen 1989, S. 152).

Nochmals: Es war für Hayek im Rahmen der Ökonomik eine wichtige, ja die zentrale Frage, wie das verstreute individuelle Wissen, also die vorhandene „division of knowledge“, in gesellschaftliche Ergebnisse kanalisiert wird. Die wichtigsten diesbezüglichen Mechanismen der Informationsverarbeitung sind laut Hayek die Marktpreise und der Wettbewerb, wobei der Markt für Hayek das wichtigste Entdeckungsverfahren liefere. Und das Beste daran: Die Marktpreise seien vergleichsweise billige Informationssammler, die auch die Informationen, die das einzelne Individuum selbst nicht explizit ausdrücken könne, aufnehmen. Und es entstehe, über den Druck des Wettbewerbs, laufend neues verwertbares Wissen.

„Damit sich der „Wettbewerb“ als ein „Verfahren zur Entdeckung von Tatsachen“, „die ohne sein Bestehen entweder unbekannt bleiben oder doch zumindest nicht genutzt werden können“ – cum grano salis – reibungslos vollziehen kann, muss die Rechtsordnung jedem beliebig herausgegriffenen Einzelnen die Möglichkeit geben, seine ökonomischen Probleme – und nur um solche soll es im Folgenden noch gehen – nach seiner Fasson zu lösen und das dafür relevante Wissen zu erwerben. Allgemeine persönliche Freiheit, Privatautonomie in wirtschaftlichen Angelegenheiten müssen (grund-) rechtlich verbürgt sein. Nur unter diesen Voraussetzungen entsteht der Markt als „Ergebnis menschlichen Handelns, aber nicht menschlichen Entwurfs" (Hayek 1969), als „spontane Ordnung" (Hayek 1969), wird dem Wettbewerb als Entdeckungsverfahren, als „Forschungsreise ins Unbekannte" (Hayek 1952) Raum gegeben und die Ergebnisoffenheit der Marktprozesse sichergestellt" (Kunz 1989, S. 216).

„Auf funktionsfähigen Märkten wird Information in die Preise gewissermaßen umsonst, als frei erhältliches Nebenprodukt eingebracht, einfach dadurch, dass Wirtschaftssubjekte kaufen und verkaufen" (Streissler 1999). Diese Informationsfunktion der Preise so nachdrücklich herausgestellt zu haben, muss Hayek als großes Verdienst angerechnet werden.

Es sei gerade die Komplexität moderner Gesellschaften, und die Aufsplitterung des Wissens auf die vielen Wirtschaftssubjekte, die ihre eigenen Möglichkeiten einer Zielerreichung am spezifischen Ort und zu den spezifischen Umständen selbst einschätzen und danach handeln, und die sich zumeist nicht persönlich kennen, die „Cosmos" gegenüber „Taxis" überlegen mache. Ja, der einzelne weiß nicht einmal explizit, was er alles weiß, und kann es daher anderen (insbesondere einem omnipotenten Planer) gar nicht exakt beschreiben.

Hayek schrieb plakativ: „The curious task of economics is to demonstrate to men how little they know about what they imagine they can design" (Hayek zitiert in: Streit 1992, S. 1).

Bei Hayek erschien das Problem des Wissens, seiner Verteilung und Weitergabe auf zwei Ebenen:

- Einmal wird das auf alle Individuen der LAUFENDEN GENERATION verstreute Wissen angesprochen, und die Möglichkeit seiner Ausschöpfung durch eine geeignete Ordnung;
- Zum anderen werden das Wissen und die Erfahrungen VERGANGENER GENERATIONEN angesprochen und dessen gewachsene „Gerinnung" zu den allgemeinen Regeln spontaner Ordnungen.

Unter anderem Aspekt unterschied Hayek beim Wissen:

- Wissen, das in einer Zentrale gespeichert werden könne;
- Wissen, das individuell-dezentral Kenntnisse bestimmter Umstände von Zeit und Ort beinhalte.

Wissenschaftstheoretisch stand bei Hayek die Idee dahinter, dass unsere geistigen Kräfte beschränkt seien und es uns nicht wirklich erlaubten, hinter dem Schleier der Erscheinungen das Wesen der Dinge zu erfassen. Und diese Idee führte konsequent zu einer Kritik konstruktivistischer rationaler Auffassungen: Wir könnten nicht Wirtschaftssysteme und Kulturen BEWUSST nach unseren Plänen gestalten.

Und Hayek verknüpfte diese Überlegungen mit dem Postulat der Freiheit, für ihn der Garant für Wohlstand und die Blüte der westlichen Zivilisation. Freiheit war für Hayek ein Zustand der Abwesenheit von Zwang durch andere. Die Freiheit erwies sich als das zentrale Element seiner Argumentation, sie war für ihn die Richtschnur bei der Beurteilung sozialer Vorgänge. Denn: „Freie Menschen setzen in ihrem individuellen Bemühen, so erfolgreich wie möglich zu sein, unbewusst gemeinsam diejenigen Kräfte in Bewegung, die für die Fortentwicklung der Zivilisation entscheidend sind ... Dieser Erfolg entsteht spontan, als Produkt der Selbstorganisation vieler einzelner Bemühungen zu einem wirkungsvollen Ganzen" (Hüther 2006, S. 231). „Liberty is not simply one social good among many which can be allocated in its „proper" proportion in the context of an ongoing centrally-managed order, but is at the root of the economy's or society's capacity to successfully constitute itself and maintain itself as an order. Hayek's defense of liberty is made upon the utilitarian grounds that an order so constructed – by making best use of available knowledge – is likely to be more prosperous, more open to evolutionary improvement, contains a wider variety and diversity of socioeconomic niches, and, ... offers the best life-chances to an anonymous representative member" (Pullen 1989, S. 152).

Wichtig: Jedes der beiden Systeme hat seine eigene Art von Regeln. Für die konkreten Ziele von „Taxis" sind SPEZIFISCHE, bewusste, auf die jeweilige Situation abgestimmte, Anweisungen erforderlich, denen man sich unterzuordnen hat. Angestrebt ist Ergebnisgerechtigkeit (z.B. über Umverteilungen) zu Lasten von Regelgerechtigkeit.

Das Regelsystem von „Cosmos" ist nicht auf spezielle Probleme, spezielle Ergebnisse und Situationen ausgerichtet. Es handelt sich hierbei vielmehr um ein ALLGEMEINES und ABSTRAKTES Regelsystem erlaubter Aktionen, ganz gleich, welches spezifische Ziel das einzelne Wirtschaftssubjekt verfolgt. Es sind keinerlei Privilegien zugelassen. Die genannten abstrakten Regeln sind meist in Form von Verboten formuliert. „The rules generating a self-organizing system do not themselves need to arise out of a self-organizing process, although they can. Such rules can be deliberately adopted or changed. In this sense no self-organizing social institution is completely self-organizing ... The market has been considered the purest and most successful liberal institution in this sense. Hayek has focused upon its self-organizing qualities as an emergent property of action within a framework of abstract rules able to encourage voluntary cooperation" (di Zerega 1989, S. 160, S. 168).

„The fundamental reason why reliance on rules can be an advantageous strategy is seen by Hayek in the complexity of the particular circumstances on which the effects of our action depend. Adopting rules does not only „save us the trouble of reconsidering certain questions every time they arise, more importantly, it is our main device to give our several actions some coherence or order" (Vanberg 1989, S. 172).

Der Staat bzw. die Regierung, die selbst eine zentralisierte Ordnung (taxis) ist, ist die Organisation, die für die Durchführung und Einhaltung der allgemeinen Regeln der spontanen Ordnung (cosmos) sorgen muss. Passend zu seiner Argumentation ist deshalb auch, dass Hayek nur dem Zivilrecht und dem Strafrecht Rechtscharakter zuwies. „Das Verwaltungsrecht ist gewissermaßen ein Atavismus, ebenso das Organisationsrecht des Staates" (Heinrich, Welan 1984, S. 731).

Um keine Missverständnisse aufkommen zu lassen: Hayek wies darauf hin, dass in allen Gesellschaftssystemen beide Typen von Ordnungen und auch von Regeln nebeneinander existieren, nur in einem unterschiedlichen Verhältnis zueinander.

Die spontanen Ordnungen zugrunde liegenden allgemeinen abstrakten Regeln und die Institutionen müssten immer wieder überprüft und im Zweifel auch verbessert werden. „In fact, constitutional analysis in the sense of the comparative study of the general working characteristics of alternative systems of rules, rather than the study of the concrete effects of particular measures should, in Hayek's view, be the major concern of economics" (Vanberg 1989, S. 180). „In einer freien Gesellschaft bilden sich spontan und selbstorganisiert Wertvorstellungen und Institutionen heraus, die im freien Spiel der Kräfte einer Auslese unterliegen. Am Ende werden nur die erfolgreichsten Traditionen und Institutionen überleben" (Hüther 2006, S. 231).

Also Ordnungspolitik (unter Einschluss der Analyse diesbezüglicher Gesetze) als Hauptaufgabe der Ökonomik. Für die Vorstellung, die Vorgänge in der Wirtschaft im Stile eines „fine-tunings" mit der Allwissenheit planender Instanzen punktgenau durch Interventionen, speziell auf die jeweilige Situation abgestimmte Maßnahmen, erfolgreich gestalten zu können, hat Hayek nur das Urteil „fatal conceit" (Die verhängnisvolle Anmaßung).

Hayek lehnte den Staat nicht generell ab. Der Staat sollte, wie erwähnt, geeignete, allgemein gehaltene gesetzliche Rahmenbedingungen für das Zusammenleben und Wirtschaften durchsetzen. Abzulehnen seien hingegen staatliche Maßnahmen, die versuchten, spezifische Ziele zu erreichen.

„While in its first role, as „protective agent“, government necessarily commands a monopoly role as referee-enforcer of the „rules of the game“, in its second role, as „productive agent“ it acts as a player among others within the game and does not need be granted a monopoly position in order to fulfil its service functions. While all citizens are necessarily subject to the rules which government enforces in its „protective" role, individuals are not as such subject to the authority of government in its „productive" role" (Vanberg 1989, S. 175).

Wichtig war für Hayek auch die Unterscheidung zwischen Liberalismus und Demokratie. Demokratische Herrschaftsformen bezögen sich auf die organisatorischen Regeln des Staates, der Liberalismus hingegen bezöge sich auf die einschränkenden Regeln für den Staat. Demokratie bezieht sich also darauf, wer letztlich den Staatsapparat kontrolliert und herrscht. Liberalismus – auf einer ganz anderen Ebene – wie die Staatsmacht eingeschränkt werden kann. Eine demokratische Kontrolle des Staates allein ist laut Hayek noch kein Garant dafür, zu verhindern, dass der Staat immer weitere Aufgaben an sich zieht. „What, in Hayek's judgement, is therefore most needed in order to correct the institutional deficiences of modern democracy is the revival of the constitutionalist ideal „that the power of all authorities exercising governmental functions ought to be limited by long run rules which nobody has the power to alter or abrogate in the service of particular ends“ (Vanberg 1989, S. 177).

„A democracy is not established to pursue any particular purpose at all. Rather, it is organized to allow an indefinite and unpredictable number of persons and positions to compete for public support. In this respect, political democracies are very different from democratic organizations" (di Zerega 1989, S. 161).

Eine „reine Demokratie ohne alle Beschränkungen staatlichen Handelns lehnte Hayek ab. Eine solche „totalitäre Demokratie“ könne ebenfalls zu einer Unterdrückung der Individuen führen. Er lehnte ein ungebremstes „Laissez faire“ genauso ab, wie aktive punktuelle Staatseingriffe in das Wirtschaftsgeschehen (wie etwa Preiskontrollen). Damit der Markt seine wichtige Aufgabe erfüllen könne, müssten geeignete Regeln aufgestellt und durchgesetzt werden. „Es gäbe auch ernsthafte Gründe zu wünschen, dass die Regierung außerhalb des Marktes verschiedene Dienstleistungen anbiete, die aus diesem oder jenem Grund der Markt selbst nicht bieten kann“ (Heinrich, Welan 1984, S. 735).

Bereits 1939 schrieb Hayek in „Freedom and the Economic System“: „But if people agree about the desirability of planning in general, their agreements about the ends which planning is to serve will in the first instance necessarily be confined to some general formula like „social welfare", the „general interest", the „common good", greater equality or justice etc. Agreement on such a general formula is, however, not sufficient to determine a concrete plan, even if we take all the technical means as given" (Hayek 1939 zitiert in: Leube 1989, S. 194).

Der Begriff „sozial" werde zwar oft und gerne benutzt, sei aber letztlich ein seines Inhalts beraubtes, leeres „weasel-word".

Für Hayek war damit auch der Begriff „Soziale Gerechtigkeit" inhaltsleer. Gerechtigkeit sei überhaupt nur in sich wechselseitig genau kennenden Kleingruppen möglich. Diese Art von Gerechtigkeit könne aber nicht auf eine ganze Gesellschaft, auf eine „extended society", übertragen werden. „Hayek's critique is mainly directed against the modern conception of „social justice" which stems from a misunderstanding of true justice or injustice to the society as a whole, rather than to the conduct of its component individuals" (Leube 1989, S. 195).

Die Durchsetzung einer „sozialen Gerechtigkeit" (der distributiven Gerechtigkeit) erfordere notwendig eine Ungleichbehandlung vor dem Gesetz Gleicher. Es würden SPEZIFISCHE Regeln und Anordnungen verwendet, und nicht mehr auf die geforderten ALLGEMEINEN, abstrakten Regeln abgestellt, die für alle gelten sollten. Wenn sich eine spontane Ordnung entwickelt habe, sei es laut Hayek nicht sinnvoll, einige Marktresultate als „gerecht" (bzw. „gut") und andere als „ungerecht" (bzw. „schlecht") abzustempeln. Der Begriff der „sozialen Gerechtigkeit" „hat nach Hayek nur innerhalb einer zentral gelenkten Gesellschaft Bedeutung und ist unvereinbar mit einer freien und offenen Ordnung" (Leube 1989b, S. 136).

Hayek schrieb dazu ganz eindeutig: „Mehr als zehn Jahre habe ich mich intensive damit befasst, den Sinn des Begriffs „soziale Gerechtigkeit" herauszufinden. Der Versuch ist gescheitert." Und weiter: „Wahr ist nur, dass eine soziale Marktwirtschaft keine Marktwirtschaft, ein sozialer Rechtstaat kein Rechtsstaat, ein soziales Gewissen kein Gewissen, soziale Gerechtigkeit keine Gerechtigkeit – und ich fürchte auch, soziale Demokratie keine Demokratie ist" (Hayek zitiert in: Prevezanos 1999, S. 36).

„The revolt of instinct was carried by ideas which were characteristic for the closed household-economy and for a tribal society. In these societies, a commonly accepted hierarchy of goals was followed and the returns were divided according to common ideals of „equality, value and merit" (Streit 1992, S. 19).

Die Vorstellung, über planerische Aktivitäten in modernen komplexen Gesellschaften solche „gerechten" Ergebnisse zu erzielen, ist laut Hayek nicht nur illusorisch sondern auch kontraproduktiv für die Gesellschaft, eine Anmaßung der planenden Instanzen. Und Fehlschläge provozieren in einem solchen planerischen System notwendig immer weitere planerische Eingriffe.

„Der Versuch, soziale Gerechtigkeit zu verwirklichen, zieht notwendigerweise eine Fülle von Ungerechtigkeiten nach sich" (Streissler 1999). Der Staat dürfe Individuen nicht unterschiedlich behandeln, um sie in die gleiche materielle Lage zu versetzen. Dies würde die Moral und die Ethik einer Gesellschaft zerstören.

„Gerechtigkeit im Rahmen einer freien, ausgedehnten Gesellschaft hat nach Hayek nur einen Sinn in Bezug auf das Verhalten der Einzelnen bei ihren (Markt-) Handlungen, nicht jedoch in Bezug auf das Ergebnis ihrer Bemühungen. Das Ganze ist zu vergleichen mit einem „Spiel, bei dem nur das Verhalten der Spieler gemäß den Spielregeln, nicht aber das Ergebnis gerecht sein kann". Und: „Ungleichheit ist nicht bedauerlich, sondern notwendig" (Tröndle, Ghadzizadeh 1986, S. 66).

Sinnvoll und zielführend sei es hingegen, in einem dem Einzelnen bekannten Umfeld ein Solidaritätsgefühl und ein Gemeinschaftsgefühl zu entwickeln. Individuelle Hilfe für bekannte Notleidende war für Hayek nicht nur in Ordnung, sondern auch angebracht.

So schrieb Hayek im „Road to Serfdom" ganz klar: „Nor is there any reason why the state should not assist the individuals in providing for those common hazards of life against which, because of their uncertainty, few individuals can make adequate provision. Where, as in the case of sickness and accident, neither the desire to avoid such calamities nor the efforts to overcome their consequences are as a rule weakened by the provision of assistance – where, in short, we deal with genuinely insurable risks – the case for the state's helping to organize a comprehensive system of social insurance is very strong" (Hayek 1944).

Man kann das Vorgehen, das seiner Sozialphilosophie zugrunde lag, verkürzt auch wie folgt auf den Punkt bringen: Die meisten modernen Sozialphilosophen versuchten, eine ideale Ordnung rational zu konstruieren, oft auf dem Weg vorgeschlagener Reformen. Sie sind also unter diesem Aspekt ergebnisorientiert. Hayek hingegen lehnte eine solche Ergebnisorientierung strikt ab. Er war regelorientiert.

Hayeks Überlegungen zur sozioökonomischen Evolution:

Nachdenkenswert sind auch Hayeks Ideen zur sozioökonomischen Evolution: Ausgangspunkt war wiederum das unvollkommene Wissen der Einzelnen darüber, wie individuelles Verhalten sich wechselseitig beeinflusst und dabei allgemeine Regeln und Werthaltungen generiert, eine spontane Ordnung. „Es bildet sich – oder evolviert – ein wechselseitig koordiniertes Verhalten, zu dem alle beitragen, das allen hilft, das jeder gewohnheitsmäßig voraussetzt und erwartet, aber das aus der jeweiligen individuellen Sicht selten als Gesamtheit verstanden wird" (Witt 1989, S. 141). Und dabei treibt der individuelle Anreiz, nach Verbesserungen herrschender Regeln zu suchen, die Evolution dieser Ordnung voran.

Hayek führte insgesamt drei Ebenen ein, auf denen sich diese sozioökonomische Entwicklung der menschlichen Gesellschaft abspielt:

(1) Die biologische Evolution während der menschlichen Stammesgeschichte. „Einmal genetisch fixiert, finden sich diese Attitüden und Werthaltungen nach weitgehendem Wegfall des biologischen Selektionsdrucks als natürliche Erbschaft auch im modernen Menschen wieder. Für Hayek erklären sie die … instinktive Neigung zu Bewertungen und Idealen, die für die inzwischen viel komplexeren Formen des Zusammenlebens in große Gesellschaften weitgehend unangemessen sind" (Witt 1989, S. 143);

(2) „Eine zweite Ebene der Evolution ist die der menschlichen Intelligenz und ihrer Produkte, also des Wissens und seiner vielfältigen Formen der Aufzeichnung, Übertragung und Verarbeitung. Vordergründig ähnelt die Entwicklung hier den Prinzipien der biologischen Evolution: Variation als Quelle neuer Ideen, Selektion der Ideen nach Präferenz und in Relation zu vorhandenem Wissen, Replikation und Vervielfältigung erfolgreicher Ideen" (Witt 1989, S. 143). Man könnte auch von einer kulturell erprobten Evolution sprechen;

(3) Die dritte Ebene der Evolution, die laut Hayek oft übersehen würde, ist die bereits oben angesprochene zwischen Instinkt und Vernunft stehende Kulturelle und sozioökonomische Evolution. Hierbei werden über lange Entwicklungsphasen hin bestimmte Verhaltensweisen geübt, oft ohne individuell ein Verstehen für ihre übergeordnete Ordnungsfunktion auszulösen. Wichtig war für Hayek, dass hier kein geplanter Prozess dahinter steht. „Es gibt einen Prozess der Selektion, in dem sich jene Regelungen stärker ausbreiten, die besser geeignet sind, eine immer größere Anzahl von Menschen in der jeweiligen

Gruppe am Leben zu erhalten ... Mit zunehmender Erweiterung der spontanen Ordnung werden die Regeln differenzierter, abstrakter und schwieriger zu verstehen" (Witt 1989, S. 144). Eine solche spontane Ordnung ist der Markt.

Hayek führte dann diesen Gedankengang konsequent weiter: Gruppen, die sich diese auf der dritten Evolutionsebene gewachsenen spontanen Ordnungen zerstören (lassen), z.B. den Markt durch eine durch einen Szientismus propagierte Planung, werden den Preis dafür bezahlen müssen: Zumindest Wohlfahrtsverluste, vielleicht sogar ihren Untergang.

„Hayek warnte deshalb vor einer „konstruktivistischen" Selbstüberschätzung, die, cartesischen Vernunftidealen folgend, in Unverständnis spontan gewachsener Ordnungen Planungs- und Machbarkeitsillusionen Vorschub leistet" (Witt 1989, S. 147). Die unreflektierte Übernahme naturwissenschaftlicher Methoden und der Sprache, der „Szientismus", und auch die Machbarschaftseuphorien des „social engineering" lehnte Hayek für die Ökonomik als Disziplin ab. Zudem würde die Bedeutung spontaner Ordnungen von den Sozialtheoretikern zumeist unterschätzt, die Konstruktion und Machbarkeit „idealer Gesellschaften" auf dem Reißbrett dagegen überschätzt;

Hayek kritisierte in diesem Zusammenhang auch den Historismus: „Historicism includes the claim that human history consists of „a necessary succession of definite „stages" or „phases", „systems" or „styles" following each other in historical development". But Hayek rejected this historical endeavour „to find laws where in the nature of the case they cannot be found" (Caldwell 1997, S. 1869).

Hayek und der Sozialismus:

Interessant ist, dass Hayek, aus dem Krieg zurückkommend, zunächst die planwirtschaftlichen Vorstellungen Walther Rathenaus befürwortete. „Die sozialistische Lehre schien am ehesten dazu geeignet, die Verheißung auf eine rationalere, gerechtere Welt zu erfüllen" (Böhm 1993, S. 46). Angeblich änderte er seine Überzeugung nach der Lektüre des Buches „Die Gemeinwirtschaft" (1922) von Ludwig von Mises. Sicherlich haben aber auch der zunehmende Einfluss totalitärer Ideen und vor allem deren (abstoßende) Verwirklichung dazu beigetragen, Hayek umzustimmen.

Hayek beteiligte sich an der großen Sozialismusdebatte der dreißiger Jahre an der Seite von Ludwig von Mises mit drei Arbeiten (abgedruckt in seinem Buch: „Individualism and Economic Order“ (1949, deutsche Übersetzung: „Individualismus und wirtschaftliche Ordnung“ 1952).

Dabei setzte er bei seiner theoretischen Kritik am Sozialismus nicht an der Unmöglichkeit einer Wirtschaftsrechnung oder am Problem fehlender Motivation an, sondern an der breiten Streuung des Wissens in einer Gesellschaft. Die Mobilisierung dieses Wissens könnten weder der Staat, noch die Partei oder ein Diktator durchführen, sondern nur die Individuen selbst. Die Mobilisierung dieses verstreuten Wissens in einer Gesellschaft über das Preissystem von Wettbewerbsmärkten garantiere nicht nur den effizientesten Einsatz der Ressourcen, sondern dieses marktliche Preissystem sei auch das beste Entdeckungsverfahren von Neuerungen und damit am geeignetsten, die volle Dynamik einer Wirtschaft zu entfalten.

„Firstly Hayek presented his own ideas on the theoretical impossibility of efficient economic calculation under socialism. He made it quite clear that „impossibility" is not meant simply that in a static frame-work of general equilibrium analysis one could not find the efficient solution without using prices ... Secondly Hayek argued that costs were not objectively given, but were mere subjective estimates ... So we have to make subjective guesses what future prices would be like. Objective costs are determined only ex-post, not ex-ante ... Hayek's third „impossibility theorem" is the deepest and the most fundamental of all and was in the main only made by him in 1945 in his famous article „The Use of Knowledge in Society": knowledge is uncentralizable because we do not even know what knowledge we use and therefore cannot communicate it fully to others. Knowledge is thus non-collectible by statistical means" (Streissler 276/277).

Und Streissler fährt dann fort: „This brings us around to Hayek's three arguments why a socialist system, even if it were „possible" in the sense of being at all economically efficient, would be extremely impracticable, i.e. much too costly. The first argument is that the price system in competitive markets collects information extremely cheaply ... Hayek's second point on the impractibility of socialism is that of the time lag in the adjustment of prices ... Hayek's third point on the impracticability of socialism ... is ... an incent argument. Managers would not take risks in socialism, as they can only loose" (Streissler 1992, S. 279).

Sozialistische Systeme seien also viel teurer und erreichten dabei auch nur einen niedrigeren Effizienzgrad wie eine Marktwirtschaft. Und eine in meinen Augen ganz wichtige Erkenntnis bezüglich der ganzen Sozialismusdebatte: Man dürfe diese Debatte nicht im Rahmen STATISCHER allgemeiner Gleichgewichtssysteme führen, die von ihrer Logik her für die

Diskussion des „Sozialismusproblems" ungeeignete Abstraktionen enthielten und auch aus der Perspektive der Informationsökonomik nicht erlaubten, die wirklichen Probleme adäquat darzustellen. Man müsse notwendig sich im Zeitablauf dynamisch verändernde Systeme heranziehen. Es seien diese immer stattfindenden permanenten (oft kleinen) Veränderungen, die in den allgemeinen Gleichgewichtsmodellen nicht hinreichend abgebildet werden könnten. Zudem enthielten diese auch keine (für den Wirtschaftsablauf aber wichtigen) Institutionen und spiegelten zudem eine Genauigkeit der Kostenverläufe vor, die so gar nicht gegeben sei.

In seinem Buch „The Road to Serfdom" warnte Hayek nicht nur vor allen totalitären Systemen wie Faschismus und Kommunismus (was für den Rest der Welt akzeptabel oder sogar opportun gewesen wäre!), sondern auch vor dem modernen Wohlfahrtsstaat und vor allem auch vor allen Vorschlägen zu einem sogenannten „dritten Weg" zwischen Markt- und Planwirtschaft. Selbst zunächst harmlos anmutende staatliche Interventionen in das Marktgeschehen würden langfristig zu einer Aushöhlung und schließlich zum Ende der Freiheit, bei ihm negativ definiert als das Fehlen von Zwang, führen. Es sei nur ein gradueller Unterschied zwischen interventionistischen Eingriffen und einer voll ausgebildeten Zentralverwaltungswirtschaft. Die damals weit verbreitete These einer Konvergenz der Gesellschaftssysteme sei ebenfalls Unsinn. Einander ausschließende Grundprinzipien könnten nicht sinnvoll miteinander in Verbindung gebracht werden.

„Was den „Weg zur Knechtschaft" besonders explosiv machte und macht, war Hayeks zentrale These, dass JEDE Abweichung vom freien Markt, sei sie gut gemeint oder böse, diene sie den Interessen einer kleinen Gruppe oder der großen Mehrheit, stets einen ersten Schritt in die Richtung einer immer stärker gelenkten, einer mehr geplanten Wirtschaft bedeute und damit den Weg zu immer weitergehenden Einschränkungen der individuellen Entscheidungsfreiheit und schließlich zur „Sklaverei" frei mache" (Rothschild 2004, S. 199).

Die Schlussfolgerung Hayeks im Originalton: „Sozialismus ist nicht nur halb richtig, sondern ganz falsch." In seiner Inaugural-Vorlesung als Professor in London (veröffentlicht 1933) sagte Hayek bereits eindeutig: „I have discussed planning here rather than its older brother socialism, not because I think there is any difference (!) between the two (except for the greater consistency of the latter), but because most of the planners do not yet realise that they are socialists (!) and that, therefore, what the economist has to say with regard to socialism applies also to them. In this sense, there are, of course, very few people left today who are not socialists" (Hayek 1933 zitiert in: Streissler 1992, S. 262).

Das pragmatische Nebeneinander von staatlichem Interventionismus und Markt verspottete er als „the muddle of the middle" (Böhm 1993, S. 46).

„Auch George Orwell befasste sich intensiv mit dem „Weg zur Knechtschaft", bevor er sein Werk „1984" schrieb und veranschaulichte, was ein totaler Überwachungsstaat für den Einzelnen bedeuten kann" (Tröndle, Ghadzizadeh 1986, S. 66).

Hayek argumentierte vehement gegen die Steuerprogression (Schweizer Monatshefte, Band 32/ 1950 „Die Ungerechtigkeit der Steuerprogression") und setzte sich schon früh für die jetzt als „flat tax" bezeichnete Proportionalsteuer ein.

Hayek schlug ein Zwei-Kammern-System als Rekonstruktion des demokratischen Systems vor. Die Idee dahinter war die Trennung von Exekutive und Legislative. Eine parteienunabhängige und langfristig einmalig gewählte Kammer sollte für die Weiterentwicklung der gesellschaftlichen Normen zuständig sein. Die zweite Kammer sollte die „klassischen" Regierungsgeschäfte übernehmen, dabei aber unter den Regeln agieren, die die erste Kammer erlassen hat. Das heißt, die zweite Kammer solle keine rechtssetzenden Befugnisse haben.

Nicht vernachlässigt werden darf, dass Hayek sich auch mit der Geschichte der Ökonomik eingehend beschäftigte. So gab er die gesammelten Werke von Carl Menger heraus, und machte Henry Thornton bekannt. Auch David Hume interpretierte er neu und interessant. Man könnte noch eine ganze Reihe weiterer theoriegeschichtlicher Arbeiten hinzufügen, so über Cantillon und Mill.

11.2.5.2 Rezeption von Hayek

Zunächst habe ich spaßeshalber mit Hilfe der Suchmaschine „Google" die Zahl der Einträge einiger Ökonomen der Österreichischen Schule festgestellt (ohne allerdings besonders auf „Abgleichungen" zu achten, deshalb sind die folgenden Zahlen auch nur ungefähre Annäherungen):

Es „führt" Ludwig von Mises mit 1.850.000 Ergebnissen, gefolgt vom Gründer der Schule Carl Menger (1.390.000 Ergebnisse). Friedrich August von Hayek liegt mit 518.000 Ergebnissen knapp vor Schumpeter (497.000 Ergebnisse), aber klar vor Morgenstern (313.000 Ergebnisse) und Böhm-Bawerk (109.000 Ergebnisse).

Dieses Ergebnis hat mich überrascht, denn Hayek ist nicht nur wegen seines Nobelpreises, sondern auch wegen seiner kompromisslosen Thesen zum „Weg in die Knechtschaft“ meines Erachtens eigentlich der zumindest in der breiten Öffentlichkeit bekannteste Ökonom der Österreichischen Schule.

Sein Bekanntheitsgrad zumindest unter Ökonomen wird vielleicht besser vom „International Citation Index of the Social Sciences“ wiedergegeben. Hayek erreichte in den Jahren von 1972 bis 1992 immerhin 2145 Zitationen (bei Streissler 1992, S. 282).

Und es sollte bei der Rezeption Hayeks immer auch beachtet werden: „Die Reputation des ... Friedrich August von Hayek, so bemerkte der Economist treffend, beruhte weniger auf dem, was er geschrieben hat, als vielmehr darauf, was andere sagen, dass er geschrieben habe“ (Böhm 1993, S. 45).

Die Rezeption der Ideen Hayeks, seine wissenschaftliche Reputation, verlief nicht geradlinig, im Gegenteil, es gab (fast erwartungsgemäß) immer wieder deutliche Hochs und Tiefs bezüglich seiner Anerkennung. Stephan Böhm ist hierzu sogar der Meinung: „Hayeks wissenschaftliche Reputation unterlag einem regelrechten Konjunkturzyklus“ (Böhm 1993, S. 45).

Und auch seine Zuweisung zu bestimmten Denkrichtungen variierte mit dem Grad der Zustimmung oder Ablehnung seiner (vor allem sozialphilosophischen) Thesen. So wurde er von verschiedenen Beurteilern wie folgt etikettiert: Klassischer Liberaler, Altliberaler (was ist hier eigentlich der Unterschied?), Neo-Liberaler, Konservativer, Neo-Konservativer, Kapitalist, Sozialdarwinist, etc. ganz zu schweigen von verunglimpfenden Bezeichnungen.

Zunächst war Hayek als Ökonom wegen seiner geld- und konjunkturtheoretischen Publikationen bekannt und geschätzt. Und auch sein Start an der London School of Economics verlief sehr positiv (ein erstes Hoch seiner Reputation).

„At the London School of Economics, Hayek was the center of a small but influential group of economists who argued that the Depression should be allowed to run its course, that it was the inevitable consequence of the basic maladjustments in the structure of production that were the legacy of the boom ... They opposed government deficit spending and monetary expansion to deal with the slump” (Haberler 1989, S. 220).

Damit geriet er zu Beginn der dreißiger Jahre aber in eine intellektuelle Gegnerschaft zu den Ideen von Keynes und seiner Anhänger. Darauf wurde in der Vita Hayeks bereits hingewiesen. Konjunkturelle Tiefs und Rezessionen wurden von den beiden Kontrahenten Hayek und Keynes unterschiedlich erklärt: Während für Keynes ein Nachfragemangel die Ursache krisenhafter Entwicklungen war, machte Hayek Erhöhungen der Geldmenge und daraus folgende Zinssenkungen dafür verantwortlich, die zu einer „falschen“ intertemporalen Kapitalstruktur führten.

Keynes sah in seiner kurzfristig angelegten Theorie eine zu hohe Ersparnis als Krisenursache, Hayek stellte auf eine Kapitalknappheit, d.h. einen Mangel an Ersparnissen ab.

Im Oktober 1932, auf dem Höhepunkt der Depression in Großbritannien, sprach sich Hayek als Mitunterzeichner eines Leserbriefes an die Times gegen eine expansive staatliche Wirtschaftspolitik aus und warnte vor der ihr innewohnenden inflationären Tendenz.

In der entstandenen Debatte mit Keynes und seinen Mitstreitern zog Hayek zunächst den Kürzeren. Nach dem Erscheinen der „General Theory“ 1936 beherrschte keynesianisch gefärbtes Gedankengut das Feld. Wohl auch, weil die Keynesianer dem Staat und der Politik ein breites aktives Betätigungsfeld zuwiesen, für Politiker als „Macher“ eine attraktive Vorstellung.

Es war aber nicht nur Keynes selbst, der sich kritisch äußerte. In dieser Auseinandersetzung „ging es außer um die Wahrheit um allerlei sonstiges, darunter die intellektuelle Vorherrschaft konkurrierender ökonomischer Schulen“ (Kurz 1995, S. 90).

Besonders interessant und auch theoretisch etwas tiefer schürfend war die Kritik von Piero Sraffa (März 1932 im „Economic Journal“: „Dr. Hayek on Money and Capital“). Sehr gut dargestellt ist die Debatte mit ihren Kombattanten und insbesondere die Argumentation Sraffas in einem lesenswerten Aufsatz von Heinz Kurz (1995). Kurz: Sraffa bemängelte zunächst Hayeks Begriff der „Neutralität“ des Geldes. Und: Hayek weise dem Geld letztlich nur eine einzige Funktion zu, nämlich die Tauschmittelfunktion. Die Wertaufbewahrungsfunktion spiele keine Rolle. Auch an dem Gegensatz zwischen freiwilliger und erzwungener Ersparnis, wie ihn Hayek verwandte, setzte er kritisch an. „Gemäß Hayek ist die infolge von „Zwangssparen“ sich ergebende Änderung der Verhältnisse nicht stabil. Über die schließlich steigenden Geldeinkommen werden die Entscheidungen der Konsumenten erneut ihre „volle Wirksamkeit“ erlangen und eine Revision des vorherigen Prozesses der Kapitalintensivierung erzwingen. Sraffa wendet ein: Hayek bleibe den Nachweis des Anstiegs der Geldeinkommen der Inflationsverlierer schuldig … Die von Hayek behauptete Rückkehr zum Gleichgewicht ist … nicht möglich. Sraffas Argument ist vor dem Hintergrund der von Hayek angerufenen Theorie des allgemeinen Gleichgewichts unabweisbar“ (Kurz 1995, S. 98).

Es komme dabei nämlich zu einer Änderung eines fundamentalen Datums im Datenkranz: Die Vermögensverteilung (also die Anfangsausstattungen) habe sich geändert. Geänderten Anfangsausstattungen sind aber unterschiedliche Mengen/Preiskombinationen zugeordnet und damit auch unterschiedliche Gleichgewichte.

„Es verwundert ... nicht, dass sich selbst Hayek eng verbundene Autoren wie Ludwig Lachmann (1986) des Eindrucks nicht erwehren konnten, Hayeks Statur als Wirtschaftstheoretiker habe in der Debatte mit Sraffa Schaden genommen“ (Kurz 1995, S. 105).

Im weiteren Ablauf der Debatte meldeten sich zu Wort (siehe Kurz 1995, S. 105-111): Ralph George Hawtrey (1932), Arthur William Marget (1932), George Shackle (1933/34), Ragnar Nurkse (1934/35), Alvin Hansen und Herbert Tout (1934), Gustav Akerman (1934), Otto Conrad (1934), Costatino Bresciani-Turroni (1933, 1934), Hans Neisser (1934), Wilhelm Röpke (1936), Gottfried Haberler (1937).

Hayeks Ideen gerieten ob des Siegeszuges der Ideen von Keynes und deren anfänglicher Erfolge letztlich in eine ausgesprochene Minderheitenposition. Selbst sein Mitstreiter Lionel Robbins driftete zum Keynesianismus hinüber. Ende der dreißiger Jahre war es sehr still um ihn (also ein erstes deutliches Tief im Zyklus seiner Reputation).

Kurz schreibt: „Die Angriffe von Keynes und Sraffa haben einerseits Hayeks Prestige in der Fachwelt gesteigert, denn wer imstande war, einen Keynes herauszufordern, musste ernstgenommen werden. Sie haben andererseits seiner Karriere als Wirtschaftstheoretiker einen Knick versetzt, denn nach sich allmählich durchsetzender Auffassung hatte Hayek vor allem in der Debatte mit Sraffa das Feld als Verlierer verlassen. Ehemalige Anhänger der Hayekschen Theorie wandten sich von ihr ab“ (Kurz 1995, S. 114).

Im Übrigen: Wie man dem von ihm veröffentlichten Aufsatz „Persönliche Erinnerungen an Keynes und die „Keynessche Revolution“ (Freiburger Studien, Tübingen 1968, S. 90-96) entnehmen kann, hielt Hayek trotz dieser Debatte viel von dem Menschen John Maynard Keynes und seinem Intellekt, sowie seinen vielseitigen Begabungen: „Diejenigen unter uns, die das Glück hatten, ihn persönlich zu treffen, verspürten bald die Anziehungskraft des brillanten Gesprächspartners mit seinen weiten Interessen und seiner bezaubernden Stimme“ (Hayek 1969, S. 91). Hayek führte weiter aus, dass sie trotz großer Meinungsverschiedenheiten bezüglich der ökonomischen Theorie „Freunde mit vielen gemeinsamen Interessen (waren), obwohl wir in volkswirtschaftlichen Fragen selten übereinstimmten“ (Hayek 1969, S. 90). Keynes kümmerte sich in den Kriegsjahren intensiv um Hayek, der die

Kriegsjahre in einem kleinen Zimmer in Cambridge verbrachte, das Keynes ihm beschafft hatte.

Hayek beschrieb dann im Weiteren die theoretische Auseinandersetzung mit Keynes in den dreißiger Jahren aus seiner Sicht. Und er schrieb, warum er damals die „General Theory" nicht besprochen habe: „Aber es gab noch einen anderen Grund, den ich damals nur unklar spürte, der mir aber im Rückblick der entscheidende scheint: meine Einwendungen gegen das Buch bezogen sich nicht so sehr auf irgendein Detail der Analyse als auf die allgemeine Einstellung des ganzen Buches. Die eigentliche Frage war die Gültigkeit der Makro-Analyse, wie wir sie heute nennen" (Hayek 1969, S. 91).

Kritisch war Hayek im Nachhinein allerdings bezüglich der ökonomischen Fähigkeiten von Keynes: „Es muss leider zugegeben werden, dass Keynes, bevor er seine eigenen Theorien zu entwickeln begann, kein hochgeschulter, mit allen Feinheiten vertrauter Wirtschaftstheoretiker war. Er ging von einer recht elementaren Marshallschen Theorie aus" (Hayek 1969, S. 91).

Interessant war auch die Einstellung von Keynes bezüglich des Gebrauches seiner Theorien durch seine Schüler. „Ich fragte ihn, ob er nicht beunruhigt sei über den Gebrauch, den einige seiner Schüler von seinen Theorien machten. Seine Antwort war, dass seine Theorien in den dreißiger Jahren sehr notwendig waren, doch wenn diese Theorien je schädlich werden sollten ich versichert sein könne, dass er schnell eine Wendung der öffentlichen Meinung herbeiführen würde" (Hayek 1969, S. 93). Ein paar Wochen später war Keynes tot.

Insgesamt beschrieb Hayek Keynes mehr als einen Künstler und Politiker als einen Gelehrten oder Forscher. „Obgleich mit höchsten Geisteskräften ausgestattet, war sein Denken ebenso sehr durch ästhetische und intuitive als durch rein rationale Faktoren bestimmt. Er erwarb Wissen leicht und besaß ein bewunderungswürdiges Gedächtnis" (Hayek 1969, S. 94).

1944 kam dann der Paukenschlag: „The Road to Serfdom", eine Publikation, die Hayek zwar sehr bekannt (ein „konjunkturelles" Hoch im Bekanntheitsgrad), aber nicht sehr beliebt machte. Diese Publikation machte Hayek für viele Intellektuelle (sicher für alle Linken, aber nicht nur) zu einem echten Feindbild, zu einem der meistgehassten Ökonomen. Für viele unverzeihlich, dass er Nazis, Faschisten, Kommunisten und Sozialisten in EINEN Topf geworfen hatte. Übel genommen wurde ihm auch seine eher zynische Widmung: den Sozialisten in allen Parteien. Und der Wohlfahrtsstaat sowie die Mischformen eines „dritten Weges" zwischen Kommunismus und Kapitalismus, beides die Hoffnung vieler politisch Gemäßigter, wurden von ihm scharf angegriffen und als Stationen auf dem dann unvermeidlichen „Weg zur Knechtschaft" identifiziert. Auch staatliches Intervenieren mit den besten Absichten sei gefährlich und schädlich. Jede Art zentraler Planung führe unvermeidlich zum Verlust individueller Freiheit.

Nach dem zweiten Weltkrieg wurde von den Regierungen und auch von der Mehrzahl der Ökonomen weiter auf interventionistische Lösungen gesetzt, nicht konvertierbare Währungen, Zölle und Kapitalverkehrsbeschränkungen. Und vor allem, entgegen den Vorstellungen Hayeks, wurde die sozialstaatliche und verteilungspolitische Tätigkeit des Staates immer mehr ausgeweitet.

Eine gewisse Abschwächung erfuhren die Ideen der keynesianischen Schule (nicht unbedingt die von Keynes selbst) durch die Anfang der siebziger Jahre aufgetretene Stagflation. Dieses Phänomen konnte durch den Lehrbuchkeynesianismus nicht überzeugend erklärt werden. Zudem wuchs die Staatsverschuldung bei fast allen Industriestaaten aufgrund des praktizierten Interventionismus gewaltig an.

Nun hatten wirtschaftsliberale Ideen wieder eine Chance, man denke nur an die Chikagoer Schule und Milton Friedman. Und auch an Hayek erinnerte man sich wieder.

Nachdem es in den fünfziger und sechziger Jahren sehr ruhig um Hayek geworden war (es wurde also wieder ein Tief in seinem Bekanntheitsgrad erreicht), änderte sich dies (zusammen mit den oben erwähnten Problemen des praktizierten Lehrbuchkeynesianismus) schlagartig mit seinem Nobelpreis 1974. Aber diese erneute Publizität, dieser erneute Anstieg seines Bekanntheitsgrades, hatte auch seine Schattenseiten. Viele Politiker beriefen sich nun – oft undifferenziert – auf seine Ideen. „Hayeks Status als Galionsfigur der damals sich formierenden neuen Rechten hat nicht unbedingt dazu beigetragen, ihm jene Anhänger zu bescheren, die seinem intellektuellen Niveau und seiner moralischen Integrität würdig gewesen wären" (Böhm 1993, S. 45).

Eine solche pauschale Vereinnahmung lehnte Hayek selbst zwar ab, konnte sie aber nicht ganz verhindern. Er leistete solchen Etikettierungen sicherlich auch Vorschub mit seinen oft bis zum Äußersten gehenden liberalen Ideen: So sollten z.B. die Industrieländer den Ländern der Dritten Welt keine Unterstützungszahlungen leisten, und: eine Gleichheit vor dem Gesetz und das Streben nach einer gleichmäßigeren Einkommensverteilung schlössen sich gegenseitig aus. Zudem sollte man scharfe Sanierungskrisen mit bis zu 20% Arbeitslosigkeit durchstehen, um die Inflation zu brechen. Aussagen, die bei einem Großteil der Bevölkerung (ohne dass die zugehörige theoretische Fundierung mitgedacht wurde) unpopulär waren.

Nach dem zweiten Weltkrieg gründete Hayek 1947 zusammen mit Walter Eucken, Wilhelm Röpke, Milton Friedman und anderen die Mont Pélerin Gesellschaft als Plattform für einen neuen Liberalismus. Im Programm wurde unter anderem ausgeführt: „Die entscheidenden Werte unserer Zivilisation sind in Gefahr. In weiten Teilen der Erde sind die Grundbedingungen menschlicher Freiheit und Würde bereits verschwunden, in anderen sind sie durch die Entwicklung der politischen Verhältnisse permanent bedroht. Die Rechte der einzelnen und der freigebildeten Gruppen werden zunehmend durch das Umsichgreifen bürokratischer Willkür unterminiert. Sogar die wertvollste Errungenschaft der westlichen Menschheit, die Freiheit des Denkens und der Meinungsäußerung, ist durch das Umsichgreifen von Weltanschauungen gefährdet, die, solange sie in der Minderheit sind, auf Toleranz pochen, nur um alle anderen Meinungen und Anschauungen zu unterdrücken, wenn sie erst einmal an die Macht gelangt sind“.

Mit Milton Friedman hatte er zwar Gemeinsamkeiten als Liberaler. Aber bezüglich der Gedanken zu Geld und Konjunktur hatten die beiden ganz verschiedene Auffassungen. Hayek vertrat z.B. die Idee, durch ein Konstanthalten des Geldumlaufes könne man wenigstens versuchen, die mit der Geldschöpfung verbundenen Störimpulse zu vermeiden. Dies war ein Gegensatz zu dem gleichmäßigen Wachstum der Geldmenge der Monetaristen. Und die „Österreicher“ vertraten zudem auch einen geringeren Aggregationsgrad der Variablen als die Monetaristen und maßen strukturellen Phänomenen, wie etwa der Zeitstruktur der Produktion, eine weitaus größere Bedeutung zu als die Monetaristen. Hayeks Plädoyer für eine Abschaffung des staatlichen Notenmonopols war ebenfalls nicht mit dem monetaristischen Gedankengut vereinbar. Und auch gegenüber einigen „Freiburgern“ gab es unterschiedliche Auffassungen, so z.B. in der Wettbewerbspolitik.

Nachzutragen ist, dass Hayeks düstere Prognose aus seinem Werk „The Road to Serfdom“ nicht (oder noch nicht?) eingetreten ist. Trotz ständiger heftiger staatlichen Interventionen in praktisch allen marktwirtschaftlichen Demokratien seit dem zweiten Weltkrieg mutierten diese nicht, wie vorausgesagt, zu totalen Planwirtschaften. Gottfried Haberler befand meines Erachtens zu Recht: „Hayek’s Road to Serfdom (1944), also written during the war, was too pessimistic, I believe, about the capability of present-day capitalism in most Western countries to adjust to maladjustments in the structure of production without causing intolerable unemployment“ (Haberler 1989, S. 229).

Und: „Hayek objected to the criticism, arguing that „The Road to Serfdom“ was meant to be a warning, not an historical prediction“ (Caldwell 1997, S. 1869).

Zudem muss man kritisch anmerken, dass Hayek die Fälle eines durch externe Effekte bedingten Marktversagens konsequent in seinen Theorien ausblendete.

Hayek ist heute als Ökonom der Österreichischen Schule eine feste Größe. Er ist in diesem Rahmen eine sehr bekannte Person, allerdings hat sich die Beschäftigung mit der Österreichischen Schule vor allem auf die USA verlagert, in Deutschland wird an den Universitäten (zumindest für Anfänger) zumeist (immer noch!) die „neoklassische Synthese“ gelehrt. Also eher wieder ein Abfallen des Bekanntheitsgrades von Hayek, wenn nicht bei seinen Kollegen, so doch bei den Studierenden.

Hayek selbst äußerte einmal (vermutlich eher scherzhaft?), er habe in seinem langen Leben EINE Entdeckung und ZWEI Erfindungen gemacht. Die Entdeckung war die „division of knowledge“, die beiden Erfindungen waren sein Vorschlag zur Reform demokratischer Institutionen und sein Vorschlag zu einer „Privatisierung“ des Geldsystems.

Manfred Streit schätzt Hayeks Leistung folgendermaßen ein: „Reconsidering Hayek's rich scientific harvest, it is probably justified to argue that he could not always penetrate in depth the many fields of research in which he scored striking and often revolutionary results. But in doing so, he opened up new avenues worth to be further explored" (Streit 1992, S. 22).

Und Fritz Machlup schrieb: „Worin liegen Hayeks größte Leistungen? ... Wenn ich das Fachgebiet auszuwählen hätte, ... dann fiele meine Wahl auf die Kapitaltheorie ... Sollten aber zwei Leistungen hervorgehoben werden, so würde ich Hayeks Beiträge zur Theorie der Wirtschaftsplanung hinzufügen“ (Machlup 1977 zitiert in: Kommentarband zu Hayek, Düsseldorf 1995, S. 14).

Als Schlusswort bezüglich der Rezeption der Ideen Hayeks eignen sich die Ausführungen seines Schülers Kurt Leube aus dem Jahre 1989: „Das Werk F.A. von Hayeks scheint nach wie vor umstritten zu sein. Für die einen gilt er als der bedeutendste Sozialphilosoph unserer Zeit, andere hingegen glauben, in ihm einen Advokaten des Konservatismus oder des reinen Laissez-faire gefunden zu haben“ (Leube 1989b, S. 137).

Und: „Wer sich so lange, so konsequent und unbeirrt dem Zeitgeist widersetzt, kann es nicht vermeiden, ein Stein des Anstoßes zu sein“ (Leube 1989c, S. 82).

Zum Schluss noch eine Anekdote: Laut Kurt Leube „vermied es Sigmund Freud sogar, mit ihm gemeinsam in einem Raum zu sein“ (Leube 1989b, S. 137).

11.3 Auseinandersetzungen und Strömungen im Sozialismus im 20. Jahrhundert

Notwendige Vorbemerkungen zur Vielfalt der Richtungen:

Man kann die Geschichte sozialistischer Theorien im 20. Jahrhundert eigentlich nur nachvollziehen, wenn man auch auf die Geschichte der sozialistischen Parteien und den politischen und ökonomischen Organisationsformen der Arbeiterbewegung zu dieser Zeit eingeht, die ja immer auch eng mit theoretischen oder populistischen Aussagen verknüpft waren. Dazu kamen im 20. Jahrhundert nun auch große reale „Versuche" der Umsetzung sozialistisch-kommunistischen Gedankengutes in der Sowjetunion und in China, die von einer umfangreichen Literatur begleitet wurden.

Die sozialistisch-kommunistischen Theorien (im Folgenden der Einfachheit halber nur mehr als „sozialistisch" bezeichnet) und die daraus gezogenen politischen Schlussfolgerungen waren dementsprechend im 20. Jahrhundert außerordentlich vielfältig, oft nur in Nuancen unterschiedlich aber auch oft gänzlich anders geartet.

Zudem ist auch eine trennscharfe Abgrenzung sozialistischer revolutionärer Thesen gegenüber den sozialdemokratisch-reformerisch-inspirierten Ansätzen nicht immer einfach. Es kann an dieser Stelle nicht versucht werden, die vielfältigen politischen Entwicklungen sozialistischer Gruppierungen auch nur in groben Zügen nachzuzeichnen. Viele Theoretiker und Richtungen werden deshalb im Folgenden in dieser Einführung unterschlagen. Es können hier nur einige wenige (zudem subjektiv ausgewählte) Schlaglichter gesetzt werden. Dabei wurde ihre Reihung nicht nach ihrer (immer umstrittenen) Bedeutung sondern objektiv nach ihren Geburtsjahrgängen vorgenommen.

Um ca. 1900 war der intellektuelle Einfluss von Karl Marx am stärksten in Deutschland (es waren aber durchaus auch Einflüsse in Österreich und Russland feststellbar). In England und in den USA war der Marxsche Einfluss dagegen eher gering.

Die wohl am heftigsten diskutierten und auch kontrovers beantworteten Fragen unter Sozialisten zu Anfang des 20. Jahrhunderts (nach dem Tod von Marx und Engels) waren sicherlich:

- Wird der Kapitalismus seiner inneren Widersprüche wegen ohne „Hilfe" von außen zusammenbrechen (Diskussion der Zusammenbruchsthese)?

- Werden die Krisen im Kapitalismus immer heftiger und enden sie schlussendlich in einem unvermeidlichen Zusammenbruch des Systems?
- Und vor allem auch: Darf (bzw. muss) man die Theorien von Marx an die inzwischen eingetretenen neuen historischen Gegebenheiten (Imperialismus, Arbeiteraristokratie etc.) anpassen d.h. revidieren? Oder sollte man Marx Thesen vollständig unverändert beibehalten und die neuen Fakten irgendwie darin „unterbringen“?

Karl Marx selbst lieferte zu den beiden obigen, besonders für die politischen Vorgehensweisen relevanten, Fragen in seinem umfangreichen Werk nur einige verstreute Bemerkungen. Er behauptete zwar in seiner „Kritik der politischen Ökonomie“ (1859), die kapitalistischen Produktionsverhältnisse würden in einem bestimmten Stadium zu Fesseln für die sich dynamisch entfaltenden Produktivkräfte werden. Diese Fesseln würden schließlich abgestreift und durch sozialistische Produktionsverhältnisse ersetzt werden. Und dieser Vorgang war laut Marx unvermeidlich, quasi naturgesetzlich. Aber trotz allem: diese Textstelle blieb nur eine beeindruckende, wortgewaltig formulierte Skizze.

Ein präziserer Ablauf und insbesondere eine genauere Festlegung desjenigen Stadiums (Zustandes) der Produktion, in dem dieser qualitative Umschwung erfolgen würde, wurde von Marx nicht angegeben. Die Frage des Zusammenbruchs des Kapitalismus blieb damit aber letztlich offen und war auch (unvermeidlich) offen für verschiedene Interpretationen. Und vor allem diese unterschiedlichen Interpretationen prägten die Epoche sozialistischen Theoretisierens zu Beginn des 20. Jahrhunderts.

Um dem Leser zumindest einen Eindruck von der Vielfalt der sozialistischen Richtungen im 20. Jahrhundert zu vermitteln, seien, wie angekündigt, neben einigen in eigenen Abschnitten vorgestellten Persönlichkeiten hier noch einige weitere Personen als eine kleine Auswahl aus einer großen Fülle zumindest kurz erwähnt (Reihung nicht nach Bedeutung, sondern nach Geburtsjahrgängen):

Eduard Bernstein (1850-1932) und die Revisionismusdebatte:

1850:	Am 6. Januar als siebtes Kind des jüdischen Lokomotivführers Jakob Bernstein und dessen Frau Johanna, geb. Rosenberg, in Berlin geboren. Die Eltern gehörten der jüdischen Reformgemeinde an. Die Familie war arm, es galt 16 (!) Kinder zu ernähren;

	„Rückblickend hat Bernstein beklagt, dass es ihm in seiner Jugend an geistiger Anleitung fehlte" (Meyer 1991, S. 203);
1866:	Trotz Geldmangels besuchte Eduard ein Gymnasium, musste es aber schließlich 1866 aus finanziellen Gründen mit sechzehn Jahren doch verlassen;
	Beginn einer Lehre als Bankangestellter. Er arbeitete bis 1878 als Bankkaufmann;
1870:	Angestellter im Bankhaus Rothschild;
1872:	Zunächst Eintritt in die „Internationale Arbeiterassoziation" und dann Eintritt in die „Sozialdemokratische Arbeiterpartei" (SDAP, Leitung August Bebel);
1875:	Gothaer Parteitag: Vereinigungsparteitag der beiden rivalisierenden sozialistischen Parteien; Gothaer Programm, an dem Bernstein maßgeblich mitarbeitete. Die vereinigte Partei nannte sich nun „Sozialistische Arbeiterpartei" (SAP). Bernstein wurde in die 18-köpfige Parteileitung gewählt;
1877:	Eduard Bernstein trat nach dem Tod seiner Mutter aus der jüdischen Gemeinde aus;
1878-1890:	Sozialistengesetze, die die Funktionäre sozialistischer Parteien in die Illegalität (Untergrund oder Ausland) trieben;
1878:	Sekretär des wohlhabenden jüdischen Privatgelehrten und sozialdemokratischen Mäzens Karl Höchberg, mit dem er 1879 wegen der Sozialistengesetze in die Schweiz zog. Bernstein wurde in Deutschland sogar steckbrieflich gesucht; Gemeinsame Herausgabe des Parteiorgans „Sozialdemokrat";
	Bernstein las Engels „Anti-Dühring". Diese Schrift überzeugte ihn vom Marxismus;
1879:	Ab Juni 1879 Korrespondenz mit Engels;
1881:	Besuch in London bei Marx und Engels;
	Bernstein übernahm die Redaktion des illegalen „Sozialdemokrat";
1883:	Zusammen mit Kautsky übersetzte Bernstein „Das Elend der Philosophie" von Karl Marx aus dem Französischen;
1888:	Auf Druck der deutschen Behörden wurde Bernstein (wie übrigens auch die anderen Mitarbeiter des „Sozialdemo-

	krat“) aus der Schweiz ausgewiesen. Er ging daraufhin von 1888 bis 1901 nach London in die Emigration. Dort war er in enger Verbindung mit Friedrich Engels, und verwaltete nach dessen Tod (1895) sogar dessen literarischen Nachlass, darunter auch seinen Briefwechsel mit Karl Marx. Er publizierte in Kautskys Publikationsorgan „Die Neue Zeit“;
	Bernstein fand in London Kontakt zur Gruppe der Fabier, einer intellektuellen Gruppe, die eine eigene Auffassung vom Sozialismus entwickelt hatte;
1890:	Aufhebung der Sozialistengesetze. Die SAP wurde in „Sozialdemokratische Partei Deutschlands“ (SPD) umbenannt;
1890-1899:	Londoner Korrespondent des „Vorwärts“;
1891:	Zusammen mit Karl Kautsky Entwurf des (orthodox-marxistischen) Erfurter Programms;
1896-1898:	Bernstein veröffentlichte in der Zeitschrift „Die Neue Zeit“ eine Artikelserie „Probleme des Sozialismus“, mit der die sogenannte Revisionismusdebatte in der SPD losgetreten wurde;
1897:	Heirat von Regina Zadek;
1900:	Nachdem Kautsky Bernstein als Mitarbeiter der „Neuen Zeit“ hinausgedrängt hatte, musste dieser ab 1900 in den „Sozialistischen Monatsheften“ publizieren;
1901:	Reichskanzler Bernhard von Bülow hob den Steckbrief gegen Bernstein und damit sein Einreiseverbot nach Deutschland auf;
1901-1905:	Nach seiner Rückkehr nach Deutschland gab er eine eigene Zeitschrift „Dokumente des Sozialismus“ heraus;
1902-1907:	Reichstagsabgeordneter für die Sozialdemokratische Partei Deutschlands (SPD);
1903:	Der Parteitag von Dresden 1903 lehnte auf Antrag Kautskys die theoretischen Positionen Bernsteins mit großer Mehrheit ab. „Dieser beugte sich der Parteidisziplin und übte künftig eine weitgehende Zurückhaltung bei der Auseinandersetzung mit den offiziellen Parteitheorien. Er wurde Reichstagsabgeordneter und widmete sich überwiegend Fragen der praktischen Politik“ (Meyer 1991, S. 207);

1912-1918:	Reichstagsabgeordneter für die SPD, später für die Unabhängige Sozialdemokratische Partei Deutschlands (USPD);
1914:	Ende 1914 stimmte Bernstein im Reichstag gegen die Kriegskredite;
1915:	Im Juni 1915 publizierte Bernstein (gemeinsam mit Kautsky) einen Aufruf gegen die Kriegsziele der deutschen Regierung und gegen die Kriegspolitik der SPD. Seine Schriften während des Krieges traten für ein vernünftig begründetes Verhältnis von Patriotismus und Internationalismus ein;
1917:	Bernstein war einer der Mitbegründer der USPD, die sich wegen der Haltung der SPD zur Kriegspolitik von ihr abgespalten hatte;
1919:	Nach der Novemberrevolution 1918/19 ging Bernstein wieder zur SPD zurück. Er bemühte sich um eine Wiedervereinigung der beiden Lager (SPD und USPD) und besaß als Symbol eine Doppelmitgliedschaft; Ausschluss aus der USPD;
1920:	Auf Vorschlag des preußischen Kultusministers durfte Bernstein an der Universität Berlin als Gastdozent eine Vorlesung halten. Diese im Sommer-Semester 1921 gehaltene Vorlesung erschien als Buch mit dem Titel „Der Sozialismus einst und jetzt; Streitfragen des Sozialismus in Geschichte und Gegenwart“ (1922); Bernstein trat am 4. März 1920 als Sachverständiger für die deutsch-englischen Beziehungen einem im Oktober 1919 gebildeten Ausschuss zur Untersuchung des Kriegsausbruchs, verpasster Friedensmöglichkeiten und des Kriegsverlaufs bei. Dabei vertrat er die These einer deutschen Schuld am Kriegsausbruch und distanzierte sich damit von der Mehrheit der anderen Abgeordneten (vor allem denen der bürgerlichen Parteien);
1920-1928:	Reichstagsabgeordneter für die SPD (Potsdam);
1921:	Bernstein war entscheidend mitbeteiligt am „Görlitzer Programm“, in dem die SPD erklärte, sie wolle den Sozialismus nicht über eine Revolution sondern über Reformen erreichen;
1923:	Tod seiner Frau Regina;

1932:	Eduard Bernstein starb am 18. Dezember in Berlin. Sein Grab wird mittlerweile als Ehrengrab des Landes Berlin gepflegt;
1959:	Godesberger Programm der SPD. Hier wurde das revisionistische Sozialismuskonzept Bernsteins mit seinem Abstellen auf Reformschritte unter der Regierungsform der Demokratie endgültig zur Grundlage sozialdemokratischen Selbstverständnisses und Handelns gemacht;
1964:	Carlo Schmid, deutscher Bundesminister, sagte 1964 auf der 100-Jahrfeier der Sozialistischen Internationale in Brüssel: „Eduard Bernstein hat auf der ganzen Linie gesiegt".

Paul Sweezy charakterisiert Bernstein folgendermaßen: „Bernstein, von einem tief eingewurzelten Grauen vor Gewalt, einer Verachtung der Theorie und einer Hingabe an die praktischen Einzelheiten des Alltags geleitet, war in nahezu jedem Sinne der Gegensatz von Marx" (Sweezy 1972, S. 228).

Einige Werke von Eduard Bernstein:

„Probleme des Sozialismus" (Artikelserie in: „Die Neue Zeit", 1896ff);

„Die Voraussetzungen des Sozialismus und die Aufgaben der Sozialdemokratie" (1899);

Dieses Werk wurde auch als die „Bibel des Revisionismus" bezeichnet.

„Zur Geschichte und Theorie des Sozialismus" (3 Teile, 1900-1904);

„Sozialliberalismus oder Kollektivismus" (1900);

„Wie ist wissenschaftlicher Sozialismus möglich?" (1901);

„Die verschiedenen Formen des Wirtschaftslebens" (1904);

„Parlamentarismus und Sozialdemokratie" (1906);

„Die Geschichte der Berliner Arbeiterbewegung" (3 Teile, 1907/1910);

„Der Streik" (1920);

„Was ist Sozialismus?" (1922);

„Der Sozialismus einst und jetzt; Streitfragen des Sozialismus in Geschichte und Gegenwart" (1922);

Bernstein konnte aus finanziellen Gründen nie eine Universität besuchen. Er war begabt, musste sich aber alles Wissen als Autodidakt erwerben.

Bernstein war weder ein mitreißender Redner noch ein Demagoge. Er sprach eher zögerlich und unsicher. Auch sein Schreibstil war nicht geeignet, Anhänger um sich zu scharen. Er schrieb zu langatmig und zu spröde. Zudem setzte er den Gegnern kein überzeugendes, geschlossenes Theoriegebäude entgegen.

Bernstein war zunächst (1878/79) überzeugter Marxist. Er war zu diesem Zeitpunkt ein enger Freund Kautskys, der ebenfalls in die Dienste Höchbergs getreten war. Nach seiner Ankunft im Londoner Exil geriet er, wie in der Vita erwähnt, unter den Einfluss der „Fabian Society“, der auch das Ehepaar Webb (Beatrice 1858-1943 und Sidney James 1859-1947) und George Bernard Shaw (1856-1950) angehörten. Diese Gruppe vertrat das Prinzip einer schrittweisen Überwindung des Kapitalismus über Reformen statt einer einmaligen gewaltsamen Revolution. Diese Idee einer schrittweisen Reformstrategie vertrat dann auch Eduard Bernstein.

Nachdem Friedrich Engels verstorben war, publizierte Bernstein in der sozialdemokratischen Zeitschrift „Die Neue Zeit“ 1896 bis 1898 seine von Marx abweichenden Ideen, d.h. er revidierte Marxsche Ideen im Lichte neuerer Entwicklungen, deshalb auch der Ausdruck „Revisionismus“:

(1) Aufgrund eines reichen empirischen Materials vertrat er die Auffassung, dass trotz wachsender Einkommensunterschiede zwischen Arm und Reich das Realeinkommen der Arbeiter deutlich gestiegen sei. Also keine Verelendung der Arbeiterschicht. Im Gegenteil, deren Leben habe sich materiell verbessert;

(2) Die Mittelschicht sei keineswegs von den großen Kapitalien zerstört worden, sie hätte sich zwar gewandelt, wäre aber nicht verschwunden. Zudem entstünde über die rasch wachsende Zahl von Angestellten (zwar unselbständig Beschäftigte, aber eben keine Fabrikarbeiter) eine neue Mittelschicht. Es hätte keine Polarisierung der Klassen stattgefunden. Die Aufteilung der Betriebe in Groß- und Kleinbetriebe bliebe statistisch im Zeitablauf in etwa konstant. Das Eigentum sei daher breit gestreut. Im Dienstleistungsgewerbe, insbesondere im Handel, und in der Landwirtschaft gäbe es keinen Trend zur Konzentration;

(3) Ein baldiger und jäher Zusammenbruch des Kapitalismus über Krisen werde, dies zeige ein umfangreiches statistisches Material, nicht eintreten. Krisen seien zwar im Kapitalismus unvermeidlich, aber sie zeigten keine Tendenz, sich zu verschärfen bis hin zum Zusammenbruch des Systems. Der Kapitalismus sei anpassungsfähiger und flexibler als erwartet. Dies war zwar kein direkter Angriff auf den Theoretiker Marx, der ja keine konsistente, eindeutige Zusammenbruchstheorie formuliert hatte. Es war eher ein Angriff auf die marxistisch-orthodoxen Teile der SPD, insbesondere gegen Karl Kautsky. Der besser ausgebildete Teil der Arbeiterschaft werde sich in das System

integrieren und versuchen, innerhalb der bestehenden Ordnung Verbesserungen zu erzielen und sozial aufzusteigen. Diese Arbeiter hätten kein Interesse mehr daran, das System zu zerstören. Bernstein gab aufgrund dieser von ihm konstatierten Entwicklungen die Idee einer gewaltsamen Revolution auf und wollte den Sozialismus auf längere Sicht durch Reformen herbeiführen. „In der Wirklichkeit ist eine friedliche und graduelle Eliminierung der Übel des Kapitalismus möglich, sie ist darum politisch zweckmäßig und moralisch richtig" (Sweezy 1972, S. 229);

(4) Auch die quasi-religiöse Vorstellung paradiesischer Zustände nach Erreichen eines sozialistischen Systems lehnte er ab;

(5) Das Proletariat sei auch nicht generell allen anderen Schichten gegenüber historisch-moralisch überlegen. Diese Klasse sei charakterlich genauso heterogen zusammengesetzt wie die anderen Klassen;

(6) Bernstein vertrat die Staatsform der Demokratie, die prinzipiell die Aufhebung der Klassenherrschaft (nicht die Aufhebung von Klassen selbst) bewirke. Die Sozialdemokratie sollte sich rückhaltslos auf den Boden der Demokratie mit ihrem allgemeinen Wahlrecht stellen;

(7) Die dem Sozialismus zugrunde liegende Philosophie des dialektischen Materialismus müsse beseitigt werden. Bernstein unterschied scharf zwischen Wissenschaft und Ethik. In seiner Schrift „Wie ist wissenschaftlicher Sozialismus möglich?" (Sozialistische Monatshefte 1901) behauptete er, alle sozialistischen Bewegungen enthielten notwendig ein ethisches oder „ideales" Element. Eine rein ökonomische Interpretation der Geschichte, wie sie die orthodoxen Marxisten propagierten, sei nicht möglich. Und auch den „ökonomischen Determinismus" kritisierte er. Nicht-ökonomische Faktoren seien für die historische Entwicklung genauso wichtig und deshalb in deren Erklärung einzubeziehen;

(8) Bernstein stellte auch die Bedeutung der Arbeitswertlehre als einem zentralen theoretischen Baustein der Marxschen Theorien, so z.B. für seine Mehrwertlehre, in Frage. Für ihn war die Arbeitswertlehre eine gut gewählte Metapher, die das innere Getriebe des Kapitalismus enthülle und unter diesem Aspekt auch sinnvoll sei. Als alleinige Bestimmungsgröße des Wertes von Waren schien sie Bernstein allerdings nicht geeignet. So würde dabei die wichtige Rolle der Nachfrage bei der Wertbestimmung nicht berücksichtigt. Bernstein lehnte also die Marxsche Wertlehre nicht pauschal ab. Die Mehrwerttheorie solle

jedoch nicht über theoretische Deduktionen sondern über empirische Fakten hergeleitet werden.

Anders als vielleicht erwartet, sah der Antinationalist und Kriegsgegner Bernstein die Existenz von Kolonien als gerechtfertigt an. Er sah die kolonisierten Regionen als unterentwickelt auch in kultureller Hinsicht an, und war der Auffassung, die höher entwickelte (europäische) Kultur habe auch ein höheres Recht auf Kolonien. Eine Auffassung, die nur heute überrascht, die damals aber die meisten Sozialisten mit ihm teilten.

Bernstein ging es, wie er ausdrücklich betonte, nicht um eine Auslöschung des Marxismus, sondern um seine Weiterentwicklung. Die vielen brauchbaren Teile Marxscher Theorien sollten beibehalten, das Unbrauchbare, durch die Zeit überholte, aufgegeben werden. Also letztlich eine Verbesserung des Marxismus im Lichte inzwischen aufgetretener Entwicklungen und nicht seine Aufhebung. Aber dabei müsse man auch liebgewonnene alte Dogmen beseitigen. Nebenbei würde diese Vorgehensweise auch die oft berechtigte Kritik politischer Gegner entkräften.

Allerdings sägten seine Auffassungen, so z.B. man könne und solle nicht mehr auf den unvermeidlichen Zusammenbruch des Kapitalismus bauen, an den Grundfesten marxistischer Thesen, und waren nicht nur, wie von ihm selbst gerne betont, bloße unbedeutende Verbesserungen.

Und auch seine strategischen Empfehlungen, statt des Versuchs einer kompletten Verstaatlichung der Wirtschaft mit Aufhebung des Privateigentums an den Produktionsmitteln, ein Versuch, der wegen der Komplexität der Wirtschaft ohnedies zum Scheitern verurteilt sei, solle man kleine demokratische Schritte in Richtung Sozialismus gehen: Mitbestimmung, starke Gewerkschaften, selbstorganisierte Genossenschaften, staatliche Regulierungen usw. Diese Strategie entsprach nicht den dogmatischen marxistischen Vorstellungen seiner Zeit. „Die Demokratie war für ihn ein Stück sozialistischer Zielverwirklichung und die sicherste Garantie für den Fortgang der sozialistischen Transformation“ (Mexer 1991, S. 212).

1898 brach dann ein Sturm der Entrüstung los. Bernstein hatte den viel zitierten Satz geschrieben: „Ich gestehe es offen, ich habe für das, was man gemeinhin unter „Endziel des Sozialismus“ versteht, außerordentlich wenig Sinn. Dieses Ziel, was immer es sei, ist mir gar nichts, die Bewegung alles“. Dies war ein direkter Angriff auf das emotional verherrlichend ausgemalte Endziel des Sozialismus, das für so viele Menschen Hoffnung spendete. Bernstein wollte mit dieser Aussage nicht konkrete Zwischenziele der Bewegung verunglimpfen, er wollte eher mit den fast immer etwas nebulösen und utopischen „Endzielen“ von Gesellschaften abrechnen.

Seine Thesen lösten einen erbitterten Streit aus, der als „Revisionismusstreit“ in die Theoriegeschichte einging. Zeitweilig beabsichtigte die Parteiführung um August Bebel und Karl Liebknecht sogar, den Renegaten aus der SPD auszuschließen. Der Verurteilung Bernsteins schlossen sich auch Karl Kautsky und vor allem Rosa Luxemburg, die Wortführerin des linksradikalen Flügels, an. Bernsteins Anhängerschaft war aber bereits zu groß, so dass bei einem Ausschluss die Gefahr einer Parteispaltung bestanden hätte. Bebel verzichtete deshalb aus taktischen Gründen auf ein Parteiausschlussverfahren.

In dieser Kontroverse hatte Bernstein, salopp gesagt, von Anfang an die schlechteren Karten. Er hatte die (fast religiös geprägte) Hoffnung der Sozialisten auf eine bessere Zukunft und auf eine gewaltsame Ablösung der Kapitalisten, die an ihrem Elend Schuld hätten, durch kompromisslastige Reformschritte zerstört. Dies verziehen ihm seine Gegner nicht. Deshalb wohl wurden auch die Formulierungen härter, die Achtung vor und die Toleranz gegenüber dem anderen geringer. Eine Hauptgegnerin in diesem Streit war übrigens Rosa Luxemburg (1871-1919), die gegenüber Bernstein nicht mit Gehässigkeiten sparte. Er verlor im Verlaufe der Revisionismusdebatte übrigens auch seinen langjährigen besten Freund Karl Kautsky.

Und, wie oben erwähnt, die Persönlichkeit Bernsteins war einfach nicht geeignet, Anhänger oder sogar Jünger um sich zu scharen. Nachzutragen ist noch: Bernstein kannte die Lebensumstände der Arbeiter und ihre Gedanken, Wünsche und Hoffnungen durch seine vielen Reisen in der Umgebung Berlins.

Thomas Meyer charakterisiert die Position Bernsteins treffend: „Dieser bescheidene, aber selbstbewusste und beharrliche Sozialist hat der Arbeiterbewegung durch Widerspruch und unbequeme Anstöße zur Neubesinnung in einer Zeit gedient, als überschwängliche Ideologie und motivierende Gewissheiten das Gebot der Stunde zu sein schienen“ (Meyer 1991, S. 203).

In der Weimarer Republik war die Position Bernsteins schlechter denn je. Seine revisionistischen Vorschläge, schrittweise Reformen über demokratische Prozesse anzustreben, schienen zu dieser Zeit neben der Realität zu liegen: Die Krisenanfälligkeit des Systems war offensichtlich, breiten Schichten ging es wirklich schlechter (Verelendung) und auch eine Konzentration der Kapitalien war schwer zu leugnen.

Eigentlich hat sich der Ruf Bernsteins in (West-) Deutschland erst nach dem Zweiten Weltkrieg gebessert. Der Begründer des theoretischen Revisionismus innerhalb der SPD gilt heute als Vater moderner reformerischer, sozial ausgerichteter Demokratien.

Im Übrigen kann man konstatieren, dass ab dem Revisionismusstreit der Ton der Sozialisten gegenüber (behaupteten) Abweichlern bzw. andersdenkenden Sozialisten deutlich schärfer wurde. Und solche Auseinandersetzungen gab es, wie man sehen wird, im Folgenden immer wieder.

Das offizielle (und damit linientreue) Ökonomen-Lexikon der DDR widmet Eduard Bernstein immerhin 5 Seiten (S. 41-S. 45). Darin wird er als „führender Vertreter des internationalen Opportunismus“ gebrandmarkt (Berlin-Ost 1989, S. 41). Vor allem seine Einstellung gegenüber der Arbeitswertlehre wird scharf kritisiert: „Schließlich verfälschte er den Arbeitswert zum Bestandteil eines „ökonomischen Wertes“, der für ihn eine Synthese von Arbeitswert und Grenznutzen darstellte. Bernstein leugnete damit nicht nur den Wert als objektive Kategorie, sondern folgerte ganz apologetisch-vulgär, dass demzufolge der Arbeitswert für die Erklärung des Mehrwerts unwesentlich sei, er zur bloßen Formel werde, nur hypothetischen Charakter besäße“ (Berlin-Ost 1989, S. 44). Und auch alle übrigen genannten Abweichungen von den Marxschen Theorien wurden ihm hier vorgeworfen.

KARL KAUTSKY (1854-1938):

1854:	Am 16. Oktober 1854 als Sohn des tschechischen Theatermalers Jan Kautsky und der österreichischen Schauspielerin und Schriftstellerin Minna (geb. Jaich) in Prag geboren;
1863:	Die Familie Kautsky zog nach Wien um. Karl besuchte zunächst das Gymnasium der Benediktiner in Melk, dann das Akademische Gymnasium in Wien. Er wurde in der Schule als Slawe, als Angehöriger einer vermeintlich minderwertigeren Rasse, diskriminiert;
1874:	Karl studierte an der Universität Wien Nationalökonomie, Geschichte und Philosophie. Zugleich arbeitete er als Schriftsteller und Maler;
1875:	Januar 1875 Eintritt in die Sozialdemokratische Arbeiterpartei in Österreich. Kautsky arbeitete in den folgenden Jahren an verschiedenen Arbeiterzeitungen mit;
1880-1882:	Mitarbeiter bei dem vermögenden jüdischen Privatgelehrten Karl Höchberg (1853-1885) in Zürich. Dort begann eine Freundschaft mit Eduard Bernstein, der bei Höchberg als Sekretär arbeitete. Karl Kautsky beschäftigte sich nun, nach der Lektüre von Engels „Anti-Dühring“, intensiv mit den Theo-

	rien von Karl Marx. Fortan bezeichnete er sich als Marxist;
1881:	Auf einer Reise nach London, finanziert von Höchberg, lernte er Karl Marx und Friedrich Engels persönlich kennen;
1882:	Nach dem finanziellen Ruin Höchbergs im Frühjahr 1882 Rückkehr nach Wien;
1883:	Zusammen mit Bernstein übersetzte Kautsky „Das Elend der Philosophie" von Karl Marx aus dem Französischen; Zusammen mit anderen Gründung der Zeitschrift „Die Neue Zeit", deren Leitung er bis 1917 innehatte. Die erste Nummer der „Neuen Zeit" erschien 1883 in Stuttgart. „Von der Führungsgruppe der sozialdemokratischen Partei (um Bebel und Liebknecht) anerkannt, war die „Neue Zeit" als privates wissenschaftliches Unternehmen das einzige legale Organ der unter dem Sozialistengesetz illegalen sozialdemokratischen Partei ... Sitz der Redaktion war von Januar 1885 bis Juni 1888 und von September 1889 bis März 1890 London. In unmittelbarer Nähe zu Friedrich Engels und von diesem privatissime geschult, schrieb Kautsky neben seiner Tätigkeit als Redakteur eines der für die Verbreitung des Marxschen Denkens wichtigsten Bücher: „Karl Marx ökonomische Lehren" (1887), eine Einführung in das „Kapital" (Gilcher-Holtey 1991, S. 235);
1885:	Übersiedelung nach London (bis 1890). Er war dort eng mit Friedrich Engels befreundet;
1890:	Nach dem Fall der Sozialistengesetze Rückkehr nach Deutschland. Kautsky lebte von 1890 bis 1897 in Stuttgart; Heirat von Luise Ronsperger, die eine enge Freundin von Rosa Luxemburg war. Aus dieser Ehe entstammten drei Söhne;
1891:	Mitverfasser (zusammen mit Eduard Bernstein und August Bebel) des „Erfurter Programms" der Sozialdemokratischen Partei Deutschlands (SPD), in dem auf der Basis der marxistischen Theorie eine sozialistische Gesellschaft in Deutschland angestrebt wurde. „Für Kautskys Stellung innerhalb der Sozialdemokratischen Partei war die Annahme seines Programmentwurfs von größter Bedeutung: Er löste Liebknecht als Parteitheoretiker ab und ersetzte dessen von Marx wegen seiner lasalleanischen Prägung scharf kritisiertes Gothaer Programm durch ein von

	Engels als marxistisch anerkanntes“ (Gilcher-Holtey 1991, S. 236); In diesem Erfurter Programm wurde der Sozialismus als notwendig zur „Befreiung des gesamten Menschengeschlechts“ charakterisiert. Er könne nur durch den Kampf der Arbeiterklassen erreicht werden. Das Privateigentum an den Produktionsmitteln sei aufzuheben. „Dem Vorbild des Kommunistischen Manifestes folgend, verknüpft das Erfurter Programm damit den sozialen Kampf gegen die kapitalistische Ausbeutung mit dem politischen Kampf um die Eroberung der Macht im Staat“ (Gilcher-Holtey 1991, S. 240);
1897:	Auf dem Höhepunkt der Revisionismusdebatte mit der Redaktion der Zeitschrift Umzug nach Berlin;
1899:	Erscheinen seiner Anti-Kritik „Bernstein und das sozialdemokratische Programm“. Damit verteidigte er das Erfurter Programm und stellte den Charakter der Sozialdemokratie als Klassenpartei klar;
1903:	Der Parteitag von Dresden 1903 lehnte auf Antrag Kautskys die revisionistischen theoretischen Positionen seines früheren Freundes Eduard Bernsteins mit großer Mehrheit ab;
1910:	Kautsky vertrat die Idee eines politischen Massenstreiks. Er wandte sich aber gegen das radikale Konzept von Rosa Luxemburg und ihren Anhängern, das auf eine Revolution in der Arbeiterschaft abstellte. Damit spaltete sich die Partei in zwei Flügel. Hier deuteten sich schon spätere Auseinandersetzungen zwischen Sozialdemokratie und Kommunismus an;
1914/1915:	Karl Kautsky vertrat eine GEMÄßIGTE Antikriegshaltung, auch wenn er die Unterstützung vieler Sozialdemokraten für die Kriegspolitik der Regierung nicht teilte. Dies brachte die Parteilinke um Rosa Luxemburg und Karl Liebknecht endgültig gegen ihn auf. Diese waren der Ansicht, Kautsky trete dem Kriegskurs der SPD nicht scharf und entschieden genug entgegen;
1916:	Kautsky trat mit seinem früheren Gegner Eduard Bernstein gegen die deutsche Kriegspolitik auf;
1917:	Aus Protest gegen die Kriegspolitik der SPD Beitritt zur Unabhängigen Sozialdemokratischen Partei Deutschlands (USPD), deren theoretisches Gründungsmanifest er schrieb; Kautsky musste (als Folge seines Eintrittes in die USPD) die

	Redaktion der „Neuen Zeit“ abgeben;
1918:	Kautsky lehnte die russische Oktoberrevolution und ihre Folgen ab (siehe seine Schrift „Die Diktatur des Proletariats“, 1918). Diese kritische Haltung gegenüber den Bolschewiki führte (natürlich!) zur Kritik von Lenin, Trotzki und Bucharin; Vorsitzender der Sozialisierungskommission und beigeordneter Staatssekretär im Auswärtigen Amt in der SPD/USPD-Koalition vom November/Dezember 1918;
1919:	Auf Einladung der menschewistischen Regierung Georgiens vom September 1919 bis Januar 1920 Besuch des damals noch unabhängigen Georgien. Sechs Wochen nach seiner Abreise wurde Georgien besetzt und eine Sowjetrepublik;
1920:	Kautsky verließ wegen ihres starken Linksruckes (Vereinigung mit der KPD) die USPD. Er unterstützte eine Wiedervereinigung von SPD und USPD;
1922:	Kautsky kehrte zur SPD zurück;
1924:	Übersiedelung nach Wien;
1925:	Mitverfasser des „Heidelberger Programms“ der SPD;
1938:	Nach dem Einmarsch deutscher Truppen in Österreich emigrierte Kautsky mit Hilfe der tschechischen Botschaft nach Prag und dann nach Amsterdam; Am 17. Oktober starb Karl Kautsky in Amsterdam;
1944:	Seine Ehefrau Luise Kautsky starb 1944 in Auschwitz.

Karl Kautsky war kein mitreißender Redner, der auf Versammlungen die Zuhörer in den Bann schlagen konnte. Er wirkte durch Aufsätze und Bücher und insbesondere durch Artikel in der „Neuen Zeit“.

Einige Werke von Karl Kautsky:

„Karl Marx ökonomische Lehren“ (1887);

„Friedrich Engels“ (1887);

„Das Erfurter Programm in seinem grundsätzlichen Teil erläutert“ (1892);

„Karl Marx’ ökonomische Lehre“ (1897);

„Ein sozialdemokratischer Katechismus“ (1899);

„Die Vorläufer des neueren Sozialismus“ (2 Bände 1895);

„Die Agrarfrage“ (1899);

Hierin untersuchte Kautsky die Entwicklungen in der landwirtschaftlichen Produktion und ging dabei vor allem auch auf die Frage des Weiterbestehens der kleineren landwirtschaftlichen Betriebe ein. Er führte das Weiterbestehen dieser Betriebe unter anderem auf ihre Genügsamkeit und auf die Nachfrage nach Saisonarbeitern durch Großbetriebe zurück, die sich damit lokal verfügbare Arbeitsmarktreserven erhielten. Aber letztlich würden sich die großen, kapitalistisch geführten landwirtschaftlichen Betriebe, die auf Lohnarbeit basierten, durchsetzen.

„Bernstein und das Sozialdemokratische Programm: Eine Antikritik“ (1899);

„Krisentheorien“ (1901/1902);

In diesem Zeitschriftenartikel kam Kautsky zu dem Ergebnis, dass sich die Krisen im Kapitalismus immer mehr verschärften. „Nicht nur die Klassenkämpfe im Innern, auch die internationalen Konflikte werden immer ernster, da angesichts des drohenden Zustandes chronischer Depression jede Nation danach strebt, ihren Anteil am Welthandel auf Kosten anderer auszudehnen“ (Sweezy 1972, S. 236).

Später (1927) schrieb Kautsky aber: „Aber die Erwartung, die Absatzkrisen würden einmal eine solche Ausdehnung und Dauer erreichen, dass sie die Fortführung der kapitalistischen Produktionsweise unmöglich und ihre Ersetzung durch eine sozialistische Regelung unvermeidlich machten, findet heute keinen Boden mehr“ (Kautsky 1927 zitiert in: Sweezy 1972, S. 246). Dies war eine offene Annäherung an die revisionistische Position.

„Die Soziale Revolution“ (1902);

„Ethik und die materialistische Geschichtsauffassung“ (1906);

„Der Ursprung des Christentums“ (1908);

„Der Weg zur Macht“ (1909);

„Finanzkapital und Krisen“ (1911);

„Der Imperialismus 1914“ (1914);

„Der politische Massenstreik“ (1914);

„Nationalstaat, imperialistischer Staat und Staatenbund“ (1915);

„Die Diktatur des Proletariats“ (1918);

„Die Sozialisierung der Landwirtschaft“ (1919);

„Terrorismus und Kommunismus; Ein Beitrag zur Naturgeschichte der Revolution“ (1919);

„Die deutschen Dokumente zum Kriegsausbruch“ (1919);

„Georgien; Eine sozialdemokratische Bauernrepublik“ (1920);

„Von der Demokratie zur Staatssklaverei“ (1921);

„Die proletarische Revolution und ihr Programm“ (1922);

„Die materialistische Geschichtsauffassung“ (2 Bände 1927);

„Der Bolschewismus in der Sackgasse“ (1930);

„Krieg und Demokratie" (3 Bände 1932);
„Grenzen der Gewalt" (1934);
„Sozialisten und Krieg" (1937);

„Kautskys Werk umfasst nahezu 1800 Publikationen sowie eine umfangreiche Korrespondenz, die bislang nur zum Teil veröffentlicht ist. Noch zu Lebzeiten Kautskys wurde sein Werk zeitlich untergliedert und ideologisch klassifiziert. Lenin unterschied zwischen dem „frühen" und „späten", dem „Radikalen" und „Zentristen", dem „Marxisten" und „Renegaten" Kautsky. Während er den frühen Kautsky (bis 1909/1910) als „Autorität" anerkannte, galt ihm der späte als „Opportunist" und „Verräter" (Gilcher-Holtey 1991, S. 239).

Karl Kautsky wurde zunächst als der legitime Nachfolger von Friedrich Engels und als wichtiger intellektueller Führer der marxistischen Schule angesehen. Er war zwischen 1891 und 1914 DER Parteitheoretiker der deutschen Sozialdemokratie. Seine Schrift „Karl Marx' ökonomische Lehre" (1897) erschien in mehreren Auflagen auf Deutsch und wurde auch in andere Sprachen übersetzt. Diese Schrift war durch ihre verständlichen Formulierungen ein geeignetes Mittel, die ökonomischen Aussagen von Karl Marx (vor allem des ersten Bandes des „Kapital") zu verbreiten. Kautsky gab zudem die „Theorien über den Mehrwert" (1905-1910) von Karl Marx nach jahrelanger Arbeit posthum heraus und war der Gründer des wichtigen Publikationsorgans „Die Neue Zeit".

Kautsky selbst lieferte keine tiefliegenden theoretischen Abhandlungen. Er verteidigte vielmehr zunächst die orthodoxe marxistische Schule gegen Bernsteins revisionistische Thesen.

Er argumentierte 1902, dass das Geld und der Markt für die Wahlfreiheit beim Konsumieren und auch bezüglich der Arbeit unverzichtbar seien. Später (1922) stellte Kautsky die Bedeutung des Geldes als Recheneinheit im Sozialismus heraus, mittels dem man den Warenwert einschätzen könne.

Kautsky vertrat die Idee verschiedener Eigentumsformen im Sozialismus. Neben dem „verstaatlichten Eigentum" sah er auch Raum für genossenschaftliche Eigentumsformen. Er ließ sich in diesem Zusammenhang wohl durch die Vorstellungen des Gilden-Sozialismus anregen, auch wenn er sich ihnen nicht vollständig anschloss.

Nach der bolschewistischen Revolution verurteilte er alle Bemühungen, den Sozialismus in ein rückständiges Land einzuführen. Dies würde zu einer Diktatur einer Minderheit führen, eine prophetische Aussage.

Die Dialektik sah er als eine unbrauchbare Methode an, historische Entwicklungen zu erklären. Er setzte stattdessen auf Anpassungsprozesse an sich wandelnde Umgebungen, wobei der Mensch seine Umgebung selbst ändere. Dies erfordere wieder Anpassungsprozesse etc.

Zum Wettrüsten und zum Imperialismus stellte der späte Kautsky fest: „Während die Ausbeutung der Agrarländer durch die kapitalistischen Industrieländer eine „Lebensnotwendigkeit des Kapitalismus" sei, stelle das Wettrüsten keine Notwendigkeit für den Fortbestand des Kapitalismus dar. Vom rein ökonomischen Standpunkt sei es daher denkbar, dass der Kapitalismus noch eine neue Phase erlebe, „die Phase des Ultraimperialismus", wie er sie nannte, d.h. die Phase der Übertragung der Politik der Kartelle auf die Außenpolitik und damit des Zusammenschlusses der imperialistischen Großmächte, um dem Wettrüsten ein Ende zu machen. „An Stelle des Kampfes der nationalen Kapitale untereinander" träten dann „die gemeinsame Ausbeutung der Welt durch das internationale verbündete Finanzkapital" (Gilcher-Holtey 1991, S. 247). Lenin verwarf diese Auffassung entschieden.

Kautsky stellte immer wieder auf die Komplexität sozialer Konflikte ab. Er modifizierte damit das Klassenkampf-Konzept zweier antagonistischer Klassen, indem er Einteilungen innerhalb der Klassen berücksichtigte. Meines Erachtens ein interessanter Gedanke für jede Konflikttheorie!

Interessant ist, was Leo Trotzki (1879-1940), einer seiner Gegner, in seinem Nachruf auf Karl Kautsky in „Unser Wort", Februar 1939, schrieb: „Es gab jedoch eine Zeit, in der Kautsky im wahren Sinne des Wortes der Lehrer der proletarischen Avantgarde war ... In Deutschland, Österreich, Russland und den anderen slawischen Ländern war Kautsky eine unbestrittene Autorität geworden."

Er fährt dann aber kritisch fort: „Das Einsetzen einer Epoche großer Krisen und großer Erschütterungen offenbarte den durch und durch reformistischen Charakter der Sozialdemokratie und ihres Theoretikers Kautsky. Zu Beginn des Krieges brach Lenin entschlossen mit Kautsky. Nach der Oktoberrevolution veröffentlichte er ein schonungsloses Buch über den „Renegaten Kautsky" ... Aber er besaß nicht den universellen schöpferischen Geist eines Marx, Engels oder Lenin; Kautsky war im Grunde sein Leben lang nur ein talentierter Kommunikator. Seinem Charakter und seinem Denken fehlte jene Kühnheit und jener Gedankenflug, ohne die eine revolutionäre Politik unmöglich ist ... Kautsky begriff nichts von der Oktoberrevolution, hatte vor ihr den Schrecken eines kleinbürgerlichen Gelehrten und widmete ihr eine ganze Reihe von Arbeiten, die vom Geist erbitterter Feindschaft durchdrungen sind."

Und zum Schluss: „Wir gedenken Kautskys als unseres alten Lehrers, dem wir seinerzeit viel zu verdanken hatten, der sich aber von der proletarischen Revolution lossagte und von dem wir uns folglich lossagen mussten."

Auch der kritische Schumpeter kam zu dem Urteil: „In all diesen Schriften fand sich nichts eigentlich Originelles. Die Position, die er angenommen hatte, musste ihm von Anfang an jede Originalität verbieten, selbst dann, wenn er einen Funken davon besessen hätte. Wenn wir jedoch Kautskys Werk als Ganzes betrachten, können wir von einer historisch bedeutsamen Leistung sprechen" (Schumpeter 1965, S. 1074).

Mir scheint es abseits aller parteipolitischen Grabenkämpfe sinnvoll, zwischen den Auffassungen des „frühen" Kautsky und denen des „späten" Kautsky zu trennen.

Er orientierte die SPD 1894 („Ein sozialdemokratischer Katechismus") in Richtung auf die „friedliche" (!) Methode des Klassenkampfes: Streiks, Demonstrationen, Presseartikel, Parlamentarismus.

Seine klare Ablehnung des Bolschewismus wurde von den Sowjets als „Revisionismus" gegeißelt. Zudem kam er zu der Schlussfolgerung: „Wir können unter der Diktatur des Proletariats nichts anderes verstehen als seine Herrschaft auf der Grundlage der Demokratie" (Kautsky 1918 zitiert in: Gilcher-Holtey 1991, S. 245), auch dies in den Augen der Sowjetherrscher nicht eben opportun.

FRANZ OPPENHEIMER (1864-1943):

1864:	Am 30. März 1864 als drittes Kind von Dr. phil. Julius Oppenheimer, einem Prediger und Religionslehrer an der jüdischen Reformgemeinde in Berlin, und seiner Ehefrau Antonie (einer Lehrerin, geb. Davidson) in Berlin geboren;
1881:	Ab 1881 Studium der Medizin in Freiburg und in Berlin;
1885:	Promotion 1885 bei Paul Ehrlich in Berlin;
1886:	Von 1886 bis 1895 war Oppenheimer als Arzt in einem Armenviertel Berlins tätig;
1890:	Ab 1890 beschäftigte er sich zunehmend mit sozialpolitischen Fragen;
1895:	Oppenheimer gab seine Tätigkeit als Arzt auf und wurde Chefredakteur der Zeitschrift „Welt am Montag";
1896:	Franz Oppenheimer publizierte seine erste wissenschaftliche Arbeit: „Die Siedlungsgenossenschaft"; In diesem Buch formulierte er seine These, dass die „Boden-

	sperre" die Hauptursache gesellschaftlicher Missstände sei. Als Lösung schlug er eine Enteignung des Großgrundbesitzes und eine Bodenreform vor. Die Einrichtung von Siedlungsgenossenschaften würde zudem zu einer Rückwanderung auf das Land führen. Die Löhne in den Städten würden daraufhin steigen;
1908:	Promotion in Kiel mit einer Arbeit über David Ricardo zum „Dr. phil.";
1909:	Mitbegründer (3. Januar 1909) der „Deutschen Gesellschaft für Soziologie";
1909-1917:	Unbesoldeter Dozent an der Universität Berlin;
1917-1919:	Titularprofessor an der Universität Berlin;
1919:	Bis 1929 ordentliche Professur an der Goethe-Universität in Frankfurt (Lehrstuhl für Soziologie und theoretische Nationalökonomie). Er zog sich 1929 aus gesundheitlichen Gründen von diesem Posten zurück;
1933:	Oppenheimers Werke wurden in Deutschland verboten. Emigration erst nach Frankreich, dann nach Palästina und später schließlich in die USA;
1934-1935:	Oppenheimer lehrte in Palästina;
1936:	Ehrenmitglied der American Sociological Association;
1938:	Ausreise nach Japan, Lehre an der Universität von Kobe, auf Grund einer Intervention der Nationalsozialisten musste er Japan wieder verlassen;
1940:	Aufenthalt in Schanghai. Von dort aus Emigration in die USA nach Los Angeles;
1941:	Gründungsmitglied des „American Journal of Economics and Sociology",
1943:	Tod am 30 September 1943 in Los Angeles;
1964:	Oppenheimer wurde auf Veranlassung des damaligen Bundeskanzlers (und Schülers von ihm) Ludwig Erhard auf einer Briefmarke der Deutschen Bundespost (Serie: Bedeutende Deutsche, Wert: 90 Pfennige) abgebildet;
2007:	Seine Urne wurde 2007 in ein Ehrengrab auf dem Frankfurter Südfriedhof überführt.

Nachzutragen ist zu dieser kurzen Vita Oppenheimers, dass eine ganze Reihe bekannter Persönlichkeiten bei ihm studierten und von ihm auch beeinflusst wurden, so z.B.:

- Erich Preiser (1900-1967), Promotion 1923 „Die Marxsche Krisentheorie und ihre Weiterbildung; Darstellung und Kritik";
- Ludwig Erhard (1897-1977), Promotion 1925 „Wesen und Inhalt der Werteinheit";
- Gerhard Colm (1897-1968);
- Eduard Heimann (1889-1967);
- Adolph Lowe (1893-1995);
- Paul Tillich (1886-1965).

Joseph Alois Schumpeter beschrieb Franz Oppenheimer unter seinem analytischen Standpunkt etwas zwiespältig wie folgt: „Franz Oppenheimer (1864-1943) war ein bemerkenswerter Mann, ein führender Zionist, ein „positivistischer" Soziologe, der seinen Platz in der Geschichte der Soziologie kaum einbüßen dürfte; er war ein einflussreicher Lehrer, der viele heranwachsende Geister formte und in geistreichen Kontroversen die Fahne der ökonomischen Theorie hochhielt. Seine Henry-George-Einstellung gegenüber dem privaten Grundbesitz allein würde mich noch nicht berechtigen, eine eingehendere Behandlung seiner Lehren abzulehnen. Der Grund für meine Weigerung ist darin zu sehen, dass sein analytischer Apparat (seine „objektive" Preistheorie) sich überhaupt nicht reparieren lässt, bzw. dass es für die Beseitigung seiner Fehler nur eine Möglichkeit gibt: Die Ausbildung in Theorie. Er gelangte aber dennoch zu Erkenntnissen und formulierte viele gute Ideen" (Schumpeter 1965, S. 1043).

Franz Oppenheimer hinterließ ein umfangreiches Werk von ca. 40 Büchern und rund 400 Aufsätzen, mit Themen aus der Ökonomik, Soziologie, Politik, zu Wirtschaftsordnungen und zu tagespolitischen Fragen.

Einige Werke von Oppenheimer:

„Die Siedlungsgenossenschaft: Versuch einer positiven Überwindung des Kommunismus durch Lösung des Genossenschaftsproblems und der Agrarfrage" (1896);

„Großgrundeigentum und soziale Frage: Versuch einer neuen Grundlegung der Gesellschaftswissenschaft" (1898);

„Das Bevölkerungsgesetz des T.R. Malthus und der neueren Nationalökonomie" (1900);

„Das Grundgesetz der Marxschen Gesellschaftslehre; Darstellung und Kritik" (1903);

„Der Staat" (1907);

„David Ricardos Grundrententheorie; Darstellung und Kritik" (1909);

„Theorie der reinen und politischen Ökonomie“ (1910);

„Die soziale Frage und der Sozialismus: Eine kritische Auseinandersetzung mit der Marxistischen Theorie“ (1912);

„Kapitalismus-Kommunismus-wissenschaftlicher Sozialismus“ (1919);

„System der Soziologie“ (4 Bände, 1922-1935);

In Band IV dieses voluminösen Werkes präsentierte Oppenheimer eine soziologisch geprägte historische Abhandlung der Sozial- und Wirtschaftsgeschichte Europas, die von der Völkerwanderung bis hin in seine Gegenwart reichte.

„Richtungen der neueren deutschen Soziologie: Drei Vorträge“ (1928);

„Sprung über ein Jahrhundert“ (1932);

In diesem utopischen Roman machte Oppenheimer erstaunliche Prognosen über die Zukunft des Jahres 2032: Die Existenz atomarer Waffen, die Kriege verhindern würden, ein geeintes Europa, Bildtelefone (Fernsehen) und Elektrofahrzeuge etc.

Im Rahmen seines LIBERALEN SOZIALISMUS wollte Oppenheimer durch eine Weiterentwicklung der freien Konkurrenz unter Gleichen und des ökonomischen Liberalismus (also gänzlich anders als die vielen anderen Befürworter von Genossenschaften) eine Wirtschaft ohne Ausbeutung erreichen. Ohne monopolistische Marktformen, vor allem ohne das Bodenmonopol („Bodensperre“), das die Ursache des Klassenkampfes und der Kapitalakkumulation sei, könne die soziale Frage letztlich gelöst und das Ungleichgewicht zwischen Industrie und Landwirtschaft aufgehoben werden. Erst die Beseitigung des Bodenmonopols könne eine gerechte Gesellschaft herbeiführen. Das Bodenmonopol war für Oppenheimer historisch entstanden aus den gewaltsamen Eroberungszügen kriegerischer Stämme, die die friedvollen klassenlosen Gesellschaften der Frühzeit überrollten. Dies war der politische, gewaltsame Weg zur Existenzsicherung. Der ökonomische Weg dazu war die eigene Arbeit. Nach dem Bodenmonopol entstanden dann weitere Monopole verschiedenster Art. Der Großgrundbesitz müsse aufgelöst und dann eine umfassende Bodenreform durchgeführt werden. Und dabei sollten zu gründende SIEDLUNGSGENOSSENSCHAFTEN eine wesentliche Rolle spielen. Ein Sozialismus könne so ohne eine gewaltsame Enteignung der Produktionsmittelbesitzer durchgeführt werden. Denn nach Oppenheimer war Herrschaft eine vertikale, Genossenschaft eine horizontale Sozialbeziehung.

Die Bevölkerungstheorie von Malthus bot laut Oppenheimer keinen Ansatzpunkt für die zu seiner Zeit herrschende Armut. Der Hauptgrund für den Bevölkerungsdruck sei die Landflucht, die die Städte mit Menschen überflute. Und diese Landflucht sei verursacht durch das Bodenmonopol. Die Malthussche Bevölkerungstheorie sei bestenfalls in ferner Zukunft relevant.

Franz Oppenheimer schätzte zwar grundsätzlich das Werk von Karl Marx, bezweifelte aber die Realisierbarkeit von Planwirtschaften und wandte sich gegen einen dogmatischen Marxismus. Man solle die Klassengegensätze nicht betonen, sondern den zweifellos vorhandenen Klassengegensätzen besser das Fundament entziehen.

Beeinflusst wurde Oppenheimer stark von den Ideen von Henry George (1839-1897), aber auch von Hermann Heinrich Gossens (1810-1858) Thesen und Reformvorschlägen.

Nachzutragen ist noch, dass der mittlerweile geläufige Begriff „Komparative Statik" laut Schumpeter erstmals von Oppenheimer in seinem Werk „Wert und Kapitalprofit" (1916) verwendet wurde (Schumpeter 1965, S. 1173/1174).

Im offiziellen Ökonomen Lexikon der DDR (1989) fehlt ein Eintrag unter dem Namen „Oppenheimer".

Als Soziologe versuchte Franz Oppenheimer die Bewegungsgesetze der Gesellschaft zu ergründen. Er war an den Dynamiken des sozialen Lebens interessiert und an den dabei auftretenden Veränderungen.

Im „System der Soziologie" gab er als Leitsatz aus: „Wer einmal gelernt hat, dort zu zweifeln und zu fragen, wo die Normen es verbieten, kann grundsätzlich nie wieder aufhören" (Band I, S. 539).

MICHAIL IWANOWITSCH TUGAN-BARANOWSKY (1865-1919):

1865:	Geboren am 8. Januar in Charkow;
1888:	Graduierung an der physikalisch-mathematischen Fakultät der Universität Charkow;
1889:	Ehe mit Lydia Karlowna Davidowa;
1892:	Sechsmonatiger Aufenthalt in London;
1894:	Magisterarbeit in politischer Ökonomie 1894 in Russisch verfasst, Titel ins Deutsche übersetzt: „Studien zur Theorie und Geschichte der Handelskrisen in England;
1895-1899:	Dozent für politische Ökonomie in St. Petersburg;
1898:	Erscheinen seiner Dissertation „Geschichte der russischen Fabrik";
1899:	Entlassung an der Universität St. Petersburg wegen „politischer Unzuverlässigkeit";
1905-1913:	Wiederaufnahme seiner Dozentur an der Universität St. Pe-

	tersburg;
1917-1919:	Professor an der Universität Kiew, dabei Dekan der juristischen Fakultät, Mitglied der ukrainischen Akademie der Wissenschaften und Präsident der ukrainischen ökonomischen Gesellschaft;
1917/18:	Ende 1917 bis Januar 1918 kurzfristig Finanzminister der gerade etablierten ukrainischen Regierung;
1919:	Tod am 21. Januar 1919 in der Eisenbahn zwischen Kiew und Odessa.

EINIGE WERKE VON TUGAN-BARANOWSKY (ZUMEIST WURDE DAS ORIGINAL IN RUSSISCHER SPRACHE PUBLIZIERT, HIER WERDEN DIESE TITEL ÜBERSETZT GENANNT):

„The Doctrine of the Marginal Utility of Economic Goods" (1890);

„J.S. Mill: His Life and his Scientific and Literary Activity" (1892);

„Studien zur Theorie und Geschichte der Handelskrisen in England" (russisch 1894, deutsch 1901);

Tugan sammelte für dieses Werk eine Menge empirischer Daten (auch in England). Er zeigte in diesem Werk, dass der Kapitalismus in England trotz dessen großem Außenhandelsvolumen ein Produkt einer Evolution im Inneren sei und auf den heimischen Märkten beruhe. Und er stellte seine Disproportionalitätstheorie der Krisen vor.

„Geschichte der russischen Fabrik" (1898);

Hierin wurde die Geschichte der russischen „Industrie" seit dem 17. Jahrhundert nachgezeichnet. Tugan zeigte, dass die konjunkturellen Schwankungen in der russischen Kapitalgüterproduktion enger mit den konjunkturellen Schwankungen in Großbritannien verknüpft waren als mit den russischen Ernteerträgen. In diesem bedeutenden Werk finden sich zudem viele empirischen Belege zur russischen Produktion, der Kapitalknappheit, den Transportproblemen und dem niedrigen Stand der Technik.

„Notes from the Recent History of Political Economy and Socialism" (1903);

„Psychological Factors of Social Development" (1904);

„Theoretische Grundlagen des Marxismus" (1905);

„Modern Socialism in Its Historical Development" (1906);

„The Social Bases of Cooperation" (1916);

„Foundations of Political Economy" (1917);

„Socialism as a Positive Subject" (1918).

KRISENTHEORIE:

Am bekanntesten in der Theoriegeschichte der Ökonomik wurde Tugan-Baranowsky durch seine Krisentheorie.

Er machte die sogenannte Disproportionalitätstheorie (modern: Disproportionalität zwischen Investition, Sparen und Konsum) unter den sozialistischen Krisentheorien populär.

Tugan lehnte die Entstehung von Krisen sowohl durch den tendenziellen Fall der Profitrate (Nichtübereinstimmung mit den Fakten) als auch, bei vielen russischen und deutschen Marxisten beliebt, durch eine Unterkonsumtion der Massen ab. Die These eines tendenziellen Falls der Profitrate entkräftete er auch theoretisch durch die Annahme einer zunehmenden Mechanisierung der Produktion mit ständig zunehmender Arbeitsproduktivität, die ein Fallen der Profitrate verhindern werde, vielleicht sogar zu einer steigenden Profitrate führen würde. Eine ständige Unterkonsumtion der Massen, also eine Einschränkung ihrer Nachfrage, könne es nicht geben, solange die Produktion auf die verschiedenen Industriezweige proportional richtig aufgeteilt sei. Dabei verwendete Tugan für seine Argumentation die von Karl Marx in Band II des „Kapital“ aufgeführten Reproduktionsschemata.

„Bald wurde die Disproportionalitätstheorie, die in Verbindung mit den Reproduktionsschemata entwickelt wurde, als Marx' eigene Theorie angesehen anstatt als die von Tugan“ (Sweezy 1972, S. 191).

Tugan argumentierte auch durchaus mit Teilstücken der Theorien von Karl Marx. So betonte er, dass Disproportionalitäten vor allem im Gefolge neu akkumulierter Kapitalien entstünden. Denn hier würden die Kapitalisten, auf sich gestellt, zu viel akkumulieren, ohne die genauen im Reproduktionsschema vorgegebenen gesamtwirtschaftlichen Proportionen, die sie gar nicht kennen konnten, einzuhalten. Anders formuliert: Einige Industriesektoren würden entgegen den Proportionen einer (im Gleichgewicht befindlichen) Reproduktion auf erweiterter Stufenleiter überexpandieren und damit die „vorgeschriebenen“ Proportionen zwischen Produktionsmittelindustrien und Konsumgüterindustrien verletzen. Und solche Disproportionalitäten würden, wie oben angedeutet, vor allem im Zusammenhang mit neu akkumulierten Kapitalien auftreten, denn hier hätte man noch keine Erfahrung in korrekten Schätzungen, welcher Sektor neuer Kapitalgüter bedürfe und wie vieler.

Für die Erklärung ZYKLISCHEN Verhaltens also die Entstehung ganzer Zyklen kam bei Tugan noch das Kreditsystem dazu. Bei Kapitalknappheit gebe es ein starkes Steigen des Zinses, das zu Produktionseinstellungen und schließlich zur Krise führe. In der Krise sinke der Zins wieder, was neue

Investitionen hervorrufe, und damit auch wieder (mit Verzögerung wirkende neue) Disproportionalitäten und im Gefolge wieder eine erneute Krise. Also wurde von Tugan ein ganzer Zyklus mit Auf- und Abschwung erklärt.

Im Gegensatz zu Marx glaubte Tugan nicht, dass der Zusammenbruch des Kapitalismus eine ökonomische Notwendigkeit sei.

WERTTHEORIE:

Tugan beschäftigte sich bereits als junger Student eingehend mit der Grenznutzenlehre. Er vertrat die Auffassung, eine subjektive Wertlehre allein sei nicht hinreichend: „It is necessary to go further and consider thoroughly the objective causes of value. Wieser and Böhm-Bawerk do this, but not sufficiently fully, because they do not distinguish adequately between the subjective and objective view-point in the scientific theory of value" (Tugan-Baranowsky 1890 zitiert in: Howard, King 1995, S. 224/225).

Und er ging sogar noch weiter: Grenznutzentheorie und die Werttheorie von Ricardo und Marx stünden nicht nur nicht in Widerspruch zueinander, sondern sie seien miteinander vereinbar, ja sie ergänzten einander sogar. Die Arbeitswerttheoretiker sollten akzeptieren, dass nicht nur objektive sondern auch subjektive Faktoren ein integraler Bestandteil einer Werttheorie sein müssten und die Grenznutzenanhänger sollten nicht die objektiven Faktoren der Produktion vernachlässigen.

Tugan war auch nicht der Auffassung Wiesers, dass die Grenznutzenlehre spezifisch für die entwickelteren Zivilisationsstadien sei, die Arbeitswertlehre hingegen nur auf primitive Gesellschaften angewandt werden dürfe. „It is mistaken because „as far as we know, the principles of evaluation are in general the same both in contemporary civilized society and among uncivilized peoples" (Tugan-Baranowsky 1890 zitiert in: Howard, King 1995, S. 225).

Tugan interpretierte die Arbeitswerttheorie teilweise als Produktionskostentheorie, wobei der Faktor Arbeit zwar nicht der einzige Kostenfaktor war, aber als eine Art „Kürzel" für alle Kosten stand.

Michail Tugan-Baranowsky gehörte der Strömung der sogenannten „LEGALEN MARXISTEN" an. Ob dieser Name daher stammte, dass man sich von illegalen Aktivitäten distanzierte oder dass man legal publizierte, ist umstritten. Diese Gruppe stand vor allem in Gegensatz zu den „Narodniki" (Volkstümler, Volksfreunde), die in der zweiten Hälfte des 19. Jahrhunderts in Erscheinung traten und sehr einflussreich waren. Sie waren bäuerlich-kleinbürgerlich ausgerichtet und wollten eine Bauernbewegung initiieren, deren theoretische Mittelpunkte Dorfkommunen wären. Dadurch sollte das kapitalistische Entwicklungsstadium umgangen werden und der Sozialismus unmittelbar erreicht werden. Der soziale Wandel sollte durch die Bauern erfolgen und nicht durch die Fabrikarbeiter. Die legalen Marxisten vertraten hingegen die Auffassung, dass sich der Kapitalismus auch in Russland entwickeln könne. Sie distanzierten sich in den späten 1890er Jahren von der russischen Sozialdemokratie und drifteten in Richtung auf eine Art Liberalismus ab.

Zunächst Marxist entfernte sich Tugan ab ca. 1900 immer weiter vom Marxismus und näherte sich dem „Revisionismus" an. Er gestand dem Marxismus schließlich nur mehr zu, dass dieser „teilweise richtig" sei. So warf er Marx z.B. vor, dieser bringe „Wert" und „Kosten" durcheinander. Schwerwiegender: Tugan versuchte Teile der marxistischen Theorie mit Überlegungen der historischen Schule und vor allem der Grenznutzenlehre zu verbinden.

Er sprach sich sogar für eine Weiterexistenz der kapitalistischen Wirtschaftsordnung aus. Denn er war, wie erwähnt, überzeugt davon, dass der Kapitalismus nicht unvermeidlich zusammenbrechen müsse. „Die Menschheit wird aber den Sozialismus nie als ein Geschenk blinder, elementarer ökonomischer Kräfte erhalten, sondern muss die neue Gesellschaftsordnung zielbewusst erarbeiten – und erkämpfen" (Tugan-Baranowsky, Theoretische Grundlagen des Marxismus, zitiert in: Sweezy 1972, S. 231).

Im deutschsprachigen Raum wurden Tugans Thesen als Beitrag zur Konjunkturtheorie positiv aufgenommen. Beeinflusst durch Tugan waren neben vielen anderen Ökonomen Werner Sombart (1863-1941), Arthur Spiethoff (1873-1957) und Gustav Cassel (1866-1945).

Keynes schrieb in seinem Werk „A Treatise on Money" (1930): „Demgemäß sympathisiere ich stark mit dieser Schule – Tugan-Baranowsky, Hull, Spiethoff und Schumpeter – von denen Tugan-Baranowsky der erste und originellste war, und besonders mit der Form, die diese Theorie in den Arbeiten von Tugan-Baranowsky selbst ... annimmt" (Keynes, deutsche Übersetzung: Vom Gelde, Berlin 1955, S. 375). Keynes stellte dann allerdings im Folgenden einen (seiner Auffassung nach vorhandenen) Fehler der Argumentation von Tugan fest.

Leo Trotzki bezeichnete Tugan in seiner „Geschichte der russischen Revolution" als „eine russische Spielart von Sombart".

Der Marxist Paul Sweezy nannte Tugan „den vielleicht einflussreichsten und originellsten unter den ökonomischen Denkern, die die sogenannte „revisionistische" Bewegung hervorgebracht hat ... Die Berechtigung, Tugan als einen Revisionisten zu bezeichnen, kann bezweifelt werden, da er niemals den Anspruch erhob, Marxist irgendeiner Art zu sein und sich daher in dieser Hinsicht von denen unterschied, die, wie Eduard Bernstein, dachten, sie „revidierten" Marx im Lichte der modernen Erfahrung. Für alle praktischen Zwecke freilich stimmte Tugan mit den Revisionisten überein und es wäre irreführend, wenn man ihn nicht zu ihnen rechnete" (Sweezy 1972, S. 190).

Und auch der kritische Joseph Alois Schumpeter zollte Tugan Anerkennung: „Der hervorragendste unter diesen halbmarxistischen Marxkritikern war Tugan-Baranowsky" (Schumpeter 1965, S. 1073).

Das offizielle Ökonomen-Lexikon der DDR widmete Tugan-Baranowsky immerhin drei Seiten (S. 578-580). Dass dieser dabei schlecht wegkam, ist nach dem bisher Gesagten nur zu verständlich. So wird er als „russischer bürgerlicher Ökonom und namhafter Vertreter des „legalen Marxismus" bezeichnet. Und: „Die zum Teil akzeptierten marxistischen Thesen gingen stets mit vulgärökonomischen Theorien einher ... Das Vorhaben schließlich, die wissenschaftliche Arbeitswerttheorie durch Vermengung mit der Grenznutzentheorie zu „vervollkommnen", bedeutete, bedingungslos auf bürgerlich-imperialistischen Interessen entsprechende theoretische Positionen überzugehen, sich offen gegen die wissenschaftliche politische Ökonomie zu wenden" (Ökonomen-Lexikon, Berlin Ost 1989, S. 579).

Versuch eines bisherigen Fazits: Die kurz aufgeführten Personen Eduard Bernstein, Karl Kautsky, Franz Oppenheimer und Michail Tugan-Baranowsky sollten einen ersten Eindruck von den vielen sozialistischen Strömungen und ihren teils stark unterschiedlichen Thesen und von ihnen vorgeschlagenen Aktivitäten geben. Man könnte – wie immer – je nach eigenem Standpunkt sicherlich zu Recht argumentieren, wichtige Vertreter und Richtungen seien (auch wenn man die Abschnitte 11.3.1 bis 11.3.8 einbezieht) hier nicht aufgeführt worden. So fehle etwa der belgische Sozialpsychologe Hendrik de Man (1885-1953) mit seinem gegen den Finanzkapitalismus und die Bankenmacht gerichteten „Planismus". Es sollte letztlich eine gemischte (aus Kapitalismus und Sozialismus zusammengesetzte) Wirtschaftsordnung aufgebaut werden. Der Staat sollte die Schlüsselindustrien und den Bankensektor kontrollieren. Der übrige private Sektor, der sich aus dem Mittelstand und der Landwirtschaft rekrutierte, sollte nicht nur aufrechterhalten sondern sogar gefördert werden. Das Privateigentum in diesem Sektor dürfe nicht angetastet werden.

Eine große Rolle in den Debatten um den Sozialismus spielte auch der in verschiedenen Spielarten anzutreffende CHRISTLICHE SOZIALISMUS. Ansätze existierten sowohl auf katholischer als auch auf evangelischer Seite.

Die Idee, neue Organisationsformen zu schaffen, die auf den Werten der Nächstenliebe und der Brüderlichkeit aufbauten, ist unter christlichem Aspekt ja durchaus nachdenkenswert. Einige vorgeschlagene Maßnahmen zur Erreichung dieses Zieles, die allerdings nicht von allen der teilweise recht unterschiedlichen Gruppierungen des religiösen Sozialismus geteilt wurden, waren z.B. eine Sozialisierung der großen Unternehmen und die Verhinderung des Entstehens (zu) großer Reichtümer.

Dieser religiöse Sozialismus erfuhr durch den einflussreichen Paul Tillich (1886-1965), der mit einem hohen religiösen Anspruch den Sozialismus als „Ausdruck eines letzten Selbstverständnisses menschlicher Existenz" begriff, eine geistige Überhöhung. In diesem Zusammenhang muss auch Eduard Heimann (1899-1967) genannt werden. Die Vertreter eines „dritten Weges", des KONKURRENZ-SOZIALISMUS, legten als „Bauplan" einer sozialistischen Gesellschaft eine marktwirtschaftliche Wirtschaftsordnung zugrunde, aber ohne Privateigentum an den Produktionsmitteln. Ein Vertreter dieser Richtung war der oben genannte Eduard Heimann. Gewinne aus dem Produktionsfaktor Kapital sollten der Gemeinschaft der Arbeitenden zufließen. Das Bildungsprivileg vermögender Schichten sollte abgeschafft werden, allen Begabten sollte die Möglichkeit einer adäquaten Ausbildung geboten werden.

Breit gefächert war auch der GRUPPEN-SOZIALISMUS, der zwischen dem revolutionären französischen SYNDIKALISMUS und dem englischen GILDEN-SOZIALISMUS angesiedelt war. So lehnte etwa der Gilden-Sozialismus eine Revolutionierung der bestehenden Wirtschaftsordnung ab. Die Produktionsmittel sollten nationalisiert werden, demokratisch gewählte Gilden sollten eine vertikale ökonomische Selbstverwaltung durchführen, die Arbeiter sollten eine direkte Kontrolle in den Betrieben erhalten und ihre Manager und Vorarbeiter selbst demokratisch wählen. Endziel war eine Lohngleichheit aller Tätigen.

Die genannten Beispiele geben trotz allem nur ein unzureichendes Bild von der Vielfalt sozialistischer Ansätze und Theorien und den Viten ihrer Propagandisten. Es fehlen insbesondere die Weiterentwicklungen der Theorien von Karl Marx, die immer wieder interpretiert, uminterpretiert und den neuen historischen Gegebenheiten angepasst wurden, die im Westen entstandenen neomarxistischen Auffassungen, die eher dogmatisch orientierten Ausprägungen des Sozialismus wie z.B. im Stalinismus und die in der dritten

Welt entstandenen Sozialismus-Konzepte. Diese Lücken sollen teilweise in den folgenden Abschnitten geschlossen werden.

Unterschiede der seit 1900 aufgetretenen Richtungen bestanden vor allem:

- in der Frage, ob man die Theorien von Karl Marx an die neueren wirtschaftlichen und gesellschaftlichen Entwicklungen (Marx war 1883 gestorben) anpassen solle, sie also revidieren solle oder nicht;
- in der Frage der Lebensfähigkeit des Kapitalismus und den daraus folgenden Konsequenzen.

Dies war für jeden Sozialisten letztlich DIE Kernfrage. Warum brach der Kapitalismus, wie von Marx prophezeit, nicht längst zusammen? Handelte es sich nur um eine zeitliche Verzögerung des Zusammenbruchs oder brach er ohne „äußere Hilfe" überhaupt nicht zusammen? Kann der notwendige Zusammenbruch ohne exogene revolutionäre Hilfe überhaupt stattfinden? Und vor allem auch: Was verhinderte bisher diesen Zusammenbruch?

- Damit zusammenhängend: In der Frage der Notwendigkeit eines (gewaltsamen) revolutionären Umschwunges;
- Über die Rolle der Landwirtschaft im Vergleich zur Rolle der Industrie;
- Über das Ausmaß der notwendigen Verstaatlichungen;
- Über die Ausgestaltung der sozialistischen Organe;
- Über die Frage nach dem privaten Eigentum (auch an den Produktionsmitteln).

In den folgenden Abschnitten sollen, wie in der obigen Einführung angekündigt, einige ausgewählte Personen und ihre Thesen bzw. einige Auseinandersetzungen etwas eingehender vorgestellt werden:

11.3.1 John Atkinson Hobson (1858-1940);

11.3.2 Wladimir Iljitsch Lenin (1870-1924);

11.3.3 Rosa Luxemburg (1871-1919) und die Imperialismusdiskussion;

11.3.4 Rudolf Hilferding (1877-1941);

11.3.5 Die Sozialismusdebatte;

11.3.6 Stalin und die Industrialisierungsdebatte;

11.3.7 Der westliche Neomarxismus und die „Radical Economists" uns kurz: Weitere sozialistische Strömungen (Maoismus und Dependencia).

Zum Ende dieser Abschnitte noch einmal die fast schon obligatorische Warnung: In dieser Einführung konnten nicht alle wichtigen (nicht einmal alle für mich als wesentlich empfundenen) sozialistischen Autoren auch nur genannt werden. Und: Auch die vorgeführten Autoren wurden nicht immer in der ihnen gebührenden Tiefe abgehandelt. Interessenten seien (zum wievielten Male schon?) auf die entsprechende Spezialliteratur verwiesen.

11.3.1 John Atkinson Hobson (1858-1940)

Vita von Hobson

1858:	Geboren am 6. Juli 1858 in Derby. Besuch der Schule in Derby. Bereits als Kind brach er mit der herrschenden Religion;
1880:	Nach dem Abschluss seines Studiums am Lincoln College in Oxford (Master of Arts) Lehrer für klassische und englische Literatur (1880-1881) an zwei Public Schools (Faversham und Exeter);
1887:	Umzug nach London. Er gab „extension lectures" an den Universitäten Oxford und London in englischer Literatur und politischer Ökonomie. Zum Einkommen aus dem „Derby Newspaper", die seinem Vater gehörte, Zusatzeinkünfte aus Journalismus, Vorträgen und seinen Büchern;
1899:	Korrespondent des Manchester Guardian in Südafrika, um über den zweiten Burenkrieg zu berichten. Hobson stand innerlich auf Seiten der Buren. Hier machte er sich erste Gedanken über den Imperialismus und seine Ursachen;
1902:	Zurück in England kritisierte er den Krieg in Afrika. Er veröffentlichte sein Werk „Imperialism – A Study";
1914/18:	Während des Weltkrieges, den er verurteilte, war er Mitglied der „Union of Democratic Control", die sich gegen Zensur und allgemeine Wehrpflicht wandte und die eine Außenpolitik ohne Kriege forderte;
1919:	Hobson verließ die Liberalen und wurde Mitglied der „Independent Labour Party";
1940:	Tod am 1. April in Hampstead-London.

Hobson beschrieb sich selbst in seiner Autobiographie „Confessions of an Economic Heretic" (1938) wie folgt: „born and bred in the middle stratum of the middle class of a middle-sized industrial town in the midlands" (Hobson 1938 zitiert in: Lekachman 1972, S. 489).

Er konnte aufgrund der günstigen Vermögensverhältnisse seiner Familie sein ganzes Leben ohne finanzielle Engpässe leben.

Hobson war zwar später vom akademischen Leben ausgeschlossen, war dafür aber auf anderen Gebieten aktiv. Er veröffentlichte 53 Bücher und schrieb als Journalist Zeitungsartikel.

Heilbroner beschreibt ihn als einen „schwächlichen kleinen Mann, sehr besorgt um seine Gesundheit und geplagt von einem Sprachfehler, so dass Vortragen ihn nervös machte" (Heilbroner 1960, S. 211).

Einige Werke (auch Aufsätze) von John Atkinson Hobson

„The Physiology of Industry; Being an Exposure of Certain Fallacies in Existing Theories of Economics“ (gemeinsam mit dem Geschäftsmann und Bergsteiger Albert F. Mummery, 1889. Mummery starb 1895 im Himalaya);

„The Law of the Three Rents“ (1891);

„The Evolution of Modern Capitalism" (1894);

„The Problem of the Unemployed" (1896);

„John Ruskin: Social Reformer" (1898);

„The Economics of Distribution" (1900);

„The Social Problem" (1901);

„Imperialism – A Study" (1902);

„The Industrial System; An Inquiry into Earned and Unearned Income" (1910);

„The Crisis of Liberalism" (1909);

„Science of Wealth" (1912);

„Work and Wealth: A Human Valuation" (1914);

„The New Protectionism" (1916);

„Democracy After the War" (1917);

„The Economics of Unemployment" (1922);

„Free Thought in the Social Sciences" (1926);

„Wealth and Life" (1930);

„Confessions of an Economic Heretic" (1938);

Hobson kritisierte die damals tonangebenden neoklassischen Ökonomen, vor allem auch wegen derer „materialistischer“ Methodologie und wegen ihrer Auffassung einer Harmonie der Interessen aller Gruppen. Aber auch die Thesen von Marx wies er zurück und lehnte die dialektische Methode ab.

Beeinflusst wurde er von John Stuart Mills (1806-1873) „On Liberty“ (1859) und „Utilitarianism“ (1863), von Herbert Spencers (1820-1903) „Study of Sociology“ (1880) und vor allem von John Ruskin (1819-1900), dessen Slogan „There is no wealth but life“ ihn in seiner humanitären Auffassung der Ökonomik bestärkte. So sollten die wirtschaftlichen Ergebnisse nicht mehr in Geld sondern in den menschlichen Mühen und Befriedigungen gemessen werden. Und auch Thorstein Bunde Veblen (1857-1929) wurde von ihm geschätzt. „With American institutional economists of the period he shared a basic distrust of marginal economics and a disposition to interpret all aspects of economic activity within the broader framework of ethics and sociology" (Lekachman 1972, S. 490).

„After early professional rebuffs, he proclaimed himself an economic heretic with a characteristic mixture of defiance and irony. Working against the grain of orthodox economic opinion, cut off from academic colleagues, writing to immediate deadlines for a wide range of publications, Hobson left an oeuvre which is not easy to assess and in which formal inconsistencies are not difficult to find. He conveys, nonetheless, a general vision of the scope and nature of economics which is both distinctive and coherent" (Clarke 1987, S. 664).

Politisch war Hobson eher unentschlossen. Er begann als Liberaler und wurde dann ein eher zögerliches Mitglied der Labour Party. Den Klassenkampf sah er als untaugliches Mittel an, eine bessere Gesellschaft zu erreichen. Er vertrat zwar die Idee einer Nationalisierung von Teilen der Industrie, vor allem der monopolistisch organisierten Industrie, von Banken und Versicherungen, Wasser- und Gasversorgungsunternehmen und der Grundstoffindustrie. Aber eine globale Nationalisierung lehnte er ab.

In der Theoriegeschichte wurde er vor allem durch seine Unterkonsumtionstheorie und seine Überlegungen zum Imperialismus bekannt.

Zur Unterkonsumtionstheorie:

Hobson wandte sich gegen die konventionelle Auffassung, eine Gesellschaft könne nie zu viel sparen: Je mehr eine Gesellschaft spare, umso reicher würde sie werden. Er war im Gegenteil der Meinung, dass übermäßiges Sparen zu einer unnötigen aufgeblähten Kapitalausstattung führe, deren Erzeugnisse dann nicht alle abgesetzt werden könnten. Die Konsumtion von Gütern könne mit ihrer Produktion nicht Schritt halten. Später stellte er als Grund für dieses übermäßige Sparen die Ungleichheit der Einkommensverteilung heraus, die die Reichen fast zwänge, einen zu großen Anteil ihres Einkommens zu sparen. Salopp: Die Armen hatten nicht genügend Einkommen, um zu konsumieren, die Reichen hatten zu viel Einkommen, sie konnten einfach nicht genügend verkonsumieren. „Hobson's conception of oversaving differs from contemporary theories in its assumption that saving is actually and necessarily converted into fixed investment. The Keynesian version maintains that an effort to save too much diminishes total spending rather than fixing itself in surplus machines" (Lekachman 1972, S. 490).

Also: Für Keynes bedeutete zu viel Sparen einen Nachfrageausfall, für Hobson waren Sparen und Investieren nur zwei Seiten der gleichen Medaille. Zu viel Sparen bedeutete dann zu viel Kapitalausstattung.

Hobson schlug als Heilmittel gegen die Unterkonsumtion und das übermäßige Sparen (verbunden mit Arbeitslosigkeit) eine Änderung der Einkommensverteilung in Richtung auf mehr Gleichheit vor. Instrumente dafür wären etwa gewerkschaftliche Forderungen nach höheren Löhnen und vor allem staatliche Eingriffe, z.B. in Form einer geeigneten Besteuerung, die den Kapitalüberschuss der Reichen abschöpfe. Würde man die Monopole kräftig besteuern, würde dies nicht nur die Einkommensverteilung etwas mehr egalisieren, man könnte mit den so erhaltenen Geldern auch die Gesundheitsdienste und den Erziehungssektor stärken. Möglich sei dies weil im Anschluss an John Stuart Mill zwar die Gesetze der Produktion nicht veränderbar seien, wohl aber die Einkommensverteilung, deren Ausgestaltung im menschlichen Ermessen liege.

Zur Imperialismustheorie:

Hobson vertrat, wie oben aufgeführt, die Auffassung, in den westlichen Industriestaaten wachse die Produktion von Gütern rascher als die Gesamtnachfrage danach. Dieses Problem würde dadurch gelöst, dass man in die Dritte Welt expandiere. Dort könne man nicht nur die überschüssigen Produkte absetzen, sondern auch günstige Rohstoffquellen ausbeuten. Und auch spekulative Investitionen aus dem übermäßigen Sparen heraus würden in unterentwickelten Ländern vorgenommen. Also war auch die Suche nach neuen Kapitalanlagemöglichkeiten für Hobson ein Grund für den Imperialismus.

Diese kapitalistische Expansion rufe notwendigerweise Konflikte mit den anderen Industriestaaten hervor, die ja das gleiche Ziel verfolgten. Dies könne zu Kriegen führen und würde im schlimmsten Fall die Erde zerstören.

Interessant dabei ist, dass Hobson der Auffassung war, der Imperialismus sei keine strukturelle Notwendigkeit kapitalistischer Staaten. Die imperialistischen Bestrebungen könnten durch geeignete binnenwirtschaftliche Maßnahmen verhindert werden, etwa durch eine redistributive Besteuerung, die die Inlandsnachfrage anregte und damit das übermäßige Sparen bremste. „He was confident that imperialism could be beaten by democratic means precisely because it did not serve the interests of the majority but only of a privileged section of the nation“ (Clarke 1987, S. 665).

Hobson lieferte letztlich eine ÖKONOMISCHE Erklärung für den Imperialismus, auch wenn schlussendlich die reichen Kapitalisten ihre Regierungen bedrängten, Kolonien (auf Kosten großer Staatsausgaben) zu erwerben und ihre Anlagen zu schützen, also die Politik eingespannt wurde, was letztlich zu einer Förderung des Militarismus und damit zu einer Gefährdung des Friedens führe.

Hobson ging in seinem angefeindeten Buch „Imperialism; A Study" (1902), wenn man will, sogar noch über Marx hinaus. „Es war ein vernichtendes Buch. Denn es enthielt die wichtigste und schärfste Kritik, die jemals am Profitsystem geübt worden war. Das Schlimmste, was Marx behauptet hatte, war, dass sich das System selbst zerstören würde; Hobson erklärte, dass es die Welt zerstören könnte. Er sah den Prozess des Imperialismus als unbarmherzige, ruhelose Tendenz des Kapitalismus an, sich aus dem selbstverschuldeten Dilemma zu befreien, eine Tendenz, die notwendigerweise wirtschaftliche Eroberungen im Ausland mit sich brachte und dadurch unentrinnbar ein ständiges Kriegsrisiko einschloss. Noch nie war eine gewichtigere moralische Anklage erhoben worden als die, der Preis für den Fortbestand eines Systems sei der Tod derer, die darin leben" (Heilbroner 1960, S. 215).

Die damals die Meinung der Fachwelt beherrschenden Ökonomen lehnten Hobson und seine Theorien (natürlich) ab. Francis Ysidro Edgeworth (1845-1926) schrieb eine so negative Besprechung von „The Physiology of Industry", dass Hobson als Konsequenz davon sogar seine Stelle als „extension lecturer" an der Universität verlor. Und auch John Maynard Keynes (1883-1946) lieferte 1913 eine negative Rezension von Hobsons Werk ab.

Später, in seiner „General Theory of Employment, Interest and Money" (1936), lobte John Maynard Keynes aber dann Hobson: „In diesem Werk drückte sich Mr. Hobson mit seinem Mitarbeiter unmittelbarer über die klassischen Wirtschaftslehren aus, als in seinen späteren Schriften; und aus diesem Grunde, und weil es der erste Ausdruck seiner Theorie ist, will ich daraus zitieren, um zu zeigen, wie bedeutend und wohlbegründet die Einwände und Eingebungen der Autoren waren" (Keynes zitiert aus der deutschen Übersetzung, Berlin 1955, S. 309/310). Und dann zitierte Keynes ausgiebig aus dem Werk „The Physiology of Industry".

Joseph Alois Schumpeter charakterisierte Hobson wie folgt: „John A. Hobson (1858-1940) hatte das Glück, während der Blütezeit der Marshallschen Herrschaft zum Erzhäretiker zu werden und noch eine Zeit zu erleben, in der dies zum Ehrentitel wurde; er war in vieler Hinsicht sehr interessant – tüchtig, vielseitig und aggressiv. Er war gebildet im klassischen Sinne und zählte zu den emotionalen Radikalen … Auf dem Gebiet der Wirtschaftswissenschaft war er Autodidakt in einer sehr eigenwilligen Weise, was ihm ermöglichte, Aspekte zu sehen, die die geschulten Ökonomen nicht sehen wollten, aber auch solche zu übersehen, die die geschulten Ökonomen als gegeben ansahen" (Schumpeter 1965, S. 1016, Fußnote 11).

Lenin lobte die Imperialismustheorie Hobsons, auch wenn dieser „nur“ ein bürgerlicher Sozialreformer und Pazifist sei. Das offizielle Ökonomen-Lexikon der DDR war in der Beurteilung Hobsons, natürlich Lenin folgend, ebenfalls etwas zwiegespalten. Er wird als „englischer kleinbürgerlicher Ökonom und Anhänger des Reformismus“ bezeichnet, „dem aber zugleich bleibende Verdienste im Kampf fortschrittlicher Kräfte in der internationalen Arbeiter- und Friedensbewegung zukommen“ (Ökonomen-Lexikon der DDR 1989, S. 216).

Robert L. Heilbroner beschreibt in seiner amüsanten Theoriegeschichte „The Worldly Philosophers“ (deutsch: „Wirtschaft und Wissen“, Köln 1960) die Situation zur Zeit des Aufkommens des Imperialismus: „Bei alledem hielt sich die offizielle Nationalökonomie abseits, indem sie die Entwicklung des imperialen Wachstums mit Gleichmut beobachtete und ihre Bemerkungen auf die Auswirkungen beschränkte, die die neuen Besitzungen auf den Gang des Handels haben könnten. So war es wiederum die Unterwelt, die sich fasziniert mit diesem neuen Phänomen der Geschichte befasste. Denn bei der Betrachtung des weltweiten Wettlaufs um die Vorherrschaft sahen sie etwas, das ganz verschieden war von dem lediglich aufregenden Getöse der Politik oder den unerklärlichen Launen der Persönlichkeiten an der Macht. Sie erkannten eine ganz neue Richtung im Strom des Kapitalismus; tatsächlich meinen sie, der Imperialismus als solcher bedeute einen Wechsel im grundlegenden Charakter des Kapitalismus selbst. Noch unheilverkündender war ihre Ahnung, in dem neuen ruhelosen Ausdehnungsprozess stecke die gefährlichste Entwicklung, die der Kapitalismus bis dahin durchgemacht habe – eine Entwicklung, die zum Krieg führe“ (Heilbroner 1960, S. 211).

11.3.2 WLADIMIR ILJITSCH LENIN (1870-1924)

VITA VON LENIN

1870:	Am 22. April 1870 als Wladimir Iljitsch Uljanow in Simbirsk geboren. Sein Vater Ilja Nikolajewitsch Uljanow (1831-1886) war Mathematik- und Physiklehrer, später Schulinspekteur, der 1882 geadelt wurde, seine Mutter Maria Alexandrowna Blank (1835-1916) Tochter eines Gutsbesitzers. Lenin wuchs in einer sozial und kulturell engagierten, liberalen Familie auf;
1879:	Wladimir Iljitsch besuchte das Gymnasium in Simbirsk. Er beschäftigte sich schon hier mit marxistischen Schriften;
1887:	Sein älterer Bruder Alexander, ein Student, wurde wegen eines geplanten Attentates auf den Zaren Alexander III. am 20. Mai 1887 gehängt. Lenin bestand die Abschlussprüfungen an seiner Schule, obwohl sein Bruder drei Tage nach dem Beginn der Prüfungen hingerichtet wurde, mit Auszeichnung. Dieser Sachverhalt gibt meines Erachtens Aufschluss über die Psyche Lenins. Er las die von seinem Bruder hinterlassenen revolutionären Schriften und schloss sich daraufhin selbst revolutionären Bewegungen an;
	Juristisches Studium an der Universität Kasan. Wegen Beteiligung an einem Studentenprotest wurde er bereits am 6. Dezember 1887 zusammen mit 38 anderen Studierenden der Universität verwiesen;
1889:	Die Familie bezog bei Samara im Mai 1889 ein Gut. Lenin lebte vom Familienvermögen, las viel, gab seinen jüngeren Geschwistern Nachhilfe und setzte sein Jurastudium im Selbststudium fort;
1891:	Lenin durfte die juristischen Prüfungen als Externer abschließen. Er wurde Bester in allen Fächern;
1892:	Rechtsanwaltsgehilfe;
1893:	Wladimir Iljitsch zog nach St. Petersburg um. Er nahm hier neben seiner offiziellen Tätigkeit als Anwalt Kontakte mit führenden Sozialdemokraten auf;
1895:	Mehrmonatliche Reise nach Deutschland, Frankreich und in die Schweiz, wo er G.W. Plechanow und P.B. Axelrod kennenlernte. Zusammen mit Julij Martow (1873-1923), dem späteren Gegner und Führer der Menschewiken, gründete er den „Kampfbund zur Befreiung der Arbeiterklasse“;

1895-1900:	Wegen seiner revolutionären Bestrebungen (Anklage: Agitation) 14 Monate Untersuchungshaft. Dann drei Jahre Verbannung nach Schuschenskoje in Südsibirien;
1898:	Heirat von Nadeschda Krupskaja in der Verbannung;
1899:	Veröffentlichung seiner Arbeit „Die Entwicklung des Kapitalismus in Russland"
1900:	Am 29. Juli 1900 ging Lenin für über fünf Jahre ins Exil in Westeuropa. Er wollte eine von der Zensur relativ unabhängige Zeitung herausbringen, was ihm in Russland nicht möglich war. Mit Martow und Plechanow in Genf Gründung der russischen Zeitung „Iskra" („Der Funke"), deren erste Nummer im Januar 1901 erschien. Diese Zeitung war das Organ der SDAPR. Ab Dezember 1900 benutzte Wladimir Iljitsch Uljanow den Namen „Lenin". Woher der Name Lenin stammte, ist übrigens nicht klar. Vorschläge dazu: entweder der Name des sibirischen Flusses Lena (Lenin = Der vom Fluss Lena Stammende) oder der Name seines Kindermädchens Lena (Lenin = Lenas);
	Lenin kam am 7. September 1900 am Münchner Hauptbahnhof an. Er wohnte in München in der Kaiserstr. 46 (Ortsteil Schwabing) bei dem sozialdemokratisch ausgerichteten Wirt Rittmeyer unter dem Decknamen Meyer. Nachdem am 14. April seine Frau Nadeschda in München eintraf, zogen die Lenins am 18. Mai 1901 in die Siegfriedstr. 14 um. Seiner Frau gefiel es übrigens nachweislich in Schwabing außerordentlich gut;
1901:	Im Jahre 1901 erschien dann die von ihm mit herausgegebene Zeitung „Sarja" (Morgenröte);
	Zu Lenins Münchner Aufenthalt siehe das sehr informative und teilweise auch amüsante Taschenbuch von Ernst Bäumler, Verschwörung in Schwabing, Lenins Begegnung mit Deutschland, München 1991. Lenin liebte hier die Berge, die Isar, das Oktoberfest und die Münchner Wirtshäuser. Im Fasching sah er sich mehrmals Opern an und auch der Trubel am Faschingsdienstag gefiel ihm;
1902:	In München Veröffentlichung seiner wichtigen Schrift „Was tun?", die sowohl Anerkennung fand als auch polarisierte;
	Am 12. April 1902 verließ Lenin mit seiner Frau München in Richtung London;

1903:	Auf dem zweiten Parteitag der „Sozialdemokratischen Arbeiterpartei Russlands“ (SDAPR) in London setzte er seine Konzeption einer revolutionären Kaderpartei und der „Diktatur des Proletariats“ durch. Daraufhin spaltete sich die Partei in Bolschewiki (die spätere (1918 umbenannt) Kommunistische Partei Russlands, Bolschewiki abgeleitet vom russischen Wort für „Mehrheit“, also „Mehrheitler“) und Menschewiki (abgeleitet vom russischen Wort „Minderheit“, also „Minderheitler“) mit Martow als Führer;
1905:	Rückkehr nach Russland, wo revolutionäre Proteste aufflammten. Das Land befand sich in einem Krieg mit Japan. Da er die Feinde des zaristischen Russland unterstützte, ergriff er Partei für Japan; Gescheiterter Moskauer Aufstandsversuch der Bolschewiki;
1907:	Lenin floh vor der russischen Geheimpolizei nach Finnland, im November nach Helsinki;
1908:	Exil in Genf;
1912:	Bei der sechsten Gesamtrussischen Parteikonferenz in Prag wurden die Menschewiki wegen immer größeren Differenzen zu den Bolschewiki ausgeschlossen. Die Menschewiki gründeten daraufhin eine eigene Partei. Leitung der neu gegründeten Parteizeitung „Prawda“ („Wahrheit“), in der er vehement gegen den drohenden Krieg agitierte. Josef Stalin (1879-1953) wurde in das Zentralkomitee der Partei berufen;
1914-1917:	Exil in der Schweiz;
1915/1916:	Auf den Kriegskonferenzen der linken Sozialisten 1915 (Zimmerwald) und 1916 (Kiental) konnte sich Lenin mit seiner Vorstellung, den Krieg in einen Bürgerkrieg zu verwandeln, nicht durchsetzen;
1916:	Seine Schrift „Der Imperialismus als höchstes Stadium des Kapitalismus“ erschien;
1917:	Die deutsche Oberste Heeresleitung erlaubte den Bolschewiki, unter den russischen Kriegsgefangenen Propaganda zu betreiben. Nach der Februarrevolution 1917 reisten Lenin und andere russische Revolutionäre mit Unterstützung der deutschen Reichsregierung (und mit entsprechenden Geldzahlungen) in einem versiegelten Zug von der Schweiz durch Deutschland nach Stockholm, und von dort über Finnland nach Russland.

Lenin sollte einen Separatfrieden mit Deutschland schließen und damit würde ein Kriegsgegner ausfallen. Lenin kam mit seinen Genossen im April 1917 im Finnischen Bahnhof in St. Petersburg (im Krieg wegen des deutschen Namens in Petrograd umbenannt, nach Lenins Tod Leningrad) an. Lenin proklamierte in seinen „Aprilthesen" die permanente Revolution zur Machtergreifung der Arbeiter, Bauern und Soldaten;

Die Monarchie wurde durch eine bürgerliche Revolution (späterer Regierungschef: Alexander Fjodorowitsch Kerenski (1881-1970) gestürzt, die neue Regierung wollte den Krieg aber fortsetzen. Lenin stellte sich von Anfang an gegen diese Regierung;

Am 4. Juni meldete Lenin die Ansprüche der Bolschewiki an, die Macht zu übernehmen;

Während der sogenannten Kerenski-Offensive infiltrierten die Bolschewiki die russische Armee, um gegen eine Weiterführung des Krieges zu agitieren. Nach dem letztendlichen Scheitern der Kerenski-Offensive im Juli 1917 warf Lenin der provisorischen Regierung vor, unnötig eine Unzahl Soldaten geopfert zu haben;

Im Juli 1917 riefen die Bolschewiki in Petrograd zu Massendemonstrationen auf. Dies führte aber nicht zum erhofften Umsturz, sondern lediglich zu Chaos und Plünderungen. Die Partei der Bolschewiki und ihr Organ, die Prawda, wurden verboten. Allerdings konnte die Partei durch eine Namensänderung ihre Aktivitäten weitgehend aufrechterhalten. Lenin fürchtete bei seiner Ergreifung die Todesstrafe und ging in den Untergrund;

Lenin drängte jetzt auf einen besser vorbereiteten bewaffneten Aufstand gegen die Regierung. Als populäre, ja populistische Ziele wurden formuliert: Sofortige Beendigung des Krieges, Verteilung des Bodens an die Bauern und Übernahme der Fabriken durch die Arbeiter;

Weitere militärische Fehlschläge arbeiteten den Bolschewiki in die Hände. Es gelang den Bolschewiki und den neu gegründeten Sowjets im November 1917 (nach dem julianischen Kalender in Russland im Oktober, deshalb Oktoberrevolution) die provisorische Regierung Kerenski zu stürzen;

Am 8. November 1917 fand in Petrograd ein Allrussischer

	Sowjetkongress statt. Hier überließen die Delegierten der anderen Gruppierungen den Bolschewiki das Feld. Lenin wurde als Vorsitzender des Rats der Volkskommissare Regierungschef. Lenin erklärte, seine Regierung wolle die Konstituierende Versammlung respektieren. Die darauf folgende Wahl brachte den Bolschewiki eine Niederlage. Sie eroberten nur ein Viertel der Sitze. Darauf löste Lenin die Versammlung am Tag der Wahl gewaltsam auf;
1918:	Lenin baute nun mit Hilfe seiner Kaderpartei ein diktatorisches System, eine bolschewistische Regierung (Rat der Volkskommissare) auf. Im Februar wurde von Leo Trotzki die Rote Armee aufgebaut, unter der Führung von Felix Dscherschinski die Geheimpolizei Tscheka. Die Meinungsfreiheit wurde eingeschränkt, Gegner wurden gnadenlos ausgeschaltet, so auch die Menschewiken; Lenin versuchte konsequent, die russische Wirtschaft in eine Planwirtschaft umzuwandeln. Anfang 1918 wurden die Banken verstaatlicht. Idealerweise sollte die Wirtschaft ohne Geld funktionieren. Durch ungebremstes Drucken von Banknoten führte die Regierung bis 1922 eine Hyperinflation herbei, die das umlaufende Geld entwertete. Es stellte sich dann aber letztlich doch heraus, dass man nicht ohne Geld wirtschaften konnte; Der Oberste Wirtschaftsrat verfügte die entschädigungslose Enteignung privater Unternehmen. Die Vermögen dieser Firmen wurden vom Staat übernommen; Lenin schloss am 5. März 1918 mit dem deutschen Reich den Friedensvertrag von Brest-Litowsk, der große Gebietsverluste für Russland beinhaltete; Lenin wurde am 30. August durch das Attentat der Sozialrevolutionärin Fanny Kaplan (2 Schüsse in die Schulter und den Hals) schwer verletzt. An den Folgen dieser Verletzungen litt Lenin sein ganzes weiteres Leben lang; Im November 1918 vertrat Lenin noch die Auffassung, die Religion nicht mit Gewalt sondern nur mit agitatorischen Mitteln zu bekämpfen;
1918-1920:	Russischer Bürgerkrieg. Lenin setzte gegen die „Weiße Armee", die durch andere Staaten (z.B. USA und Großbritannien) materiell unterstützt wurde, rücksichtslos Terror, die Rote

	Armee und den neu gegründeten Geheimdienst „Tscheka“ ein. Dieser Bürgerkrieg war durch eine besondere Brutalität gekennzeichnet. Per Dekret setzte Lenin die Trennung von Staat und Kirche durch;
1919:	Gründung der „Kommunistischen Internationale“ (Komintern) als zentrale Leitstelle aller kommunistischen Parteien;
	Lenin veränderte das russische Bildungssystem von Grund auf: Verpflichtung zum Besuch von Kursen für Analphabeten, Einrichtung eines umfassenden Bibliothekennetzes, Zugang zu Hochschulen auch für ärmere Bevölkerungsschichten, Abschaffung des mehrgliedrigen Schulsystems, Gründung von Arbeiterfakultäten für Erwachsene;
1920:	Im Sommer 1920 ließ Lenin die Rote Armee in Polen einmarschieren. Es fand dort jedoch nicht die erhoffte Revolution statt. Im Gegenteil: Polen aller Couleur kämpften gemeinsam gegen die Rote Armee. Diese wurde von Marschall Pilsudski mit französischer Hilfe vernichtend geschlagen;
1921:	Niederlage der Weißen Armee;
	Es kam zu einer schweren Versorgungskrise. Die Bauern sollten ihre Ernteerträge zu niedrigen Preisen an den Staat abgeben. Dabei kam es zu militärischen Zwangsmaßnahmen mit Toten. Daraufhin verkleinerten die Bauern ihre Anbauflächen.
	Lenin war auf Grund der katastrophalen Versorgungslage gezwungen, eine neue Wirtschaftspolitik, die „Neue Ökonomische Politik“ (NÖP), auch gegen Bedenken in der eigenen Partei, auszurufen, die die Versorgung sicherstellen und den Lebensstandard anheben sollte. Die Zwangsabgaben der Bauern an die Regierung sollten aufhören, statt dessen sollte eine Naturalsteuer erhoben werden und die Bauern durften, allerdings nur in begrenztem Umfang, mit ihren Überschüssen Handel treiben, eine zeitweilige beschränkte Einführung von Marktmechanismen. Dies waren pragmatisch bedingte Maßnahmen, die Lenin nicht leicht fielen;
	Aufstand der Kronstädter Matrosen, den die Bolschewiki jedoch niederschlagen konnten;
1922:	Im Zusammenhang mit der Versorgungskrise traten die Bolschewiki nun explizit gegen die Kirche auf. Diese hatte als Hilfe für Hungernde freiwillig Teile der Kirchenschätze zur Verfügung gestellt. Lenin drohte im Februar 1922 nun, alle

	Kirchengüter gewaltsam einzuziehen. Viele Gläubige leisteten Widerstand, den Lenin explizit brutal unterdrücken ließ. Einige Zahlen zur Veranschaulichung: Die Zahl der rund 80.000 Gotteshäuser schrumpfte auf ca. 11.500 zusammen. Über 14.000 Geistliche, Nonnen und religiös orientierte Laien wurden erschossen. Der Patriarch von Moskau wurde ins Gefängnis gesteckt;
	Das Politbüro fasste den Beschluss, wissenschaftliche Kongresse nur noch nach Genehmigung der Geheimpolizei zuzulassen. Parallel dazu fand eine große Säuberungswelle gegen Wissenschaftler und Künstler statt. Viele wurden verbannt, kamen ins Gefängnis oder wurden erschossen;
	Die Bolschewiki gründeten die Union der Sozialistischen Sowjetrepubliken (hier setzte sich Lenin gegen Stalin durch);
	Am 25. Mai erlitt Lenin einen schweren Schlaganfall. Dies minderte wegen einer rechtsseitigen Lähmung mit Sprachstörungen seine Arbeitsfähigkeit erheblich. Er führte jedoch bald darauf seine Arbeit soweit möglich wieder fort;
	Im November und Dezember 1922 erlitt Lenin insgesamt sieben Schlaganfälle;
1923:	Im März 1923 erlitt Lenin einen weiteren Schlaganfall. Daraufhin verschlechterte sich sein Zustand beträchtlich. Er konnte jetzt kaum noch die Regierungsgeschäfte leiten. So konnte er auch eine Ablösung von Stalin nicht mehr durchsetzen und die zunehmende Bürokratisierung nicht verhindern;
1924:	Lenin starb am 21. Januar 1924 im Alter von 53 Jahren in Gorki (bei Moskau). Sein Leichnam wurde einbalsamiert und in einem Mausoleum auf dem Roten Platz ausgestellt. Gleich nach dem Tod Lenins entbrannten heftige innerparteiliche Machtkämpfe, so zwischen Josef Stalin und Leo Trotzki. Lenin präferierte, wie aus seinem politischen Testament klar wurde, Trotzki und argumentierte gegen Stalin.

Die Psyche Lenins wurde wohl auch entscheidend durch die frühe Hinrichtung seines Bruders geprägt. Seine Kompromisslosigkeit bis hin zur Brutalität zeigte sich in vielen Dekreten, in denen er Exekutionen guthieß und sogar forderte. Und der von ihm ausgelöste Terror machte auch vor Arbeitern und Angestellten nicht Halt. So wurden etwa 1919 in den Petrograder Putilow-Werken 200 Streikführer der Belegschaft von der Tscheka erschossen, weil sie einer Rede Lenins nicht gefolgt und diese mit Protestrufen nieder-

geschrieen hatten.
Zur Zeit des Bürgerkriegs fielen dem Roten (und auch dem Weißen) Terror Millionen Menschen zum Opfer, wobei die von Historikern angegebenen Zahlen zwischen 4 Millionen und 13 Millionen schwanken.
Einige Autoren vertreten allerdings die Ansicht, dass Lenin gegen Ende des Bürgerkriegs seine Auffassungen geändert hätte. Sie behaupten, er wollte den Terror und die damit befassten Organe einschränken, weil er dies alles nur als vorübergehende Kampfmaßnahmen angesehen hätte. Sein schlechter Gesundheitszustand und sein früher Tod hätten dies aber verhindert (genauso wie die beabsichtigte Entmachtung Stalins).
Nachzutragen ist, dass Lenin sehr an Literatur interessiert und ein guter Schachspieler war. An einem Kult, der frühzeitig um seine Person begann, war er überhaupt nicht interessiert. Er lehnte einen solchen Personenkult sogar ab.

Einige Werke von Lenin

„Was tun?“ (1902);

In dieser Schrift entwarf Lenin die Vorstellung einer revolutionären Arbeiterpartei, die konspirativ vorging, äußerst diszipliniert und auch zentralisiert sei. Letztlich waren die angesprochenen Parteiangehörigen Berufsrevolutionäre, die ihre ganze Zeit und Energie auf die Revolution richten sollten.

Liberalere sozialdemokratische Strömungen verurteilte er explizit. Die Partei müsse straff und zentral ausgerichtet geführt werden. Lenin versuchte, seine Thesen mit Zitaten von Karl Marx zu untermauern.

„Marxismus und Revisionismus“ (1908);

„Materialismus und Empiriokritizismus; Kritische Bemerkungen über eine reaktionäre Philosophie“ (1909);

„Drei Quellen und drei Bestandteile des Marxismus“ (1913);

„Der Imperialismus als höchstes Stadium des Kapitalismus“ (1917);

„Staat und Revolution“ (1917);

„Die proletarische Revolution und der Renegat Kautsky“ (1918).

11.3.1.1 Thesen von Lenin

Wesentlich scheint mir hierbei die Frage, wie und ob sich die Thesen und Positionen Lenins von denen von Karl Marx unterschieden. Die Meinungen gehen auch hier auseinander: Linientreue Kommunisten und die Vertreter des früheren Sowjetreiches gingen von einer vollständigen Übereinstimmung der Meinungen der beiden aus. Stalin bezeichnete Lenin sogar als „den konsequentesten Schüler von Marx". Viele „bürgerliche" Ökonomen vertreten die Auffassung, es gäbe zwischen den beiden deutliche Diskrepanzen. Lenin selbst sah sich im theoretischen Bereich nicht als Begründer einer neuen Lehre, sondern als Marxist, allerdings als Marxist unter den gegebenen neuen historischen Umständen.

Meines Erachtens ist die Beurteilung einer Gleichheit oder Verschiedenheit der Marxschen und der Leninschen Thesen komplex, und nicht mit einem einfachen „Ja" oder „Nein" zu beantworten. Es gibt sowohl Kontinuität und Verbindungslinien, als auch Trennendes.

(1) Marx war ein Theoretiker, der zu seinen Lebzeiten keine große Anhängerschaft um sich scharen konnte. Er führte in der Realität nie eine Revolution an. Seine Thesen verbreiteten sich erst nach seinem Tod (vor allem durch die griffigen Popularisierungen von Engels). Lenin hingegen war ein Praktiker der Macht;

(2) Lenin lehnte die These einer deterministischen Entwicklung der Gesellschaft ab. Er stellte, als Revolutionär in der Praxis, den subjektiven Faktor, den Willen zur Veränderung der Welt, in den Mittelpunkt seiner Überlegungen;

(3) Zudem könne dem Arbeiter das notwendige politische Klassenbewusstsein nur „von außen" beigebracht werden. Die kommunistische Bewegung sei, anders als bei Marx, keine „selbständige Bewegung" des Proletariats. Gesellschaftliche Umwälzungen, so nötig sie seien, setzten sich nicht von selbst durch, sondern benötigten einen bewussten kämpferischen revolutionären Einsatz einer Partei im Sinne Lenins. Diese Partei könne nicht demokratisch aufgebaut sein. Sie müsse zentralisiert und diszipliniert sein, mit einer strengen Hierarchie.

(4) Die Arbeiterschaft sei zudem kein einheitlicher Block. Es gebe eine verbürgerte „Arbeiteraristokratie", die sogar eine Hauptstütze der Bourgeoisie sei. „Denn sie sind wirkliche Agenten der Bourgeoisie innerhalb der Arbeiterbewegung" (Lenin 1946, S. 13);

(5) Lenin sah als letztes Stadium eines absterbenden Kapitalismus den Imperialismus, als Vorboten der nahenden Weltrevolution. Der Kapitalismus könne aber nur durch eine proletarische Revolution gewaltsam beseitigt werden;

(6) Auch in der Staatstheorie gab es Abweichungen zu Marx. Bei Marx sollte der Staat in der proletarischen Revolution bereits durch etwas ersetzt werden, das nicht mehr „Staat" genannt werden könne. Bei Lenin hingegen sollte der Staat bis zum Erreichen der kommunistischen Gesellschaft eine starke Rolle spielen.

(7) Lenin musste das Konzept und die Strukturen einer revolutionären Partei erst erarbeiten, bei Marx fand sich hierzu nichts;

(8) Eine in den Augen aller Sozialisten eminent wichtige Frage war, ob eine sozialistische Revolution auch in einem industriell zurückgebliebenen Land stattfinden könne und eventuell solle.

Die Auffassung von Marx und Engels dazu war eindeutig: Eine sozialistische Revolution sei nur in fortgeschrittenen Ländern möglich und sinnvoll.

Lenin hielt im Gegensatz dazu Russland für wirtschaftlich und sozial hinreichend fortgeschritten. Die Welt sei durch den Imperialismus zu einer einzigen großen Wirtschaft geworden, und so könne eine Revolution auch in rückständigen Ländern beginnen, die isoliert noch nicht reif für eine soziale Revolution gewesen wären. Eine baldige sozialistische Revolution in Russland sei deshalb möglich und wünschenswert.

Dass er dabei an keinen friedlichen evolutionären Umsturz dachte, zeigte wohl am besten seine, noch auf den (bekämpften) Narodniki basierende Formulierung: „Das ganze Haus Romanow müsse getötet werden."

Man kann folgendermaßen etwas verkürzt formulieren: Lenin griff von den Ideen von Marx diejenigen heraus, die er brauchen konnte. Er vereinfachte dabei zuweilen, vergröberte und reduzierte.

Und vor allem: Er machte aus den Marxschen Thesen ein Glaubensbekenntnis, eine Doktrin, die den Endpunkt aller ökonomischen und sozialen Forschung markiert. Man konnte diese Dogmen nur mehr ausmalen und illustrieren und natürlich im revolutionären Kampf als Leitfaden verwenden, begründen brauchte man sie nicht mehr. Und die Thesen waren elastisch genug, um sie auf die jeweiligen Notwendigkeiten umzumünzen.

Wegen seines zu unbedeutenden Status als Theoretiker begründete Schumpeter, warum er in seiner Dogmengeschichte nicht explizit auf Lenin und Stalin einging: „So groß ihre historische Bedeutung in anderer Hinsicht auch gewesen sein mag, als Beiträge zur ökonomischen Analyse waren sie unbedeutend" (Schumpeter 1965, S. 1408, Fußnote 11). Ich finde das Urteil bezüglich Lenin etwas zu hart. Lenin lieferte zwar keine neuen analytischen Instrumente, brachte unter diesem Aspekt also die Wirtschaftstheorie nicht voran, aber er stellte nachdrücklich die Änderungen heraus, die der Kapitalismus erfuhr (Monopole, die neue Rolle der Banken, die Arbeiteraristokratie, den Kapitalexport). Und diese Veränderungen erscheinen mir durchaus nachdenkenswert, auch wenn sie im Wesentlichen „nur“ durch Beschreibungen und Statistiken nachgewiesen wurden.

Es ist am Ende der Überlegungen zu Marx versus Lenin sinnvoll, noch einmal etwas genauer auf seine Schrift „Der Imperialismus als höchstes Stadium des Kapitalismus“ (Lenin 1946) einzugehen.

Zunächst seien für einen ersten Eindruck die Kapitelüberschriften aufgelistet:

I. Konzentration der Produktion und Monopole (S. 18-33);
II. Die Banken und ihre neue Rolle (S. 33-50);
III. Finanzkapital und Finanzoligarchie (S. 50-65);
IV. Der Kapitalexport (S. 66-71);
V. Die Aufteilung der Welt unter die Kapitalistenverbände (S. 71-80);
VI. Die Aufteilung der Welt unter die Großmächte (S. 81-93);
VII. Der Imperialismus als besonderes Stadium des Kapitalismus (S. 93-105);
VIII. Parasitismus und Fäulnis des Kapitalismus (S. 105-115);
IX. Kritik des Imperialismus (S. 116-131);
X. Der Platz des Imperialismus in der Geschichte (S. 131-137).

Das Buch ist insgesamt – so mein Eindruck – in einer für einen Revolutionär erstaunlich sachlichen Sprache formuliert, sieht man einmal von der häufigen Verwendung des Wortes „Fäulnis“ ab. Dies mag auch damit erklärbar sein, dass „die Schrift im Hinblick auf die zaristische Zensur abgefasst“ (Lenin 1946, S. 5) wurde. Auffallend sind die vielen statistischen Aufstellungen, auch aus Zeitschriftenartikeln entnommen und fast ausschließlich aus „bürgerlichen“ Quellen stammend. Positiv genannt wurden John Atkinson Hobson und Rudolf Hilferding. Zu Hobson schrieb Lenin 1917 bereits im Vorwort: „Das Buch von J.A. Hobson habe ich jedoch mit der Aufmerksamkeit verwertet, die diese Arbeit meiner Überzeugung nach verdient“ (Lenin 1946, S. 5). Und weiter: „Im Jahre 1902 erschien in London und New York das Werk des englischen Ökonomen J.A. Hobson „Imperialismus“. Der Verfasser, der den Standpunkt des bürgerlichen Sozialreformismus und Pazifismus vertritt ... gibt eine sehr gute und ausführliche Beschreibung der grundlegenden ökonomischen und politischen Besonderheiten des Imperialismus“ (Lenin 1946, S. 17). „Im Jahre 1910 erschien in Wien das Werk des österreichischen Marxisten Rudolf Hilferding „Das Finanzkapital“. Obwohl der Autor in der Geldtheorie irrt und eine gewisse Neigung zeigt, den Marxismus mit dem Opportunismus zu versöhnen, ist dieses Werk eine höchst wertvolle theoretische „Studie über die jüngste Entwicklung des Kapitalismus“, wie der Untertitel des Hilferdingschen Buches lautet“ (Lenin 1946, S.

17). Hilferding wurde dann aber aufgrund seiner Nähe zu Kautsky als „ehemaliger „Marxist", aber jetziger Mitstreiter Kautskys und einer der Hauptrepräsentanten der bürgerlichen, reformistischen Politik in der „Unabhängigen Sozialdemokratischen Partei Deutschlands" (Lenin 1946, S. 12) kritisiert.

Besonders kritisch äußerte sich Lenin über Kautsky und das „Kautskyanertum": „Diese geistige Strömung ist einerseits ein Produkt der Zersetzung, der Verwesung der II. Internationale und andererseits die unvermeidliche Frucht der Ideologie von Kleinbürgern, die infolge ihrer ganzen Lebenslage im Banne bürgerlicher und demokratischer Vorurteile befangen sind" (Lenin 1946, S. 11).

Hauptsächliche Thesen in Lenins obigem Buch sind:

(1) Die Politik in den kapitalistischen Ländern werde mittlerweile durch das Monopol- und Finanzkapital beherrscht: „Das 20. Jahrhundert ist also der Wendepunkt vom alten zum neuen Kapitalismus, von der Herrschaft des Kapitals schlechthin zu der Herrschaft des Finanzkapitals ... Konzentration der Produktion, daraus erwachsende Monopole, Verschmelzung oder Verwachsen der Banken mit der Industrie – das ist die Entstehungsgeschichte des Finanzkapitals und der Inhalt dieses Begriffs" (Lenin 1946);

(2) Die Konzentration der Produktion über Kartelle nehme permanent zu: „Die Kartelle werden zu einer der Grundlagen des ganzen Wirtschaftslebens" (Lenin 1946, S. 24);

(3) Für die großem Konzerne sei der Imperialismus unabdingbar, um ein Sinken ihrer Profitrate zu verhindern;

(4) Die Kartelle verhinderten die Krisen im Kapitalismus nicht: „Die Ausschaltung der Krisen durch die Kartelle ist ein Märchen bürgerlicher Ökonomen, die den Kapitalismus um jeden Preis beschönigen wollen. Im Gegenteil, das Monopol ... verstärkt und verschärft den chaotischen Charakter, der der ganzen kapitalistischen Produktion in ihrer Gesamtheit zu eigen ist" (Lenin 1946, S. 31);

(5) Auch die Banken unterlägen dem Zwang zur Konzentration und zu Monopolstellungen: „Unter den wenigen Banken, die infolge des Konzentrationsprozesses an der Spitze der gesamten kapitalistischen Wirtschaft übrigbleiben, macht sich natürlich immer stärker das Bestreben geltend, monopolistische Abmachungen untereinander zu treffen, einen Bankentrust zu bilden" (Lenin 1946, S. 43);

(6) Die Banken seien immer enger mit der Großindustrie verflochten, über Kapitalbeteiligungen, Aufsichtsratsitze etc.;

(7) „Für den alten Kapitalismus, mit der vollen Herrschaft der freien Konkurrenz, war der Export von Waren kennzeichnend. Für den neuesten Kapitalismus, mit der Herrschaft der Monopole, ist der Export von Kapital kennzeichnend geworden" (Lenin 1946, S. 66);

(8) Der Übergang des Kapitalismus zum Stadium des Monopolkapitalismus sei mit einer Verschärfung des Kampfes um die Aufteilung der Welt verknüpft (Lenin 1946, S. 83). Lenin wandte sich auch explizit gegen die Vorstellung Kautskys von einem „Ultra-Imperialismus", der den Frieden sichere;

(9) Der Imperialismus sei das letzte monopolistische Stadium des Kapitalismus. Hier spielten Monopole in der Wirtschaft die entscheidende Rolle. „Die Konkurrenz wandelt sich zum Monopol. Die Folge ist ein gigantischer Fortschritt in der Vergesellschaftung der Produktion. Im Besonderen wird auch der Prozess der technischen Erfindungen und Vervollkommnungen vergesellschaftet" (Lenin 1946). „Würde eine möglichst kurze Definition des Imperialismus verlangt, so müsste man sagen, dass der Imperialismus das monopolistische Stadium des Kapitalismus ist" (Lenin 1946, S. 94);

(10) Es existiere eine Finanzoligarchie, es bildeten sich zudem internationale monopolistische Kapitalistenverbände, die die Welt unter sich teilten.

11.3.2.1 Rezeption von Lenin

Gleich nach seinem Tod begann ein richtiger Kult um seine Person.

Seine Witwe Nadeschda Krupskaja schrieb zwar in der Prawda: „Lasst es nicht zu, dass sich Euer Leid in eine äußerliche Anbetung der Persönlichkeit von Wladimir Iljitsch verwandelt. Errichtet in seinem Namen keine Paläste oder Denkmäler. All diesen Dingen maß er in seinem Leben wenig Bedeutung zu." Der Appell seiner Frau verhallte aber ungehört.

Gleich nach seiner Beisetzung am 27. Januar 1924 auf dem Roten Platz ordnete das Politbüro an, seinen Leichnam einzubalsamieren und zur Schau zu stellen (zuerst in Uniform, dann im Anzug). Ein Holzgebäude an der Kremlmauer wurde 1930 durch ein Lenin-Mausoleum ersetzt. Seine Frau beteiligte sich trotz ihrer Ablehnung der Zurschaustellung des Leichnams eifrig an der Retuschierung des offiziellen Lenin-Bildes. Alle unpassenden Details wurden verschwiegen, Lenin wurde als in jeder Hinsicht vollkommen dargestellt (als Revolutionär, Denker, Menschenfreund, Ehemann usw.).

Dieses ideale Lenin-Bild, das ihn als ebenbürtig zu Marx und Engels darstellte, wurde auch von Stalin kräftig propagiert.

Ein Detail am Rande: Auch das Gehirn Lenins wurde konserviert. Im Moskauer „Institut des Hirns“ liegt sein Gehirn in 31.000 Scheiben zerlegt. Das behauptete Genie Lenins konnte daraus allerdings nicht entschlüsselt werden.

11.3.3 Rosa Luxemburg (1871-1919) und die Imperialismusdiskussion

Vita von Luxemburg

1871:	Geboren am 5. März 1871 (allerdings besteht keine letzte Gewissheit über ihr Geburtsdatum) in Zamosc (bei Lublin, damals Teil des zaristischen Russland) als fünftes Kind des wohlhabenden jüdischen Holzhändlers Eliasz Luxenburg und dessen Frau Line (geb. Löwenstein). Der Familienname wurde durch einen behördlichen Schreibfehler in „Luxemburg" umgewandelt, ein Name, den Rosa dann lebenslang beibehielt; Rosa war körperlich klein und lebenslang gehbehindert;
1873:	Die Familie zog nach Warschau;
1880:	Rosa besuchte dort das „Zweite Warschauer Mädchengymnasium";
1886:	Im Gymnasium war die polnische Sprache aufgrund eines russischen Verbotes untersagt. Rosa engagierte sich noch während der Schulzeit in der polnischen Arbeiterpartei „Proletariat". Die Partei war zwar aufgelöst worden, arbeitete aber im Untergrund weiter;
1887:	Rosa Luxemburg bestand das Abitur mit Auszeichnung;
1889:	Wegen ihres Engagements in illegalen politischen Zirkeln floh sie vor einer drohenden Verhaftung über Deutschland in die Schweiz, dem damaligen Exil vieler Sozialisten. Im Februar meldete sie sich in Zürich an;
1890/91:	Studien an der Zürcher Universität: Philosophie, Politik, Geschichte, Staatswissenschaften und auch Mathematik. Ihre Studienschwerpunkte waren: mittelalterliche Geschichte, Geschichte der Wirtschafts- und Börsenkrisen und Staatswissenschaften;
1893:	Unterbrechung des Studiums. Gründung der polnischen sozialdemokratischen Zeitschrift „Sache der Arbeiter" (Sprawa Robotnicza) zusammen mit Leo Jogiches in Paris; Gemeinsam mit Leo Jogiches und anderen Gründung der „Sozialdemokratie des Königreiches Polen" (SDKP), die eine revolutionäre Alternative zur „Polnischen Sozialistischen Partei" (PPS) sein sollte;
1894:	Erster (illegaler) Kongress der Partei in Warschau. Luxemburg gehörte zusammen mit ihrem Freund Leo Jogiches zu

	den führenden Parteimitgliedern;
1896:	Teilnahme am Internationalen Sozialistenkongress in London;
1897:	Promotion (magna cum laude) in Zürich. Thema der Doktorarbeit: „Die industrielle Entwicklung Polens". Tod der Mutter. Reise nach Paris;
1898:	Scheinehe mit dem 24-jährigen deutschen Schlosser Gustav Lübeck. Dadurch erlangte Rosa Luxemburg die deutsche Staatsbürgerschaft; Mitte Mai zog Luxemburg nach Berlin und schloss sich der Sozialdemokratischen Partei Deutschlands (SPD) an; Ab Ende September arbeitete Luxemburg als Redakteurin bei der „Sächsischen Arbeiter-Zeitung" in Dresden; Rosa Luxemburg nahm als Expertin für polnische Angelegenheiten am SPD-Parteitag in Stuttgart teil; November 1898: Rücktritt bei der „Sächsischen Arbeiter-Zeitung";
1899:	Bezug einer Wohnung in Friedenau in Berlin; Teilnahme am SPD-Parteitag in Hannover. Dort gab es Auseinandersetzungen zwischen den „Radikalen" und den „Revisionisten"; Agitationsreise nach Oberschlesien;
1900:	Publikation der Broschüre „Sozialreform oder Revolution?". Damit griff sie zugunsten eines revolutionären Standpunktes in die Revisionismusdebatte ein; Im September Teilnahme am SPD-Parteitag in Mainz; Ende September Teilnahme am Internationalen Sozialistenkongress in Paris; Tod ihres Vaters;
1901:	Teilnahme am SPD-Parteitag in Lübeck;
1902:	Im September Teilnahme am SPD-Parteitag in München;
1903:	Scheidung der Ehe mit Lübeck; Im Wahlkampf zum Reichstag bezeichnete sie Kaiser Wilhelm II. öffentlich als „Mann, der von der guten und gesicherten Existenz der deutschen Arbeiter spricht" und der „keine Ahnung von den Tatsachen" habe;
1904:	Luxemburg wurde in Zwickau wegen dieser Aussagen über Wilhelm II. und ihren scharfen Attacken gegen den deutschen Militarismus und Imperialismus (Majestätsbeleidigung) zu drei Monaten Gefängnis verurteilt. Sie verbüßte diese Strafe

	im Herbst in Zwickau;
1905:	Wegen der russischen Revolution von 1905 Reise unter falschem Namen nach Warschau, wo sie an Demonstrationen teilnahm;
1906:	Am 4. März 1906 Verhaftung. Polizeigefängnis in Warschau. Anfang August Freilassung gegen Kaution (der Parteivorstand der SPD in Berlin schickte 300 Rubel). Weiterreise über Finnland zurück nach Deutschland;
	Ende September Teilnahme am Parteitag der SPD in Mannheim. Ferienreise mit Luise Kautsky nach Italien;
	Am 12. Dezember wurde sie in Weimar wegen „Anreizung zum Klassenhass" zu zwei Monaten Haft verurteilt;
1907:	Sie nahm am V. Parteitag der Sozialdemokratischen Arbeiterpartei Russlands (SDAPR) in London teil. Dort lernte sie unter anderem Wladimir Iljitsch Lenin kennen;
	Im August Teilnahme am Internationalen Sozialistenkongress in Stuttgart;
	Im Oktober begann sie eine Dozententätigkeit an der SPD-Parteischule in Berlin;
1908:	Beginn der Spannungen mit Kautsky. Teilnahme am SPD-Parteitag in Nürnberg;
1910:	Teilnahme am Internationalen Sozialistenkongress in Kopenhagen;
	Teilnahme am Parteitag in Magdeburg;
	Bruch mit Karl Kautsky wegen der Frage des Einsatzes des Generalstreiks als Kampfmittel;
1911:	Publikation ihres Hauptwerks „Die Akkumulation des Kapitals";
	Teilnahme am SPD-Parteitag in Jena. Streit mit Bebel wegen ihres Einsatzes in der Marokko-Krise;
1912:	Teilnahme am Außerordentlichen Internationalen Sozialistenkongress in Basel;
1913:	Teilnahme am SPD-Parteitag in Jena;
	Tod August Bebels;
	Bei einer Kundgebung in Fechenheim bei Frankfurt am Main rief sie am 25. September 1913 zur Kriegsdienstverweigerung auf;
1914:	Wegen dieses Aufrufes wurde gegen sie Anklage erhoben. Verurteilung zu einem Jahr Gefängnis;

	Gründung der „Gruppe Internationale“ am Abend des 4. August 1914 in der Berliner Wohnung von Rosa Luxemburg, direkt nachdem am Vormittag desselben Tages die offizielle SPD ihre Zustimmung zu den Kriegskrediten gegeben hatte. Die „Gruppe Internationale“ vertrat die Vorstellung einer internationalen Solidarität der Arbeiterbewegungen und war gegen den Krieg. Sie bezog sich auf den Klassenkampf, lehnte strikt jeglichen Militarismus ab und beschwor die auf Parteitagen immer wieder bekräftigte internationale Arbeitersolidarität;
	Dezember 1914 bis Mitte Januar 1915 Krankenhausaufenthalt;
1915:	Die Gruppe brachte im März 1915 eine Zeitschrift „Die Internationale“ in einer Auflage von 9000 Stück heraus. Es erschien nur eine Nummer, die Zeitschrift wurde von der Polizei beschlagnahmt;
	Das obige Urteil wurde nun vollstreckt. Rosa Luxemburg wurde am 18. Februar 1915 ins Frauengefängnis in Berlin eingeliefert;
	Im Juli: Hoch- und Landesverratsverfahren in Düsseldorf. Dieses Verfahren wurde im Dezember 1917 eingestellt;
1916:	Anonymes Erscheinen der im Gefängnis entstandenen so genannten „Junius-Broschüre“ im Juni 1916, in der Luxemburg die Bewilligung der Kriegskredite durch die Reichstagsfraktion der SPD und deren „Burgfrieden“ als Verrat anprangerte;
	Entlassung aus dem Frauengefängnis. Anschließend ab 10. Juli: Sicherungsverwahrung (bis 8. November 1918), in Berlin, im Oktober in der Festung Wronke (nahe Posen), dann 1917 im Gefängnis Breslau;
	Am 20. September erschien die erste Nummer der „Spartacus-Briefe“. Die Gruppe wurde daraufhin Spartakusgruppe genannt, ein Name, den die Gruppe dann übernahm;
1917:	Im April 1917 trat die Spartakusgruppe der neu gegründeten USPD bei, behielt aber ihren Gruppenstatus als „geschlossene Propaganda-Vereinigung“;
1918:	Januarstreik in der deutschen Rüstungsindustrie;
	Am 7. Oktober 1918 illegal abgehaltene Reichskonferenz der Spartakusgruppe in Berlin. Dabei wurden weitreichende, radikale Beschlüsse gefasst (vom sofortigen Kriegende bis hin zur Errichtung einer sozialistischen Republik);

	Nach der Entlassung aus der Haft in Breslau am 8. November 1918 reiste Luxemburg nach Berlin. Redakteurin bei der „Roten Fahne“, der täglich herausgegebenen Zeitung des Spartakusbundes; Am 9. November 1918 wurde Kaiser Wilhelm II. zur Abdankung gezwungen; Am 9. November 1918 rief der im Oktober aus der Haft entlassene Karl Liebknecht die „Freie sozialistische Republik Deutschland“ aus; Am 11. November 1918 wurde der Spartakusbund als REICHSWEITE Organisation neu gegründet. Dies diente auch der Abgrenzung zur USPD; Am 10. Dezember forderte sie die Arbeiter- und Soldatenräte zur Machtübernahme auf. Grund: Die Regierung Ebert hatte den „Vollzugsrat“ entmachtet. Die Räterepublik sei aber der richtige Weg der Revolution. Das Militär müsse der politischen Kontrolle der Arbeiterräte unterstellt werden; Am 14. Dezember Veröffentlichung des Programms des Spartakusbundes: „Was will der Spartakusbund?“ in der „Roten Fahne“. Dieser radikale Artikel enthielt viele idealistische Wunschvorstellungen und Spekulationen; Reichskongress des Spartakusbundes vom 29. bis 31. Dezember 1918 in Berlin. Zusammen mit den Internationalen Kommunisten Deutschlands (IKD) Gründung der „Kommunistischen Partei Deutschlands“ (KPD) am 1. Januar 1919;
1919:	Seit dem 5. Januar riefen der USPD nahe stehende „Revolutionäre Obleute“ der Berliner Rüstungsbetriebe zu einem bewaffneten Aufstand gegen die Entlassung des Berliner Polizeipräsidenten Emil Eichhorn, eines USPD Parteimitgliedes, auf. Die KPD schloss sich an. Der Aufstand des 5./6. Januar 1919 wurde irrtümlich als Spartakus-Aufstand bezeichnet. Er misslang, kaiserliches Militär und Freikorps schlugen ihn blutig mit Hunderten von Toten nieder; Rosa Luxemburg hatte vor den Folgen eines solchen verfrühten und dilettantisch vorbereiteten Aufstands gewarnt und ihn scharf kritisiert. Eine Folge des Aufstandes war, dass die Spartakusleute nun Freiwild für die Freikorps waren. Rosa Luxemburg musste wegen einer drohenden Verhaftung ihre Wohnung wechseln, weigerte sich aber Berlin zu verlassen;

Durch Verrat (bis heute unaufgeklärt) wurde auch ihre neue Wohnung (Mannheimer Str. 27) bekannt. Am 15. Januar 1919 abends wurde sie zusammen mit Karl Liebknecht verhaftet und von Soldaten der Garde-Kavallerie-Schützendivision im Eden-Hotel „verhört" und brutal misshandelt. Beim Abtransport wurde die schon schwer verletzte Rosa Luxemburg erschossen und ihre Leiche in den Landwehrkanal geworfen;
Am 17. Mai wurde Leo Jogiches ermordet;
Erst am 31. Mai wurde Rosas Leiche an einer Schleuse im Landwehrkanal gefunden. Am 13. Juni wurde sie auf dem Zentralfriedhof Friedrichsfelde beigesetzt.

In die Vita habe ich bewusst die Teilnahmen an vielen Partei- und Sozialistenkongressen (und sicher fehlen noch einige!) aufgenommen. Dies sollte den großen Einsatz Rosa Luxemburgs für die Partei und ihre Angelegenheiten dokumentieren.
Rosa Luxemburg war in meinen Augen (also Werturteil!) eine widersprüchliche Person. Sie war eine scharfsinnige Theoretikerin. Zwar war sie eine überzeugte Marxistin, sie war aber Marx gegenüber durchaus kritisch.
Sie war außerordentlich tierlieb (siehe ihren rührenden Brief an Mathilde Jacob aus dem Berliner Frauengefängnis vom Februar/März 1915, in dem sie Frau Jacob bat, für ihre Katze Mimi zu sorgen, mit sehr genauen Anweisungen (Hetmann 1980, S. 226)). Sie war zeitlebens eine Pazifistin, vertrat aber radikal die Revolution statt eines Reformkurses.

Auszug aus den Schriften (auch Artikel) von Rosa Luxemburg

„Sozialreform oder Revolution?" (1899);
„Der politische Massenstreik und die Gewerkschaften" (1910);
„Frauenwahlrecht und Klassenkampf" (1912);
„Die Akkumulation des Kapitals" (1913);
„Die Krise der Sozialdemokratie" (Junius-Broschüre, 1915);
„Die Revolution in Russland" (1917);
„Das Versagen der Führer" (1919);
„Es herrscht Ordnung in Berlin" (1919);
„Die russische Revolution" (posthum veröffentlicht 1922);
„Einführung in die Nationalökonomie" (posthum veröffentlicht 1925).

11.3.3.1 Thesen von Luxemburg

Politische Auffassungen Luxemburgs:

Das Erfurter Programm der SPD beinhaltete die revolutionäre Umgestaltung der Gesellschaft nur noch als Fernziel. Dies war verständlich: Auf dem Weg zu einer Massenpartei hatte die SPD seit 1890 nun Abgeordnete, Verwaltungsbeamte und Angehörige der Mittelschicht als Mitglieder, die vor allem an ihrer materiellen Lage, und nicht an einer revolutionären Umgestaltung des Systems, interessiert waren. Im Vordergrund standen deshalb Reformen, die die Lage der Arbeiter und Angestellten verbessern sollten: Erweiterung ihrer parlamentarischen Rechte, erhöhter Wohlstand etc.

In ihrer Broschüre „Sozialreform oder Revolution?“ (1899) nahm Luxemburg zu dieser Entwicklung kritisch Stellung. Kartelle und Aktiengesellschaften seien kein Indiz für eine allmähliche Demokratisierung des Kapitals, sondern seien Teil des von Marx vorhergesagten Konzentrationsprozesses. Wegen der steigenden Produktivität und der Endlichkeit des Weltmarktes seien Krisen unvermeidbar. Dass sie zeitweise ausblieben, widerlege Marx nicht. Alle Reformen könnten die grundsätzlich vorhandene Ausbeutung nur mildern, nicht aber beseitigen. Auf eine automatisch sich einstellende gerechte Verteilung zu warten sei eine Utopie.

Rosa Luxemburg nahm im Gegensatz zu den Befürwortern von Reformen, die sie zwar nicht grundsätzlich ablehnte, eine revolutionäre Haltung ein und setzte auf den Klassenkampf. Wie Karl Marx verstand auch sie die Geschichte der Menschheit als Geschichte eines dauernden Klassenkampfes. Und die Proletarier aller Länder lernten erst im Verlaufe ihres Kampfes wirklich kämpfen. Die Partei sollte das Proletariat nicht als Kaderpartei führen bzw. bevormunden, sondern nur dessen „Vorhut“ sein. Sie müsse das Bewusstsein der Arbeiter schulen, bis diese aufgrund ihrer Reife selber fähig seien, die Produktionsverhältnisse umzuwälzen. Rosa Luxemburg wurde durch ihre scharfen kompromisslosen Reden zur Wortführerin des linken Flügels der SPD. Sie war allerdings mit ihrer Politik einer wachsenden Radikalisierung, die sich zudem an eine anonyme Masse wandte, in eine Isolation geraten. Eine praktische Politik der kleinen Schritte entsprang ihres Erachtens einer „Froschperspektive“ (Hetmann 1980, S. 62).

So griff sie mit einigen Artikeln in der „Leipziger Volkszeitung“ scharf den Revisionismus Eduard Bernsteins an. Nicht parlamentarische Mittel und soziale Reformen seien geeignet, den Kapitalismus zu entschärfen, sondern das Proletariat müsse die Macht übernehmen und die Produktionsverhältnisse total umwälzen. Sie forderte sogar den Ausschluss der Revisionisten aus der Partei.

Trotz ihrer Unterstützung für revolutionäre Bestrebungen behielt sie aber ihren Standpunkt als Pazifistin bei.

Sehr enttäuscht war sie vom immer wieder durchbrechenden Nationalismus der Sozialisten, die zwar auf Kongressen die internationale Solidarität beschworen. In der Praxis waren aber ihre nationalen Interessen zumeist stärker.

In der so genannten Massenstreikdebatte kam es dann zum offenen Konflikt zwischen Rosa Luxemburg, als Vertreterin der Parteilinken (zusammen mit Karl Liebknecht) und dem Zentrum um Kautsky. Luxemburg wollte Massenmobilisierungen und Generalstreiks als Kampfmittel einsetzen, die Parteiführung und Kautsky waren dagegen. Sie fürchteten wohl eine Erneuerung der Sozialistengesetze.

Aber auch mit Lenin war sie sich nicht einig. Sie war zwar grundsätzlich für die Oktoberrevolution in Russland, und hob immer wieder die treibende Kraft des russischen Proletariats hervor. Und wie Lenin war auch Rosa Luxemburg der Meinung, für ein endgültiges Gelingen der russischen Revolution sei eine analoge Revolution in Deutschland unerlässlich. Sie lehnte aber Lenins Konzept einer straff geführten Kaderpartei von Berufsrevolutionären ab, weil sie dabei die Gefahr einer Diktatur der Bolschewiki sah und die demokratische Mitwirkung der Arbeiter nicht mehr gewährleistet sei. Sie erkannte, dass Lenin zunächst andere Parteien und schließlich auch die eigene Partei zu unterdrücken begann. In diesem Zusammenhang formulierte sie die berühmten Sätze: „Freiheit nur für die Anhänger der Regierung, nur für die Mitglieder einer Partei – mögen sie noch so zahlreich sein – ist keine Freiheit. Freiheit ist immer Freiheit des Andersdenkenden. Nicht wegen des Fanatismus der „Gerechtigkeit“, sondern weil all das Belebende, Heilsame und Reinigende der politischen Freiheit an diesem Wesen hängt und seine Wirkung versagt, wenn „Freiheit“ zum Privilegium wird“ (Luxemburg).

Gemäß ihrer Vorstellung von Sozialismus dürfe eine Diktatur, die sie durchaus bejahte, die Demokratie nicht abschaffen sondern nur anders einsetzen. Sie müsse das Werk der Klasse und nicht einer kleinen führenden Minderheit im Namen dieser Klasse sein und sie müsse stets der Kontrolle der gesamten Öffentlichkeit unterstehen. Allein diese Vorstellungen zeigen (meines Erachtens) den Idealismus, das idealisierte Menschenbild und die etwas irrealen Einschätzungen Rosa Luxemburgs.

11.3.3.2 Zu Imperialismustheorien generell

Imperialismustheorien im eigentlichen Wortsinne als Erklärungsansätze für die Entstehung und die Verläufe kolonialer und wirtschaftlich/politischer Expansionen wurden vor allem im 20. Jahrhundert formuliert.

Dabei ist wichtig: Es entstanden nicht nur marxistisch inspirierte Imperialismustheorien. Neben den entsprechenden Theorien von Luxemburg (1913) und Lenin (1917) gab es auch „bürgerliche“ Imperialismustheorien, es sei nur an die bereits dargestellten Thesen von Hobson (1902) erinnert. Hans-Ulrich Wehler (1969) stellte im Rahmen seiner sozial-ökonomischen Imperialismustheorie (verkürzt) die These auf, der Imperialismus des Deutschen Reiches sollte damals von den inneren Spannungen, insbesondere der brennenden „Sozialen Frage“, und der herrschenden Depression ablenken und diese inneren Spannungen quasi nach „außen“ lenken. Eine erfolgreiche Kolonialpolitik sollte als nationaler Integrationsfaktor dienen. Wolfgang Mommsen sah als Ursache für den Imperialismus letztlich einen überzogenen Nationalismus. Und auch Schumpeter lieferte einige Gedanken zum Imperialismus, den er dem „Irrationalismus“ und dem „Prestigebedürfnis der an Macht verlierenden Herrschaftsschicht“ zuordnete. Nicht zu vergessen die Überlegungen, die sozialdarwinistisch an der Überlegenheit der weißen Rasse anknüpften.

Erich Preiser unterschied in seinem Aufsatz „Die Imperialismusdebatte“ drei diesbezügliche Theorieansätze: „Versucht man die Vielzahl der Äußerungen zu gruppieren, so ergeben sich drei Theorien; bei allen drängen wirtschaftliche Kräfte zur Expansion, denen der Staat dann seine Hilfe leiht. Eine erste Theorie erklärt den Imperialismus als den Versuch, den Gefahren zu begegnen, die die Entwicklung zum Industriestaat mit sich bringt ... Die andere Theorie geht von einem Defekt des Wirtschaftsablaufs im Kapitalismus aus; zwischen dem für die imperialistische Expansion charakteristischen Kapitalexport und den Wirtschaftskrisen gibt es einen Zusammenhang, der um so deutlicher wird, je mehr der Kapitalismus sich entfaltet“ (Preiser 1966, S. 357).

Während die erste Imperialismustheorie mit der zugrunde liegenden These, den enger werdenden Nahrungsspielraum der entwickelten Industriestaaten zu erweitern, eher von konservativen Autoren vertreten wird, stammten die anderen Theorieansätze von Marxisten. Preiser nannte hier explizit Hilferding und Luxemburg.

11.3.3.3 Die Imperialismustheorie Rosa Luxemburgs

Rosa Luxemburg vertrat zwar die Theorien von Marx, aber nicht dogmatisch sondern als Grundlage ihrer eigenen Thesen und dazu auch durchaus kritisch: „Marxismus ist eine revolutionäre Weltanschauung, die stets nach neuen Erkenntnissen ringen muss, die nichts so verabscheut wie das Erstarren in einmal gültigen Formen“ (Luxemburg, „Die Akkumulation des Kapitals“).

Ihre Imperialismustheorie entwickelte Luxemburg in ihrem Werk „Die Akkumulation des Kapitals“ (1913). Für sie war der Imperialismus eine historische Notwendigkeit für den Kapitalismus, die abschließende Etappe des Kapitalismus.

Luxemburg ging vom Marxschen Schema der Reproduktion auf erweiterter Stufenleiter aus. Sie warf die Frage auf, wer den Mehrwert, also die zusätzlich produzierten Waren, bei gesamtgesellschaftlicher Akkumulation realisiert. Hierzu müsse gemäß Luxemburg der Absatzmarkt erweitert werden. Das kapitalistische Wachstum müsse immer auf Kosten nichtkapitalistischer Produktionsweisen innerhalb des Landes, vor allem aber außerhalb erfolgen. Diese These belegte Rosa Luxemburg historisch anhand der Auflösung der naturwirtschaftlichen Produktion (der Bauernschaft) und der kolonialen Eroberungen zur Realisierung des Mehrwertes: „Wenn der Kapitalismus also von nichtkapitalistischen Formationen lebt, so lebt er, genauer gesprochen, von dem Ruin dieser Formationen, und wenn er des nichtkapitalistischen Milieus zur Akkumulation unbedingt bedarf, so braucht er es als Nährboden, auf dessen Kosten, durch dessen Aufsaugung die Akkumulation sich vollzieht“ (Luxemburg). Und dies sei gleichzeitig eine Sackgasse. Denn wenn alle nichtkapitalistischen Milieus aufgezehrt seien, würde eine weitere kapitalistische Akkumulation zur Unmöglichkeit, also sei dies die abschließende Etappe des Kapitalismus.

In diesem Zusammenhang war sie Marx gegenüber kritisch: Das Marxsche Schema der Reproduktion auf erweiterter Stufenleiter „schließt dagegen den tiefen fundamentalen Widerstreit zwischen Produktionsfähigkeit und Konsumtionsfähigkeit der kapitalistischen Gesellschaft aus, der sich gerade aus der Kapitalakkumulation ergibt, der sich periodisch in Krisen Luft macht und der das Kapital zur beständigen Markterweiterung treibt“ (Luxemburg).

Fazit: Sehr kurz gefasst war die Hauptthese Rosa Luxemburgs, dass die kapitalistische Produktionsweise nur solange existieren könne, solange noch ein nichtkapitalistisches Milieu existiere.

In den Worten von Paul Sweezy: „Rosa Luxemburg versuchte zu beweisen, dass in einem geschlossenen kapitalistischen System Kapitalakkumulation unmöglich ist … Sie wollte nun den fehlenden Beweis liefern, die bedeutendste noch verbliebene Lücke im Marxschen System schließen und so das bis dahin unerklärliche Phänomen des modernen Imperialismus erklären. Nach Rosa Luxemburg ist die Realisierung des Mehrwerts das Kernstück des Problems der Kapitalakkumulation“ (Sweezy 1972, S. 239).

Luxemburg kam zu dem Schluss, dass der einzige Ausweg aus dem von ihr aufgeworfenen Problem darin bestünde, die „Hypothese eines geschlossenen, ausschließlich für Kapitalisten und Arbeiter gemachten Systems, fallen zu lassen. Nachdem sie dies getan hat, fährt sie mit der Argumentation fort, dass der Teil des Mehrwerts, der akkumuliert werden soll, nur durch Verkauf an nichtkapitalistische Konsumenten realisiert werden kann, d.h. an Konsumenten, die alle außerhalb des kapitalistischen Systems stehen … Aber der Prozess der Expansion selbst zieht diese rückständigen Nationen und Bevölkerungsschichten in die Bahn des Kapitalismus. Schließlich werden sie absorbiert werden, sobald dies geschieht, wird sich die theoretische Unmöglichkeit eines geschlossenen Kapitalismus in der Praxis erweisen, und das System wird von selbst zusammenbrechen“ (Sweezy 1972, S. 241).

Im Anschluss an diese Feststellungen kritisiert Paul Sweezy die theoretische Argumentation Rosa Luxemburgs (S. 242-243), stellt ihr aber insgesamt ein positives Zeugnis aus: „Trotz ernster analytischer Irrtümer und ungeachtet der Feindschaft des offiziellen Marxismus war Rosa Luxemburg ein gründlicherer Marxist als jedes andere Mitglied der deutschen sozialistischen Bewegung. Als historischer Materialist, wenn auch nicht als theoretischer Ökonom im engeren Sinne, stand sie hoch über ihren Kritikern“ (Sweezy 1972, S. 245).

Erich Preiser urteilte über die Imperialismustheorie Rosa Luxemburgs: „Mehr als andere Auseinandersetzungen im Bereich der marxistischen Literatur ist die Diskussion um die Theorie R. Luxemburgs erfüllt von Missverständnissen und ermüdenden Belehrungen. Trotzdem kann man den Hauptgedanken kurz zusammenfassen. Das Problem, mit dem sich R. Luxemburg herumschlägt ist die Frage, wie die Wirtschaft in einer rein kapitalistischen Zweiklassengesellschaft wächst … Es ist für uns heute klar, dass R. Luxemburg hier einem Scheinproblem nachjagt, und man kann über die Verbissenheit, mit der sie es tut, nur den Kopf schütteln; … Ist man sich darüber klar, dass die Schemata die Gleichgewichtsbedingungen einer wachsenden Wirtschaft formulieren, so braucht man sich nicht zu wundern, dass R. Luxemburg nicht zum Ziel kam … Hätte sie statt der Gleichgewichtsbedingungen den wirklichen Bewegungsablauf der kapitalistischen Wirtschaft untersucht, so wäre sie genau an den Punkt gekommen, an dem, ein Jahrzehnt vor ihr, J.A. Hobson stand, als er das Problem des Imperialismus behandelte" (Preiser 1966, S. 366/367). Ein persönliches Urteil: Ich schließe mich der Argumentation Erich Preisers an. Eine Verwechslung von Gleichgewichtsbedingungen und realem Ablauf kann nur in die Irre und zu unkorrekten Schlussfolgerungen führen.

Die Imperialismustheorie Luxemburgs wurde von sozialistischer Seite aus (nicht nur von Sweezy) auch mit folgenden Argumenten kritisiert: „Rosa Luxemburg weise im Grund nicht, wie dies ihre Absicht sei, einen kommenden Zusammenbruch, sondern vielmehr die Unmöglichkeit der kapitalistischen Produktionsweise nach. Das kapitalistische System sei nicht erst gefährdet, wenn die ganze Welt durchkapitalisiert sei ... Schließlich: Rosa Luxemburg habe die Reproduktionsschemata von Marx missverstanden, indem sie übersah, dass bei Wiederanlage des Mehrwerts auch neue Lohnarbeiter eingestellt werden" (Hofmann 1962, S. 210).

11.3.3.4 Rezeption von Rosa Luxemburg

Ihr Hauptwerk „Die Akkumulation des Kapitals" wurde zur Überraschung Rosa Luxemburgs von der zeitgenössischen sozialdemokratischen Presse kritisch (bis hin zu aggressiv) aufgenommen. Es wurde vom Führungskreis der Partei abgelehnt, der damals den allgemeinen Tenor vorgab. Man sah in ihr eine „gefährliche und verantwortungslose Frau" (Sweezy 1972, S. 245).

Zu Beginn der Sowjetunion war Rosa Luxemburg noch eine unbestrittene Ikone des Sozialismus für die Sowjets. Doch als Paul Levi 1922 posthum ihren Aufsatz (im Gefängnis geschrieben) zur Oktoberrevolution und zur scharfen Kritik an Lenins Auffassungen zur Kaderpartei und dem Verbot aller anderen Meinungen veröffentlichte („Die russische Revolution"), schlug die Stimmung um. Stalin unterstellte ihr (zu Unrecht) eine feindselige Haltung gegenüber Lenins Revolution. Ihre Positionen wurden im offiziellen sowjetischen Kommunismus nun abwertend als „Luxemburgismus" gegeißelt.

Im Anschluss an die offizielle Haltung Sowjetrusslands wurde Rosa Luxemburg auch nach 1945 von der SED und sogar von der KPD nie richtig anerkannt. Das offizielle Ökonomenlexikon der DDR würdigte zwar ihre politischen Verdienste, verlor aber kein Wort über ihre Kritik an Lenin, und kritisierte ihre Imperialismustheorie: „So bleibt ihre Imperialismusforschung doch insgesamt unzureichend. Der Hauptmangel ihres Werkes über den Imperialismus besteht darin, dass sie die Reproduktionsproblematik, wie sie im „Kapital" von Marx dargestellt ist, unzulänglich interpretierte. Sie ging davon aus, dass Marx das Problem nicht gelöst habe, wie der zu akkumulierende Mehrwert die erweiterte Reproduktion gewährleiste" (Ökonomenlexikon der DDR 1989, S. 321).

Ihr Gesamtwerk wurde in der DDR erst ab 1970 veröffentlicht, wobei ihre Kritik an Lenin als „Irrtum" bezeichnet wurde.

Freier war der Umgang mit Rosa Luxemburg in einigen der so genannten blockfreien Staaten. Im früheren Jugoslawien unter Tito war der Todestag Rosa Luxemburgs ein gesetzlicher Feiertag.

In der „Neuen Linken" der 1960er Jahre wurden die Thesen Luxemburgs erneut diskutiert und fanden viele Anhänger. Rudi Dutschke war einer davon. Und sogar die Volksrepublik China hat sich neuerdings wieder an sie erinnert: Im November 2004 fand in Guangzhou ein Kongress zu ihrem Andenken statt.

1969 lief im Süddeutschen Rundfunk das zweiteilige Dokumentarspiel „Der Fall Liebknecht-Luxemburg" mit Interviews von Überlebenden, sogar des Offiziers, der den Geheimbefehl zur Erschießung gegeben hatte. 1986 wurde von Margarethe von Trotta der Film „Rosa Luxemburg" gedreht und erhielt den Bundesfilmpreis.

1990 wurde eine Rosa-Luxemburg-Stiftung gegründet. Eine Straße im Zossener Ortsteil Wünsdorf-Waldstadt wurde nach ihr benannt (2010).

11.3.4 Rudolf Hilferding (1877-1941)

Vita von Hilferding

1877:	Am 10. August 1877 wurde Rudolf Hilferding als Sohn des aus Galizien stammenden wohlhabenden jüdischen Kaufmannes (tätig als Kassier bei der Allianz-Versicherung) Emil Hilferding und seiner Frau Anna (geb. Liß) in Wien geboren. Rudolf wuchs in bescheidenem Wohlstand, aber in einer liberalen Atmosphäre auf;
1894:	Besuch des Staatsgymnasiums bis zur Matura 1894;
1896:	Bis 1901 Medizinstudium in Wien. Daneben befasste er sich mit der Ökonomik. So hörte er Vorlesungen bei dem Marxisten Carl Grünberg. Hilferding interessierte sich schon als Schüler für Fragen des Sozialismus und war jetzt Mitglied der sozialdemokratischen Studentenvereinigung „Freie wissenschaftliche Vereinigung";
1901:	Nach Abschluss des Studiums und Promotion arbeitete er als Kinderarzt in Wien; Hilferding wurde Mitglied der österreichischen sozialdemokratischen Partei;
1902:	Ab 1902 Artikel für die deutsche sozialdemokratische Zeitung „Neue Zeit";
1904:	Ehe mit der Lehrerin und Psychologin Margarete Hönigsberg, die als erste Hörerin der Medizin an der Universität Wien das Doktorat erwerben konnte. Auch Margarete war Sozialistin; Geburt ihres ersten Kindes Karl-Emil; Zusammen mit Max Adler (bis 1925) Mitherausgeber der in Wien erscheinenden „Marx-Studien"; Erscheinen seiner ersten ökonomischen Arbeit, die sich gegen Böhm-Bawerks Marx-Kritik richtete;
1905/1906:	Teilnahme am berühmten Seminar Eugen von Böhm-Bawerks an der Wiener Universität. Das Manuskript zum „Finanzkapital" lag zu dieser Zeit nach eigenen Aussagen Hilferdings schon weitgehend vor;
1906:	Hilferding beendete seine Tätigkeit als Arzt und wurde an der Parteischule der SPD in Berlin ordentlich bezahlter Dozent für Wirtschaftsgeschichte und Nationalökonomie, eine Stelle, die ihm Bebel angetragen hatte. Allerdings konnte Margarete als

	Ausländerin in Berlin nicht arbeiten;
1907:	Ausweisungsandrohung der preußischen Polizei. Hilferding gab daraufhin seine Lehrtätigkeit an der Parteischule auf und wurde (bis 1915) Redakteur der SPD-Zeitung „Vorwärts";
1910:	Veröffentlichung seines Hauptwerkes „Das Finanzkapital";
1914:	Am 4. August Unterzeichnung eines Protestaufrufes der Redakteure des „Vorwärts" gegen die Bewilligung der Kriegskredite durch die SPD-Fraktion im Reichstag;
1915:	Feldarzt bei der österreichisch-ungarischen Armee. Er leitete bis 1918 ein Seuchenlazarett an der italienischen Front;
1917:	Hilferding trat der USPD bei;
1918:	Bis 1923 war Hilferding Chefredakteur der „Freiheit" (Zentralorgan der USPD); In der Novemberrevolution wurde er Mitglied der Sozialisierungskommission und entwickelte in diesem Zusammenhang auch Pläne zu Sozialisierungen;
1919:	Im Januar 1919 erhielt Hilferding die deutsche Staatsbürgerschaft;
1920:	Im Oktober 1920 sprach sich Hilferding auf dem außerordentlichen Parteitag in Halle offen gegen die Vorschläge des Vertreters der Kommunistischen Internationale, Sinowjew, aus; Von 1920 bis 1925 Mitglied im „Vorläufigen Reichswirtschaftsrat";
1921:	Teilnahme am Gründungskongress der Internationalen Sozialistischen Arbeitsgemeinschaft (ISA);
1922:	Scheidung seiner Ehe; Hilferding trat wegen seiner Ablehnung der KPD aus der USPD aus und erneut der SPD bei;
1923:	Vom 13. August bis 6. Oktober 1923 Reichsfinanzminister im Kabinett Stresemann (große Koalition). Während seiner Zeit als Finanzminister wurde zwar die Einführung der Rentenmark beschlossen, vor dem Inkrafttreten der Währungsreform trat Hilferding allerdings von seinem Amt zurück. „Wieweit Hilferding im Herbst 1923 fiel ... weil seine Vorschläge die Interessen starker wirtschaftlicher Gruppierungen tangierten, und inwieweit eine mangelnde praktische Durchsetzungsfähigkeit zum Grund für seine Abberufung wurde, bleibt umstritten" (Schefold 2000c, S. 30); Hilferding heiratete ein zweites Mal, nämlich die Ärztin und Übersetzerin Rose Lanyi;

1924:	Von 1924 bis 1933 Herausgeber der Zeitschrift „Die Gesellschaft“; Am 4. Mai 1924 Wahl (für die SPD) in den Reichstag (bis 1933). Er wurde Mitglied des Parteivorstandes der SPD; Mitglied des außenpolitischen Ausschusses des Reichstags. Er trat hier für eine Westorientierung Deutschlands ein;
1925:	Zusammen mit Karl Kautsky Entwurf des Heidelberger Programms der SPD;
1928:	Im Juni 1928 wurde er in der Großen Koalition unter Reichskanzler Hermann Müller (SPD) wiederum Finanzminister. „Hilferding war durch die Erfahrungen von 1923 inflationsscheu geworden und hoffte, die wirtschaftliche Lage durch Kürzung der Einkommensbesteuerung und einen Budgetausgleich bei Ausgabenminderung und einer Steigerung indirekter Steuern bekämpfen zu können“ (Schefold 2000c, S. 30). „Im sozialdemokratisch geführten Kabinett Müller wurde er wiederum mit dem Amt des Finanzministers betraut. Dort begannen die politischen Verstricklungen, die Hilferdings Charakterbild in der Geschichte bis heute schwanken lassen. Die Koalitionspartner verhinderten die Durchsetzung einer klar konturierten sozialdemokratischen Finanz- und Steuerpolitik. In dieser Zwangslage ließ sich Hilferding auf die bisher verpönte Steuersenkung bei gleichzeitiger Zollerhöhung ein und verprellte damit seine eigene Fraktion“ (Euchner 1991, S. 100);
1929:	Im Dezember 1929 Rücktritt von seinem Amt (in der Literatur wird behauptet, wegen Einmischungen des Reichsbankpräsidenten Hjalmar Schacht in die Finanzpolitik in Richtung größerer Anstrengungen zum Budgetausgleich);
1931:	Ein Flugblatt der NSDAP forderte seine Aburteilung als „Inflationsverbrecher“;
1932:	Strasser trug im Reichstag das Arbeitsbeschaffungsprogramm der NSDAP vor. Hilferding hielt dazu die Gegenrede, ohne jedoch wesentliche ökonomische Gegenargumente vortragen zu können;
1933:	Im März nach der Abstimmung über das Ermächtigungsgesetz mit Brünings Hilfe Emigration über Dänemark und Paris nach Zürich. Dort blieb er bis 1938. Publikation vieler Artikel im „Neuen Vorwärts“ (unter dem Pseudonym Richard Kern);

	Bis 1936 Redakteur der in Karlsbad erscheinenden „Zeitschrift für Sozialismus";
1934:	Er war Mitglied des Vorstandes der Exilvereinigung der Sozialdemokraten „Sopade". In dieser Position gehörte er zu den federführenden Autoren des „Prager Manifests";
1938:	Hilferding flüchtete nach dem Einmarsch deutscher Truppen in die Tschechoslowakei nach Paris, wo nun auch die Sopade ihren Sitz hatte;
1940:	Nach dem deutschen Angriff auf Frankreich flüchtete er im August 1940 in das unbesetzte Marseille;
1941:	Trotz gültiger Ausreisevisa in die USA wurde er von der Vichy-Regierung an der Ausreise gehindert, verhaftet, in Arles monatelang festgehalten und dann am 10. Februar 1941 an die Gestapo ausgeliefert. Er starb (vermutlich am 11./12. Februar 1941) unter ungeklärten Umständen (Selbstmord durch eine Überdosis Veronal?, das er als Arzt für den schlimmsten Fall immer bei sich trug) im Pariser Gefängnis „La Santé".

Rudolf Hilferding entwickelte sich bald zu einem der führenden Köpfe des Austro-Marxismus. Generell kann man sagen, dass der Austro-Marxismus um eine mittlere Position zwischen den beiden Flügeln des Sozialismus bemüht war und damit ist auch Hilferdings Position als Sozialist, nämlich als Vertreter einer ausgleichenden mittleren Position zwischen den Extremen, charakterisiert. Unter THEORETISCHEM Aspekt wird ihm allerdings immer wieder höchstes Lob gezollt, so z.B. von Walter Euchner, dem Herausgeber des zweibändigen Werkes „Klassiker des Sozialismus" (1991): „Rudolf Hilferding kann als der geistreichste Kopf der deutschen Sozialdemokratie zwischen den Weltkriegen gelten" (Euchner 1991, S. 99).

Hilferdings Lebensführung wird von Bertram Schefold wie folgt beschrieben: „Er habe einen recht einfachen Lebensstil gepflegt, hart gearbeitet, regelmäßig Ferien mit der Familie unternommen, und den Wiener Brauch des gelegentlichen Cafébesuchs verschmähte er auch in Berlin nicht. Trotzki verachtete ihn als zu wenig revolutionär, aber auch weil er zu Luxemburg und Liebknecht Distanz hielt" (Schefold 2000c, S. 28/29). Er schätzte angenehme Gesellschaft, gutes Essen, einen guten Wein und gute Zigarren.

Hilferding war kein Demagoge, der die Massen mitriss. Er versuchte seine Auffassungen durch logisch und historisch abgestützte Argumente durchzusetzen, und dies in einer politisch und sozial aufgewühlten Zeit.

Insgesamt war der kultivierte Hilferding der Gewalt abgeneigt und dies auch noch, als die Sozialdemokratie insgesamt in Gefahr war. Er legte ein eher

abwartendes Verhalten an den Tag. Er versuchte einen Ausgleich zu schaffen, manchmal auch in Situationen, wo ein Ausgleich nicht (mehr) möglich war.
„Dass Hilferding … den „harten Kurs“ anderen überließ, die ihn rücksichtslos bis zum Terror steigerten, ist ihm auch persönlich zum Verhängnis geworden. Noch im Februar 1933 lehnte er … das Ansinnen eines Generalstreiks gegen Hitler ab, weil „der richtige Moment“ noch nicht gekommen sei … Seine abwartende Haltung ist bezeichnend für die damalige Fehleinschätzung Hitlers“ (Alex Möller 1971 zitiert in: Kommentarband zu Hilferding, Düsseldorf 2000, S. 35).
Sein charakteristisches abwartendes Verhalten zeigte er auch bezüglich der Weltwirtschaftskrise: „Seine Vorstellungen zur Überwindung der Weltwirtschaftskrise liefen ebenfalls auf Abwarten hinaus. Er appellierte an die Großbanken Frankreichs und der Vereinigten Staaten, ihre Goldbestände zur Mobilisierung des notleidenden Kredits zur Verfügung zu stellen. Den WTB-Plan der Freien Gewerkschaften, der ein staatlich finanziertes Arbeitsbeschaffungsprogramm vorschlug, lehnte er ab, weil er ihn für inflationsfördernd hielt. So wurde er auch unter wirtschaftspolitischem Aspekt zum Symbol sozialdemokratischer Mutlosigkeit und Untätigkeit“ (Euchner 1991, S. 100).

Kleine Auswahl aus den Schriften (auch Artikel) von Rudolf Hilferding

„Zur Geschichte der Werttheorie“ (1902/1903);
„Böhm-Bawerks Marx Kritik“ (1904);
Rudolf Hilferding sandte den Artikel 1902 zunächst an Kautsky („Die Neue Zeit“). Kautsky lehnte dessen Publikation zwar ab, es entwickelte sich aus dem folgenden Briefwechsel aber eine Freundschaft zwischen Kautsky und Hilferding. Gedruckt wurde der Artikel schließlich 1904 in den „Marx-Studien“;
„Zur Frage des Generalstreiks“ (1903);
„Parlamentarismus und Massenstreik“ (1904/1905);
„Die Konjunktur“ (1906/1907);
„Die Kolonialpolitik und der Zusammenbruch“ (1906/1907);
„Die industrielle Depression“ (1907/1908);
„Arbeiterklasse und Konsumvereine“ (1908);
„Das Finanzkapital; Eine Studie über die jüngste Entwicklung des Kapitalismus“ (1910);

Dieses Hauptwerk wurde von ihm größtenteils bereits um 1905 in Wien verfasst, aber erst 1910 in Deutschland beendet und veröffentlicht.

„Sozialdemokratische Steuerpolitik“ (1911/1912);

„Kriegskapitalismus“ (1915);

„Die Entwicklung der Valuta und die Ursachen der Wirtschaftskrise“ (1920);

„Gegen das Moskauer Diktat“ (1920);

„Die Aufgaben der Reichsbank“ (1923);

„Organisierter Kapitalismus“ (ca. 1927);

„Theoretische Bemerkungen zur Agrarfrage“ (1927);

„Gesellschaftsmacht oder Privatmacht über die Wirtschaft“ (1931);

„Nationalsozialismus und Marxismus“ (1932);

„Sozialismus und Eigentum“ (1932);

„Finanzielle Reichszerstörung“ (1933 unter dem Pseudonym Richard Kern);

„Die Reichsbank als Geldmaschine“ (1933 unter dem Pseudonym Richard Kern);

„Korporationen, Stände und Monopole“ (1933 unter dem Pseudonym Richard Kern);

„Die Vorbereitung des totalen Krieges“ (1937 unter dem Pseudonym Richard Kern);

„Staatskapitalismus oder totalitäre Staatswirtschaft?“ (1940);

„Zum Primat des Politischen in der Sowjetunion“ (1940);

Zu den genannten Publikationen kommen neben weiteren Artikeln auch noch veröffentlichte Vorträge, die hier nicht extra aufgeführt werden.

11.3.4.1 Thesen Hilferdings

Politische Auffassungen Hilferdings:

Es kommt wohl auf den politischen Standpunkt an, ob man zwischen dem Rudolf Hilferding von 1910 und dem späten Hilferding der zwanziger Jahre unterscheidet bzw. glaubt, unterscheiden zu müssen. Sein Biograf William Smaldone ist der Auffassung: „Hilferding's postwar economic and political analyses did not break decisively with his prewar views" (Smaldone 1998 zitiert in: Kommentarband zu Hilferding, Düsseldorf 2000, S. 39). Viele Marxisten warfen ihm im Gegensatz dazu allerdings vor, in seinen späten Jahren ein „Revisionist“ geworden zu sein.

In seinen letzten Aufsätzen (1940) schrieb er unverblümt, Stalin sei ein „unbegrenzter persönlicher Diktator“. „Machthaber ist nicht die Bürokratie, sondern jener, der der Bürokratie die Anweisungen gibt. Der russischen Bürokratie gibt Stalin Anweisungen. Lenin und Trotzki ... gestalteten die Macht entsprechend den Bedürfnissen ihrer Herrschaft um, beseitigten die Demokratie und führten eine eigene Diktatur ein, die sie in der eigenen Ideologie, keineswegs aber in der Praxis, mit der „Diktatur des Proletariats" identifizierten. Sie schufen auf diese Weise den ersten totalitären Staat. Stalin ... schuf seine unbegrenzte persönliche Diktatur ... Natürlich kann man von einer sozialistischen Position aus das bolschewistische Wirtschaftssystem schwerlich ein sozialistisches nennen. Denn in unserer Vorstellung ist der Sozialismus untrennbar verbunden mit der Demokratie" (Hilferding, Zum Primat des Politischen in der Sowjetunion, (1940) zitiert in: Kommentarband zu Hilferding, Düsseldorf 2000, S. 49).

Letztlich war Hilferding in den Augen von revolutionär gesinnten Marxisten ein Reformist, ja sogar ein Revisionist, der glaubte, den Kapitalismus und seine Auswüchse mit den Mechanismen eines demokratischen Staates überwinden zu können. Seine Theorie des „organisierten Kapitalismus" sollte zeigen, wie die Umwandlung des Kapitalismus zu einer sozialen Demokratie möglich sei. Seine ausgewogene Haltung lässt sich ziemlich klar aus einer Zitatstelle des Artikels „Zur Frage des Generalstreiks" (1903) zeigen: „Der allmähliche und friedliche Übergang, wie er sich durch die Eroberung des Parlamentes vollziehen könnte, ist aber für das Proletariat von größter Bedeutung. Nur die Aufrechterhaltung des allgemeinen Wahlrechts verbürgt eine stetige, fortschreitende Entwicklung. Denn es bringt die steigende wirtschaftliche Macht des Proletariats, entsprechend seiner Zahl und seinem Bewusstsein und seinem Willen, von ihr Gebrauch zu machen, der in der Wahl von Sozialdemokraten in Erscheinung tritt, zu genauem Ausdruck ... so muss das Proletariat bereit sein, das allgemeine Wahlrecht mit dem letzten Mittel zu verteidigen, das ihm zu Gebote steht. Hinter dem allgemeinen Wahlrecht muss stehen der Wille zum Generalstreik" (Hilferding, Zur Frage des Generalstreiks (1902) zitiert in: Kommentarband zu Hilferding, Düsseldorf 2000, S. 42).

Als der erste Weltkrieg begann, den Hilferding ablehnte, driftete seine sonst eher gemäßigte Haltung etwas mehr in eine radikalere Richtung. Er trat der USPD bei und war sogar Herausgeber von deren Zentralorgan „Die Freiheit". Die blutige Niederschlagung der Dezember- und Januarunruhen durch die Reichswehr und Freikorps, die durch die SPD-Politiker Ebert und Noske veranlasst wurden, griff er zwar an. Aber letztlich distanzierte er sich doch vom rätesozialistischen Flügel, der die USPD mit der KPD vereinen wollte. Hilferding vertrat weiter die These, Parlamentarismus und Demokratie seien der richtige Weg für den Sozialismus. „In der Kieler Parteitagsrede von 1927 ... rief er den Delegierten zu: „Wenn Sie nicht verstanden haben, dass die Erhaltung der Demokratie und Republik das wichtigste Interesse der Partei ist, haben Sie nicht das ABC des politischen Denkens begriffen" (Euchner 1991, S. 106).

Den bolschewistischen Terror verurteilte er und schrieb explizit dagegen. Eine Räterepublik lehnte er ab. Er war gegen eine totale Verstaatlichung der Wirtschaft, auch wenn er konstatierte, dass sich die Rolle des Staates bezüglich des ökonomischen Bereiches verändert habe. Es kam ihm „auf die „Vergesellschaftung" großer Unternehmenszweige und Branchen an, die er mit Organen ausstatten wollte, in denen Vertreter der Unternehmensleitung, der Arbeiter und Angestellten der Unternehmung, der Verbraucher und wissenschaftliche Sachverständige Sitz und Stimme haben sollten" (Euchner 1991, S. 107). Er sah klar, dass eine vollständige Verstaatlichung der Wirtschaft zu einem unerträglichen, ja kontraproduktiven Bürokratisierungsaufwand führen würde.

Aus all dem folgte, dass er sich 1922 wieder der SPD anschloss, die seinen dauerhaften politischen Überzeugungen besser entsprach. Er versuchte, einen mittleren Kurs zwischen der gemäßigteren SPD und dem radikalen Linkskurs der USPD zu steuern. Damit saß er aber letztlich zwischen allen Stühlen, kein Parteiflügel war wirklich zufrieden mit ihm.

Und was ihm von linientreuen Marxisten besonders negativ angerechnet wurde: Er schloss sich Karl Kautskys „Ultraimperialismustheorie" an, die trotz anerkannter imperialistischer Bestrebungen die Möglichkeit eines friedlichen Nebeneinanders der kapitalistischen Staaten beinhaltete.

Ökonomische Auffassungen Hilferdings:

Rudolf Hilferding war neben Joseph A. Schumpeter (1883-1950), Ludwig von Mises (1881-1973), Otto Bauer (1881-1938) und anderen teilweise bekannten Ökonomen, Teilnehmer des berühmten Seminars von Eugen von Böhm-Bawerk, auf dem auf hohem Niveau ökonomische Fragen diskutiert wurden. Man kann sich vorstellen, dass dies auch die Marx-Kritik von Böhm-Bawerk betraf, die sicherlich mit den beiden Austro-Marxisten Bauer und Hilferding heiß diskutiert wurde.

Die erste schriftliche Äußerung ökonomischer Art, mit der Hilferding Aufsehen erregte, war seine Gegenkritik zu Böhm-Bawerks Kritik des dritten Band des „Kapital": „Böhm-Bawerks Marx Kritik" (1904). Hilferding setzte Böhm-Bawerk dabei ein formales und ein historisches Argument entgegen. Das formale Argument trug nicht viel weiter als Marx selbst: Er konnte die diesbezügliche Böhmsche Kritik nicht wirklich entkräften. Als historisches Argument führte er an, unter den Bedingungen der einfachen Warenproduktion müssten sich die Tauschpreise nach den relativen Arbeitskosten richten. Schefold beurteilt Hilferdings Bemühungen, Marx gegen Böhm-Bawerk zu verteidigen, wie folgt: „Obwohl Hilferdings früher Aufsatz in der Hauptsache fehlgeht, beeindruckt er durch seine dichte Argumentation und die konsequente Hervorhebung der verbliebenen Stärken der Marxschen Analyse" (Schefold 2000c, S. 9).

In seinem Hauptwerk „Das Finanzkapital" stellte Hilferding zunächst eine eher „langwierige", eigenwillige, für viele fast unverständliche, komplizierte, aber letztlich orthodoxe Geldtheorie vor, über die Lenin meines Erachtens zu Recht ein negatives Urteil fällte, nämlich dass sich der Autor „in der Geldtheorie irrt".

Das Hauptanliegen Hilferdings in seinem Buch war es, die Marxschen Thesen, die ja historisch und institutionell etwa bis zur Hälfte des 19. Jahrhunderts reichten, nun bis auf das Jahr 1910 auszudehnen. So stellte er vor allem die geänderten Beziehungen zwischen Unternehmen und Banken heraus. Durch die Gesellschaftsform der Aktiengesellschaft bekämen die Großaktionäre eine umfassende Kontrolle über die Kapitalien vieler kleinerer Aktionäre. Und dies bedeute eine immense Konzentration ökonomischer Macht, wie sie Marx zu seiner Zeit noch nicht voraussehen konnte.

Marx stellte zwar die Prozesse der Konzentration und Zentralisation des Kapitals als wichtigen Bestandteil seiner Überlegungen heraus, konnte aber nicht die spezifischen Formen, die diese Konzentrationsbewegung im letzten Viertel des 19. Jahrhunderts annahm, erfassen. Dies bedeutete eine qualitative Veränderung der Konkurrenzbeziehungen: Die kleinen Unternehmungen, die typisch für den freien Konkurrenzkapitalismus waren, würden nun zugunsten der Monopole zurückgedrängt: Diese neue Form des Kapitalismus, die zugleich die „letzte" bzw. „höchste" Stufe der kapitalistischen Entwicklung sei, und die sich in wesentlichen Aspekten von den früheren kapitalistischen Phasen unterscheide, nannte Hilferding Monopolkapitalismus. Und es entstünde ein neuer Mittelstand, bestehend aus mittleren Managern und Technikern, dessen Interessen im Vergleich zum bisherigen Mittelstand deutlich anders seien.

Wegen den mit der steigenden organischen Zusammensetzung des Kapitals einhergehenden Verlängerungen der Kapitalumschlagzeiten wären die Unternehmensperspektiven nun mehr auf langfristige Überlegungen ausgerichtet. Kurzfristig seien die Unternehmen nun unbeweglicher und damit auch empfindlicher gegenüber kurzfristigen Nachfrageschwankungen. Und hier kämen nun die Banken ins Spiel. Sie gäben den Unternehmen langfristige Kredite, um die negativen Effekte kurzfristiger Schwankungen abzufangen, während die Unternehmen ihrerseits ihre ungenutzten Reserven bei den Banken anlegten. Als Fazit müssten sich die Banken aufgrund ihrer engen Verflechtung mit der Industrie nun auch für die langfristigen Perspektiven und das Schicksal der Unternehmen interessieren und engagieren. Der Einfluss der Banken auf die Unternehmen wachse. Von da aus war es nicht mehr weit zu der These, die Großbanken seien die eigentlichen Lenker der Wirtschaft. „So bedeutet die Entwicklung der Aktiengesellschaft eine außerordentliche Beschleunigung der dem Kapitalismus innewohnenden ökonomischen Konzentrationstendenzen ... Die Aktiengesellschaft aber macht von vorneherein notwendig, die großen Banken, die das gesamte freie Geldkapital aufnehmen, es sammeln, konzentrieren und dieses konzentrierte Kapital nun den Großunternehmungen zur Verfügung stellen können ... Es sind also Kredite, die von vornherein langfristig sind, ... Kredite, die im Grunde genommen schon eine Art Beteiligung des Bankenkapitals an die Industrie bedeuten, eine Beteiligung, deren Länge und Dauer davon abhängt, ob es möglich wird, diese Kredite bei günstiger Lage des Kapitalmarktes abzulösen, indem neue Aktien ausgegeben werden ... Auf der einen Seite wächst so die Bankenkonzentration, ... auf der anderen Seite zugleich die gegenseitige Verflechtung zwischen Bankeninteressen und Industrieinteressen. So nähern wir uns einem Zustand, in dem das gesamte Geldkapital der Gesellschaft immer mehr bei den Banken gesammelt wird, die Banken die Verfügung über das Geldkapital haben, das zur Neuanlage der Gesellschaft zur Verfügung steht; sie sind es, die dieses Geldkapital der großen Industrie, vor allem der organisierten, kartellistisch und trustartig organisierten Industrie zur Verfügung stellen. Es ist jene Entwicklung des Kapitals, die ich als Finanzkapital definiert habe“ (Hilferding, Gesellschaftsmacht oder Privatmacht über die Wirtschaft (1931) zitiert in: Kommentarband zu Hilferding, Düsseldorf 2000, S. 46/47/48). Die Banken wären zur Vermeidung der nachteiligen Effekte kurzfristiger Nachfragefluktuationen an der Bildung von Unternehmenszusammenschlüssen interessiert, die besser geeignet seien, solche Fluktuationen aufzufangen bzw. zu verhindern.

Und auch dem mit der größeren organischen Zusammensetzung des Kapitals einhergehenden Fall der Profitraten könne man durch diese Zusammenschlüsse entgegenwirken: Verringerung des Outputs, um die Preise zu stabilisieren, Verhinderung des Entstehens bzw. Verbot ausländischer Konkurrenz durch Einwirken auf den Staat, der entsprechende Maßnahmen zu setzen habe, sie könnten mit ihrer ökonomischen Macht auch eine Preisdifferenzierung zwischen Inland (höhere Preise) und Ausland (niedrigere Preise) durchsetzen.

Ganz entscheidend für seine diesbezügliche Argumentation war dabei die Rolle des Kapitalexports ins Ausland: Vorausgesetzt die Profitraten im Inland und im Ausland seien verschieden hoch, dann würde ein Kapitalexport von den Ländern mit einer niedrigeren Profitrate (und entsprechend einer höheren organischen Zusammensetzung des Kapitals, also von entwickelteren Ländern) in Länder mit einer höheren Profitrate (und entsprechend niedrigerer organischer Zusammensetzung des Kapitals) erfolgen. Und dies könne ebenfalls dem Gesetz des tendenziellen Falls der Profitrate im Inland entgegenwirken. Hilferding war der Auffassung, dass diese IMPERIALISTISCHE Politik für kapitalistische Staaten zwingend sei, ihnen bliebe keine andere Wahl.

Zurück zur Konzentrationsthese und der Rolle der Banken: Erich Streissler stellt historisch zu der Epoche ab 1890 für Wien fest: „Die Wiener Aktienbanken blieben auf einem guten Teil der Aktien, wie es so hieß, „sitzen", mehr als ihnen lieb war. So entstand nolens volens ihr Industrieimperium. Obendrein wurden natürlich auch Kredite an die teilweise von der Bank im Übermaß im Eigentum besessenen Unternehmen vergeben, zumal wenn die beabsichtigte Expansion der Unternehmung sich nicht so erfolgreich erwies ... In Wahrheit sahen sich die österreichischen Großbanken, infolge ihres Aktienbesitzes und infolge ihrer schwer einbringbaren Industriekredite, in ihrer Profitabilität auf Gedeih und Verderb an die österreichische Industrie gekettet ... Und so zwangen die Wiener Großbanken die österreichische Industrie in die Kartellierung hinein!" (Streissler 2000, S. 58). Als Indiz hierfür gibt Streissler die 1914 gegründete „Kontrollbank" an. Diese im Eigentum aller Wiener Großbanken befindliche Institution hatte die alleinige Aufgabe, alle Industriekartelle zu kontrollieren, „das heißt diejenigen Kartelle, an denen Großbanken beteiligungs- und kreditmäßig interessiert waren, strikt zu überwachen" (Streissler 2000, S. 59). Es verwundert in dieser Situation nicht, dass Hilferding Aktien nicht als Eigentum, sondern funktional als Kreditvergabe interpretierte.

Nach Hilferding waren seine Thesen über den Imperialismus auch eng verknüpft mit der Frage nach den Krisen im Kapitalismus. Hilferding selbst erwähnte zwar alle „üblichen" von Marxisten vertretenen Krisentheorien. Er selbst vertrat eine Disproportionalitätstheorie. Der Grund für krisenhafte Entwicklungen im Kapitalismus seien DISPROPORTIONEN zwischen den verschiedenen Industriesektoren. Hier könne man als Ausgangspunkt die

Marxschen Reproduktionsschemata verwenden. Wenn die dort angegebenen Proportionen erhalten blieben, könne der Kreislauf ungestört weiterlaufen und es käme zu keiner Disproportionalität.

Wie kommt es dann zur Verletzung dieser Proportionen laut Hilferding? Um den Mehrwert zu erhöhen, seien Unternehmen zuweilen geneigt, in den Aufschwungsphasen des Konjunkturzyklus zu überinvestieren. Wenn die Nachfrage dann fiele, müssten die Unternehmen die Produktion einschränken. Wegen der hohen Fixkosten der mit viel Produktionskapital arbeitenden Unternehmen würde ein Produktionsrückgang die Einzelstückkosten erhöhen. Um dies zu verhindern, müssten die Unternehmen die Preise zurücknehmen, was die Profite verringere. Die schwächeren Unternehmen würden daraufhin ausfallen. Die andere Seite ist: Die sinkenden Preise würde es neuen Unternehmen ermöglichen, in den Markt einzusteigen, was dann wieder einen Aufschwung nach sich zöge.

Hilferding vertrat im „Finanzkapital" die Meinung, Monopole und Kartelle könnten Krisen zwar nicht gänzlich verhindern, aber doch stark modifizieren. Monopolisierte Industrien könnten einen größeren Output während der Krise aufrechterhalten. Zudem würden ihnen die Bankkredite helfen, durch solche krisenhaften Phasen durchzutauchen. Im Übrigen: „Romantische" Spekulationskrisen des Typs, wie sie in der Frühzeit des Kapitalismus auftraten, hielt Hilferding für „unwiederbringlich dahin".

„Charakteristisch lässt Hilferding die Theorie der fallenden Profitrate von Marx gelten, ohne sie wirklich zu hinterfragen, während er gleichzeitig aus Statistiken herausliest, der Zinssatz habe seit dem 18. Jahrhundert keine langfristig fallende Tendenz gezeigt. So weitet sich – und dies ist eine ebenso charakteristische Schlussfolgerung – die Macht des Finanzkapitals aus" (Schefold 2000c, S. 14).

Bertram Schefold geht dann auf die Rolle des von Hilferding so genannten „Gründergewinns" ein: „Die Aktien selbst bezeichnet Marx nun als „fiktives Kapital". Da der Zinssatz unter der Profitrate steht, steht der Wert des fiktiven Kapitals über dem Anlagenwert des Unternehmens, dem der Profit entquillt. Die Differenz fällt dem Unternehmensverkäufer zu und heißt bei Hilferding der Gründergewinn ... Der Gründergewinn verschafft der Aktiengesellschaft eine Expansionskraft, weil mehr Kapital mobilisiert wird; Die Aktiengesellschaft ... verschafft sich leichter Kapital über eine Bank, da sie innerhalb gewisser Grenzen durch zusätzliche Emissionen zurückzuzahlen vermag" (Schefold 2000c), S. 15/16).

Im „Finanzkapital" schrieb Hilferding zum „Gründergewinn", der aus der Differenz des Kurswertes mit der Summe der Vermögenswerte der Aktiengesellschaft entstehe, noch Folgendes: „Es versteht sich von selbst, dass Gründergewinn nicht nur gemacht wird bei Gründungen im eigentlichen Sinne des Wortes, seien es völlige Neugründungen oder Umwandlungen bestehender Privatunternehmungen in Aktiengesellschaften. Gründergewinn im ökonomischen Sinne des Wortes kann ebenso bei jeder Kapitalerhöhung bestehender Aktiengesellschaften erzielt werden“ (Hilferding 1910, S. 146).

„Ich nenne das Bankkapital, also Kapital in Geldform, das auf diese Weise in Wirklichkeit in industrielles Kapital verwandelt ist, das Finanzkapital. Den Eigentümern gegenüber behält es stets Geldform ... In Wirklichkeit aber ist der größte Teil des so bei den Banken angelegten Kapitals in industrielles, produktives Kapital ... verwandelt“ (Hilferding 1910 zitiert in: Schefold 2000c; S. 21).

Neben die Zusammenschlüsse der Unternehmen träten nun auch Zusammenschlüsse der Banken. Wenn man dies konsequent weiterdächte, resultierte daraus eine Art von „Zentralbank“, sei es eine Bank oder eine Bankengruppe, die die Kontrolle über die gesamte industrielle Produktion hätte und die die Güter „rechenmäßig“ zuteilen würde. Hilferding behauptete nicht, dass dies in der Realität in dieser Form ablaufen müsse. Doch war er der Meinung, das Finanzkapital schaffe organisatorisch die letzten notwendigen Voraussetzungen für die Einführung des Sozialismus.

Sicherlich überschätzte Hilferding dabei die planerischen Möglichkeiten und unterschätzte andererseits die, auch im Rahmen einer mit Großbetrieben durchsetzten Wirtschaft, immerwährende Rolle der Konkurrenz. Zudem konnte er nicht die bedeutende Rolle anderer finanzieller Institutionen, wie z.B. Versicherungen und Fonds, ahnen. Theoriegeschichtlich interessant war dabei, dass Hilferding die Rolle der Monopolisierung, anders als die auf Freihandel abstellenden Klassiker, letztlich positiv sah.

Edward Nell kommt bezüglich des „Finanzkapital“ zu folgenden Schlussfolgerungen: „Das „Finanzkapital“ ist in mancher Hinsicht sehr stark auf der Höhe unserer Zeit ... Die „finanzielle Fragilität“ wächst im Zeitablauf und ebnet Interaktionen zwischen Finanz- und Realkapital in der Krise den Weg ... Die Spekulation am Aktienmarkt trägt zur wachsenden finanziellen Fragilität bei, während das Verhalten von Banken sowohl die Güter- und Verkehrswirtschaft wie den Aktienmarkt beeinflusst als auch davon selbst beeinflusst wird. Die Banken und das Kreditsystem versetzen den Aufschwung in die Lage, an Tempo zuzunehmen; das ist ihr Beitrag zu einer einheitlicheren, enger verbundenen Wirtschaft. Doch Booms neigen zu Übertreibungen, und mit der übermäßigen Ausdehnung des Kreditsystems wird es anfälliger für den Einbruch. Wenn es zusammenbricht, verstärkt das den Crash, und je enger verbunden die Wirtschaft ist, desto mehr Scherben gibt es dabei. Für seine Zeit kommt diese Skizze den Tatsachen auch schon sehr nahe“ (Nell 2000, S. 113).

Die Kriegswirtschaft war bewusst und planvoll durchgeführt worden. Und die Konzentration schreite immer weiter voran. „Damit wächst zugleich die bewusste Ordnung und Lenkung der Wirtschaft, die die eminente (immanente) Anarchie des Kapitalismus der freien Konkurrenz auf kapitalistischer Basis zu überwinden strebt“ (Hilferding 1924 zitiert in: Schefold 2000c, S. 24). Diese Vorstellung einer immer planmäßigeren Allokation im Kapitalismus führte zu seinem Begriff des „organisierten Kapitalismus“. In dieser Form des Kapitalismus träten neben der klassischen Preiskonkurrenz auch andere Formen der Konkurrenz: über die Gestaltung der Waren, neue Absatzformen, neue Bezugsquellen und neue Techniken. Hilferding schrieb zum „organisierten Kapitalismus“: „Organisierter Kapitalismus bedeutet also in Wirklichkeit den prinzipiellen Ersatz des kapitalistischen Prinzips der freien Konkurrenz durch das sozialistische Prinzip der planmäßigen Produktion. Diese planmäßige, mit Bewusstsein geleitete Wirtschaft unterliegt in viel höherem Maß der Möglichkeit der bewussten Einwirkung der Gesellschaft …“ (Hilferding zitiert in: Euchner 1991, S. 107).

Bezüglich der Rolle von Kapitalexporten befand Hilferding: Da das jeweilige Kapitalgeberland die Kontrolle über diese Kapitalien nicht verlieren wolle, sei eine Kolonialpolitik ohne Gewalt nicht denkbar.

Hilferding hielt eine ständige Ausweitung der Akkumulation für möglich. Er führte aus, der Kapitalismus müsse aus ÖKONOMISCHEN Gründen nicht notwendig zusammenbrechen. Dies war eine direkte Provokation für alle Marxisten, die der Zusammenbruchstheorie anhingen. Das Auftreten von Krisen war ja bei ihm vor allem von der Disproportionalität der Sektoren abhängig, also Abweichungen von den Proportionen der Marxschen Reproduktionsschemata. Hier scheint mir, dass Hilferding den Charakter der Reproduktionsschemata als Gleichgewichtsdarstellungen allzu einfach auf die ökonomische Realität übertrug.

Überliefert ist das folgende Zitat aus einem Vortrag 1926: „Gerade der zweite Band des „Kapital“ zeigt, wie innerhalb des kapitalistischen Systems die Produktion auf immer erweiterter Stufenleiter möglich ist. Ich habe mir oft gedacht, es ist nicht so schlimm, dass der zweite Band so wenig gelesen wird.“

METHODISCHE POSITIONEN HILFERDINGS:

Hilferding wollte eine werturteilsfreie Disziplin. Er schrieb im „Finanzkapial“: „Wie die Theorie, so bleibt auch die Politik des Marxismus frei von Werturteilen“ (Hilferding 1910).

Hilferding lehnte abstrakt-formulierte ökonomische Argumente und formale Modelle ab. Er war auch gegen die Grenznutzentheorie eingestellt. Er zog immer wieder Wirtschaftsstatistiken als Belege seiner Thesen heran. Unter diesem Aspekt war er ein empirisch arbeitender Ökonom.

„Wie Marx und die Klassiker dachte er eher in den Kategorien von Entwicklungen und Tendenzen als des Gleichgewichts“ (Nell 2000, S. 90).

Fazit: Bezüglich der weiter oben aufgeworfenen Fragen, die die Sozialisten nach Marx um die Jahrhundertwende beschäftigten, antwortete Hilferding:

(1) DARF (BZW. MUSS) MAN DIE THEORIEN VON MARX AN DIE INZWISCHEN EINGETRETENEN NEUEN HISTORISCHEN GEGEBENHEITEN ANPASSEN D. H. REVIDIEREN? ODER SOLLTE MAN MARX THESEN VOLLSTÄNDIG UNVERÄNDERT BEIBEHALTEN UND DIE NEUEN FAKTEN IRGENDWIE DARIN „UNTERBRINGEN“?
Hilferding schrieb Marx fort, d.h. er wollte die mittlerweile eingetretenen historischen und institutionellen Veränderungen berücksichtigen, vor allem die deutliche Konzentration von Industrie und Banken, die neue Rolle der Banken, die Rivalitäten der industrialisierten Nationen und die entstandenen Kolonialreiche. Hilferding selbst sah sich nicht als gleichrangiger Erneuerer Marxscher Theorien, sondern eher als ein Interpret von Marx;

(2) WERDEN DIE KRISEN IM KAPITALISMUS IMMER HEFTIGER UND ENDEN SIE SCHLUSSENDLICH IN EINEM UNVERMEIDLICHEN ZUSAMMENBRUCH DES SYSTEMS?
Hilferding vertrat die Auffassung, die Krisen würden nicht gänzlich verschwinden, aber durch die neuen Institutionen finde eine Verstetigung der Krisen statt. Einen Zusammenbruch des Kapitalismus aus ihm immanenten inneren Gründen sah er nicht kommen;

(3) WIRD DER KAPITALISMUS SEINER INNEREN WIDERSPRÜCHE WEGEN OHNE „HILFE“ VON AUßEN ZUSAMMENBRECHEN (DISKUSSION DER ZUSAMMENBRUCHSTHESE)?
Hilferding war grundsätzlich der Meinung, der parlamentarische Weg mit einem allgemeinen Wahlrecht sei der vernünftigste Weg zum So-

zialismus. Er hielt in Ausnahmesituationen einen Generalstreik für sinnvoll, da die Entwicklung nicht automatisch ablaufe.

11.3.4.2 Rezeption Hilferdings

„Das Finanzkapital von Rudolf Hilferding ist oft als „vierter Band des Kapital“ von Karl Marx bezeichnet worden – ein Ehrentitel, der den Rang des Werks umschreibt … Es versucht, oft mit verblüffendem Erfolg, die Fragestellung von Marx mit seiner Methode, ja zuweilen selbst in seiner Diktion, aufzunehmen und sein Niveau zu halten. Die Gedankenkette von Marx wird dabei so originell fortgesetzt, dass den Leser nie der Eindruck epigonaler Nachbeterei beschleicht“ (Schefold 2000c, S. 5). Soweit das generelle Urteil des renommierten Dogmenhistorikers Bertram Schefold.

Und auch Erich W. Streissler befindet: „Rudolf Hilferdings „Das Finanzkapital“ ist eines der einflussreichsten Werke der ökonomischen Ideengeschichte“ (Streissler 2000, S. 53). Auch Gegner von Hilferdings „Finanzkapital“ können nicht leugnen, dass dieses Werk in den Jahren zwischen den Weltkriegen sehr einflussreich war. Es wurde sofort nach seinem Erscheinen lebhaft und kontrovers diskutiert.

Lenin und Bucharin gaben explizit zu, dass ihre eigenen Arbeiten von Hilferding beeinflusst waren. Und auch Rosa Luxemburg und Schumpeter verarbeiteten Hilferding in ihren Thesen zum Imperialismus.

Joseph A. Schumpeter beurteilte Hilferding insgesamt positiv: „Er schrieb eine beachtliche Antwort auf Böhm-Bawerks Kritik an Marx und weitere Abhandlungen … in erster Linie aber muss er als Autor der berühmtesten Leistung der neomarxistischen Gruppe, „Das Finanzkapital“ (1910), erwähnt werden. Was immer man von der recht altmodischen Geldtheorie des ersten und der monetären Krisentheorie des vierten Kapitels denken mag, seine zentrale These, dass die Banken die Tendenz haben, die Kontrolle über die Wirtschaft im allgemeinen in die Hand zu nehmen und sie zu monopolistischen Konzernen zu organisieren, die dem Kapitalismus eine immer größere Stabilität verleihen, ist interessant und originell … und übte einen gewissen Einfluss auf Lenin aus“ (Schumpeter 1965, S. 1075).

Streissler kommt, nachdem er einen deutlichen Einfluss Hilferdings auf die Vertreter der dritten und vierten Generation der Österreichischen Schule festgestellt hat, sogar zu dem Ergebnis: „Wohl dank Hilferding spielen Kreditbeziehungen in der gesamten jüngeren Österreichischen Schule eine ungewöhnlich tragende Rolle“ (Streissler 2000, S. 53).

Und Reinhard H. Schmidt, der sich mit den Thesen Hilferdings mit Blick auf die moderne Theorie der Banken und der Finanzsysteme beschäftigt, kommt zusammenfassend zu dem Schluss: „Interessant und geradezu faszinierend an Hilferdings Buch aus dem Jahre 1910 ist heute … dass es inhaltlich und in seinem theoretischen Gehalt sehr modern ist, denn es enthält verblüffend vielfältige und weitgehende Parallelen zu Themen und Theorien, die erst in neuester Zeit zum Gegenstand der theoretischen Diskussion unter Ökonomen geworden sind“ (Schmidt 2000, S. 67).

So erkannte Hilferding laut Schmidt unter anderem bereits:

(4) Banken seien nicht nur Vermittler des Zahlungsverkehrs der Industrie, sondern sie seien Finanzintermediäre;

(5) Die Bedeutung und Konsequenzen des Imperialismus, ein Themenbereich, der heute unter den Stichwörtern „Internationalisierung“ und „Globalisierung“ diskutiert wird;

(6) Die Existenz eines dauerhaften Bodensatzes an Mitteln bei den Banken, modern gesprochen die Grundlage des Geldschöpfungsmultiplikators;

(7) Hilferding stellte fest, dass die Banken an stetigen und vorhersehbaren Erträgen ihrer Anlagen, und vor allem ihrer Kredite, interessiert seien. Und er sah in diesem Zusammenhang Bankkrisen und Bankruns als reale Gefahr;

(8) Die Banken gewännen einen sehr guten Einblick in das Unternehmensgeschehen ihrer Kreditnehmer und erlangten dadurch Macht und Einfluss auf sie;

(9) Es sei vorteilhaft, wenn die Banken Diversifikation betreiben.

Hilferding vertrat die Auffassung, ein Universalbankensystem sei einem Trennbankensystem überlegen. Im „Finanzkapital“ illustrierte er diese These ausführlich anhand des deutschen und des englischen Bankensystems. Die Gegenüberstellung der beiden Systeme war zwar bedeutsam und weiterführend, sein negatives Urteil über das englische Finanzsystem erscheint im Lichte des heutigen Wissens allerdings als unbegründet.

In einer theoriegeschichtlichen Veranstaltung habe ich den Studierenden die Frage gestellt, ob ihnen der Name „Hilferding“ etwas sage. Er war nur einem (!) unter ca. 80 Studierenden vage (aber nicht wirklich hinreichend genau) bekannt. Das heißt, zumindest unter den heutigen Studierenden ist Rudolf Hilferding, trotz seiner oben skizzierten Bedeutung, praktisch unbekannt.

Daran ändert auch nichts, dass im Jahre 2003 in Floridsdorf ein Hilferdingweg nach ihm benannt wurde.

11.3.5 DIE SOZIALISMUSDEBATTE

Bei der Behandlung der Auseinandersetzungen und Strömungen im Sozialismus im 20. Jahrhundert muss hier nochmals an die bereits angesprochene „Sozialismusdebatte“ bzw. „Sozialisierungsdebatte“, im Englischen „Calculation Debate“ (siehe Abschnitt 11.2.1.2), erinnert werden. Es ist für den Leser sinnvoll und notwendig, vor der Lektüre dieses Abschnittes nochmals die Abschnitte zu Ludwig von Mises (11.2.1) und Friedrich August von Hayek (11.2.5) durchzulesen.

Grundsätzlich geäußerte Kritikpunkte am Sozialismus im Verlauf der Debatte waren kurz:

- mangelnde Freiheit;
- Unmöglichkeit einer „rationalen“ Wirtschaftsrechnung und damit keine allokative Effizienz;
- Anmaßung von Wissen seitens der Planer;
- mangelnde Anreize (Anreizproblematik).

Streissler stellt zu Recht fest, dass auch bereits vor der Debatte kritische Äußerungen zu sozialistischen Planwirtschaften existierten, dabei vor allem zu den Anreizsystemen: „Before 1920 it had been restricted to questions of the incentive compatibility of socialism. Incentives, however, were closely linked to the values men would want to pursue and, in fact, with their morality. But it was a central tenet of socialist thought that man was only warped in his moral nature by the evil influences of capitalism, that, freed from the shackles of his serfdom, he would cease to be an egoist and become brim full of solidarity" (Streissler 1992, S. 270).

Die Sozialismusdebatte im engeren Sinne betraf die Unmöglichkeit einer „rationalen“ Wirtschaftsrechnung in sozialistischen Planwirtschaften, war also weniger eine Kritik des Marxschen Theoriegebäudes, sondern setzte vielmehr an einem institutionellen Aspekt des Sozialismus, nämlich der konkreten Ausgestaltung einer sozialistischen Wirtschaft und dabei dem Problem der Wirtschaftsrechnung an.

Begonnen hatte die hier skizzierte Auseinandersetzung mit dem Aufsatz von Mises „Die Wirtschaftsrechnung im sozialistischen Gemeinwesen“ (Archiv für Sozialwissenschaften 1920). Richtig Fahrt nahm sie dann auf durch das Buch Ludwig von Mises „Die Gemeinwirtschaft; Untersuchungen über den Sozialismus“, 2. Auflage 1932. Dieses Buch beinhaltete eine umfangreiche Sammlung aller Argumente gegen eine Planwirtschaft und sagte einen Wohlstandsverlust und eine Verarmung der Bevölkerung, letztlich sogar den Untergang des Sozialismus voraus. Ludwig von Mises stützte seine Kritik am Sozialismus nicht in erster Linie auf moralische Aspekte sondern auf ökonomische Überlegungen.

Die Ablehnung staatlicher Interventionen und staatlicher Lenkung zog sich übrigens durch alle weiteren Publikationen von Mises, und schlug sich auch in seinem großen Werk „Human Action“ nieder. Auch gegenüber dem Syndikalismus, bei dem die Arbeiter Eigentümer der Produktionsfaktoren sind, hatte er starke Vorbehalte. So würde wegen des unterschiedlichen Wachstums der Industriezweige eine unterschiedliche Wohlstandsentwicklung unter den Arbeitern entstehen.

Mises traf zunächst die offensichtliche Feststellung, auch eine sozialistische Planwirtschaft müsse wirtschaftlich kalkulieren, wenn sie effizient sein wolle, denn in jeder Wirtschaft bestehe Ressourcenknappheit. Er argumentierte weiter, eine sozialistische Planwirtschaft verfüge über keinen Markt, daher könnten die in die Marktpreise eingehenden Präferenzen der Nachfrager, deren Zahlungsbereitschaft ja konkrete Aufschlüsse über die Dringlichkeit ihrer Bedürfnisse gebe, und die Kosten der Anbieter nicht wirklich ermittelt werden. Die in Raum und Zeit vernetzten Preise seien in einer Marktwirtschaft Knappheitsindikatoren, die beide Marktseiten adäquat berücksichtigten und dies gelte nicht nur für die Endprodukte, sondern auch für alle Zwischenprodukte und Produktionsfaktoren. Marktpreise entstünden im Tausch mindestens zweier Eigentümer. Im Sozialismus gebe es keine derartigen Eigentümer und damit kämen auch keine solchen Tauschakte und Marktpreise zustande. Ohne Marktpreise sei eine rationale ökonomische Wirtschaftlichkeitsrechnung aber nicht möglich, Alternativen könnten nicht verglichen werden.

Kurz: Planwirtschaften ohne Privateigentum hätten keinen Markt, ergo keine Marktpreise, also sei auch eine effiziente ökonomische Kalkulation nicht möglich (Unmöglichkeitstheorem), es sei unmöglich, aus der Fülle technisch machbarer Faktorkombinationen die ökonomisch effizienten auszuwählen. Im Sozialismus stelle nicht ein individuell für seine Entscheidungen verantwortlicher unabhängiger Produzent Richtung, Reihenfolge und Dringlichkeit der Produktion verschiedener Güter fest, sondern ein zwar omnipotenter aber ökonomisch kriterienloser Staat.

An der Seite von Ludwig von Mises beteiligte sich Friedrich August von Hayek (über Buchrezensionen und eine Serie von Artikeln) mit teilweise anderen Argumenten (aber auch mit vielen Argumenten von Mises) an der Debatte. Hayek setzte nicht an der THEORETISCHEN Unmöglichkeit einer rationalen Wirtschaftsrechnung (in statischen Gleichgewichtsmodellen) an, sondern vor allem an der Mobilisierung des breit gestreuten Wissens in einer

Gesellschaft. Dieses Wissen könnten weder der Staat noch ein (wohlmeinender) Diktator mobilisieren, sondern nur die Individuen selbst. Verschärft würde dieses Problem noch dadurch, dass die einzelnen Wirtschaftssubjekte oft selbst nicht genau wüssten, über welches Wissen sie verfügten. Deshalb könnten sie ihr gesamtes Wissen auch nicht einfach bewusst an andere weitergeben. „Localized and tacit knowledge is difficult (and maybe impossible) to pass on to others, even if one wanted to" (Caldwell 1997, S. 1866).

Mobilisiert werden könne dieses breit gestreute Wissen in einer Gesellschaft aber über das Preissystem von Wettbewerbsmärkten. Ein solches Preissystem in Konkurrenzmärkten sammle die Informationen sehr billig; Es garantiere nicht nur den effizientesten Einsatz der Ressourcen, es sei auch das beste Entdeckungsverfahren von Neuerungen. Demgegenüber seien planwirtschaftliche Systeme viel teurer und erreichten nur einen niedrigeren Effizienzgrad. „We do not have to know about the myriad relevant changes the world over; it is enough to look at the highly condensed and one-dimensional information provided by prices" (Streissler 1992, S. 278).

In einer Gesellschaft liefen, wie auch Mises argumentierte, ständig DYNAMISCHE Vorgänge ab und verlangten ständige Anpassungen an die nun veränderten Gegebenheiten auch in Richtung auf eine unbekannte Zukunft. Es fänden stets Neuerungen statt und die daraufhin ablaufenden Anpassungen erforderten Zeit. „Im Wirtschaftlichen sei nichts beständiger als der Wechsel" (Mises). In einer Marktwirtschaft würden diese Anpassungen und vor allem auch die notwendigen Prognosen von unternehmerischen Individuen via sich ständig verändernde Preise vorgenommen, die dann ihre Erfolge bzw. Misserfolge selbst zu tragen hätten (jedenfalls in der idealtypischen Marktwirtschaft bei Mises!). „Wenn sich aber jedermann in seinen wirtschaftlichen Dispositionen an den gleichen Preisinformationen orientiert, dann ergibt sich ein universeller konsistenter Rechnungszusammenhang, eine umfassende raumzeitliche Wirtschaftsrechnung, die gleichzeitig – ohne jeden staatlichen Zwang – die wirtschaftlichen Dispositionen aller dadurch koordiniert, dass jeder einzelne – schon aus Eigeninteresse – seine Aktivitäten an Nutzen- und Kostenerwägungen ausrichtet, dass er dabei das gleiche Wertungsschema verwendet, nämlich das System der sich ändernden Marktpreise, und dass er die für sich selbst günstigste Lösung zu finden versucht" (Watrin 1996, S. 50).

Im Originalton Mises: „Im sozialistischen Gemeinwesen fehlt die Möglichkeit, in der Wirtschaft zu rechnen, so dass es unmöglich wird, Aufwand und Erfolg einer wirtschaftlichen Handlung zu ermitteln und das Ergebnis der Rechnung zum Richtmaß des Handelns zu machen" (Mises 1932 zitiert in: Watrin 1996, S. 51).

Deshalb gingen die mittels STATISCHEN allgemeinen Gleichgewichtsmodellen aufgezeigten Möglichkeiten, effiziente Lösungen ohne Preise zu finden, an den wirklichen Problemen (von Wirtschaften generell und auch) von sozialistischen Planwirtschaften vorbei und seien somit keine logisch brauchbaren Argumente FÜR die Effizienz einer sozialistischen Planwirtschaft. „Equilibrium theory with its emphasis on end-states assumes that the process of coordination has already taken place. By doing so, it assumes away the most important question" (Caldwell 1997, S. 1865). Solche statischen Gleichgewichtssysteme, die sich immer auf Endpunkte also Ruhepunkte konzentrieren, enthielten zudem für die Diskussion des Sozialismusproblems ungeeignete Abstraktionen und erlaubten es nicht, die wirklichen Informationsprobleme adäquat abzubilden. Die ständig in der Realität stattfindenden permanenten (oft kleinen) Veränderungen (millionenfach sich permanent ändernde Techniken und Präferenzen) könnten in diesen statischen Modellen nicht abgebildet werden. Diese Modelle enthielten auch keine (für den konkreten Planungsablauf aber wichtigen) Institutionen und unterstellten zudem genau bekannte Grenzkosten-, Kosten- und Nachfrageverläufe (ein Argument von Hayek), die in der marktwirtschaftlichen Realität zunächst subjektiv geschätzt würden, und zumeist erst durch „trial and error" angenähert werden müssten. „Objectively costs are determinable only ex-post, not ex-ante" (Streissler 1992, S. 277).

„More generally, the static theory of perfect competition starts from the assumption of a „given" supply of scarce goods. But which goods are scarce goods, or which things are goods, and how scarce or valuable they are – these are precisely the things which competition has to discover" (Hayek zitiert in: Caldwell 1997, S. 1865). Der Markt konstituiert diesen Entdeckungsprozess erst.

Ein weiteres Argument von Mises war die Notwendigkeit einer DIVERGENZ von Interessen und schließlich ihre Abstimmung über den Markt, ein Prozess, den eine einzige Planungsbehörde nicht generieren könne: „The function that is performed by the profit and loss system cannot be performed by the single will of a central planning bureau but necessarily depends on the divergence of expectations among risk-bearing speculators who vie (= wetteifern) with one another for command over resources. When separate owners put their resources against one another in the pursuit of profit, knowledge is generated without which complex production processes could not be carried out" (Lavoie 1981, S. 62).

Letztlich lässt sich die Auffassung von Mises sehr schön in dem Zitat zusammenfassen: „The capitalist system is not a managerial system; it is an entrepreneurial system" (Mises 1949 zitiert in: Lavoie 1981, S. 63).

Hayek brachte zudem das gewichtige Argument vor, es sei für die Planer nicht einfach, die in der Realität produzierten heterogenen Güter genau zu spezifizieren. In der Ökonomik des 19. Jahrhunderts ging man von homogenen Gütergruppen aus. Dies gab die ökonomische Realität mit ihrer Gütervielfalt bereits in der Zwischenkriegszeit nicht mehr richtig wieder. Planungsvorgaben von Gütern, die in der Realität vor allem auch in der Qualität sehr heterogen ausfielen, könnten von den Planungsbehörden nicht mehr vernünftig kontrolliert werden. „Nineteenth century economists had always thought in terms of homogenous, i.e. fully standardized commodities, because their basic market framework was the mechanisms of the commodity exchanges. But standardized commodities auctioned on exchanges are only a very small fraction of all commodities: Hayek may have realized this in the course of the „imperfect competition revolution" of price theory, which had just then started. Furthermore the point was of great relevance for really existing socialist systems: We now know that the quality of their commodities constantly declined over time, at least relative to the free enterprise economies, exactly because the planning authorities could not fully control quality. Hayek was extremely prescient in starting to realize that even if only vaguely, already in 1935" (Streissler 1992, S. 276).

Auf einer anderen Ebene lag das Argument von Mises, Manager würden in totalen Planwirtschaften keine Risiken auf sich nehmen, sie könnten aufgrund der dort gegebenen Kontrollmechanismen nur verlieren. Wenn sie falsch lägen, gebe es Tadel, wenn sie richtig lägen, würde der Erfolg in der Regel nicht ihnen allein zugerechnet, sondern auf viele Schultern verteilt. Also eine asymmetrische Situation. Deshalb hielten sich die Manager im Sozialismus starr an die vorgegebenen Regeln der Planungsbehörde, und minimierten dabei ihr persönliches Risiko, abgestraft zu werden. Die positiven Aspekte von gelungenen eigenen Aktionen waren demgegenüber vernachlässigbar. Die sozialistischen Manager würden deshalb alte überholte Techniken zu lange einsetzen. Diese Überlegungen gehören zur Gruppe „Anreizproblematik".

Ludwig von Mises gestand zwar zu, dass auch Manager von großen Unternehmen in Form von Kapitalgesellschaften zuweilen ihre persönlichen Interessen vor die Interessen der Aktionäre stellten. Aber LANGFRISTIG sei es im Interesse der Manager, die Interessen der Aktionäre an die erste Stelle zu setzen.

Gegner von Mises in der Sozialismusdebatte waren neben H.D. Dickinson, E.F.M. Durbin und Fred M. Taylor vor allem Oskar Ryszard Lange (1904-1965) und Abba P. Lerner (1903-1982). Und auch Joseph Alois Schumpeter nahm mit seinem 1921 veröffentlichten Aufsatz „Sozialistische Möglichkeiten von heute“ an der Debatte teil. Er glaubte, der von den Sozialisten behauptete Monopolisierungsprozess könne schon bei der Bildung von Oligopolen seinen Abschluss finden. „Auf jeden Fall, so meinte er, habe die Konkurrenzwirtschaft aus „ihren eigenen Notwendigkeiten heraus“ eine Tendenz entwickelt, „die unverkennbar nach dem Sozialismus weist: Sie hat die Wirtschaft und das Wirtschaften rationalisiert.“ ... Schumpeter zieht daraus den Schluss, dass sich „in den Zentren des kapitalistischen Lebens ein Schritt in der Richtung des Sozialismus vollzieht – durch die Macht der Tatsachen viel wirksamer, als irgendeine bewusste Aktion es vermöchte“ (März 1981, S. 76).

Oskar Lange, ein gut ausgebildeter theoretischer polnischer Ökonom, versuchte zu zeigen, dass sozialistische Planwirtschaften Konkurrenzmärkte mit ihren Preisen, die auch für ihn wünschenswerte Effizienzeigenschaften hatten, perfekt imitieren könnten. „However in an argument that has often been overlooked, he also claimed that socialism could achieve efficiency where private ownership failed – that is, where private ownership led to monopoly ... In fact, Lange went so far as to suggest that it was neither necessary or wise to „abolish” private enterprise and private property of the means of production in those fields where real competition still prevails, i.e. in small-scale industry and farming. In these fields private property of the means of production and private enterprise may well continue to have a useful social function by being more efficient than a socialized industry might be. But outside of these fields, Lange believed that this almost Austrian picture of the economy represented a thing of the past ... Individuals had largely been replaced by large corporations enjoying considerable economies of scale and wielding monopolistic power. Only socialism could avoid the worst characteristics of monopoly” (Persky 1991, S. 230/231).

Also: Die Sektoren einer Wirtschaft, in denen noch Konkurrenz herrsche, sollten weiter in privater Hand bleiben und der (monopolisierte) Rest sollte verstaatlicht werden. Wenn sich die Planungsbehörde übrigens bei ihrer Preisfestsetzung einmal „irre“, könne dies ausgebessert werden: Sie werde einfach einen „trial and error“-Prozess in Gang setzen (mit Millionen Gleichungen!), der sie über die Beobachtung von Lagerveränderungen schließlich zu den „richtigen“ Preisen führen würde. Hayek erwiderte darauf, Lange hätte es versäumt, darauf einzugehen, wie oft solche Preisanpassungen vorgenommen werden müssten und dies sei eine ganz entscheidende Frage.

Und: Sozialistische Systeme sollten nicht mit idealtypischen rein konkurrenzwirtschaftlichen Systemen verglichen werden, sondern mit einem realtypischen Kapitalismus, durchsetzt mit Monopolen. Diese Überlegung gilt m. E. generell: In Debatten über Wirtschaftssysteme dürfen Idealtypen (diese charakterisieren zumeist das gewünschte Wirtschaftssystem) nicht mit Realtypen (diese sollen die abzulehnenden Varianten charakterisieren) verglichen werden.

Der Vorwurf einer zunehmenden Bürokratisierung, so Lange, treffe übrigens kapitalistische und sozialistische Systeme gleichermaßen. „Bureaucracy is a problem of modern life, not one that is unique to socialism“ (Lange 1938 zitiert in: Caldwell 1997, S. 1863). Und die vollkommene Konkurrenz sei ohnedies eine rare Konstellation im Spätkapitalismus. Die Trennung der Eigentümer von den die großen Gesellschaften kontrollierenden Managern sei ebenfalls ein gewichtiges Argument, quasi bereits eine Vorstufe zur sozialistischen Planung.

Beide Seiten waren gegen Monopole. Während die beteiligten Verteidiger sozialistischer Planwirtschaften aber das (gehäufte) Auftreten von Monopolen mit ihren Effizienznachteilen im Sinne von Marx als unvermeidlich ansahen, glaubten die beteiligten Vertreter der Österreichischen Schule, die Monopole würden (mit wenigen Ausnahmen) durch den Konkurrenzdruck verschwinden.

Vorschläge der sozialistischen Seite zu einer effizienten Wirtschaftsrechnung waren unter anderem auch ein auf Simulationen beruhender „Konkurrenzsozialismus“ (d.h. die Planungsbehörde simuliert ein marktwirtschaftliches System, ohne dass reale Konkurrenz zugelassen wird). Faktorkombinationen ergäben sich auf Grund der von der Planungsbehörde simulierten Marktpreise, produziert werden solle bis zur Gleichheit von Preisen und Grenzkosten.

Und, jedenfalls als logische Möglichkeit, die Errechnung von Schattenpreisen mit Hilfe eines allgemeinen Gleichgewichtssystems, wie von dem italienischen Ökonomen Enrico Barone bereits 1908 in seinem Aufsatz. „Il Ministro della Produzione nello Stato Collettivista“ im „Giornale degli Economisti“ publiziert.

Barone schlug unter anderem vor, die Planungsbehörde solle ein Programm von breit gestreuten Experimenten durchführen, um die vorteilhaftesten technischen Koeffizienten zu bestimmen. „He was particularly critical of those socialists who hoped planning could do away with „anarchical production". On the contrary, a pseudo-competitive process would always have to be sustained" (Persky 1991, S. 229, siehe auch die ausgezeichnete Darstellung dieses Werkes von Barone in Schumpeter 1965, S. 1201-1203).

Schumpeter kam dabei zu dem Ergebnis: „Wir dürfen nicht vergessen, dass die reine Theorie des Sozialismus ebenso wie die reine Theorie der Konkurrenzwirtschaft, sich auf einem hohen Abstraktionsniveau bewegt und hinsichtlich der praktischen Durchführbarkeit des Systems viel weniger beweist, als der Laie (und manchmal auch der Theoretiker) glaubt … besonders dann nicht, wenn wir die weitere Frage unbeantwortet lassen, ob das eine oder andere institutionelle System geringeren Abweichungen von seinem eigenen Ideal ausgesetzt ist oder ob es den „Fortschritt" stärker begünstigt. Diese Fragen sind für die Praxis viel wichtiger als die Frage der Determiniertheit oder „Rationalität" per se … Es ist durchaus möglich, dies Resultat zu akzeptieren und dennoch den Standpunkt zu vertreten, dass der sozialistische Plan … „praktisch undurchführbar" in dem Sinne ist, dass von ihm nicht erwartet werden kann, dass er mit einer Effizienz funktioniert, die der kapitalistischen Gesellschaft vergleichbar ist" (Schumpeter 1965, S. 1202/1203).

Auf reale Versuche, Konkurrenzmechanismen in ein sozialistisches System einzubauen (z.B. Selbstverwaltungssozialismus) soll hier nicht eingegangen werden.

Der Mises-Anhänger Kurt Leube schreibt zum Ausgang der Sozialismusdebatte aus seiner Sicht: „Der polnische Ökonom Lange musste zerknirscht die Unmöglichkeit sozialistischer Wirtschaftsrechnung eingestehen und erfand als Kompromiss einen „Konkurrenz-Sozialismus". Außerdem schlug er vor, dass „als ständiges Mahnmal der Notwendigkeit korrekter Kalkulation die Statue von Professor von Mises einen prominenten Platz in der Ehrenhalle des Ministeriums für Verstaatlichung oder der zentralen Planungsbehörde haben sollte" (Leube 1993, S. 25). „Die versprochene Mises-Büste, von Nellie Erickson in New York angefertigt, wurde erst nach dem Zusammenbruch des realen Sozialismus in Polen im September 1990 von Mises' Freund George Koether der Universität Warschau gestiftet" (Leube 1996, S. 28/29).

Aus heutiger Sicht ist es einfacher, über die in der Sozialismusdebatte aufgeworfenen Probleme zu urteilen. Mittlerweile hat man ja eine langjährige Erfahrung mit dem real existierenden Sozialismus und den Varianten sozialistischer Planungssysteme.

Vom rein THEORETISCHEN Standpunkt aus ist es, wie die Aktivitätsanalyse zeigt, zwar möglich, eine effiziente Produktion durch Mengenplanung zu erreichen. Und „under the condition of constant returns to scale … the price solution to the efficiency problem is merely the dual of the quantity solution, that the two solutions thus yield identical results, that production maximization, given factor quantities, yields the same solution as cost minimization given factor prices" (Streissler 1992, S. 272). Es ist also nicht korrekt, von einer THEORETISCHEN „Unmöglichkeit" einer geplanten Wirtschaftsrechnung zu sprechen.

Dazu sind einige Bemerkungen notwendig:

- Zunächst gilt das obige Argument für bekannte Präferenzen der Konsumenten, bekannte Produktionstechnologien und gegebene Erstausstattungen rein auf einer THEORETISCHEN Ebene. Wenn man aber die notwendigen wahnwitzigen statistischen Anstrengungen für die Erhebung und Kontrolle dieser Daten (man denke nur an die Erhebungen der Haushaltspräferenzen und den ihnen innewohnenden Verfälschungen) in Rechnung stellt, folgt daraus fast zwingend die Schlussfolgerung: Es ist weitaus billiger, diese Kenntnisse über den Markt zu erlangen;
- Wiederum: Die oben skizzierte theoretische Argumentation gilt für statische Systeme. Man kann diese Systeme zwar grundsätzlich dynamisieren (man denke als analoges Beispiel an die dynamische Input-Output-Analyse), dann wird der Aufwand aber noch wesentlich höher. Solche dynamischen Gleichgewichtslösungen sind in der Realität praktisch nicht anwendbar bzw. manchmal noch schlimmer, haben mit der Realität gar nichts mehr zu tun;
- Ganz außen vor bei dieser Argumentation ist der empirische Befund: Die real existierenden planwirtschaftlichen Systeme des früheren „Ostblocks" haben jedenfalls eine rationale, effiziente ökonomische Planung, die auf die Bedürfnisse der Konsumenten zugeschnitten ist, nicht geschafft.

Festhalten kann man, dass die sogenannte „Sozialismus-Debatte" die Sozialisten zwang, sich auch theoretisch Gedanken über das Funktionieren von Planwirtschaften zu machen. Abgesehen vom russischen Kommunismus herrschten unter Sozialisten bis dahin eher vage Vorstellungen über die künftige Rolle von Preisen und auch über die Notwendigkeit von Geld. Nun musste man sich diesen Problemen explizit stellen.

Don Lavoie schreibt in diesem Zusammenhang: „There can be no doubt that Mises performed a great service, not only to socialists but to economics in general, by forcing the advocates of central planning to examine their proposals, and in particular to recognize the indispensable function of prices in any technologically advanced economy" (Lavoie 1981, S. 58).

Gänzlich anders als in der westlichen Literatur wurde das Ergebnis der Sozialismusdebatte (natürlich) im offiziellen Ökonomenlexikon der DDR (1989) beurteilt. Eingangs wird das Werk von Mises wie folgt beurteilt: „Das theoretische und politische Wirken von Mises war lebenslang darauf gerichtet, im Kampf gegen den Sozialismus und gegen alle revolutionären Bestrebungen der Arbeiterklasse Mittel und Wege zur Stabilisierung des kapitalistischen Systems zu suchen und es theoretisch zu rechtfertigen" (Ökonomenlexikon 1989, S. 364). Interessant dabei ist aber, dass Ludwig von Mises immerhin drei ganze Seiten zugebilligt wurden (eine Seitenzahl, die nicht alle Sozialisten erhielten!), was meines Erachtens dafür spricht, dass man ihn nicht nur wahrnahm, sondern als Gegner auch Ernst nahm.

11.3.6 Stalin und die Industrialisierungsdebatte

11.3.6.1 Voraussetzungen und Ablauf der sowjetischen Industrialisierungsdebatte 1924-1928

(Ein Hinweis für die Leser: Eine sehr genaue Darstellung der sowjetischen Industrialisierungsdebatte und ihrer Protagonisten findet sich in: Erlich, Alexander, „Die Industrialisierungsdebatte in der Sowjetunion 1924-1928“, Frankfurt, Wien 1971).

Gleich vorweg: Das Hauptproblem bei der Entscheidungsfindung über die weitere Entwicklung Russlands war: Russland (jetzt die Sowjetunion) war kein hoch industrialisiertes Land, in dem nach Marx nur noch wenige „große“ Kapitalisten, die in ihren Großunternehmen praktisch bereits fast schon planwirtschaftlich vorgehen mussten („organisierter Kapitalismus“), expropriiert werden mussten. Russland war ein eher zurückgebliebenes Agrarland mit wenig Industrie. Die Sowjets hatten also neben dem Aufbau einer Planwirtschaft (zu dem Marx selbst wenig sagte) auch noch die Frage des Wachstums bzw. der Entwicklungsmöglichkeiten der Wirtschaft und das Problem ihrer hinreichenden Produktivität (Anreize!) zu lösen.

Wollte man die Aussagen von Marx, die oft eher Einschränkungen als hilfreiche Hinweise auf Probleme der Planung und der kommunistischen Gesellschaft waren, berücksichtigen, folgte:

(1) Man hatte sich, jetzt planerisch konkret, mit der Arbeitswertlehre als Wertmaßstab auseinanderzusetzen: „They had to come to terms with the labor theory of value and either deny its relevance for a socialist economy or attempt to rationalize the divergence of their pricing system from labor values“ (Spiegel 1991, S. 488);

(2) Der Zins war bei Marx das Resultat kapitalistischer Ausbeutung und nicht ein Steuerungsinstrument für das Kapital: „The planners' adherence to this view caused Soviet prices to reflect only inadequately the cost of capital" (Spiegel 1991, S. 488).

Henry William Spiegel (1991) teilt die sowjetischen ökonomischen Beiträge grob in drei Phasen ein: Die leninistische Phase, die stalinistische Phase und die post-stalinistische Phase. Man könnte diese Phasen bei Bedarf noch weiter unterteilen, so z.B. eine Phase des Kriegskommunismus vorschalten. Dabei war die stalinistische Phase für ökonomische Theoriebildungen äußerst repressiv und einschränkend. Ein prominentes Beispiel (unter vielen) hierfür ist Nikolai Dimitrijewitsch Kondratjew (1892-1938), ein auch im Westen bekannter und anerkannter Konjunkturtheoretiker (langfristige

Kondratjew-Zyklen). Er wurde nach einigen Auseinandersetzungen und nach 8 Jahren Haft schließlich zum Tode verurteilt und erschossen.

Wichtig für das Verständnis der Industrialisierungsdebatte ist auch ihre Vorgeschichte. Debatten darüber, in welche Richtung die weitere Entwicklung Russlands gehen sollte, fanden bereits VOR der Revolution 1917 statt: Opponenten waren die Vertreter einer Richtung, die den vorwiegend agrarischen Charakter der russischen Wirtschaft erhalten wollten. Ihre Gegner befürworteten hingegen eine weitgehende Industrialisierung. Die Vertreter der zweiten Richtung setzten sich zwar durch. Aber die Meinungen darüber, wie dieses Endziel zu erreichen war, waren weiterhin gespalten. Henry William Spiegel notiert in Bezug auf die damaligen „Knackpunkte" der Diskussion: „Was agricultural development to provide the stimulus to industrial growth? Was growth to be balanced or unbalanced? What criterion should be used in the allocation of limited resources to investment projects? What was the optimal time structure of investment, the optimal technology, and the optimal capital-output ratio? How was inflation to be controlled if the country faced a multiplication of expenditures generated by new investment?" (Spiegel 1991, S. 489).

Vom Blickwinkel der Theorie aus, ging es bei der Industrialisierungsdebatte vor allem um die Frage nach einer gleichgewichtigen (balanced) oder ungleichgewichtigen (unbalanced) Entwicklung der beiden Blöcke: Landwirtschaft und Industrie, dabei vor allem der Schwerindustrie und um die Reihenfolge und Geschwindigkeit dieser Vorgänge. (Die damit angesprochene Problematik tauchte übrigens in den Debatten um die Entwicklung unterentwickelter Länder später verstärkt wieder auf.) Sollten sich diese Blöcke „gleichgewichtig" entwickeln, oder sollte die Industrie, dabei speziell die Schwerindustrie, auf Kosten der Landwirtschaft voranpreschen?

Eine wichtige Persönlichkeit bei dieser Debatte, auch mit den typischen Kehrtwendungen, die oft opportunistischem Verhalten entsprangen, war Nikolai Iwanowitsch Bucharin (1888-1938). Auf ihn soll hier etwas näher eingegangen werden, weil sein Schicksal typisch für viele sowjetische Politiker seiner Generation war.

Bucharin, Sohn russisch-jüdischer Eltern, wurde bereits 1906 Mitglied der verbotenen Sozialdemokratischen Arbeiterpartei Russlands (SDAPR) in der Sektion der Bolschewiki. Er studierte ab 1907 an der Universität Moskau Wirtschaftswissenschaften, ein Studium, das er, nachdem die russische zaristische Geheimpolizei Ochrana auf ihn aufmerksam wurde, im Westen fortsetzte.

Bucharin lernte Stalin 1913 in Wien kennen. Nachdem er einige Bücher publizierte, man denke nur an „Die politische Ökonomie des Rentners“ (1914), eine Abrechnung mit der Österreichischen Schule, und an sein Werk „Imperialismus und Weltwirtschaft“ (1914/15), galt er als anerkannter marxistischer Theoretiker. 1918 war er der Wortführer des linksradikalen Flügels der Bolschewiki, die den Friedensvertrag mit Deutschland ablehnten. 1920/21 war er Mitglied des Politbüros.

Zunächst vertrat er vehement die Sache des Kriegskommunismus. Nach den fehlgeschlagenen Revolutionen außerhalb Russlands, deren Gelingen er (zunächst) als notwendig für den Erfolg der russischen Revolution ansah, wurde er ein genauso vehementer Anhänger der Neuen Ökonomischen Politik (NÖP) Lenins. Er glaubte (wie viele andere), die damit verbundenen Zugeständnisse an die Bauern seien notwendig. Bucharin unterstützte im Politbüro dann Stalin und dessen Linie vom „Sozialismus in einem Land“. Mit seiner Hilfe wurden die „Linken“ Kamenew, Sinowjew und Trotzki aus dem Politbüro ausgeschlossen. Politisch vollzog er damit einen radikalen Umschwung vom linken zum rechten Flügel der Partei.

In der Industrialisierungsdebatte vertrat Bucharin die Forderung einer Erholung der Landwirtschaft. Dies würde auch das Wachstum des industriellen Sektors anregen. Seine Hauptthesen als Theoretiker des Apparates gegen die linke Opposition: Marktwirtschaftliche Elemente einbauen, Senkung der Industriepreise, Aufbau des Sozialismus in einem Land statt Orientierung an Revolutionen in anderen Ländern, Volksfrontpolitik. Berühmt wurde seine an die Bauern gerichtete Losung: „Bereichert Euch!“. Und er fügte noch die Empfehlung einer umfassenden Förderung der Landwirtschaftsgenossenschaften hinzu.

Gegner dieser Thesen war Eugen Preobraschenski (1886-1937), der die Mittel für eine Industrialisierung aus der Landwirtschaft ziehen wollte. Die staatlichen Unternehmen sollten die inländischen Terms of trade über monopolistisch überhöhte Preise zuungunsten der Landwirte beeinflussen. Die Bauern sollten niedrige Preise für ihre Produkte erhalten und hohe Preise für industrielle Waren zahlen. Dies würde die Ressourcen von der privaten Landwirtschaft zum staatlichen industriellen Sektor lenken. Preobraschenski nannte diese Maßnahmen zur Beschleunigung des industriellen Wachstums „Ursprüngliche sozialistische Akkumulation“ (in bewusstem Gegensatz zur ursprünglichen kapitalistischen Akkumulation bei Karl Marx).

Von Ende 1924 bis 1928 war Bucharin einer der wichtigsten Verbündeten Stalins. Dann lehnte Stalin aber die NÖP wegen ihrer inhärenten kapitalistischen Tendenzen ab. 1927 wurde die NÖP abgeschafft und 1928 die Kollektivierung der Landwirtschaft begonnen.

Mit seinen bisherigen Auffassungen stand Bucharin nun in Gegensatz zu Stalin. Er wurde 1929 (mit der entsprechenden Selbstkritik) aus dem Politbüro und als Vorsitzender der Komintern entfernt. Er unterwarf sich dann Stalin, wurde wieder rehabilitiert, und war von 1934 bis 1937 sogar Chefredakteur der Iswestija. 1938 wurde er aber trotzdem liquidiert.

Erlich charakterisiert: „Die Neigung zu enthusiastischen und vorschnellen Generalisierungen ließ ihn, wie schon einmal, zu weit gehen. Vier Jahre früher hatte er in sehr ausgefeilter und theoretisch hochstehender Form den Kriegskommunismus verteidigt, um das Objekt seines Lobgesangs schon wenige Monate später verworfen zu sehen. Nun begrüßte er die „Normalität" der NÖP als den sichersten Weg zu Wiederaufbau und weiterem Wachstum, ohne zu bemerken, dass ein neuer und nicht weniger bedeutsamer Kurswechsel sich abzeichnete" (Erlich 1971, S. 35).

Dieser kurze und unvollständige Blick auf die Debatte soll hier genügen. Es gab noch weitere Teilnehmer, z.B. Lev M. Schanin und G.Y. Sokolnikow und auch noch weitere Diskussionspunkte, wie z.B. die Kapitalintensitäten der Industrien, Prioritäten beim Ausbau der Sektoren, die entstehenden Profitraten, die Kosten, die Eingliederung der Bevölkerung in den Wirtschaftsprozess, die Entwicklung des Transportwesens und der Elektrifizierung, die Aufrüstung, die Rolle des „Wertgesetzes", Exporte versus Importe, Preiserhöhungen oder Preissenkungen, Fragen der Besteuerung usw.

Nochmals ein Blick auf die historische Situation der Sowjetunion zum damaligen Zeitpunkt: Im Mai 1918 wurde die Ölindustrie verstaatlicht (Treibstoff für die Rote Armee!), im Juni 1918 die gesamte Großindustrie, im Herbst 1918 sogar die städtische Kleinindustrie und 1919 das ländliche Handwerk. Im November 1919 wurden alle Betriebe mit mehr als 5 bis 10 Beschäftigten verstaatlicht. Dies war wohl eher ein Akt der Verzweiflung, denn es war in der Praxis völlig unmöglich, alle diese vielen Betriebe von staatlicher Seite aus wirksam zu kontrollieren. Nach dem Kriegskommunismus mit seinen ernsthaften Versorgungsproblemen, einem Zusammenbruch in der industriellen Produktion, einem Niedergang der Arbeitsproduktivität und einem starken Rückgang der Industriearbeiter, daraus resultierend einer starken Unzufriedenheit der Bevölkerung (Zwangsabgaben von Nahrungsmitteln von den Bauern zu niedrigen Preisen mit den Konsequenzen: Sinken der Produktivität, Verkleinerung der Anbauflächen etc.) und einem starken inflationären Druck, die Notenpresse diente der Regierung als Hauptquelle der Finanzierung, wurde von Lenin 1921 (ohne große Diskussionen in der

Partei) die „Neue Ökonomische Politik" (NÖP) ausgerufen. Dieser wirtschaftspolitische Schwenk brachte (später von Stalin gerügt) teilweise marktwirtschaftliche Elemente zurück in die Landwirtschaft (dies war auch Lenin klar!): keine Zwangsabgaben der Bauern mehr, Erhebung einer Naturalsteuer (später Geldsteuer), in begrenztem Umfang Handel mit Überschüssen, Dienstleistungen, Einzelhandel und Leichtindustrie wurden reprivatisiert, Führung der meisten verstaatlichten Großunternehmen nach dem Prinzip der Kostenrechnung, sogar Kapitalimporte sollten angeregt werden: „Das Einströmen billiger ausländischer Waren wird … die Produktivität der eigenen Wirtschaft steigern, indem es die bäuerliche Produktion für den Markt anreizt und die Expansion derjenigen Industriezweige stimuliert, die den Importen komplementäre Güter produzieren" (Erlich 1971, S. 27).

Erlich fährt aber fort: „Doch diese Entwicklung, so eindrucksvoll und durchgängig sie war, war von Spannungen durchsetzt, die sich in einer Vielzahl von Krisen zeigten" (Erlich 1971, S. 10).

Zudem muss bei der Beurteilung der Industrialisierungsdebatte immer auch mitgedacht werden, dass die Mitglieder des Politbüros überzeugt waren, dass die Sowjetunion innerhalb der nächsten Jahre militärisch angegriffen werden würde. Also musste man der deshalb notwendigen Aufrüstung und Modernisierung der Armee genügend Aufmerksamkeit schenken, und dies geschah auch im Rahmen der Fünfjahrespläne.

Stalin beendete, wie erwähnt 1928, die Industrialisierungsdebatte mit der Zwangskollektivierung der Landwirtschaft. Er folgte weder den Ratschlägen Bucharins noch denen von Preobraschenski, sondern leitete eine „Agrarrevolution von oben" ein. Unbestritten ist, dass die von Stalin verordnete Zwangskollektivierung der Landwirtschaft insbesondere in der Ukraine und an der Wolga, aber auch in anderen Teilen der Sowjetunion, zu Hungersnöten führte, bei denen ca. sechs Millionen Menschen umkamen.

Parallel zu diesen Vorgängen in der Landwirtschaft startete Stalin 1928/29 die „Fünf-Jahres-Pläne", die die Sowjetunion zu einer industriellen Macht machen und die einen schnellen Umbau des bisherigen Agrarstaates in einen Industriestaat gewährleisten sollten.

Der erste Fünfjahresplan reichte vom 1. Oktober 1928 bis zum 1. Oktober 1933. Er wurde auf der XVI. Konferenz der KPdSU im April 1929 vorgestellt. Die darin festgeschriebenen Produktionsziele waren von jedem Industriezweig einzuhalten. Und die rein quantitativen Ergebnisse waren beeindruckend: Hohe Investitionsraten, hohe Wachstumsraten der industriellen Produktion, deutliche Veränderungen der Terms of trade zuungunsten der Landwirtschaft. Die Expansion der industriellen Kapazitäten in der Sowjetunion hat sich in einer beispiellosen Geschwindigkeit und Stärke vollzogen. Aber auch die Zahl der Opfer war beispiellos.

Planungsinstrument waren die „Materialbilanzen". Das Planungsbüro setzte hierbei Produktionsziele in physischen Einheiten, und die unteren Planungsinstanzen hatten hieraus die entsprechenden Pläne für das Rohmaterial (und die möglicherweise benötigten Importe) zu machen. Die Oberziele favorisierten die Schwerindustrie und die Rüstungsindustrie auf Kosten der Konsumgüter, d.h. durch Beeinträchtigung des Lebensstandards der Bevölkerung. Anders formuliert, Landwirtschaft und Konsumenten mussten letztlich die erheblichen Opfer der Industrialisierung tragen. Und auch die Arbeit selbst änderte dabei ihren Charakter. Auch auf diesem Gebiet schlug nun ein alles und alle betreffender Zwang durch: Verbot von unerlaubtem Arbeitsplatzwechsel, Strafen für Bummelei, Zwangsumsiedlungen vom Land in die Stadt (ca. 20 Millionen Menschen) und ein erheblicher Einsatz von Zwangsarbeitern aus den Straflagern. Ökonomische Diskussionen wurden unter Stalin unterdrückt. Und, man muss hinzufügen, die Ökonomen wurden nicht nur unterdrückt, sondern auch physisch liquidiert. So ging es z.B. Bucharin und Preobraschenski. Bucharin wurde im 3. Moskauer Schauprozess 1938 als „rechter Abweichler" und Verräter verurteilt und hingerichtet.

In diesem Klima war es selbstmörderisch, eigene Meinungen zu äußern. Dies betraf übrigens auch die offizielle Statistik.

11.3.6.2 JOSEF STALIN (1879-1953)

VITA VON STALIN

1879:	Geboren am 21. Dezember 1879 als Josef Wissarionowitsch Dschugaschwili als Sohn eines Schusters (Bessarion Dschugaschwili) und einer Waschfrau (Ketewan Geladse), Tochter eines Leibeigenen in Gori (Georgien); Josef wuchs als Einzelkind auf, da seine Geschwister bereits wenige Monate nach der Geburt starben; Wichtig für das Verständnis des späteren Stalin ist meines Erachtens seine Jugend. Bereits in den frühen 1880er Jahren entwickelte sich sein Vater zum Alkoholiker, der sein verdientes Geld in Schnaps umsetzte und seine Frau und seinen Sohn grundlos, brutal und regelmäßig verprügelte. Der junge Josef wurde den Aussagen von Freunden nach dadurch hart und gefühllos. Er habe zudem einen Hass auf Autoritäten entwickelt.
1887:	Besuch der Schule in Gori. Josef versuchte, durch Tatkraft und Intelligenz seine niedere Herkunft auszugleichen. Damit erreichte er tatsächlich eine Führungsrolle in seiner Klasse;
1888:	Der Vater ging nach Tiflis und ließ seine Familie zurück;
1894:	Josef verließ die Schule als bester Schüler seines Jahrgangs; Eintritt in das orthodoxe Priesterseminar in Tiflis, damals die bedeutendste höhere Bildungseinrichtung Georgiens und auch ein Zentrum der Opposition gegen den Zarismus;
1895:	Bereits in seinem zweiten Ausbildungsjahr Kontakte zu geheimen marxistischen Gruppen. Er las zudem verbotene Bücher und wurde dabei erwischt;
1897:	Aufnahme in die erste sozialistische Organisation Georgiens: Die Messami-Dassi-Gruppe;
1898:	Josef leitete einen Studienzirkel für Arbeiter; Mitglied der Sozialdemokratischen Arbeiterpartei Russlands (SDAPR);
1899:	Ausschluss aus dem Priesterseminar wegen seiner revolutionären Aktivitäten und dem Fernbleiben von Prüfungen;
1902:	Josef organisierte unter dem Decknamen „Koba“ (ein Kämpfer für die Unabhängigkeit Georgiens) Streiks und Demonstrationen; Er wurde festgenommen und nach Sibirien verbannt, weil er eine Arbeiterdemonstration in Batumi angeführt hatte;

1903:	Stalin schlug sich nach der Spaltung der SDAPR in Menschewiki und Bolschewiki auf die Seite der Bolschewiken unter der Führung von Lenin; Heirat von Ketewan Swanidse. Dieser Ehe entstammte ein Sohn: Jakow;
1904:	Flucht aus Sibirien. (Er wurde insgesamt acht Mal verbannt, konnte aber immer wieder fliehen. Organisation von Raubüberfällen für die Revolutionäre;
1905:	Stalin traf auf der allrussischen Konferenz der Bolschewiki zum ersten Mal Lenin persönlich;
1906:	Besuch des Sozialistenkongresses in Stockholm;
1907:	Am 25. Juni 1907 Planung und Durchführung eines Überfalles auf die Reichsbankfiliale in Tiflis mit einer Beute von 250.000 Rubel. Dabei starben allerdings 40 Menschen; Tod seiner Frau Ketewan (Typhus);
1907-1913:	Mehrere Verhaftungen und Verurteilungen. Möglicherweise Kontakte zur staatlichen Geheimpolizei, und deshalb immer wieder erfolgreiche Flucht;
1912:	Berufung durch Lenin in das Zentralkomitee der Bolschewiken. Ab jetzt benutzt er den Namen „Stalin“ (Der Stählerne); Flucht im Dezember 1912 nach Österreich-Ungarn. Einige Monate Aufenthalt in Krakau und in Wien;
1914-1916:	Nach der Rückkehr nach Russland Verbannung nach Turuchansk;
1916/1917:	Er freundete sich während seiner Verbannung mit Lew Kamenew an und verließ mit ihm 1916/17 seinen Verbannungsort;
1917:	Nach der Februarrevolution Aufenthalt in St. Petersburg (seit 1914 Petrograd). Mitglied der Redaktionsleitung der „Prawda“, und Hilfe in der Parteiorganisation; Im Juni 1917 wurde Stalin auf dem ersten Allrussischen Sowjetkongress zum Mitglied des Zentralexekutivkomitees (ZEK) gewählt; Ehe mit Nadeschda Allilujewa. Dieser Ehe entstammten ein Sohn (Wassili Jossifowitsch 1921-1962) und eine Tochter (Swetlana Jossifowna Allilujewa geb. 1926), die 1967 in die USA auswanderte. Nadeschda beging 1932 vermutlich Selbstmord;
1917-1923:	In der am 7. November zusammengetretenen provisorischen

	bolschewistischen Regierung wurde er Volkskommissar für Nationalitätenfragen und half mit, die abgefallenen Kaukasusvölker mit Hilfe der Roten Armee wieder gewaltsam in das Sowjetreich einzugliedern;
1918:	Im Mai 1918 begann der Bürgerkrieg in voller Härte. Dies war wohl einer der Gründe, warum die sowjetische Wirtschaftspolitik nun nicht mehr eine vorsichtige Zentralisierung der Wirtschaft anstrebte, sondern eine umfassende und schnelle Zentralisierung;
1918-1920:	Im Bürgerkrieg war er als Politischer Kommissar tätig. Er wurde im Juli 1918 als Kommandeur nach Zarizyn gesandt, um dort das bedeutende Getreideanbaugebiet zu schützen. Übrigens: Zarizyn wurde später in Stalingrad umbenannt (heute Wolgograd);
1919:	Im März wurde Stalin Mitglied des Inneren Direktoriums der Sowjetregierung;
	Erste Zusammenstöße mit Leo Trotzki wegen der Eingliederung ehemaliger Offiziere des zaristischen Heeres in die Rote Armee;
1919-1922:	Volkskommissar für Arbeiter- und Bauerninspektion, der die Ausführung der Beschlüsse der Regierung kontrollierte;
1920:	Eingliederung der kaukasischen Völker in die Sowjetunion, zunächst auf freiwilliger Basis, dann mit Gewalt;
	Ende 1920 gehörten bereits alle kaukasischen Völker mit Ausnahme Georgiens zur Sowjetunion;
1921:	Die Rückeroberung Georgiens wurde im Februar 1921 abgeschlossen;
1922:	Am 16. Dezember 1922 zog sich Lenin nach einem schweren Schlaganfall von den Regierungsgeschäften zurück. Nun setzten sich Stalin, Kamenew und Sinowjew, das sogenannte Triumvirat, innerhalb des Zentralkomitees an die Spitze;
	Generalsekretär des Zentralkomitees der Kommunistischen Partei der Sowjetunion (KPdSU), eine Schlüsselstellung im innerparteilichen Machtgefüge;
1924:	Am 21.1.1924 Tod Lenins;
	Lenin warnte zwar vor Stalin in seinem sogenannten „Politischen Testament“, konnte aber dessen Absetzung von seinen Ämtern gesundheitsbedingt nicht mehr durchsetzen. Stalin schaltete seine innerparteilichen Konkurrenten rücksichtslos

aus;

1925: Auf der 14. Parteikonferenz wurde Stalins These vom „Sozialismus in einem Land“ angenommen;

1926: Nach Lenins Tod zerfiel das Triumvirat. Kamenew und Sinowjew wurden zu Gegnern Stalins in der Partei. 1926 wurden die beiden schließlich aus der Partei gedrängt;
Stalins Gegner Leo Trotzki verlor den Machtkampf mit ihm nun endgültig. Er wurde 1926 aus dem Politbüro, 1927 aus dem Zentralkomitee, dann aus der Partei ausgeschlossen, zunächst nach Kasachstan verbannt, dann 1929 aus der Sowjetunion ausgewiesen. Stalin war nun der unumschränkte Herrscher der Sowjetunion;

1928: Ab 1928/29 erfolgte eine rücksichtslose Durchsetzung der Kollektivierung der Landwirtschaft. Eigentlich sollte der Zusammenschluss der Bauern zu Kolchosen und Sowchosen freiwillig erfolgen. Stalin befahl aber diese Zusammenschlüsse diktatorisch. Diese Kollektivierung war Teil des 1. Fünfjahresplans. Die Zwangskollektivierung hatte einschneidende soziologische Folgen. Das traditionelle Dorfleben wurde zerstört, die Bauern waren nunmehr staatliche Lohnarbeiter. Die Durchführung der Kollektivierung zog sich über Jahre hin und wurde wiederum von Hungersnöten, auch wegen des Exportes von Nahrungsmitteln, begleitet.
Die Kulaken, wohlhabendere Bauern, die aus der NÖP hervorgingen, wehrten sich gegen die Zwangskollektivierung. Sie wurden als „agrarische Kapitalisten“ und Volksfeinde diffamiert und schließlich liquidiert;

1930: Am 1.2.1930 wurde die „Liquidierung der Kulaken“ von der Partei auf einem Parteitag angenommen;

1934: Die UdSSR trat in den Völkerbund ein;

1934-1939: „Große Säuberung“ (Tschistka): Stalin vernichtete alle tatsächlichen und vermeintlichen Gegner. Die alte Garde der Bolschewiken aus der Zeit Lenins wurde (in Schauprozessen) verurteilt und hingerichtet, und auch ein Großteil der höheren Funktionäre und Minister;
Die Schauprozesse waren eine besonders perfide „Erfindung“ Stalins. In solchen großen Schauprozessen wurden z.B. Sinowjew, Kamenew und Bucharin zum Tode verurteilt, nachdem sie vorher ihre „Verbrechen“ öffentlich zugaben bzw.

	zugeben mussten. Zudem wurde unter Ausschluss der Öffentlichkeit auch ein Prozess gegen die Führungsspitze der Roten Armee geführt. Mit diesen von Stalin angeordneten „Säuberungen" wurde jegliche (echte und vermutete) Opposition gegen ihn physisch ausgeschaltet;
	Neben der „großen Säuberung" der 30iger Jahre kam es 1949-1951 erneut zu innenpolitischen Säuberungen. Diesen Säuberungen fielen wiederum viele vermeintliche und wirkliche politische Gegner, Geistliche, „Westler", Zionisten etc. zum Opfer. Vor seinem Tod wurde eine (nicht existierende) „Ärzteverschwörung" behauptet, die angeblich vorhatte, die oberste sowjetische Führung zu vergiften. Die daraufhin „nötige" Säuberung unterblieb aber wegen Stalins Tod.
1936:	Am 5. Dezember 1936 Annahme einer neuen Verfassung durch den Sowjetkongress, die sogenannte „Stalin-Verfassung";
1939:	Nichtangriffspakt (abgeschlossen am 23. August 1939 in Moskau) mit dem Deutschen Reich unter Adolf Hitler. Angeschlossen war ein Geheimabkommen, das die Interessenssphären beider Länder gegeneinander abgrenzte;
	Nach dem deutschen Angriff auf Polen besetzte die Sowjetunion am 17. September 1939 Teile Ostpolens;
	Am 30. November 1939 Beginn des Winterkrieges (ohne Kriegserklärung) gegen Finnland. Ein zweiter sowjetischer Angriff (mit mehr Truppen als beim ersten Angriff) führte im März 1940 dazu, dass Finnland Gebiete an die Sowjetunion abtrat.
	Aufgrund des Angriffes gegen Finnland am 14.12.1939 Ausschluss der Sowjetunion aus dem Völkerbund;
1940:	Am 21.8.1940 wurde Leo Trotzki im mexikanischen Exil ermordet;
	Die baltischen Staaten wurden als Sowjetrepubliken annektiert;
1941:	Im Mai Vorsitzender des Rates der Volkskommissare;
	Am 22.6.1941 Überfall Deutschlands auf die Sowjetunion;
	Proklamation des „Vaterländischen Krieges" gegen Adolf Hitler;
1943-1945:	Stalin wurde Marschall, dann „Generalissimus" und war oberster Befehlshaber der Roten Armee;

1943:	Konferenzen von Teheran (1943), von Jalta (1945) und Potsdam (1945): Stalin konnte hier bei den Grenzziehungen und Einflussgebieten seine expansive Politik durchsetzen, was die Nachkriegsordnung (Ostblock) maßgeblich prägte;
1946:	Vorsitzender des Ministerrats der UdSSR und damit offizieller Regierungschef;
1948:	Bruch mit Marschall Tito;
	Blockade West-Berlins;
1949:	Gründung des COMECON (Rat für gegenseitige Wirtschaftshilfe). Dies band die osteuropäischen Satellitenstaaten noch enger an die Sowjetunion;
1950-1953:	Korea-Krieg. Hier zeigten sich die Gegensätze zwischen der UdSSR und den USA nunmehr offen;
1953:	Am 1. März 1953, nach einem Abendessen in guter Stimmung mit Nikita Chruschtschow, Georgi Malenkow, Nikolai Bulganin und Lawrenti Beria, erlitt Stalin in der Nacht einen Schlaganfall;
	Am 5. März starb Stalin im Alter von 74 Jahren in seiner Datscha in Kunzewo bei Moskau. Geplante neue Säuberungen konnten nicht mehr durchgeführt werden;
	Beisetzung auf dem Roten Platz am 9. März 1953 neben Lenin im Mausoleum. Bei dem Gedränge anlässlich der Beisetzung gab es sogar einige Tote;
1956:	Beginnende „Ent-Stalinisierung". Höhepunkt: Nikita Chruschtschow rechnete auf dem XX. Parteitag der KPdSU (1956) und dem XXI. Parteitag (1961) offiziell mit Stalin und seinen Verbrechen gegenüber anderen Kommunisten ab;
1961:	Entfernung der Leiche Stalins aus dem Mausoleum am Roten Platz und Beisetzung an der Kremlmauer;
2005:	Etwa seit 2005 beobachtet man einen Aufschwung in der Einschätzung Stalins, auch wenn Ministerpräsident Wladimir Putin und Präsident Dimitri Anatoljewitsch Medwedew Stalin immer noch einen Verbrecher nannten.

Stalin errichtete während seiner Regierungszeit Schritt für Schritt eine totalitäre Diktatur.

Berüchtigt und zu Recht gefürchtet waren, wie angedeutet, seine „Säuberungen". So ließ er tatsächliche (und auch vermeintliche) Gegner in Schauprozessen (manchmal auch Geheimprozessen) aburteilen: Zwangsarbeit oder Hinrichtung. Millionen Russen und ganze Volksgruppen wurden von ihm in

Gulag-Straflager verbannt.
Entlarvend für seine Psyche war, dass er seinen Sohn Jakow (aus erster Ehe), der am 16. Juli 1941 in deutsche Kriegsgefangenschaft geriet, nicht gegen den 1943 in sowjetische Gefangenschaft geratenen Generalfeldmarschall Paulus austauschen wollte. Sein Sohn kam vermutlich (es gibt mehrere Versionen) 1943 bei einem Fluchtversuch ums Leben.
Zudem förderte Stalin einen immer größeren Kult um seine Person. Er war in der Öffentlichkeit über Kunstwerke, die ihn verherrlichten, ständig präsent. So wurden in fast allen Sowjetrepubliken und auch Ostblockstaaten Städte in Stalinstadt umbenannt, öffentliche Gebäude und Straßen erhielten seinen Namen.
Unterbrochen wurde dieser Personenkult nur in den Jahren, die nach der deutschen Kriegserklärung folgten. Ab Ende 1944 wurde der Personenkult dann aber wieder intensiviert.

Ausgewählte Werke von Stalin

Die nachfolgenden Werke Stalins werden ohne Jahresangabe aufgelistet. Sie wurden alle öfter und auch in verschiedenen Sprachen publiziert.
„Über Dialektischen und Historischen Materialismus";
„Fragen des Leninismus";
„Der Marxismus und die nationale und koloniale Frage";
„Über den großen Oktober";
„Über die Opposition";
„Über den Großen Vaterländischen Krieg der Sowjetunion".

11.3.6.3 Thesen von Stalin

„With Lenin begins the period of Soviet Marxism, in which the Soviet Union became the centre of thought and action ostensibly inspired by Marx. Its economic thought developed in isolation from that of the West which was denounced as bourgeois or revisionist" (Spiegel 1992, S. 486).

Stalin popularisierte die Lehren von Marx und Lenin, bzw. bog sie sich nach seinen eigenen Bedürfnissen zurecht.

Seine Thesen, die mit dem Anspruch alleiniger Gültigkeit auftraten, betrafen auch oft Fragen, die Sozialisten lange Zeit immer wieder diskutierten und die er jetzt den herrschenden Fakten bzw. seinen Vorstellungen anpasste:

(1) Die proletarische Revolution könne auch in EINEM einzigen Land durchgeführt werden. Anders als Lenin war Stalin also kein Internationalist;

(2) Der Aufbau des Sozialismus in EINEM Land sei möglich, man müsse nicht auf eine immer wieder verzögerte Weltrevolution warten;

(3) Die Sowjetunion sei Vorbild und Zentrum der kommunistischen Weltbewegung;

(4) Der Klassenkampf würde sich auf dem Weg zum Kommunismus verschärfen, weshalb auch schärfere Repressionen gerechtfertigt seien;

(5) Der Übergang zum Sozialismus könne nicht langsam, evolutionär erfolgen, sondern ausschließlich durch Revolutionen: „Also kann der Übergang vom Kapitalismus zum Sozialismus und die Befreiung vom kapitalistischen Joch nicht auf dem Wege langsamer Veränderungen, nicht auf dem Wege von Reformen, sondern einzig und allein auf dem Wege qualitativer Veränderungen der kapitalistischen Ordnung, auf dem Wege der Revolution verwirklicht werden. Um also in der Politik nicht fehlzugehen, muss man Revolutionär sein und nicht Reformist … Also darf man die Widersprüche der kapitalistischen Zustände nicht verkleistern, sondern muss sie aufdecken und entwirren, darf man nicht den Klassenkampf eindämmen, sondern muss ihn zu Ende führen“ (Stalin 1945, S. 9).

Ein Unikum am Rande: Stalin wurde zweimal für den Friedensnobelpreis nominiert (1945 und 1948).

11.3.7 Der westliche Neomarxismus, die Radical Economics und kurz: weitere sozialistische Strömungen (Maoismus und Dependencia)

Vorbemerkung und Warnung zu den DEFINITIONEN marxistischer (oder marxistisch beeinflusster bzw. gesellschaftskritischer) Richtungen nach dem Zweiten Weltkrieg, die oft auch schon nach dem Ersten Weltkrieg begannen: Es finden sich eine Vielzahl einander überschneidender Bezeichnungen (manchmal von den Vertretern der Richtung selbst geprägt, manchmal von Dritten, manchmal abwertend gemeint) und Etiketten: Dogmatischer Marxismus/Leninismus, Postmarxismus, Neomarxismus, Radical Economics, etc.

Zumeist werden diese Begriffe in keiner sauber definierten Art und Weise verwendet, die eine klare Abgrenzung gegeneinander und gegen andere Richtungen erlauben würde, oft beschreiben sie keine klar umrissenen Schulen, sondern eher Tendenzen.

In diesen Richtungen wurden zwar Teile des „klassischen Marxismus" (auch dies wegen der vielen Interpretationen kein klarer Begriff) aufgegeben, aber insgesamt blieb der Ansatz in der Regel doch einigen zumindest marxistisch gefärbten Überlegungen verpflichtet.

Gleich zu Beginn muss man mit aller Eindringlichkeit festhalten:

ES GAB ZU KEINER ZEIT EINEN EINHEITLICHEN, ALLGEMEIN ANERKANNTEN UND UNUMSTRITTENEN MARXISMUS.

Einen ersten Einblick in die theoretischen und politisch-praktischen vielfältigen Differenzierungen marxistischer Ideen VOR dem Zweiten Weltkrieg gaben bereits kurz die Abschnitte:

11.3.3 Rosa Luxemburg (1871-1919) und die Imperialismusdebatte

11.3.4 Rudolf Hilferding (1877-1941)

11.3.5 Die Sozialismusdebatte

11.3.6 Stalin und die Industrialisierungsdebatte

Der Marxismus trat im Zeitablauf in immer neuen Richtungen, neuen ergänzenden, revidierenden und erweiterten Thesen und oft auch neuen Formulierungen auf. Zumeist war die Intention dabei, ihn an die veränderten Bedingungen der realen Welt nach Marx und Engels anzupassen, diese Änderungen in das theoretische Raster einzubeziehen bzw. dafür adäquate politische Vorgangsweisen zu formulieren.

Beispiele: Nach dem Ersten Weltkrieg entstanden bereits Denkschulen, die zwar an Karl Marx anknüpften, aber einige Thesen von Marx verwarfen, Marx also nicht dogmatisch auffassten. Oft werden diese Denkschulen als

NEOMARXISTEN etikettiert (der Begriff wurde von Max Horkheimer geprägt). Aber eine eindeutige Zuordnung von Personen ist schwierig: Es gab keine geschlossene neomarxistische Bewegung, nicht einmal eine einheitliche Theorie. Zumeist wurde dabei das deterministische Geschichtsbild und damit die unaufhaltsame historische, quasi naturgesetzliche Bewegung hin zu Revolution und Sozialismus abgelehnt. Und auch die Auffassung, alle gesellschaftlichen Vorgänge aus dem Ökonomischen herzuleiten, also eine Art „Ökonomismus", wurde in dieser strengen Form nicht mehr aufrechterhalten. Die von Marx als „Macher" der Revolution auserkorenen Proletarier wurden nun als ungeeignet für die Durchführung einer Revolution bezeichnet. Es seien Intellektuelle, Wissenschaftler, die die Revolution vorbereiteten. Und auch der zentrale Begriff „Klassen" sei nicht mehr sinnvoll. Es gäbe aufgrund der Integration aller Schichten in die Gesellschaft keine polaren Klassengegensätze mehr. Da auch die Verelendungstheorie abgelehnt wurde und die Leninsche Analyse des Imperialismus als nicht geeignet bezeichnet wurde, die existierenden internationalen Zusammenhänge zufriedenstellend zu erklären, hatte man sich mit diesen Meinungen doch schon relativ weit von den dogmatischen Thesen der offiziellen Marxisten-Leninisten entfernt.

Die Kernfrage, die sich dem Leser jetzt vielleicht stellt, ist: Ist unter diesen erkannten neuen gesellschaftlichen Bedingungen eine Revolution überhaupt noch notwendig? Hier antworteten die erwähnten Neomarxisten mit einem klaren „Ja". Neues Ziel sei nun die Emanzipation des Menschen, seine Selbstverwirklichung, seine Befreiung von jeglicher Fremdbestimmung und von den vielfältigen autoritären Strukturen in der Gesellschaft, auch vom Konsumzwang und von durch Werbung aufoktroyierte Scheinbedürfnisse. Und auch die Sexualität müsse repressionsfrei ausgeübt werden können. Hier flossen, zumindest verbal, Ansätze zu feministischen Thesen, gedacht zur Überwindung des „maskulinen und patriarchalischen Denkens" (das übrigens zuweilen auch Karl Marx unterstellt wurde!) ein. Kriminalität wurde nicht durch die Psyche der Täter, sondern durch die „gesellschaftlichen Verhältnisse" erklärt.

Insbesondere die Erziehung der Kinder wurde in diesem Zusammenhang als vorrangig angesehen, wobei hinter den Überlegungen nicht nur ein bestimmtes Menschenbild („Der Mensch ist von Natur aus gut und altruistisch") sondern auch eine Dominanz der Milieutheorie der Erziehung über die Erbanlagen stand. Die daraus entwickelte „antiautoritäre Erziehung" sollte alle Autoritäten (einschließlich der Eltern) in Frage stellen, die Gesellschaft als von Konflikten und vor allem Herrschaftsinteressen dominiert wahrnehmen, sexuelle Tabus abbauen. Generell bezogen die Neomarxisten sehr stark soziologische und psychologische Thesen in ihre Theorien ein.

Zumeist wird das 1923 gegründete „Institut für Marxismus-Forschung", kurz nach der Gründung umbenannt in „Institut für Sozialforschung", aus dem die „Frankfurter Schule" mit den Sozialphilosophen Max Horkheimer (1895-1973), Theodor Adorno (1903-1969), Jürgen Habermas (geb. 1929) und Herbert Marcuse (1898-1979) hervorging, zur Gruppe der Neomarxisten gerechnet. (Max Horkheimer hatte ab 1931 den Lehrstuhl für Sozialphilosophie der Universität Frankfurt am Main inne.) Das Institut zog 1933 nach Genf, 1934 nach New York und 1940 nach Kalifornien um. 1951 wurde es in Frankfurt neu gegründet.

Das Denken der „Frankfurter Schule" und insbesondere von Herbert Marcuse hatte einen großen Einfluss auf die 1968er Studentenbewegung in Deutschland. So rief Rudi Dutschke zu einem konsequenten, aber gewaltlosen „langen Marsch durch die Institutionen" statt zum revolutionären Sturz der Regierung auf.

Es erübrigt sich, festzuhalten, dass neomarxistische Ideen in den Ländern des real existierenden Sozialismus und in den kommunistischen Parteien auch der westlichen Länder, also in den Gruppen, die die einzig wahre Interpretation von Karl Marx für sich beanspruchten, nicht akzeptiert wurden.

In den 1980er Jahren kritisierte eine Gruppe als „POSTMARXISTEN" bezeichnete Theoretiker die Revolutionstheorie des traditionellen dogmatischen Marxismus. Letztlich war dieser Postmarxismus aber eher gesellschaftskritisch als marxistisch eingestellt, d.h. es wurden gesellschaftliche Tendenzen analysiert und kritisch hinterfragt.

Insgesamt lassen sich aus einer Vogelperspektive bezüglich der Anerkennung und Akzeptanz des Marxismus (in welcher Spielart auch immer!) deutlich identifizierbare konjunkturelle Schwankungen mit damit verknüpften Hochs und Tiefs konstatieren.

Ein erstes Tief (eine ERSTE KRISE) entstand bereits in der Zeit vor dem Ersten Weltkrieg, als sich herausstellte, dass der Kapitalismus nicht nur länger als erwartet lebensfähig war, sondern dass seine Akkumulationsraten und technischen Durchbrüche beachtlich waren. Gesellschaftlich kam noch hinzu, dass die Proletarier sich im Rahmen der erstarkenden Arbeiterbewegungen in das kapitalistische System mehr und mehr integrierten und Reformen zur weiteren Verbesserung ihrer Lebensbedingungen statt Revolutionen anstrebten. Am besten charakterisiert wird diese Phase vielleicht durch den Namen Eduard Bernstein.

Ein zweites großes Tief (eine ZWEITE KRISE), zum Ende des Ersten Weltkrieges, war die Spaltung der marxistischen Bewegung in Sozialdemokraten und Kommunisten. Unterschiede zwischen diesen Richtungen lagen vor allem in der Frage nach der weiteren Vorgehensweise und nach den Formen der politischen Bewegung. Und mit der Revolution in Russland kamen nun auch konkrete planwirtschaftliche Überlegungen hinzu.

Nachdem die Weltwirtschaftskrise und die erfolgreiche sowjetische Industrialisierung und Aufrüstung sowie die intensiven Versuche, das kommunistische Modell in die Dritte Welt zu exportieren und die chinesische Revolution die marxistischen Bewegungen wieder stärkten (ein konjunkturelles Hoch), erfolgte ein erneutes Tief, eine Art von DRITTER KRISE, aufgrund der historisch beispiellosen wirtschaftlichen Wachstumsraten und der damit verbundenen, nicht mehr zu leugnenden, Wohlfahrtssteigerungen der Länder der westlichen Welt nach dem Zweiten Weltkrieg. Kennzeichnend hierfür war das „Godesberger Programm", mit dem sich die deutsche Sozialdemokratie von revolutionärem marxistischen Gedankengut löste.

Ein erneutes „konjunkturelles Hoch" wurde durch die Studentenbewegung und Jugendproteste (1968) ausgelöst. Parallel dazu flammten die letzten Antikolonialisierungsbewegungen der dritten Welt auf. Vor allem Vietnam gewann in diesem Zusammenhang eine besondere Bedeutung. Zudem wurde in der linken Studentenbewegung Mao Tse Tung mit seinen Thesen immer populärer. Beispielhaft für die deutsche Szene war auch der häufige Bezug auf die „Frankfurter Schule". Ein persönlicher Einschub: Ich selbst wurde als Assistent an der Universität München mit der „Rotzök" (Rote Zellen Ökonomie) konfrontiert, wobei auffallend war, dass deren Thesen und Forderungen wenig mit den Originalschriften von Karl Marx zu tun hatten. Die amerikanische Variante dieser Studentenbewegung waren die „radical economics".

Dieses Hoch der späten 60er und frühen 70er Jahre wurde wiederum durch real existierende wirtschaftshistorische Tatsachen abgeschwächt. Die kapitalistischen Länder produzierten nach wie vor eine beeindruckende Vielfalt an Gütern, die real existierenden sozialistischen Staaten (Beispiel: DDR) litten unter starken Mangelerscheinungen. Der Zusammenbruch dieser Staaten löste (ab 1989) dann das vierte Tief (die VIERTE KRISE) marxistischen Gedankengutes aus.

Es ist an dieser Stelle nicht möglich (ich selbst wäre damit jedenfalls überfordert), alle die kursorisch angesprochenen Richtungen genauer auszuführen. Stattdessen greife ich einige mir ökonomisch interessant erscheinende Richtungen heraus, und gehe im Folgenden KURZ darauf ein. Wie immer:

Es existiert zu diesem Themenkreis eine Fülle an Spezialliteratur, auf die der interessierte Leser verwiesen sei.

KONVERGENZTHEORIE DER WIRTSCHAFTSSYSTEME:

In den 1950er und 1960er Jahren wurde von einigen Ökonomen eine strukturell bedingte Annäherung der kapitalistischen und sozialistischen Wirtschaftssysteme behauptet, da beide, auch wenn sie ideologisch unvereinbar seien, doch den gleichen wirtschaftlichen Sachzwängen hochindustrialisierter Volkswirtschaften unterlägen und sich dadurch immer ähnlicher würden.

Gründe für ein Zusammenfließen der Systeme seien auf KAPITALISTISCHER Seite:

- sich ständig ausweitende Managerherrschaft zuungunsten der Eigner in den großen Unternehmen;
- wachsender staatlicher Einfluss auf den Wirtschaftsprozess in den westlichen Ökonomien;
- ständige staatliche Interventionen zur Korrektur der Ergebnisse marktlicher Prozesse bis hin zur Preisgestaltung.

Auf der planwirtschaftlichen SOZIALISTISCHEN Seite wurden als Gründe genannt:

- Dezentralisierung des Planungsprozesses;
- größere Eigenverantwortlichkeit der Betriebe;
- Einbau von Erfolgsprämien für die Manager;
- Machtzuwachs der Manager gegenüber den Planungsbehörden.

Für beide Systeme gelte, dass sie durch die Anwendung neuer Technologien im Rahmen der Datenverarbeitung, der Automation und der Kybernetik, sowie durch die Anwendung gleicher betriebswirtschaftlicher Instrumente (z. B. Operations Research) und dadurch ähnlicher Ausbildungswege der Führungskräfte immer ähnlicher würden. Die Manager würden die „gleiche Sprache“ sprechen.

Die umfassendste Variante dieser Konvergenztheorie der Systeme ging davon aus, dass sich beide Systeme auf ein einheitliches „gemischtes“ System zubewegten.

Alle Varianten von Konvergenztheorien, die unterschiedliche Grade der Annäherung der Systeme postulierten, wurden von sozialistischer Seite abgelehnt und dies aus gutem Grund. Der Prozess der wissenschaftlich-technischen Revolutionen wurde jetzt als dynamisches Element der Systemveränderung an die Stelle der Klassenkämpfe gesetzt. Und zudem wurde implizit behauptet, es gebe keinen Bedarf mehr an revolutionären Umwälzungen, sie seien nicht mehr nötig, denn die Systeme seien ohnedies am Ende gleich. Die verschiedenen ideologischen Positionen seien demgegenüber zweitrangig.

Die Konvergenztheorien erfreuten sich, zumindest im Westen, in den sechziger Jahren großer Beliebtheit. Ich kann mich noch gut daran erinnern, wie sie im Rahmen von systemvergleichenden Veranstaltungen (zur Beruhigung der Hörer) zum Schluss immer wieder vorgetragen wurden. Seit dem Zusammenbruch vieler real existierender sozialistischer Systeme ist es naturgemäß ruhig um die Konvergenztheorien geworden, sie sind zur Zeit nur mehr von historischem Interesse.

MAOISMUS:

Es ist hier schon aus Raumgründen nicht beabsichtigt, das wechselvolle Leben Mao Tse Tungs (1893-1976) nachzuzeichnen. Es sei nur kurz an die drei wichtigsten Kampagnen erinnert, die er in China initiiert hat:

- DIE HUNDERT-BLUMEN-BEWEGUNG (1956-1957): Die Zensur für die intellektuellen Schichten wurde gelockert, um neue Anregungen zu erhalten. Als dann aber Maos Politik selbst kritisiert wurde, ließ er diese Bewegung stoppen und viele Kritiker verhaften;
- DER GROßE SPRUNG NACH VORN (1958-1961): Ziel dieser Kampagne war es, China zur industriellen Großmacht zu machen. Ohne geschultes Personal und ohne geeignete Rohstoffe sollten im gesamten chinesischen Hinterland Stahlproduktionsstätten aufgebaut werden. Um die benötigten Devisen zu beschaffen, wurden große Teile der landwirtschaftlichen Produktion ins Ausland exportiert. Dies ging auf Kosten der Bauernschaft (die „drei bitteren Jahre“) und löste die größte von Menschen verursachte Hungersnot der Geschichte aus. Sie kostete zwischen 20 und 40 Millionen Menschen das Leben. Dieser brutale Weg der Industrialisierung ähnelt dem Vorgehen Stalins;
- DIE KULTURREVOLUTION (1966-1976): Auch wenn damit angeblich eingetretene reaktionäre Tendenzen bekämpft werden sollten, ging es bei den Übergriffen der Roten Garden doch vor allem um Maos Machterhalt und die Ausschaltung von echten und vermeintlichen innerparteilichen Gegnern, darunter viele frühere Kampfgenossen Maos. Auch dabei waren die Opfer zahlreich. Experten schätzen, dass rund 7 Millionen Menschen umkamen.

Interessant ist, dass Mao in China und vor allem bei den NEOMARXISTISCHEN BEWEGUNGEN IM WESTEN viel Anerkennung, ja zuweilen geradezu Kultstatus, genoss. So führte Lin Biao im Vorwort zum berühmten „Roten Buch“, 2. Auflage, unmissverständlich aus: „Die Ideen Mao Tse-tungs sind das Leitprinzip für die gesamte Tätigkeit der ganzen Partei, der ganzen Armee, des ganzen Landes. Demzufolge ist es die grundlegendste Aufgabe in der politischen und ideologischen Arbeit unserer Partei, immer das große rote Banner der Ideen Mao Tse-tungs hochzuhalten, das ganze Volk mit den Ideen Mao Tse-tungs zu wappnen und sich unbeirrbar bei jeder Tätigkeit von den Ideen Mao Tse-tungs leiten zu lassen“ (Worte des Vorsitzenden Mao Tse-tung, Peking 1967, S. II).

Nebenbei: Auch der Bayernprofi und Nationalspieler Paul Breitner bekannte sich früher zu Mao.

Mao beeinflusste Guerillabewegungen (man denke an den „Leuchtenden Pfad“ (Sendero Luminoso) in Peru). In China selbst konnte man zu Maos Lebzeiten durchaus von einem Mao-Kult sprechen. Immer noch existieren Denkmäler und Bilder von ihm. Die offizielle Einstellung in China wurde nach Maos Tod durch die sogenannte „Deng-Formel“ ausgedrückt: 70% seines Handelns sei für China gut und 30% schlecht gewesen.

Mittlerweile ist durch eine Reihe von seriösen Publikationen, so z.B. von seinem Leibarzt, das Bild von Mao Tse Tung etwas realistischer geworden. Empfehlenswert ist hier die erschreckende, aber akribisch recherchierte Studie von Jung Chan und Jon Halliday. Es passt zu diesem neuen unretuschierten Bild, dass der „Große Steuermann“ Mao als Vorbild den Kaiser Qin Shi Huang Di wählte, der besonders grausam und brutal war, aber der 221 n. Chr. das große chinesische Reich – allerdings mit äußerster Brutalität – einigte.

Dass der Machtmensch Mao Tse Tung zu einer Kultfigur der studentischen Protestgeneration von 1968 werden konnte, lag wohl vor allem daran, dass die (zensierte) Literatur zu dieser Zeit nur die positiven Aspekte von Maos Wirken herausstellte. Das berühmte „Rote Buch“, typischerweise „Mao-Bibel genannt, eine thematisch geordnete Zitatensammlung, war dafür bezeichnend. Die Opferzahlen blieben hingegen im Dunkeln. Zudem bot Mao scheinbar einen „positiven“ Kommunismus, das Modell „Sowjetunion“ war durch den mittlerweile bekannt gewordenen Stalinschen Terror und die sichtbaren Mangelerscheinungen etwas ramponiert. China hingegen war weit weg, exotisch, und regte seit dem Physiokraten François Quesnay immer wieder die Phantasie der Ökonomen an, und zwar fast immer verklärend und unrealistisch. Und hatte nicht der amerikanische Journalist Edgar Snow 1936 mit seinem Bericht „Roter Stern über China“ gezeigt, dass Mao bescheiden, ja ein Philosoph war. Edgar Snow ließ 1961 einen weiteren Bericht über China und Mao folgen: „On the Other Side of the River“. Und auch hier erschien Mao mehr wie ein Lehrer und Literat. „Er wirkt, anders als Lenin, dem auch das zündende Wort zu Gebote stand, viel mehr als Mann des Schreibtisches, und er ist, anders als Stalin, in der Bildungstradition seiner Heimatkultur wohl bewandert“ (Grimm 1963, S. 9). Und Mao dichtete sogar. Eine Kostprobe aus dem Gedicht „Schwimmen“:

„Ich durchquere den Yangtse, den Zehntausendmeilen-Strom,
und blicke weit in den Himmel Südchinas,
ich achte nicht, dass der Wind die Wellen peitscht,
das ist herrlicher, als im stillen Hof ziellos zu wandern,
heute wird alles groß und weit.
Konfuzius sagte, als er am Wasser stand,
Alles, ach, geht dahin wie dies!
Im Winde schwanken die Masten,
und Berge ruhen,
große Werke entstehen“
(Mao zitiert in: Grimm 1963, S. 11).

Ein anderes Gedicht von Mao war: „Antwort an einen Freund“:

„Lang war die Nacht, und langsam nur
kam Dämmerung übers rote Land.
Hundert Jahre lang haben Dämonen
Ihren Wirbeltanz aufgeführt
Und fünfhundert Millionen Menschen waren uneins.
Doch jetzt beim Hahnenschrei wird hell die ganze Welt,
von tausend Orten tönt Musik –
auch Melodien aus Khotan,
und Dichter schwingen mit, so war's noch nie“
(Mao zitiert in: Grimm 1963, S. 12).

Die „Dämonen“ waren dabei die weißen Imperialisten, die 100 Jahre lang das „rote Land“ (China) beherrschten.

Es brauchte seine Zeit, bis das wahre Wesen des Menschen Mao Tse Tung, sein Machthunger, seine Rücksichtslosigkeit auch alten Verbündeten gegenüber, seine Haltung gegenüber Frauen, publik wurde. Der späte Mao jedenfalls war von tiefem Misstrauen gegenüber seiner Umgebung geprägt. Erstaunlich immer wieder die Parallelen zum Diktator Stalin: Auch bei Mao Brutalität, auch bei ihm gewissenlose Taktik und Vorrang der Praxis, auch bei ihm Liquidierung der alten Kampfgefährten, auch bei ihm ausufernder

Personenkult, auch bei ihm der Versuch einer Retusche seiner Persönlichkeit, hier „Väterchen Stalin" dort der „Große Steuermann" Mao.

China hatte um die Jahrhundertwende eine korrupte und unfähige Regierung, und wurde von ausländischen Mächten ausgebeutet. Als in Russland die Revolution ausbrach, war das für viele Intellektuelle ein Signal: Vielleicht könnte sich auch China mit Hilfe des Marxismus-Leninismus aus seinen unhaltbaren Zuständen befreien. Der Kommunismus stellte unter diesem Aspekt für viele eine große Hoffnung auf Befreiung dar. Zunächst war China ein enger Verbündeter der Sowjetunion. Nach Stalins Tod löste sich Mao aber immer mehr von der Sowjetunion. Bereits auf dem berühmten, idealisierten „langen Marsch", der in Wirklichkeit „lange Flucht" heißen müsste, gab es Flügelkämpfe zwischen den Moskau-treuen Kommunisten und den chinesischen Kommunisten mit Mao an der Spitze. Mao schaffte es unter Einsatz aller möglichen Mittel, die alleinige Spitze der Bewegung zu erlangen. Seine Rede „Zur Frage der richtigen Lösung von Widersprüchen im Volk" (Februar 1957) deutete schon auf die Gegensätze zwischen Moskau und Peking hin. „Dabei sei am Rande vermerkt, dass in dieser Rede die marxistischen Klassiker kaum noch zitiert sind, wie das im Jahre 1937 noch weithin der Fall war. Nun kann der Redner und Schriftsteller auf sich selbst verweisen" (Grimm 1963, S. 26).

Interessant im Zusammenhang mit den Entwicklungen des Marxismus im 20. Jahrhundert ist, wie Mao Tse Tung die marxistischen Ideen interpretierte und anwandte.

Kurz zusammengefasst kann man sagen: Mao hat den Marxismus für seine Bedürfnisse eingesetzt, verschiedene Komponenten wurden hervorgehoben, einige ergänzt, einige weggelassen und einige abgeändert. Und ohne ihn herabzusetzen, kann man konstatieren: Mao hat zwar auch einige theoretische Überlegungen angestellt, aber insgesamt war er vor allem ein großer Praktiker und Taktiker.

Die wichtigsten Thesen Maos waren kurz:

- Mao hatte einen anderen Klassenbegriff als die orthodoxen Marxisten. Nicht das Eigentum an den Produktionsmitteln sei entscheidend, sondern die innere Einstellung forme eine Klasse;
- Die „Widerspruchstheorie": Widersprüche im Volk sollten durch demokratische Diskussionen gelöst werden, Widersprüche in der kommunistischen Partei durch Kritik und Selbstkritik, Widersprüche mit dem Feind durch Auslöschung des Feindes gelöst werden. Zur Selbstkritik liest man: „Ernsthaft Selbstkritik üben – das ist ein weiteres markantes Merkmal, das uns von anderen Parteien unterscheidet. Wir

haben festgestellt: Man muss die Stube ständig auskehren, sonst wird sich Staub ablagern … Auch in den Köpfen unserer Genossen und in der Arbeit unserer Partei kann sich Staub ablagern, auch hier muss man fegen und waschen" (Worte des Vorsitzenden Mao Tse-tung, Peking 1967, S. 306/307);

- Die besonderen Bedürfnisse eines Landes und seine Eigenart müssten gleichberechtigt neben der abstrakten, reinen marxistischen Theorie stehen. Die chinesische Revolution sei eine Revolution in einem kolonialen, halbkolonialen und halbfeudalen Land, und darauf sei bei der Analyse und bei den Aktionen zu achten;
- Dies war eine klare Abweichung vom orthodoxen marxistischen Schema, eine bedeutende Modifikation, die auf die konkrete jeweilige Zeit und das Land nicht nur Rücksicht nahm, sondern sie in den Vordergrund stellte. Im Aufsatz „Über die Widersprüche" (August 1937) schrieb Mao: „Warum kann die chinesische Revolution den kapitalistischen Weg vermeiden und unmittelbar an den Sozialismus anknüpfen, ohne den alten historischen Weg der westlichen Länder zurückzulegen und ohne die Etappe der Diktatur der Bourgeoisie durchzumachen? Alles das erklärt sich durch nichts anderes als durch die konkreten Bedingungen der betreffenden Zeit" (Mao 1937).
- Die Praxis sei der wahre Gradmesser einer Theorie. Eine Theorie ohne Praxis war für ihn nur ein „Exkrement". Jede Theorie müsse sich in der Praxis beweisen;
- Damit zusammenhängend: Aktuelle Probleme hätten den Vorrang gegenüber abstrakten theoretischen Analysen und vor allem gegenüber erkenntnistheoretischen Problemstellungen;
- In der dritten Welt sei der Guerillakampf die geeignete Form des Klassenkampfes, um eine Revolution auszulösen. Der Guerillakrieg sollte sich sukzessive zum Volkskrieg ausweiten;
- In den Ländern der Dritten Welt sei vor allem die erfolgreiche Durchführung einer umfassenden Agrarreform (Bodenreform) zielführend;
- Die revolutionäre Rolle der Bauernschaft wurde hervorgehoben. In seinem Traktat „Über die Lage der Bauern in Hunan" (1927) stellte er das ländliche und nicht das städtische Proletariat als treibende Kraft einer künftigen Revolution heraus. Das städtische Proletariat spiele in China bei der Revolution nicht die allein führende Rolle (wie in der reinen marxistischen Theorie behauptet). Diese These brachte ihn in Konflikt mit der offiziellen Parteilinie. Im Roten Buch liest sich dies wie folgt: „In der chinesischen Feudalgesellschaft war nur dieser

Klassenkampf der Bauernschaft, waren nur diese Bauernaufstände und -kriege die wahren Triebkräfte der historischen Entwicklung“ (Worte des Vorsitzenden Mao Tse-tung, Peking 1967, S. 12);

- Eine Revolution sei nie beendet, auch wenn sie erfolgreich gewesen sei. Um erstarrten Formen, sich immer wieder bildenden bürgerlichen Strukturen, entgegenzuwirken, müsse man stets neue revolutionäre Akzente setzen (man denke hier an die Kulturrevolution): also die Forderung nach einer permanenten inneren Revolution;
- Die Revolution solle die Gleichstellung der Frau erreichen. Die „Gattengewalt“ solle fallen. Und: „Um eine große sozialistische Gesellschaft zu erbauen, ist es äußerst wichtig, die breiten Massen der Frauen für die Teilnahme an der Produktionstätigkeit zu mobilisieren. In der Produktion müsse bei Männern und Frauen der Grundsatz „Gleicher Lohn für gleiche Arbeit“ verwirklicht werden (Worte des Vorsitzenden Mao Tse-tung, Peking 1967, S. 351).

DEPENDENCIA-THEORIEN:

Der Begriff „dependencia“ kommt aus dem Spanischen und bedeutet „Abhängigkeit“.

Dependencia-Theorien, die vor allem in den 60er Jahren entwickelt wurden und bis in die 70er Jahre hinein wirkten, beschäftigten sich mit den Gründen für die (bleibende) Unterentwicklung von Ländern der Dritten Welt, wobei sie sich fast ausschließlich auf Lateinamerika konzentrierten. Afrikanische Länder wurden genauso wie asiatische Länder ausgespart. Die meisten Dependencia-Theoretiker kamen denn auch aus unterentwickelten lateinamerikanischen Ländern.

Dabei kann man eigentlich von DER Dependencia-Theorie nicht sprechen. Es gab und gibt verschiedene Ausprägungen dieser Theorie:

- Eine marxistische Variante, in der das Hauptgewicht auf der These einer Ausbeutung der Peripherie (der Entwicklungsländer) und einer Mehrwertaneignung durch die Zentren (die Industrieländer) lag. Die Lösung aus der Unterentwicklungsfalle sei einzig und allein eine (erfolgreiche) Revolution und daraus resultierend der Sozialismus;
- Eine „bürgerliche“ Variante, bei der vor allem eine Abkoppelung der Entwicklungsländer von der Weltwirtschaft (autozentrierte Entwicklung) und Importsubstitution als Maßnahmen empfohlen wurden;
- Eine „nationale“ Variante, in der noch stärker auf die nationalen Belange und Gegebenheiten abgestellt wurde.

Und auch bezüglich der Zeitspanne, innerhalb der die Entwicklungsländer abhängig seien und ausgebeutet würden, herrschte keine Übereinstimmung.

In dem hier behandelten thematischen Zusammenhang interessiert nur die marxistische Variante und nur auf diese wird im Folgenden eingegangen.

Historischer Ausgangspunkt der Dependencia-Thesen ist die DIREKTE Ausbeutung der Entwicklungsländer während der Kolonialzeit. Die vorkolonialistischen Epochen wurden meist nicht beachtet. Nach Aufhebung des kolonialen Status finde nun eine INDIREKTE Ausbeutung statt. Von dieser indirekten Ausbeutung durch die Anbindung an den Weltmarkt profitiere in den Ländern der Peripherie, wenn überhaupt, nur eine kleine, zumeist städtische Oberschicht. Die Masse der Bevölkerung sei von der Entwicklung ausgeschlossen. Arbeiter der Peripherie erhielten einen deutlich geringeren Lohn für die gleiche Arbeit als ihre Kollegen in den Industrieländern. Dies habe negative Konsequenzen für die Größe der inländischen Nachfrage, die für den Aufbau heimischer Industrien aber unbedingt notwendig sei. Die Terms of trade verschlechterten sich zunehmend zu Ungunsten der Peripherie, und dies führe zu einem Einkommenstransfer von den Entwicklungsländern in die Industrieländer, üblicherweise durch Gewinntransfers. Und diese Gewinnabzüge hätten wiederum eine Dekapitalisierung der Länder der Peripherie zur Folge. Zudem: Die Entwicklungsländer der Peripherie würden in vielerlei Hinsicht in zunehmendem Maße von den Zentren (Industrieländern) abhängig. Daher auch die Bezeichnung: Dependencia.

Diese Abhängigkeiten zeigten sich:

- im hohen Anteil ausländischer Investitionen in den technologisch moderneren Branchen und damit ausländischer Dominanz in diesen Branchen;
- in der Notwendigkeit der Verwendung ausländischer Technologien, die in der Regel mit hohen Lizenzgebühren verbunden seien;
- in einseitig ausgeprägten Wirtschaftsstrukturen wegen des Zwanges von Exporten in die Industrieländer (vor allem landwirtschaftliche Produkte und Bodenschätze);
- in hohen Auslandsschulden mit daraus resultierender finanzieller Abhängigkeit;
- Multinationale Konzerne griffen in die inländische Produktion ein und dominierten diese;
- in ungünstigen Terms of Trade und damit zusammenhängend Handelsbilanzdefiziten;

- Die notwendige Einfuhr von Maschinen sei den abhängigen Ländern wegen zu geringer Devisenreserven nur mit Hilfe von ausländischem Fremdkapital möglich. Diese Kredite seien aber nur zu hohen Zinsen zu bekommen, was die finanzielle Situation weiter verschlechtere.

Allgemein: Dependencia-Theorien sahen die Unterentwicklung der Länder der Dritten Welt als Folge ihrer unausgewogenen Einbindung in die Weltwirtschaft, also einer Asymmetrie der Beziehungen zwischen den entwickelten Ländern (Zentren) und den unterentwickelten Ländern (Peripherie).

Die marxistischen Dependencia-Theorien können auch als eine spezielle späte Ausprägung der Imperialismustheorien betrachtet werden. Hierzu sei auf die früheren Abschnitte dieses Buches verwiesen.

ROSA LUXEMBURG stellte vor allem auf die Notwendigkeit der gleichzeitigen Existenz nichtkapitalistischer Gebiete bzw. Schichten für den Fortbestand des Kapitalismus, genauer für die notwendige weitere Akkumulation des Kapitals, ab. Das Fatale daran: Wenn die vorkapitalistischen Gebiete selbst hinreichend kapitalistisch geworden und ihre alten Strukturen zerstört seien, züchte man sich weitere Konkurrenten auf den Weltmärkten und die Suche und der Kampf um die letzten verbleibenden nichtkapitalistischen Gebiete werde immer härter.

WLADIMIR ILJITSCH LENIN fasste den Imperialismus als höchstes und letztes Stadium des Kapitalismus auf. Die frühere freie Konkurrenz kleiner Unternehmer im Kapitalismus sei längst durch immer größere monopolistische Unternehmen abgelöst worden. Zudem sei es durch den großen externen Kreditbedarf und den Aktienbesitz an diesen Großkonzerne zu einem Übergewicht des Finanzkapitals über das klassische industrielle Kapital gekommen. Immer größere Teile dieses Finanzkapitals fänden im Inland keine rentablen Anlagemöglichkeiten mehr. Dies erkläre den unerlässlichen Kapitalexport in Länder, die noch eine höhere Kapitalrendite versprächen als die kapitalistischen Heimatländer.

Mitte des 20. Jahrhunderts wurde dann konstatiert, der Kapitalismus und damit auch der Imperialismus hätten eine neue Form angenommen: Es existiere jetzt ein „STAATSMONOPOLISTISCHER KAPITALISMUS“ (Stamokap). Der Staat habe seine Tätigkeit mittlerweile in alle ökonomischen Bereiche des Kapitalismus ausgedehnt. Er sei als Produzent, Nachfrager und Finanzier der größte Akteur des wirtschaftlichen Geschehens. Diese Verschmelzung von Monopolmacht und Staatsmacht sei charakteristisch für den staatsmonopolistischen Kapitalismus. Jetzt wirke der Imperialismus mit staatlicher Hilfe. Die Form der Ausbeutung unterentwickelter Länder sei nun zwar weniger offensichtlich, finde aber immer noch statt. Sie erfolge jetzt z.B. über Entwicklungshilfen, die in Wirklichkeit nichts anderes seien als verkappte staatliche Exportförderungen. Und auch die Kapitalexporte, die oft durch staatliche Garantien abgesichert würden, nähmen einen immer größeren Umfang an.

Die DEPENDENCIA-THEORIEN schließlich versuchten den Fortbestand der imperialistischen Ausbeutung als Folge eines Dominanz-/Unterordnungsschemas zu erklären. Und dabei wurde, wie oben erwähnt, darauf abgestellt, dass es gerade die Einbindung der unterentwickelten Länder in die (vom Kapitalismus durchdrungene) Weltwirtschaftsordnung sei, die sie auf der Stufe der Unterentwicklung hielte. Gemeinsames Merkmal dieser Ansätze war, dass die Unterentwicklung ausschließlich als Folge EXOGENER Einflüsse angesehen wurde.

Kritikpunkte an den marxistischen Dependencia-Ansätzen waren vor allem:

- Die marxistische Variante der Dependencia-Theorien unterstelle insgesamt gemäß ihrem deterministischen Weltbild die objektive Unausweichlichkeit bestimmter Entwicklungen;
- Die Entwicklungsländer seien sehr HETEROGEN. Es gebe keine identischen ökonomischen und vor allem kulturellen und soziologischen Strukturen bei den Ländern der Dritten Welt. Sie ließen sich nicht alle mit Hilfe einer einfachen Zweiteilung der Welt in ausbeutende Zentren und ausgebeutete Peripherien analysieren. Dieses Schema sei zu pauschal. Die Entwicklungsländer unterschieden sich historisch, strukturell und auch in ihrer Abhängigkeit vom Ausland zum Teil erheblich. Und dies sei nur durch spezifische detaillierte historische und institutionelle Untersuchungen zu klären. Dependencia-Theorien seien ahistorisch;
- Die Erfolge der asiatischen „Tigerstaaten“ wiesen auf die Bedeutung einer umfassenden Analyse ALLER, auch außerökonomischer Faktoren hin. Gemäß den Dependencia-Theorien hätten diese asiatischen Staaten überhaupt keinen Erfolg haben dürfen;
- Die marxistischen Dependencia-Theorien begründeten die (bleibende) Unterentwicklung ausschließlich durch EXOGENE ÖKONOMISCHE Ursachen. Nur ökonomische Faktoren seien als Ursachen für den Imperialismus verantwortlich. Unter diesem Aspekt seien die Dependencia-Theorien EINDIMENSIONAL: Endogene Ursachen der Unterentwicklung würden dabei unterschätzt, sie blieben ausgeklammert. Gleiches

gelte für die oft sehr wichtigen außerökonomischen Faktoren, wie Kultur, Geographie, Politik;
- Die im Rahmen der Theorie verwendeten Begriffe seien unklar und zu verallgemeinernd: So könne z.B. nicht jeder entstandene Gewinn als „Ausbeutung“ des Inlandes charakterisiert werden.

DEUTSCHE (NEO)MARXISTISCH BEEINFLUSSTE ÜBERLEGUNGEN:

Publikationsorgane dieser Gruppierung waren unter anderem Zeitschriften mit den bezeichnenden Namen: „Mehrwert“ und „Probleme des Klassenkampfes“;

Einen guten Überblick über die dabei vertretenen Positionen liefert die Aufsatzsammlung: Winfried Vogt, Seminar: Politische Ökonomie, Frankfurt am Main 1973. Die hier publizierten Autoren kommen aus ganz verschiedenen Schulen und Traditionen, und auch ihre Kritiken reichen demgemäß von der Kritik an einzelnen Teilen der herrschenden Theorie, von eher pragmatischen Kritiken, bis zu rein marxistischen Kritikansätzen, die die gesamte, neoklassisch dominierte herrschende Theorie verwerfen: „Der Standpunkt dieser Kritik ist – pointiert ausgedrückt – dass eine noch so kritische Weiterentwicklung der Theorie innerhalb des herrschenden Rahmens nicht sonderlich erfolgversprechend sein kann, wenn es in Wirklichkeit darauf ankäme, den Rahmen auszuwechseln oder, um eine moderne Formulierung zu benutzen, das herrschende Paradigma durch ein anderes zu ersetzen“ (Vogt 1973, S. 12).

Das Spektrum der Kritik wurde vom Herausgeber trotz dessen Affinität zu marxistischen Ansätzen also bewusst breit gewählt, wie er in der Einleitung auch ausführte (S. 20). Auswahlkriterium der Aufsätze war unter anderem ihr Erscheinungsjahr: Keiner der Aufsätze sollte älter als 5 Jahre sein.

Zur Information des Lesers sei hier unkommentiert das Inhaltsverzeichnis dieses Bandes wiedergegeben:

Winfried Vogt, Einleitung, (S. 7-20);

E.H. Phelps Brown, Die Rückständigkeit der Ökonomie, (S. 21-36);

Joan Robinson, Die zweite Krise der ökonomischen Theorie, (S. 37-55);

John Kenneth Galbraith, Volkswirtschaftslehre als Glaubenssystem, (S. 56-79);

Kenneth E. Boulding, Ökonomie als Moralwissenschaft, (S. 103-125);

Richard C. Edwards, Arthur McEwan und der Lehrkörper von Social Sciences 125 Harvard University, Ein radikaler Weg zur Ökonomie; Grundlage für ein neues Curriculum, (S. 126-148);

Gerhard Kade, Politische Ökonomie – heute (S. 149-168);

Paul M. Sweezy, Ansätze zu einer Kritik der Nationalökonomie, (S. 169-179);

Winfried Vogt, Zur Kritik der herrschenden Wirtschaftstheorie, (S. 180-205);

Hans G. Nutzinger, Wirtschaftstheorie aus der Sicht der Politischen Ökonomie, (S. 206-235);

Bob Rowthorn, Die neoklassische Volkswirtschaftslehre und ihre Kritiker – eine marxistische Beurteilung, (S. 236-276).

Der Band enthält also neben allgemein theoriekritischen Beiträgen ohne expliziten Bezug auf marxistische Ansätze auch Beiträge, die von einer (wie immer gefärbten) marxistischen Sicht aus die herrschende Wirtschaftstheorie kritisieren.

Insgesamt liefern diese Aufsätze ein gutes Bild der Kritik der Wirtschaftstheorie der frühen 1970er Jahre in Deutschland, beeinflusst durch die studentische Protestbewegung ab 1968.

Beispielhaft für die Zusammenfassung der wichtigsten Punkte einer MARXISTISCH inspirierten Kritik sind die beiden Beiträge des Herausgebers Winfried Vogt.

Angesprochen wurden von ihm die folgenden Kritikpunkte, die stellvertretend für die ökonomisch relevante Kritik der deutschen (neo-)marxistischen Szene der siebziger Jahre stehen sollen:

- Die Theorie kümmere sich nicht mehr um Beschreibungen der Realität, sondern sie sei nur mehr am Ausbau ihrer mathematischen Methoden und Modelle interessiert;
- Die Wirtschaftstheorie liefere, zwar auf hoher und abstrakter Ebene, einen von bestimmten gesellschaftlichen Interessen bestimmten Rechtfertigungsversuch der Gruppen, die hinter diesen Interessen stünden;
- Das Paradigma der Ökonomik sei also gesellschaftlich begründet;
- Die Wirtschaftstheorie sei nicht wertfrei, dies sei bei einer sozialwissenschaftlichen Disziplin auch nicht möglich;
- Es sei nicht möglich, die Theorie innerhalb ihres eigenen Ansatzes zu heilen, man müsse den ganzen Ansatz auswechseln;
- Statt der propagierten Konsumentensouveränität herrsche in Wahrheit eine Produzentensouveränität;
- Der Gleichgewichtsbegriff und das Gleichgewichtsdenken seien durch eine Konfliktsicht zu ersetzen. Zum Gleichgewichtsdenken schrieb Vogt: „Das Gleichgewicht gehört zum A und O der herrschenden

Theorie, es ist der erste Satz ihres Glaubensbekenntnisses, sie ist ständig auf der Suche nach ihm und in ihm findet und erkennt sie ihre Welt" (Vogt 1973, S. 188);

- Der Harmoniegedanke, der bei Eigennutz der Vielen über die Konkurrenz ein optimales Ergebnis für die ganze Gesellschaft erziele, also eine soziale Harmonie, sei abzulehnen;
- Der wirtschaftliche Entwicklungsprozess verlaufe nicht harmonisch, sondern dissonant, sprunghaft, krisengeschüttelt;
- Der kapitalistische Entwicklungsprozess produziere Ungleichheit, Armut und Entfremdung;
- Die Gesetze der „bürgerlichen Gesellschaft" seien nicht ewig und naturgegeben, sondern seien lediglich Gesetze einer historischen Epoche;
- Hinter der Annahme einer großen Zahl unabhängiger Individuen, wie sie seit Walras die Allgemeine Gleichgewichtstheorie setzt, würden die Konturen einer in Klassen geteilten Gesellschaft vollständig verblassen;
- Das Gleichgewichtssystem von Walras mit den inzwischen erfolgten Verfeinerungen sei nach wie vor das Kernstück der herrschenden Wirtschaftstheorie;
- Ein Kardinalfehler der herrschenden Wirtschaftstheorie sei die Annahme unabhängiger Präferenzen. Boulding spricht hier sogar höhnisch von der „Doktrin von der unbefleckten Empfängnis der Indifferenzkurve";
- Die Nutzenvorstellungen seien das Produkt gesellschaftlicher Prozesse. „Die generelle Bildung und Verschiebung der volkswirtschaftlichen Bedarfsstruktur durch die Aktivitäten des Produktionssektors passt so wenig in das herkömmliche Konzept, dass man verstehen kann, warum sie keinen Eingang in den traditionellen Kanon gefunden hat. Eine völlige Umkehrung der bisherigen Sichtweise müsste die Folge sein ... Die bürgerliche Ökonomie rechtfertige ihr System damit, dass es die höchste Effizienz des ökonomischen Prozesses gewährleiste. Diese Effizienz wird bewiesen auf der Basis gegebener Präferenzen. Aber wenn diese Präferenzen in Wirklichkeit durch das System und seine sogenannte Effizienz erst geschaffen werden, dann bewegt sich die Argumentation in einem Zirkelschluss" (Vogt 1973, S. 195);
- Nur die Stabilität der Investitionen garantiere Stabilität des Volkseinkommens und der Beschäftigung. Damit sei die Investition nicht mehr

auf einen unabhängigen Bedarf der Masse der Konsumenten ausgerichtet, sondern sei zwangsläufig davon abgekoppelt;

- Dominanz des Produktionssektors gegenüber dem Konsumsektor;
- Die Präferenzordnung würde erst vom Ergebnis des gesamten Gleichgewichtsprozesses bestimmt;
- Die Optimaleigenschaften einer Allokation über die Marktkonkurrenz hängen von der Annahme unabhängiger Präferenzen ab. Ohne unabhängige Präferenzen könne man diese Optimaleigenschaft nicht mehr zeigen. Die neoklassischen Ökonomen gingen trotz dieses Sachverhalts, den sie sehr wohl begriffen hätten, einfach ungerührt weiter von unabhängigen Nutzenvorstellungen aus;
- Tendenziös sei auch die Annahme, dass bei jedem Tausch über den Markt beide Parteien einen Vorteil erringen würden;
- Der Glaube, dass die Konkurrenz die Monopolbestrebungen des einzelnen wirksam in Schach halten könne, sei durch die Realität widerlegt worden;
- Monopole beschrieben den Normalzustand, nicht die Ausnahmen;
- Die Individuen produzierten in ihrer individuellen produktiven Tätigkeit ihren eigenen gesellschaftlichen Lebenszusammenhang immer schon mit;
- Der in der Theorie immer noch herrschende individualistische Ansatz sei durch einen gesellschaftlichen Ansatz zu ersetzen.

Vogt konstatierte dann: „Die vorhergehenden Ausführungen sollten nicht den Eindruck erweckt haben, dass diese Kritikpunkte innerhalb der bürgerlichen Ökonomie nicht formuliert worden seien. Im Gegenteil: Ich brauche nur nochmals beispielhaft auf die Theorie monopolistischer Marktformen und externer Effekte, auf die keynesianische Revision der Gleichgewichtstheorie, auf die Einsicht in die Bedeutung der Einkommenspolitik hinweisen … Aber es sollte auch klar geworden sein, dass die Kritik partiell geblieben ist" (Vogt 1973, S. 204).

(Werturteil von mir!): In diesem kleinen Taschenbuch werden neben tagespolitisch bedingten Verbeugungen vor der marxistischen Theorie und überholten Aussagen auch eine Reihe interessanter Kritikpunkte angesprochen, mit denen sich die zeitgenössischen Ökonomen meines Erachtens durchaus lohnend beschäftigen können. Ein Beispiel ist etwa die Abhängigkeit der Präferenzen von einer Reihe von (theorieimmanenten) Faktoren. Eine solche Endogenität der Präferenzen, die im Übrigen in die Modelle schwierig einzubauen ist, würde die Mikroökonomik tatsächlich stark verändern und meines Erachtens den tatsächlichen Gegebenheiten annähern.

Eine Bezeichnung, die während meiner Assistentenzeit Ende der sechziger Jahre bei marxistisch orientierten Studenten immer wieder auftauchte, war die Klassifizierung des herrschenden Wirtschaftssystems als „Spätkapitalismus".

Dieser Ausdruck impliziert notwendig ein Ablaufschema mit mehreren Phasen. Dabei kann eine Phasenabgrenzung ja unter den verschiedensten Zielsetzungen vorgenommen werden, und gemäß der jeweiligen Zielsetzung resultiert dann jeweils eine andere Abgrenzung (siehe Teil I dieser Einführung).

Im vorliegenden Zusammenhang ist die Zielsetzung klar: Bei der Bezeichnung des damaligen Zustandes der deutschen Wirtschaft als „Spätphase" schwang deutlich die Idee eines Niederganges mit, Spätphase = Endphase; Zudem half diese Bezeichnung auch darüber hinweg, dass der Kapitalismus eigentlich längst „tot" sein müsste. Aber er hatte (leider) überlebt. Nun konnte man formulieren, er hätte sich immer wieder, natürlich nur äußerlich (nicht in seinen inneren Zusammenhängen und Widersprüchen) gewandelt, aber jetzt sei das Ende endlich gekommen. Nun träfen die Prophezeiungen endlich zu.

RADICAL ECONOMISTS:

Institutionell werden die Radical Economists vertreten durch die „Union for Radical Political Economics" (URPE). Diese Union hat neben eigenständigen Tagungen teilweise sogar Gegenveranstaltungen zu den Tagungen der American Economic Association ausgerichtet. Im Oktober 2009 fand die Brooklyn URPE Konferenz statt mit dem Thema: „Economic Crisis: Radical Analysis and Radical Responses". Die nächste URPE „Summer Conference" soll vom 30. Juli bis zum 2. August 2010 stattfinden. Thema „Capitalism and Global Climate Change".

URPE gibt eine vierteljährlich erscheinende Zeitschrift heraus, die „Review of Radical Political Economics", deren letztes Heft im Juni 2010 erschien (42. Jahrgang). Managing Editor ist Hazel Dayton Gunn von der Cornell University. Wer sich selbst einen Überblick verschaffen will bzw. bestimmte Artikel sucht, sei auf die Homepage: http://rrpe.sagepub.com verwiesen.

Der renommierte Ökonom Martin Bronfenbrenner hat in einem Artikel im „Journal of Economic Literature" 1970 (8), S. 747-766 mit dem Titel: „Radical Economics in America: A 1970 Survey" die folgenden Gründe angegeben, die seiner Auffassung nach das damalige Anwachsen der Bewegung der Radical Economics erklären:

A. Failure to achieve full employment in America without large military budgets for hot and cold wars;
B. Failure to solve the American race problem;
C. Weakening of the American rational, non-violent, liberal-democratic tradition;
D. Industrialization and rise to power of the U.S.S.R., China, and certain of their Socialist satellites;
E. Declining marginal utility of income and wealth in America as affluence rises, relative to the marginal utility of leisure, excitement, awareness, equality, bliss, and love;
F. Rising importance of the pollution blots on the quality of American life. Possibility that automation may render human labor superfluous at current wages;
G. Vietnam, and the prospect for more Vietnams, in consequence of the widening economic gap between developed and developing countries;
H. Disillusionment with the liberal ideals of the New Deal and organized labor because of accommodation of their leaders with the military;

(Bronfenbrenner 1970, S. 749).

Unter dem Etikett „Radical Economics" verbargen sich (wie fast immer bei solchen generalisierenden Bezeichnungen) Ökonomen mit verschiedenen Auffassungen. Grundsätzlich war man sich aber einig, dass der herrschenden Wirtschaftsordnung in den USA einige gravierende Übel bzw. Fehler innewohnten. Und diese Missstände könnten nicht durch die üblichen demokratischen, parlamentarischen Mittel beseitigt werden „because both the mass media and legislative campaign funds are controlled by an „establishment" of satisfied persons and groups with great interrelated wealth and power" (Bronfenbrenner 1970, S. 748/749). Die meisten der Radical Economists würden eine (vorübergehende!) Kontrolle durch das Proletariat, einen wohlmeinenden Diktator oder eine Partei akzeptieren, aber nur zwischen der erfolgreich verlaufenen Revolution und dem daran anschließenden Entstehen einer wahrhaft humanitären Gesellschaft.

Martin Bronfenbrenner listet dann die (in den Augen der Radicals) sieben Hauptübel der westlichen Wirtschaftsordnungen auf:

A. Unequal distribution of income, wealth, and power;

B. Maldistribution of resources within individual countries – too much to private goods consumed by the upper and middle classes ... too little to public goods and services, usable by the poor;
C. The ignoring of the set of social costs ... pollution, alienation, overpopulation, and resource exhaustion;
D. Failure either to eliminate or greatly mollify (beschwichtigen) either militarism or racial discrimination;
E. On the international scene, maintenance of prosperity for favored industrial, agricultural, and labor blocs in the advanced countries by measures which forestall desirable development – or slow down any development at all in the less advanced countries ... At any rate ... the gap between rich and poor countries is supposedly widening;
F. Zur Ökonomie: A reward structure which pays better for virtuoso solutions to the „wrong" (primarily technical) problems than for serious thinking about the dangerous „right" ones;
G. An erroneous „one-dimensional" view of human nature as producing, consuming and nothing more.

Dazu kamen meines Erachtens noch: Die Idee der Einheit von Theorie und Praxis, die Forderung nach Interdisziplinarität, eine Kritik des „Konsumerismus", die Konsumenten würden über die Werbung (und bereits über eine entsprechende Erziehung) in ungebührlichem Maße beeinflusst ja degradiert, der Staat wird als Agent der Reichen und Mächtigen angesehen, der nur deren Wünsche und Bedürfnisse erfülle.

James B. Rebitzer schrieb im „Journal of Economic Literature" 1993 den Radical Economists folgende drei fundamentale Ideen zu, die sie von anderen Ansätzen moderner Ökonomik unterscheiden würden:

(1) Die Rolle der Politik in der Ökonomik;
Hierbei handelt es sich um die bereits angesprochene Rolle bestimmter Institutionen in der Gesellschaft, die die Macht und Autorität dominanter Gruppen gegenüber untergeordneten Gruppen stärkten;
(2) Institutioneller Wandel sei erwünscht;
Der Grund hierfür ist, dass die oben genannten Institutionen, die die ohnehin dominanten Gruppen der Gesellschaft weiter stärken, ineffizienter seien als andere machbare Alternativen;
(3) Die historische Bedingtheit, ja oft Zufälligkeit, der ökonomischen Strukturen.
Die existierenden ökonomischen Strukturen seien das Resultat spezieller historischer Entwicklungen und könnten deshalb nicht a priori Optimalität und Effizienz für sich behaupten.

„From this perspective economic institutions result from actions taken in the past by economic actors considering only a limited range of possibilities in any period.“ Sie seien deshalb „the more or less arbitrary products of historically specific circumstances” (Rebitzer 1993, S. 1395);

Komplizierte höhere Mathematik und Statistik wurden abgelehnt. Sie seien letztlich nur Mittel, Ungeübte, aber thematisch Interessierte, von der Analyse ökonomischer Probleme fernzuhalten.

Die Makroökonomik wurde gegenüber der Mikroökonomik als inferior angesehen, sie beschäftige sich ja nur mit Aggregaten, und bezöge sich nicht direkt auf die Menschen und ihre Aktionen. Die keynesianische Ökonomik war schon aus diesem Grunde suspekt. Aber schlimmer noch: Mit ihr wurde versucht, das System zu stabilisieren. Die Makroökonomik wurde deshalb nur im Rahmen der Themen: Entwicklungstheorie, Imperialismus, Umstellung von einer Kriegs- auf eine Friedenswirtschaft und komparative ökonomische Systeme verwendet.

Zur Diskussion des Imperialismus schrieb Bronfenbrenner: „The discussion of imperialism is modernized Lenin … imperialism is now assailed as corrupting nominally-independent countries and forestalling their most appropriate development paths, rather than as inducing struggle between rival imperialisms for colonies and protectorates. International companies are also coming to be perceived as practitioners of imperialism on their own … They operate in advanced countries along with developing ones, not always in alliance with their „home office” governments and sometimes in tax-evading opposition to them” (Bronfenbrenner 1970, S. 754).

Bei den Systemvergleichen, die die Radical Economists zuweilen vornahmen, galt ihre Sympathie in zunehmendem Maße China und Kuba. Die Sowjetunion hatte sich durch die Niederschlagung der Aufstände in Ungarn und der Tschechoslowakei wohl etwas desavouiert.

Die „bürgerliche“ Mikroökonomik sei wie die Makroökonomik gleichermaßen abzulehnen. „Bourgeois microeconomics, although it does relate to people, is equally unscientific because the social origins of utilities and preferences are conveniently forgotten, and because class analysis is almost entirely absent“ (Bronfenbrenner 1970, S. 758/759). Im Rahmen der Mikroökonomik waren es deshalb vor allem Fragen der Einkommensverteilung, und zwar zwischen den Geschlechtern, zwischen Rassen und zwischen Regionen, die interessierten.

Ein Zitat soll dies verdeutlichen: „The overriding reality of the American economy is inequality – inequality of income, inequality of power, inequality with regard to the ability to determine one’s own life. Inequality is what economics should be all about" (John Weeks 1969 zitiert in: Bronfenbrenner 1970, S. 756).

In finanzwissenschaftlichen „radikalen“ Beiträgen wurde immer wieder auf die REGRESSIVEN Wirkungen der Besteuerung hingewiesen.

Einige Radical Economists, die „Abundonists“, vertraten die Idee einer „Economy of Abundance“, also einer Wirtschaft des Überflusses, bei der grundsätzlich alle Güter frei zur Verfügung stehen könnten und auch die Arbeit freiwillig wäre. Dann könnte jeder Mensch, ob er arbeiten wolle oder nicht, ein Mindesteinkommen beziehen. Und auch die Güter könne man frei nach Bedarf beziehen, ohne irgendwelche Beschränkungen und Rationierungen. Dies wäre bei der jetzigen Produktivität möglich, allerdings dürften nur Friedensgüter und keine militärischen Güter produziert werden. Diese Auffassungen, die ein bisschen an ein ökonomisches Schlaraffenland ohne jegliche Knappheiten erinnern, wurden allerdings nur von einem kleinen Teil der „Radicals“ vertreten.

Besonderes Augenmerk aller Radicals galt der Erziehung. Dabei konzediert Martin Bronfenbrenner, dass die Radical Economists an den Universitäten ihre Lehre sehr ernst nähmen. Über die zu lesende Literatur, die Reading Lists, schreibt er: „Also, to judge by these lists, the radical courses seem as highly structured as the standard ones – and on a higher intellectual level“ (Bronfenbrenner 1970, S. 757). Auch Besichtigungen der Slums und der Vorstädte standen auf dem Programm.

Der Leser mag sich fragen, wo bleibt in dieser Auflistung Karl Marx und seine Thesen? Martin Bronfenbrenner, der sich intensiv mit den Radical Economics auseinandergesetzt hat, schreibt dazu im Jahre 1970: „Renewed interest in Marxism is included ... Standard Marxism does not, however, seem to be the most important ingredient of contemporary radical economics. Indeed, the Marxism involved in contemporary radicalism is less the Marxian economics of „Das Kapital" than the Marxian psychology and sociology of the younger Marx of the 1840s – who had not yet studied economics. Much of the economic Marxism of the radical economist remains at the level of Marx' two great popularizations, „Value, Price, and Profit" and „Wage-Labor and Capital" (Bronfenbrenner 1970, S. 750). Und man kann hinzufügen, diese Aussage gilt für die verbliebenen Radical Economists bis heute. Einige Radicals beziehen sich auf Marx oder vertreten ihre Thesen zumindest in einem (neo-) marxistischen Gewand. Aber nur wenige akzeptieren alle Überlegungen und Schlussfolgerungen von Marx. So wird z.B. vor allem die Arbeitswertlehre abgelehnt. Andere Radicals verzichten ganz auf explizite marxistische Bezüge.

Insgesamt muss man unparteiisch konstatieren: Die Radical Economists haben bei ihren Überlegungen AUF THEORETISCHEM GEBIET praktisch auch nichts zur Marxschen Theorie beigetragen.

Wie bereits angedeutet, waren und sind die Ansätze, Thesen und Überzeugungen der Radical Economists sehr heterogen. Ideen aus vielen Disziplinen und „ideologischen Lagern“ fließen ein: Ökologie, Umweltbewegung, Feminismus, Antidiskriminierungsgruppen, Marxismus, Psychologie etc.

Auf einigen Gebieten haben sich Radical Economics und Mainstream bereits stark vermischt: „Over time, this process is likely to erode much of the distinction between Radical Economics and the rest of the economics profession – to the benefit of both" (Rebitzer 1993, S. 1430). Zur Untermauerung dieser These braucht man sich nur die Themen der jährlichen „Papers and Proceedings" der American Economic Association ansehen.

Michael Zweig, selbst den Radical Economists zugehörig, wies den Thesen und der Methodologie der Radicals sogar einen paradigmatischen Charakter im Sinne von Thomas Kuhn zu. Solche Paradigmen, man könnte auch formulieren: Leitideen, liefern eine neue theoretische Sicht der Welt, sie bestimmen, was die „erlaubten“ Forschungsfragen und Forschungsthemen sind und determinieren den Blickwinkel auf empirische Daten. Die Aussage, eine Theorierichtung habe die Qualität eines Paradigmas im Sinne von Kuhn, meldet somit einen bedeutenden Anspruch an.

Als zentrale Ideen des Paradigmas der BÜRGERLICHEN Ökonomik stellt Zweig das Harmonie- und das Gleichgewichtsdenken heraus: „The two most central and distinctive elements of the bourgeois paradigm of capitalist economies are harmony and equilibrium“ (Zweig 1971, S. 44). Und zur Situation der Ökonomik nach Keynes schreibt er höhnisch: „The world of the bourgeois post-Keynesian economist is also one of harmony and equilibrium, but now with a little help from everyone's friend, the State“ (Zweig 1971, S. 47).

Als Belege für das HARMONIEDENKEN der herrschenden Ökonomik führt Michael Zweig an:

- Im Marktgeschehen profitierten (angeblich) beide Seiten vom Handel;
- Das Wirtschaftssubjekt nehme in seinen Optimierungsbemühungen die Beschränkungen (Constraints) immer als gegeben an und versuche, die optimale Lösung unter fixierten, unangetasteten solchen Constraints zu finden: „For the bourgeois analyst of capitalism, economic man takes constraints as given and finds the best action consistent with those constraints. This suggests a passivity, or at least a resigned peace, with respect to the typical constraints, budget and fac-

tor endowment, and with respect to the larger institutional and legal or customary constraints on production and distribution within the capitalist society" (Zweig 1971, S. 44/45). Und er fährt dann fort: „The proposition that people do the best they can subject to unchallenged constraint is suspect insofar as it precludes revolt, revolution and other means of assault on the constraints themselves" (Zweig 1971, S. 45).

Die zweite Säule der bürgerlichen Ökonomik ist nach Zweig das Gleichgewichtsdenken: „Almost all of economics, whether static or dynamic, micro or macro, long run or short, is organized on the basis of equilibrium or a tendency to such a state" (Zweig 1971, S. 45). Ungleichgewichte würden nur in Bezug auf ihre Tendenz, zu Gleichgewichten zurückzukehren, untersucht und Gleichgewichtszustände lieferten immer die Referenzpunkte in ökonomischen Systemen.

Zweig schreibt dann zum einfachen Marktgleichgewicht: „At equilibrium, those in the market will continue to be there, those who have failed or been priced out will continue to be irrelevant, and each person, no matter his position, will be „satisfied“ in the behavioral sense“ (Zweig 1971, S. 46).

Das neue Paradigma der „Radical Economics“ beinhalte im Gegensatz zum bürgerlichen Paradigma: Konfliktdenken und die dialektische Denkweise.

„A paradigm of conflict asserts that for each conflict there is a grouping of the members of society into a small number of classes ... A society is characterized by the conflicts it contains" (Zweig 1971, S. 48).

An dieser Stelle der Argumentation sei ein persönlicher Einschub erlaubt: In Band I dieser Einführung wurde bereits in Abschnitt 2.2.1 „Konfliktsicht versus Kooperationssicht" (S. 38/39) darauf hingewiesen, dass diese beiden Sichtweisen die ganze Ökonomik wie die sprichwörtlichen roten Fäden durchziehen. Als Beispiele für Richtungen, die eine Konfliktsicht beinhalteten, wurden dort angeführt:

- Merkantilismus;
- Jüngere historische Schule;
- Marxismus;
- Neomarxisten;
- Neomerkantilisten;
- Friedrich List.

Michael Zweig stellt übrigens unmissverständlich fest: „Radical political economy based on a paradigm of conflict need not be Marxist in its analysis of the sources of conflict“ (Zweig 1971, S. 50).

Das Gleichgewichtsdenken wird (laut Zweig) von den Radicals ebenfalls abgelehnt: „In place of equilibrium, the radical paradigm of capitalism proposes dialectic processes by which conflicts develop. Economic systems, and associated social relations, change over time in response to the tensions generated by the conflicts, or contradictions, which characterize them. A central tenet of dialectics is that the prime energy for systematic change is internal to the developing system, not exogenously imposed" (Zweig 1971, S. 49).

Diese Bemerkungen reizen (zumindest mich!) zu einem Kommentar: Ich glaube, viele „ernsthafte bürgerliche" Ökonomen werden dem obigen Zitat nicht widersprechen: Systeme ändern sich mit der Zeit, es werden dadurch intern (manchmal auch von außen kommend!) Spannungen aufgebaut, es entstehen Konflikte, die zu analysieren sind. Die entscheidende Frage lautet aber: WIE SIND DIESES SPANNUNGEN UND KONFLIKTE AM BESTEN ZU ANALYSIEREN? Denn zwischen (durchaus richtigen) programmatischen Äußerungen und der praktischen Durchführung derartiger Analysen liegen Welten. Im Übrigen bemühten und bemühen sich seit 1971 eine ganze Reihe „bürgerlicher" Ökonomen um eine Überwindung des Gleichgewichtskonzeptes, aber dies unterschlagen zu haben, kann man Zweig, der 1971 publizierte, nicht vorwerfen.

Diese Bemerkungen sollten nicht die Sinnhaftigkeit, Konflikte zu analysieren, ja eine Konfliktsicht sogar zum Paradigma zu erheben, angreifen. Es sollte zum einen nur darauf hingewiesen werden, dass die Erhebung der Konfliktsicht zum Paradigma nicht erstmals von den Radical Economists angemahnt wurde, sondern dass z.B. die Merkantilisten ihre ganzen Überlegungen und Pamphlete darauf aufbauten.

Zum zweiten muss man fairerweise betonen, dass Michael Zweig seinen Aufsatz 1971 veröffentlichte. Und er bezog sich bei seinen Beispielen auf einfache Textbuch-Varianten der neoklassischen Ökonomik. Mittlerweile wurde aber z.B. durch die experimentelle Wirtschaftsforschung der Homo Oeconomicus kritisch hinterfragt, es wurden Konflikte und das entsprechende Verhalten der Beteiligten analysiert usw.

Feststellung (Werturteil von mir!): Die Radical Political Economists haben eine Reihe von Problemzonen der modernen westlichen Ökonomien angerissen bzw. hinterfragt, die erst zum Teil im Fokus der zeitgenössischen Ökonomen stehen. Die „orthodoxen" Ökonomen täten meiner Auffassung nach gut daran, (mit ihren zumeist ausgefeilteren Instrumenten) diese Fragen weiterzuverfolgen. Und: Einige der von den Radicals aufgeworfenen Fragen werden mittlerweile auch ganz standardgemäß von der „orthodoxen" Ökonomie bearbeitet.

Ein schönes Beispiel „radikaler Ökonomik" liefert das vierbändige Buch von Marc Linder „Der Anti-Samuelson; Kritik eines repräsentativen Lehrbuchs der bürgerlichen Ökonomie" (deutsche Übersetzung erschienen 1974).

„Der" Samuelson (in vielen Auflagen, später zusammen mit Nordhaus) war wohl das meistgelesene Lehrbuch der Ökonomik. Sicher in den USA (1. Auflage: Economics; An Introductory Analysis, 1948), aber auch in Deutschland war es in den fünfziger und sechziger Jahren neben den 3 Bänden von Erich Schneider DAS Einführungslehrbuch schlechthin.

Der Anti-Samuelson hält sich in seiner Gliederung genau an die entsprechenden Kapitel des Buches von Samuelson. Er kritisiert dessen Aussagen unter marxistischem Aspekt. Manche Kritik erscheint sehr an den Haaren herbei gezogen und erweckt den verzweifelten Eindruck, man müsse eben alles kritisieren. Einige Kritikpunkte, vor allem die unter historischem Aspekt gemachten, erscheinen mir (Werturteil!) nicht unsinnig, wobei man allerdings immer berücksichtigen muss, dass Samuelson eine Einführung liefern wollte, in der nicht alle Aspekte hinreichend berücksichtigt werden konnten. Aber: Lesen oder überfliegen Sie zumindest einen Band des „Anti-Samuelson", und Sie bekommen einen guten Eindruck von der damaligen Situation und vor allem von den damaligen Emotionen.